建行大学
CCB University

大型商业银行综合管理丛书

大型商业银行金融科技管理

主　编　王祖继
副主编　许一鸣
编　委　（按姓氏笔画排序）
王申科　毛亚妮　方景星　孙代勇　李　进
李晓栋　张　鹏　陈德锋　罗荣华　周　可
侯　飞　高亚军

西南财经大学出版社
四川·成都

图书在版编目(CIP)数据

大型商业银行金融科技管理 / 王祖继主编. —成都：西南财经大学出版社，2020.6(2022.11 重印)
ISBN 978-7-5504-4360-0

Ⅰ.①大… Ⅱ.①王… Ⅲ.①商业银行—金融—科学技术管理—研究—中国 Ⅳ.①F832.33

中国版本图书馆 CIP 数据核字(2020)第 013802 号

大型商业银行金融科技管理
Daxing Shangye Yinhang Jinrong Keji Guanli
主　编　王祖继
副主编　许一鸣

责任编辑：李晓嵩
封面设计：墨创文化
责任印制：朱曼丽

出版发行	西南财经大学出版社(四川省成都市光华村街 55 号)
网　　址	http://cbs.swufe.edu.cn
电子邮件	bookcj@swufe.edu.cn
邮政编码	610074
电　　话	028-87353785
照　　排	四川胜翔数码印务设计有限公司
印　　刷	四川五洲彩印有限责任公司
成品尺寸	185mm×260mm
印　　张	20.5
字　　数	387 千字
版　　次	2020 年 6 月第 1 版
印　　次	2022 年 11 月第 5 次印刷
印　　数	8001— 10000 册
书　　号	ISBN 978-7-5504-4360-0
定　　价	60.00 元

总序

近二十年来，我国各类商业银行都在不断探索自己的管理方式。它们结合市场需要，借鉴他山之石，进行了丰富多彩的实践。总结提炼大型商业银行综合管理理论与经验，为行业内高级管理人员培训和高等教育经济、金融学科教学与科研提供一套参考用书，是我们编写本套丛书的初衷。

大型商业银行综合管理是个多重分类和相互交叉的复杂体系。根据组织层次和业务分工的不同，大型商业银行综合管理可分为层级管理与条线管理；从直接服务客户到支持保障服务的不同，大型商业银行综合管理可分为前、中、后台管理。这里说的综合管理是指总行层面不同专业领域的系统性管理，主要包括资产负债统筹、风险管理、财务管理、运营组织、人力资源管理、科技应用、公司治理等。本套丛书的内容目前只涉及资产负债管理、风险管理、科技应用以及公司治理四个方面。

立足业务实践，着眼经营管理，总结提炼一般原理和经验，是本套丛书力图表现的特点。

实际怎么做和应当怎样做往往相距甚远。我们相信行之有效的惯例、日积月累的经验，对保证银行健康运行是至关重要和弥足珍贵的。突出实践性和可操作性、回答和解决大型商业银行综合管理的基本问题，是本套丛书写作的基本出发点。本套丛书的作者都是具有长期实践经验，并在各管理岗位上承担重要职责的职业经理人。书中引用的案例是实例，引用的数据来源于实际工作积累。可以说所有内容，除了一些基本原理和监管规定外，都是现实管理和操作实践的概述或总结。

管理寓于流程和方法之中。讲流程、讲方法是为了展示管理意图如何落地，让管理思想见血见肉见骨架。资产负债管理的重点不是资产负债部门日常要关心的流动性储备、净利息收益水平、计划实施进度等，而是要通过重点业务的精心规划和资源的合理配置，通过长期流动性安排、资本规划和量价平衡等手段，不断提升业务发展与市场竞争能力，使全局发展更加协调，让长远发展更加稳健。风险管理不仅要关注当期风险指标，依靠风险计量技术，做到精准预判，更重要的是要与银行战略实施、业务发展、绩效考核紧密结合，积极主动管理风险，以促进价值创造。科技应用是技术问题，更是管理问题。对外建立开放共享的合作竞争方式，对内遵循企业级系统架构建设原则，建立统一的客户视图与规范的业务流程，解决不同层级，部门，前、中、后台，母子公司的协同等，都不是纯粹的技术或业务问题。公司治理是维护相关者利益的系列制度安排。一个好的公司治理框架和运行体系，包括决策、监督和激励约束等机制建设，一定会致力于调动管理者积极性，提升企业家境界，创造企业价值，推动社会进步。

各家商业银行都有自己的发展历史和特有的企业文化，但作为同一业态，无疑也具有一定的同质性，具有同样需要遵循的原

理或可借鉴的经验。在写作过程中，我们希望归纳出一些理论性、规律性的东西。例如，以下结论和判断，应该是不乏普适性的：资产负债管理的基本宗旨是各项业务发展与各种约束条件的综合平衡，计划管理、内外部定价、资金统筹、资本规划是综合平衡的中枢；资本充足率（CAR）、资产回报率（ROA）、权益回报率（ROE）、风险调整资本收益率（RORAC）行业最优是资产负债管理的追求与评价标准；资产负债总量与结构、重定价缺口、流动性缺口是资产负债管理的日常观察参数。风险是银行盈利的来源。在一个市场不充分、信用体系不健全、业务种类多样的环境中如何经营风险？这既要依靠计量模型与技术，也要依靠各级职业经理人的作为；既要长期注意自身管理实践的积累，也要借鉴国内外同行的经验。银行是天然的数据信息公司。金融科技的本质是信息技术驱动的金融创新。以开放共赢的理念，利用信息平台将金融服务嵌入客户的生产、生活场景，融入生态；与更多、更广的第三方合作，提供更多、更好的超越银行功能的服务，是金融科技的发展趋势，也是大型商业银行转型发展的方向。作为社会经济制度的一部分，大型商业银行公司治理没有统一的最佳模式，它需要与社会环境、法律体系和自身的历史特点相适应。

我们知道，任何领域都存在着一些似是而非的观点，存在着需要不断探索的问题，大型商业银行综合管理也不例外。备付率越低越好、净利息收益率（NIM）越高越好吗？资本回报要优、资本充足率要高、资本债发行要少，是“不可能三角”吗？内部价格转移能兼顾价格公允、引导业务发展、集中管理银行账户利率风险吗？全面主动的风险管理体系怎么建设？不同类别的风险如何进行差异化管理？金融科技创新能产生飞轮效应吗？企业级系统与部门化管理如何协调？稳定的系统和管理与速变的技术和需求如何衔接？安全顺利地迁移数据有什么秘诀？如何平衡股东与其他相关者的利益关系？诸如此类的问题在本套丛书中都有讨论或答案。

用通俗的语言系统地介绍大型商业银行综合管理且不失学术水准，不是一件易事。尽管我们做了最大的努力，但书中一定还有许多需要完善和改进的地方，我们真诚希望得到读者的批评与谅解。

编者

2020 年 1 月

前言

大型商业银行金融科技发展的突出特点是客户对场景化、个性化、智能化、及时性、综合性的产品和服务需求日益增加，以数据和技术为核心的生产要素发挥着越来越重要的作用，商业银行以企业级、平台化、系统化、生态化的方式给客户提供高效和敏捷的服务。

本书立足管理理论，注重实践，通过大量原创性案例，系统地阐述大型商业银行金融科技管理和实践活动。本书主要内容包括金融科技治理体系、按照数字化理念重构业务体系、业务战略需求如何有效地转换并嵌入可执行的业务流程中、适应金融科技特点的信息技术（IT）架构、核心系统建设、项目群管理、数据中心管理等。

本书由王祖继任主编，许一鸣任副主编，负责大纲审定及全书审校，王申科负责全书统稿。第一、二章由罗荣华编写，第三、五、六、十、十一章由毛亚妮、李晓栋、孙代勇编写，第四、十二、十三章由张鹏、侯飞、周可编写，第七章由方景星编写，第八章由高亚军编写，第九章由陈德锋编写，第十四章由李进编写。同时，感谢建行大学校委会办公室教学运行处作为牵头单位积极统筹、组织、协调并推进丛书的编写工作。

我们希望本书对关心金融科技工作的读者能有所裨益，使从业者能够借鉴书中的理论和方法来规划与指导商业银行的金融科技管理和实践；使非从业者能够了解大型商业银行金融科技发展的基本特征与内涵。

由于技术在不断进步，加之编者学识和精力有限，书中难免存在不足，恳请读者批评指正。

编者

2020 年 1 月

目录 CONTENTS

第一章

金融科技与金融创新

本章提要

金融科技本质上是技术驱动的金融创新。金融与科技的结合发展大致可以分为金融电子化、金融互联网化和金融科技三个阶段，银行在此过程中经历了“银行1.0”到“银行4.0”四个阶段，银行形态从物理网点逐步向外延伸至随时随地可获得并嵌入生活的智能银行形态。在早期的金融创新中，客户需求是金融创新的主要驱动力，创新在金融中介与金融市场之间呈现出周期性来回移动、螺旋式上升的状态，持续的金融创新依赖于规模化产出带来的单位成本下降。近年来，金融创新体现出更强的科技驱动特征，金融科技的发展改变了银行的禀赋特征，进而改造银行的核心功能、提升其业务全流程的效率，使得金融创新不再单纯依赖于某一金融产品产出的规模化，而更多地依赖于生产能力的规模化、多产品和多功能协调配合的平台化，呈现出新阶段的金融创新飞轮特征。

本章的难点在于理解经典金融创新螺旋理论及其在金融科技发展阶段体现出的金融创新飞轮特征以及相对应的银行转型思路。

学习目标

了解金融科技的发展历程与银行的演进，理解金融创新螺旋理论和金融创新飞轮特征，掌握金融创新发展中银行的应对思路及其理论基础。

导入案例

2017年8月7日，高盛（Goldman Sachs）开始发布《金融的未来：中国金融科技崛起》系列报告，其第一篇《支付：生态系统之门》写道：“支付是金融科技生态的大门，是当前最富创新性的领域。”在这个领域中，特别是移动支付，中国无疑走在了世界的前列。尽管金融科技的众多商业模式和技术起源于美国，但无论是从发展规模和增长速度，还是从便民生活和促进商业活动的角度来看，中国金融科技的发展都体现出更大的影响力。在第三方支付应用程序（App）成为超级应用程序的带领下，中国许多银行的手机银行应用程序，除了移动支付，还可以为消费者的生活提供全方位的便捷服务，如网购、出行、餐饮、贷款、生活账单等多种服务。预见未来金融科技的发展趋势，必须了解金融科技发展的历程以及相关的基本原理。

第一节 金融科技与银行历史演进

一、金融科技发展历程

金融科技的发展历程可以说是金融与科技逐步深入融合、不断创新发展的过程，金融科技本质上是信息技术驱动的金融创新。结合信息技术对金融行业的推动和变革来看，金融科技的发展可以分为以下三个阶段。

（一）金融电子化阶段

在应用信息技术（IT）以前，金融体系的运转高度依赖人工作业。随着社会的不断进步，高速发展的社会经济产生巨大的资金流动、支付结算、股票交易等需求，迫使金融业尽可能地提高业务处理效率。

20 世纪 70 年代中后期，国外开始利用计算机系统实现业务电子化处理，金融机构尝试以现代通信网络和数据库技术为基础，将业务数据逐步集中汇总，利用信息化软硬件实现办公的电子化，极大地提升了业务处理效率。这方面的代表性应用包括核心交易系统、账务系统、信贷系统等。

20 世纪 80 年代以来，伴随着经济全球化进程的开始，后台业务已高度电子化的金融业仍然无法满足与日俱增的金融需求。银行柜台日益增大的客户流量使得柜台工作人员疲于应付大量同质化的客户需求，为了分流营业网点的压力，各银行开始广泛部署自动柜员机（ATM 机），这是金融业开启自助银行服务的一大重要标志，ATM 机的逐渐普及促使金融业前台业务的电子化进入突飞猛进的发展时期。在支付领域，销售点终端机（POS 机）电子资金转账、电子钱包智能卡、建立在电子数据交换基础上的企业之间交易付款自动化等新的金融产品相继出现。

这一阶段主要是金融行业通过传统的 IT 软硬件来实现办公和业务的电子化，提高金融行业的业务效率，IT 系统在金融机构体系内属于成本部门。科技在金融行业中的应用主要以 ATM 机、POS 机、核心交易系统、信贷系统、清算系统等领域为主。

（二）金融互联网化阶段

20 世纪 90 年代初，信息技术迈入互联网时代，开启了互联网飞速发展的新阶段。互联网功能从最初简单的信息浏览、电子邮件收发，扩展到信息搜索、远程办公、视频会议、电子银行、影音娱乐、购物和社交等方方面面。人们的生产方式和生活习惯随着互联网的普及逐渐发生改变，越来越多的人习惯通过互联网办理各项业务。金融机构作为最早引进信息技术的行业之一，开始将传统银行业务向互联网渠道拓展。ATM 机提供的全天候“7×24”自助服务使得银行服务打破了时间的限制，而网上银行则进一步打破了空间的限制，将银行服务的便捷性演化到极致。通过网上银行，人们可以随时随地享受银行服务，如转账汇款、网上支付业务等。新兴的网上银行脱离了传统的具有物理介质的实体银行模式，完全依赖互联网进行运营，不仅提供传统银行的所有业务，还不断推出新形势下方便客户的网络金融产品，以满足客户的多样化需求。

随着互联网技术的飞速发展，越来越多的信息流和资金流通过互联网应用来完成，随之带来了基于互联网的新金融服务需求。在传统金融体系中没有得到满足的金融需求在互联网中爆发，非金融企业向支付、理财、融资、保险、基金、担保和证券等金融领域全面渗透。同时，传统金融企业也积极运用互联网技术创新银行业务与服务方式，如拓展手机银行和移动支付业务、探索网络贷款业务、推出网络互动银行、利用大数据致力于市场营销模式创新等。非金融企业的主动涉入与传统金融企业的开放式应对，使得互联网金融不断发展壮大。

在这一阶段，金融机构和非金融机构通过搭建在线业务平台，利用互联网或移动终端渠道对接金融的资产端、交易端、支付端、资金端，达到信息共享和业务撮合，通过对传统金融渠道的变革，催生出大量创新的业务模式和业务形态。代表应用包括网上银行、互联网基金销售、网络借贷、互联网保险、在线财富管理、数字信用卡、移动存贷汇融、移动支付、移动账户、移动理财等。

（三）金融科技阶段

近年来，随着科技的突飞猛进，以云计算、大数据、区块链、人工智能为代表的新兴技术取得突破性进展，逐渐从概念走向应用，越来越多地应用于金融业的各个细分领域，如数字货币、智能信贷、智能投资顾问等新型金融服务方式不断涌现，金融与科技的融合程度日益加深，使其从互联网金融迈入了一个新的阶段——金融科技阶段。

相比以互联网和移动互联网技术为驱动的互联网金融，金融科技更聚焦于以云计算、大数据、区块链和人工智能等为代表的新一轮信息技术的应用与普及，并强调它们对于提升金融效率和优化金融服务的作用。目前，巴塞尔银行监管委员会对与金融科技相关的创新产品与服务进行了分类，其具体可分为支付结算、存贷款与资本筹集、投资管理、市场配置服务四大类。

其中，支付结算主要包括面向个人客户的小额零售类支付服务（如 PayPal、支付宝等）和针对机构客户的大额批发类支付服务（如跨境支付、外汇兑换等），主要满足客户在互联网环境下对小额、高频、实时、非面对面、低费用的非现金支付需求，目前更多地发挥对传统金融支付领域的补充作用。存贷款与资本筹集主要包括网络借贷和股权众筹，即融资方通过互联网平台，以债权或股权形式向一定范围内的合格投资者募集小额资金，主要定位于传统金融服务覆盖不足的个人和小微企业等融资需求。投资管理主要包括智能投资顾问和电子交易服务，前者是运用智能化、自动化系统提供投资理财建议，后者是提供各类线上证券、货币交易的电子交易服务，其发展前景依赖于计算机程序能否提升自我学习分析能力，最终能否提供比人工顾问更优的投资建议以及市场和投资者能否逐步适应和接受这种新型投资管理模式。市场配置服务既包括客户身份认证、多维数据归集处理等可以跨行业通用的基础技术支持，也包括分布式账户、大数据、云计算等技术基础设施。此类业务的科技属性较为明显，大多属于金融机构的业务外包范畴。前述四大类业务在发展规模、市场成熟度等方面存在差异，对现有金融体系的影响程度也有所不同。

二、银行在金融科技发展中演进

作为金融体系中最重要的金融机构，银行的金融功能虽然基本稳定，但业务形态随着科技的发展而逐步变化。从表面上看，银行的稳健形象与信息技术飞速迭代的特质，自然给人以冲突之感，银行（更确切地说是历史上以商业银行为主的金融业）似乎天生就是传统的、保守的。但回顾银行发展的历程，我们会发现事实并非全然如此，银行在历史上一直是信息技术应用的先行者和推动者，是最早积极探索和利用科技手段改进其产品和服务的机构之一。其根本原因就在于信用安全是银行生存之本，银行是天然的信息企业或数据公司，银行经营管理的货币、账户、客户资料等都涉及自身和客户的各类信息与数据，这些信息往往极为重要且敏感，寻求技术支持是保证信息安全的重要手段。

1946 年，人类历史上第一台电子计算机在美国宾夕法尼亚大学诞生，这台机器改进后的最早使用者是保诚保险公司。1948 年，美国银行开始使用国际商业机器公司（IBM）604 型计算机。20 世纪 50 年代，银行已经使用可编程计算机开发磁性记录识别技术来自动处理支票。1971 年，微型计算机一经问世，即被银行业运用。20 世纪 70 年代，光纤和超级计算机诞生，银行业也是最早、最积极的用户。从图 1-1 可以看出，银行业在 20 世纪中后叶的高速发展阶段与现代科技尤其是计算机的快速发展阶段恰好衔接，从那时起，银行业已发生了革命性变化。

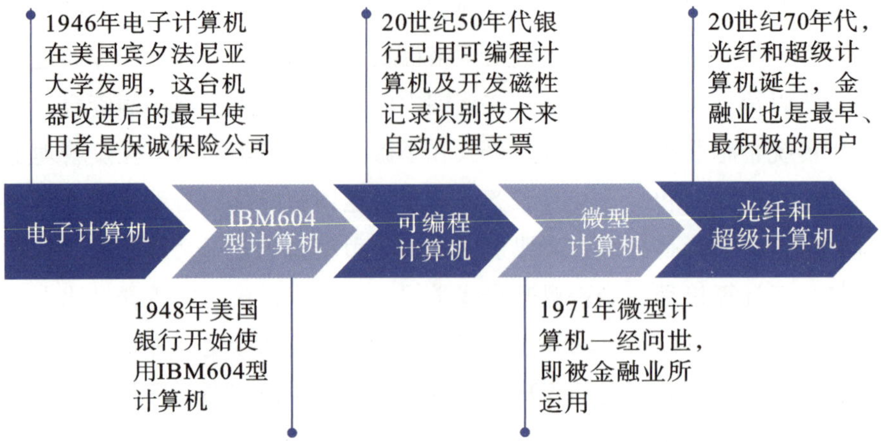

图 1-1　银行业高速发展阶段恰好与信息技术快速发展阶段衔接

在中国，银行业的科技革命自 20 世纪 70 年代起就一直在悄然进行。20 世纪 70 年代，我国银行业引进了国外小型机，20 世纪 80 年代初期，我国银行业实施了联机实时处理。1993 年，《国务院关于金融体制改革的决定》中明确提出“加快金融电子化建设”。在国务院的统一部署下，中国人民银行和银行业金融机构开始共同探索行业电子化建设之路。银行业由中型机更新换代至大型机应用。2000 年前后，不少银行已实现数据大集中，建立了大型数据库。一直到今天，银行业都走在科技应用的前列。

总体来看，银行业在金融科技发展中的演进大致可以分为四个阶段。

（一）银行（Bank）1.0 时代——离不开的物理网点

Bank1.0 指的是完全以银行物理网点为基础的银行业形态。数百年来，物理网点的业务形态产生了多轮革新（如传统交易型网点向服务营销型网点转型），但其并没有发生质的改变。物理网点是现代银行体系的最初形态，其业务开展需要大量人工操作，关注点囿于物理网点中的银行服务，其服务手段和理念都不能很好地满足客户需求。

（二）Bank2.0 时代——电子技术延伸物理网点的触角

Bank2.0 时代的开始得益于电子计算机技术的商业应用。为了处理大量的支票业务，美国银行从 1950 年开始用了 10 年的时间开发出了电子记录机会计（ERMA）系统。1980 年，更高级的电子系统——ATM 机系统逐渐在世界范围内普及。自助服务标志着银行进入 Bank2.0 时代，用户可以在想要的时间、地点，找到物理网点之外的 ATM 机，自助完成简单的交易型银行业务。ATM 机作为物理网点银行服务的一种延伸手段，虽然依托于物理网点，但其背后代表的电子技术和远程技术力量，并不源自物理网点，并对物理网点的设计和运营产生了深远且广泛的影响。这是 Bank2.0 时代的第一个迭代阶段。

Bank2.0时代的第二个迭代阶段则来自科技的进一步发展和IT技术的广泛应用。1995年10月，全球第一家网上银行安全第一网络银行（Security First Network Bank，SFNB）正式宣布成立。随后，网上银行迅猛发展，用户依赖银行物理网点的行为被迅速改变。网上银行充分利用电子渠道和各种信息技术手段，使银行服务渠道得以优化，极大地丰富了银行的服务手段和能力，让银行得以快速响应用户需求，满足差异化的用户需求。用户实现了前所未有的控制感和多元选择。

（三）Bank3.0时代——随时随地获得银行服务

2010年前后，智能手机的广泛应用标志着银行踏入了精彩多元的Bank3.0时代。在这一阶段，用户处于一个超连通的信息世界，银行无处不在。用户只要拥有一台智能手机，即可以在任何时间、任何地点操作现金以外的银行业务，这极大地改变了用户的行为和消费习惯，打破了以物理网点体系为基础的银行服务模式。同时，金融产品的选择权产生对调，用户成为与银行关系中的主导者。

在智能手机已覆盖全球约29亿人口的今天，有逾10亿人并不是从物理网点，而是从作为主要入口的智能手机获得非常丰富的金融服务，银行的利润来源和商业模式由此发生了极大的变化。这也意味着银行需要对物理网点进行重新定位和改进，重新审视并设计银行业务模式，调整并制定出更高效、直达用户的获客策略。

（四）Bank4.0时代——嵌入生活的智能银行服务

“阿尔法狗”（AlphaGo）击败人类最强围棋手，类人机器人“索菲亚”（Sophia）首获公民身份，苹果、脸书、谷歌、华为、三星、百度、腾讯、阿里巴巴等企业纷纷大举入场人工智能（AI）领域。2017年是人工智能彻底爆发之年，也是Bank4.0时代的开端。

Bank4.0时代开启了全新的世界，AI、增强现实（AR）、语音识别设备、穿戴式智能设备、无人驾驶、第五代移动通信技术（5G）、区块链等创新型技术手段的发展和普及，让银行业务以全新的模式向其他渠道延伸，让银行业务的效用和体验不再依附某个具体的金融产品，而是直接嵌入我们的日常生活场景中。实时的金融服务将成为现实主流，智能投资顾问和场景介入将为用户提供更好的金融解决方案。

从大型商业银行看，其在Bank4.0时代开始积极布局金融科技战略，充实金融科技力量，完善金融科技治理模式，充分彰显了科技在银行业发展中的重要性。

第二节　从金融创新螺旋到创新飞轮

伴随着经济不断向纵深发展，金融市场中的参与者面对的不确定性增加，对金融服务的要求也不断变化，改变了金融市场的需求状况。银行发现以存贷汇为主的传统业务的盈利能力持续下降，有些金融机构甚至发现难以依赖传统的金融工具筹集资金来开展资产业务。基于生存的现实压力，金融机构必须不断创新、研发新的产品和服务，以满足客户的需求。近年来，在由大数据、云计算、区块链、人工智能、移动互联和物联网等前沿新技术的发展引发的新一轮竞争中，金融创新体现出更强的科技驱动特征。中国人民银行在 2019 年 8 月印发的《金融科技（FinTech）发展规划（2019—2021 年）》中将金融科技的本质确定为"技术驱动的金融创新"。外部需求满足和内部组织管理都比以往更依赖于新的科技手段，金融科技成为金融供给侧改革的重要力量。

一、金融创新的发展对创新动因理论的挑战

为了解释经济周期和经济增长，熊彼特在 1912 年提出了著名的创新理论，认为经济发展的根本是创新，而创新活动的反复出现导致经济周期性波动。20 世纪 70 年代，金融市场的扩张、金融服务需求的扩大与金融管理体制产生了冲突，金融创新活动开始快速增长。为了更好地解释金融创新的原因、机制和影响，一些学者开始将创新理论应用到金融理论的研究中来。到了 20 世纪 90 年代，早期金融创新理论基本上形成体系，其对金融创新活动原因的分析和解释，构成了金融创新理论的基础和重要组成部分，这些理论大致可以分为两类。

第一类可以称为"内因说"。"内因说"认为金融创新活动出现的主要原因是金融企业追求更大的利润，降低自身风险，满足市场对金融服务的新需求而对生产技术（包括新产品和新方法）和生产组织（管理制度）做出的改进。格林鲍姆和海伍德（Greenbaum & Haywood，1973）认为社会财富的增长会直接导致人们产生对新的金融产品和服务的需求，金融机构只有通过金融创新活动才能满足市场的新需求，进而分享社会财富增长带来的好处。尼汉斯（Niehans，1983）认为在市场竞争水平不断提升的情况下，金融企业利润的持续增长有赖于企业成本的不断降低，而科技进步为金融企业降低生产成本创造了便利，利用新技术降低交易成本是金融创新的主要原因。莫利纽斯和沙姆罗克（Molyneux & Shamroukh，1996）提出了理性效率假说和群体压力

假说，从企业盈利预期和市场竞争两个方面解释了金融创新发展的原因。

第二类可以称为“外因说”。“外因说”主要从外部环境的变化对金融制度调整和生产技术调整的影响入手，认为外部变化是金融创新的主要动力。“外因说”大致可以分为三种观点：第一种观点认为金融创新是适应外部经营环境变化的结果，或者说是金融组织依据外生变量的变化对经营管理内生变量的调整（Allen & Gale，1991）。例如，20 世纪 70 年代通货膨胀率、汇率和利率的频繁变动，刺激了金融组织致力于有关稳定投资回报率方面的产品创新。第二种观点认为金融创新是对科技进步的积极吸收，汉侬和麦克道尔（Hannon & McDowell，1984）认为信息技术在银行业的应用是导致金融创新的主要因素。前述两种观点和“内因说”相辅相成，从不同的视角解释了金融创新的根源。但是前述观点不能很好地解释为什么金融创新在特定的年代会更加活跃，于是学者们提出“外因说”的第三种观点——“规避监管说”，即认为形成 20 世纪 70 年代金融创新风潮最主要的原因是金融机构规避管制的结果。凯恩（Kane，1978、1981）认为政府管制本质上等同于一种隐性税负，一方面提高了金融机构的经营成本，另一方面阻碍了金融机构充分利用管制以外的盈利机会。当某一时期管制外的盈利机会足够大时，金融机构为了规避管制就会热衷于金融创新。当创新活动对金融体系的稳健性产生较大不利影响时，管理当局就会进一步严格管制，进而形成一个两者不断交替的相互推动过程。费纳蒂（Finnerty，1993）进一步证明了银行创新与银行监管之间的高度相关性。巴塔恰里雅和纳安达（Bhattacharyya & Nanda，2000）发现金融管制是刺激投资银行开发更多新产品的主要动因。

“内因说”和“外因说”的前两种观点只能部分地解释金融创新的动因和特征，而不能解释金融创新活动的阶段性特征，“外因说”的第三种观点“规避监管说”一度成为金融创新动因理论的主要基础。“规避监管说”在 20 世纪 90 年代末期以前，与金融创新的现实特征总体比较吻合，但 20 世纪 90 年代末期以后，金融创新活动又出现了一些“规避监管说”难以解释的新特点。一是按照“规避监管说”的观点，在金融管制放松后，金融创新活动会减缓，但事实是金融创新活动呈现出持续不断、逐步增强的趋势。金融创新的客体超越传统的货币、信用对象，一些与金融活动无关的因素（如天气、污染等）也逐步成为金融创新的领域。金融创新的主体呈现出多元化发展趋势，如在支付结算领域，非金融机构已成为各类新金融支付工具创新的主要力量。二是金融创新正从微观领域向宏观领域扩散，利用金融创新解决社会经济和金融问题正在成为一些新兴市场经济国家和发展中国家管理宏观经济的重要手段。例如，由于发展中国家的企业治理和财务透明度较低，吸引外资的潜力难以发挥，于是一些国家开始发行与国内生产总值

（GDP）增速相挂钩的浮动利息债券，利用创新手段拓展相关市场。金融创新活动的上述特征超出了早期金融创新动因理论的解释范畴，对金融创新理论形成了挑战。

综合各方面的观点来看，我们更倾向于认为外部环境压力、企业内生动力结合金融监管制度的不断发展变化这三类力量共同导致和推进了金融创新，各类力量在不同阶段各自发挥了相对更重要的作用。现阶段高速发展的金融科技是典型的由外部信息技术的发展驱动，金融监管的完善和调整与金融机构对自身增长的需求共同推动的金融创新。金融科技的创新在形式和内涵上都呈现出一些新的特征。

二、功能金融观点与金融创新螺旋理论

（一）功能金融观点

随着金融理论的持续发展，学术界对是否有必要区分银行主导型金融体系和市场主导型金融体系产生了广泛的讨论，其中默顿（Merton，1995）对金融体系的作用提出的功能金融观点逐步成为现代金融学中被广泛认可的理论基础。该理论认为金融体系的具体形式不是最重要的，重要的是该金融体系能否有效发挥金融功能。

传统的机构金融观点主要从金融机构的角度研究金融体系，认为金融市场主体及金融组织是既定的，由相应的金融规章与法律来规范各种组织的运行；金融机构与监管部门力图维持现有组织机构的稳定性；金融体系问题的解决，如银行不良资产与资本市场系统性风险等，都应在此既定的框架下解决。此观点的缺陷在于没有考虑经营环境的变化以及基础技术以较快的速度进行革新时，金融机构也在迅速变化与发展，相关法律和规章制度的滞后将使金融组织的运行变得无效率。

默顿（Merton）针对机构金融观点的缺陷，提出了功能金融观点。该观点认为金融功能比金融机构更加稳定，即随着时间的推移和区域的变化，金融功能的变化小于金融机构的变化，并且认为金融功能比组织机构更加重要，金融机构要不断创新才能使金融发挥更强的功能和更高的效率。在上述前提下，功能金融观点认为先要确定金融体系的功能，然后据此设置能够最好地行使这些功能的机构与组织。从本质上看，金融体系的主要功能是在不确定的环境中帮助不同主体在不同地区、国家之间实现经济资源的跨时空配置。进一步地，金融体系的功能可以被分为六大主要功能：一是支付清算，二是资金融通，三是资源配置，四是管理风险，五是提供信息，六是解决信息不对称问题。银行的具体功能主要集中在支付中介、信用中介、信用创造和金融服务等方面，其核心作用则在于解决信息不对称问题、降低交易成本和实施风险管理。

（二）金融创新螺旋理论

基于前述功能金融观点的进一步分析可知，金融市场体系中市场和中介在过去 20 年发生的结构性变化，一部分原因在于一系列新设计的证券，一部分原因在于计算机和通信技术的发展使得针对这些证券的大量交易策略得以实施，还有一部分原因是金融理论的发展。以上三方面都极大程度地降低了金融交易的成本，而交易成本的大幅下降引起金融市场的交易量大幅增加。更一般地，交易成本的下降将通过商品化过程使得金融市场替代金融中介实施某些功能。例如，资产证券化过程就是一个典型例子，金融中介的资产被打包成更方便的证券形式在金融市场中出售。因此，金融中介和市场在金融产品的供给上竞争，技术进步和交易成本的持续下降进一步加剧了竞争程度。费纳蒂（Finnerty，1988、1992）的研究显示，最初由金融机构提供的产品最终转向市场。

金融市场的高效率主要体现在那些标准化程度较高的产品上，如此才能服务于更多的客户，产生更大的交易量。相比之下，传统金融中介更适合于低交易量的产品。由于高度的定制化或信息不对称，一些产品的交易量始终很低。但是，低交易量仅仅是因为这些产品是新产品。在这些产品中，那些成功的产品始终是被期望从金融中介转到金融市场的。正如做风险投资的金融中介就期待将自己的成功客户送往资本市场，其他创造新产品的金融中介也是如此。因此，除了那些明显的金融功能，金融中介还在金融创新过程中充当了创造和试验新产品的潜在角色。

基于前述分析，默顿（Merton）提出的金融创新螺旋理论描述了金融机构和金融市场在产品创新过程中的动态交互作用。产品服务的创新一般由金融机构为满足个性化的客户需求而发起，随着技术（往往既包括信息技术，又包括金融理论）发展，创新产品逐渐变得标准化，更加具备进入市场交易的特征，于是从中介转向市场，市场中这些工具的交易量增大使得市场的完备性得到提升，也使得交易的边际成本降低，从而激发更多新的定制化金融产品被创造出来。定制化金融产品和市场交易的成功又不断激励金融机构在新的产品和市场中投资，如此螺旋式发展下去，金融体系的发展将逼向理论上的零边际交易成本和动态的完备市场。

以个体投资者实现权益投资风险分散化为例，投资者曾经只能靠买股票来实现风险分散的目标，但交易成本、监督成本以及证券的不可拆分等特性使得投资组合里的公司数量受到极大限制。共同基金等金融中介的创新，最大限度地降低了以上成本，也提供了近乎完美的可拆分性，因此允许个体投资者实现更好的分散化投资组合。接下来，关于股票价格指数（股指）的各种期货合约产生，这些在交易所市场交易的合约进一步地降低成本、提供了更好的分散性，为投资者选择杠杆和控制风险提供了更大的灵活性。在进一步的创新中，金融中介用权益回报互换来创造客户定制型的合约以更好地满足客户的个性化需求。因此，为个体投资者提供权益投资风险分散功能的主体由市场转移到金融中介，再到市场，再到中介，如此循环下去。

当静态地看某一特殊产品时，金融机构与市场是两个竞争性的制度安排，但动态地看待整个金融体系的演进时，我们会发现两者呈现出互补的关系，两者相互促进、相互加强，使得彼此能够更好地发挥金融功能，从而推动金融体系朝着更高的效率发展。从金融功能而非某一个产品的时间路径来看，金融中介和市场之间的关系也不是表现为单一的从中介向市场转移，而是表现出更具周期性的、在两者之间来回移动的特征。

概括而言，金融中介的金融创新从个别的、少量的、个性化的、定制化的产品开始，当其受到客户认可时，便可大量推广。成功的金融产品从金融机构转向金融市场，创新成本在规模化的产出中得到分散，创新利润得以实现。创新得到激励后，个性化、定制化的新产品继续研发，当其再次受到客户认可时，再次大量推广，规模化的产出分摊掉创新成本，金融中介获得创新利润。不断发展的金融市场促使金融中介不断研发出新的金融产品。如此循环下去，金融中介的创新以螺旋式上升的状态进行，随着这种螺旋式的演进，金融体系效率趋于完善。

从上述过程可以看出金融创新得以螺旋式上升的两个基本特征：一是产出的规模化，即产品的产出必定会由少量推向大量；二是成本的降低由产出的规模化实现。

小知识

互联网金融与金融科技

随着20世纪90年代中期互联网在商业领域的大规模应用，以银行、券商（证券公司）为代表的“正规”金融机构就开始利用互联网的相关技术提供服务。20世纪90年代末，为了解决电子商务等网络经济活动中的信任问题，第三方支付应运而生。随后，以第三方支付、点对点（P2P）网贷和网络众筹等为代表的“正规”金融机构以外的互联网金融迅速发展，互联网金融也因此一度成为理论界的研究热点。随着近年来传统金融机构及其他非金融企业对于云计算、大数据、区块链以及人工智能等现代信息技术的开发和运用，互联网金融向更广的业态发展，从相对聚焦于第三方支付和消费金融扩展到更广泛的金融业务。随之，与互联网金融一脉相承的金融科技成为含义更广的实践与理论热点。

三、金融创新螺旋与创新飞轮

随着金融科技的发展，银行的禀赋特征发生了显著的改变，从而影响甚至在部分程度上改变了银行核心功能的表现形式。目前创新本身面临的短期业绩压力、监管及其他相关法规的不完善等约束将对银行业务边界的改变产生一定的限制。

（一）金融科技发展对银行禀赋特征的改变

1. 生产力要素的改变

首先，从生产力主体要素看，熟练掌握科技技能的智能型劳动者是能动性最高的生产要素。科技的发展带来相关产业劳动力数量下降的同时，对劳动力素质的要求却大大提升。其次，生产力客体要素之一的劳动工具发生改变，采用高科技和智能化的工具、设备与系统将比人力操作和普通的工具、设备与技术更准确、高效。最后，生产力客体要素之二的劳动对象也发生了变化，运用新技术开发新的经济活动领域、扩张生产劳动对象的范围，信息来源更加广泛。新技术的运用，使得劳动者控制和使用劳动对象的规模和空间范围都扩大了。

2. 数据和技术的基础作用更加凸显

第一，从数据与技术的应用价值来说。首先，大数据技术有助于沉淀用户的运营数据，也有助于银行从合作伙伴方获取更多维度的数据，为金融创新打下基础。其次，基于大数据积累的海量数据和云计算支撑的大规模计算环境、大数据本身涵盖日常生活方方面面的动态实时数据流特征、大数据的挖掘与处理技术能够对客户偏好、信用风险等进行多维度分析，使得银行能够为用户提供增值服务。再次，区块链的去中心化特征使得现有主流数据库因技术架构的私密性、中心化而导致的价值转移的信任问题有望得到改善，使得“数据孤岛”的困境有望进一步缓解。最后，在积累了充足、优质的数据之后，银行可以利用这些数据训练人工智能模型，为用户提供全方位的智能服务。

第二，从技术降低成本角度来说。首先，技术进步导致交易成本降低。金融科技的发展使得传统金融中介的物理网点和人工服务减少，人工成本和设备成本的减少将降低交易成本；跨时空的业务模式使得时间成本得到节省；互联网技术对运营的优化也将降低交易成本。其次，技术进步让项目的搜寻成本也得到降低。金融科技发展中的金融创新依赖于互联网上广阔的平台，其集合了海量的信息，平台的双边互动机制将大大降低项目的搜寻匹配成本。最后，技术进步降低了信息的生产成本。互联网平台提供了一个信息相对充分且使交易更加公开透明的环境，信息不对称问题得以改善，使得信息的生产特别有价值的信息相对更容易被获取。

（二）金融科技发展对银行核心功能的影响

默顿（Merton）的功能金融观点阐述了金融体系的六大功能，基于银行禀赋特征的改变，下面围绕其中三大核心功能分析金融科技发展对银行业态、未来客群、组织形式和对社会福利等的影响。

1. 信息不对称

如前所述，金融科技发展产生的信息传递和搜寻优势，有效降低了交易双方的信息不对称程度，这有助于提高交易双方在投融资规模、风险偏好以及收益期望等方面的匹配效率，从而提高资金配置效率。进一步地，金融科技发展对信息不对称问题的缓解还体现出从“共性”到“个性”的特征，这为银行业务的个性化发展提供基础。金融科技使得银行有能力为更多客户提供更多样化、更丰富的产品和服务，并且服务的形式也从相对标准化到相对个性化。例如，对客户更加精准的描绘，使得智能信贷和智能投资顾问等个性化业务得以开展，并在提供产品和服务时提供智能化的定价和风险防控。从福利经济学的角度看，业务的个性化发展将在更大程度上满足客户的个性化需求，使得“阶梯化”的福利函数变得更加连续，社会总福利也相应得到提升。

2. 交易成本

金融科技发展中的金融依托于计算机和互联网技术，其提供的支付、投融资等金融服务的边际成本递减甚至趋近于零。除此之外，金融科技发展中的创新更加依赖于生产能力的规模化，而不是产出的规模化。创新的发展依赖于初期大量投入打造的“平台”，之后的每一个创新可能是“微创新”，对应的边际成本低到不需要产出的规模化来分摊成本。因此，一方面，银行的生产将会向“平台化”的生产发展；另一方面，“微创新”的低边际成本使银行的未来客群改变，使银行提供相对非标准化的服务在经济上可行，银行也有意愿从依据“二八定律”瞄准的传统大客户群体向中小客户群体扩张，客户群体下沉。

3. 风险管理

大数据、云计算以及人工智能的应用使得了解客户全方位信息的成本越来越低，客户风险被准确识别和控制的可能性大大增加。区块链技术的应用使得信息被篡改的可能性降低。上述金融科技的发展还使得“信息孤岛”被打破的可能性增加，信息共享将使银行的业务范围更加广泛，如从传统的信贷和中介类业务向更加广阔的财富管理等业务扩张。不仅如此，全方位的技术进步为全方位的业务提供基础，全方位的业务需要与全方位的场景相结合，并在提供产品和服务的过程中提供全角度、智能化的风险控制，从而实现信息、业务、风险防控全面协调发展的良好状态。

目前金融科技发展中的金融创新仍面临一些约束，使创新的业务边界受到限制。一方面，金融科技需要大量的前期投入，并需要承担较大的研发风险，一般不能在短时间内产生大量的直接效益，这将使金融创新面临巨大的短期业绩压力。另一方面，针对信息开放及全方位业务发展的监管，隐私保护法等相关法规的缺失也将对银行业务边界的扩张产生限制。随着银行考核方式的转变、相关监管制度和政策法规的逐步完善，上述限制将逐步放开，金融机构的业务拓展将逐步向更广的边界延伸。

（三）金融创新螺旋理论的新阶段——金融创新飞轮

基于前述分析，金融科技发展中的金融创新情景可以概括如下：首先，在一个高产出能力的平台中提供个性化、定制化、智能化的服务，然后前一个平台的成功可以催化下一个平台，进而提供更多的产品和服务，产生足够多的“微创新”“微服务”，最终提升社会福利水平。在此过程中，默顿（Merton）的金融创新螺旋理论的两个重要特征将发生如下变化：

第一，金融创新不再依赖于产出的规模化，而是依赖于生产能力的规模化。例如，为了收集散布于各部门的信息，相应机构必须拥有符合一定标准的软硬件基础设施。另外，要从海量信息中提取出有用的核心信息，不仅需要大量时间，更需要科学的数据挖掘和分析技术。因此，从信息收集和生产的过程看，金融创新都需要大量的前期投入。

第二，单位成本不需要规模化的产出来降低。搭建新的创新平台，所需的平台固定成本可能很高，但是之后的每一个“微创新”需要的成本却很低，低到不需要产出的规模化就可以满足个性化、定制化的需求，从而促进金融企业适应“智慧+开放”的现代业务体系。

上述金融创新需要大量投入以获得规模化的生产能力的特征类似于物理上的飞轮效应。该效应指为了使静止的飞轮转动起来，一开始必须使很大的力气，一圈一圈反复地转，每转一圈都很费力，但是每一圈的努力都不会白费，飞轮会转得越来越快。当达到一个很高的速度后飞轮所具有的动量和动能会很大，此时飞轮转动所需的外力将会变得非常小。

从金融创新飞轮的特征看，其有三个重要内涵。首先，现阶段大型商业银行的金融创新需要大而全的投入来搭建平台的软硬件基础设施。“大”是指科技驱动的金融创新需要大的投入，大型商业银行在这方面比中小商业银行具有优势。“全”是指基于平台的微小业务创新需要全面的数据获取和处理能力，其中尤为重要的特征是内外部的数据共享，这需要开放、生态式的投入产出模式，要求经营协同化、渠道无界化。其次，推动众多业务的快速迭代，实现更多产品的定制化，需要更敏捷的技术支持。敏捷既表现为敏捷的信息处理能力，也表现为对敏捷性开发和部署的全面支持。最后，全面的投产和业务运行需要全面的风控配合。财务、人员、经营等各方面都对传统风险管理提出了挑战，一是同样要求全面、生态化的协同管理，二是效率上也需要管理的智能化来支持。综上所述，用金融创新飞轮来概括当前及未来一段时期金融创新的特征如下：利用以“数据+技术”为基础的金融创新飞轮

效应 促进银行向“智慧+开放”的“全生态”数字型的智能化银行发展。

技术的发展使得万物通过信息流连接起来，让物质和资金在不同主体间快速传递，让人与人之间最大限度地沟通和共享信息，从提高效率、替代传统、改变规则和影响行为等多个方面对社会产生深远的影响。互联网对银行的冲击不是单纯的技术问题，还会带来企业文化的巨变。互联网的精神是开放和共享，在互联网时代，合作与竞争必定是重叠的，只有开放、合作才能共赢。随着银行业务电子化、线上化和第三方支付的发展，客户的银行转换成本正在降低，他们只需要拖动鼠标点击各家银行的应用程序图标就能到不同银行并办理业务，因此银行需要以客户体验至上为宗旨设计产品和提供服务，才能充分发挥网络资源丰富、经营对象特殊、信誉与安全程度高、线下服务优质等方面的优势，积极应对金融科技浪潮中的竞争。

本章小结

通过对金融科技和银行的演进历史的讲述，本章对金融科技的创新特征进行总结，提出适应于大型商业银行金融科技的创新飞轮理论，以应对金融科技浪潮中日益激烈的竞争。该理论意味着大型商业银行需要以平台化、生态化的方式来推进金融科技的建设和应用，内外部协同、持续推进创新飞轮的构建和优化。达成该目标需要梳理金融科技的核心禀赋，进而思考符合大型商业银行数字化经营的思路。

第二章

技术和数据的价值

本章提要

作为大型商业银行的核心禀赋，技术和数据在经营管理中发挥着越来越重要的作用。技术在改变银行产品形式和服务模式、降低服务成本、助力风险控制和驱动银行实现渠道融合等方面发挥了重要作用。本章介绍数据作为商业银行关键资产有哪些核心价值，简述数据的获取与处理的一般原则，描述大数据、云计算、区块链、人工智能、移动互联、5G、物联网和量子计算等前沿新技术在银行的应用前景。

本章的难点在于如何理解技术和数据是金融科技的核心禀赋，技术与数据在推动银行发展中发挥着什么样的作用。

学习目标

理解技术应用和数字化是银行效率改善和服务提升的两大契机，理解数据作为银行的关键资产在强化银行核心功能方面的重要价值，了解前沿科技在银行的应用前景。

从1946年第一台计算机的诞生，到21世纪初互联网的普及，再到如今信息技术在各行各业的普遍应用，科技的发展不断改变着人们的生产生活方式，提高了经济产出效率，推动着社会持续进步。互联网的发展使在线用户数量呈现爆炸式增长，超过了以往企业级用户服务的上限，这为企业级系统带来了性能与成本上的挑战，因此以云计算技术为代表的分布式计算在挑战中诞生了。随着业务的发展，数据加速沉淀，相关技术酝酿已久。2011年，大数据也走向舞台，面向大众。第四代移动通信技术（4G）的发展使得智能手机迅速普及，人们的上网体验从个人计算机（PC机）互联网进入移动互联网时代。与此同时，大数据的蓬勃发展在2016年促成了人工智能的爆发。人工智能的许多算法其实早已提出，但是直到60多年后才在专用人工智能方面产生显著效果。2017年成为区块链爆发元年，从技术的角度看，区块链是分布式数据存储、点对点传输、共识算法、加密算法等技术的综合应用。随着5G时代的到来，移动互联、物联网以及在未来走向成熟的前沿新科技必然会成为新的潮流。

在银行业，伴随着每一次技术的进步，其业务模式都发生着深刻的变革。大型机的引入使得银行从完全的人工操作过渡到电子化时代，互联网的普及使得银行业务实现网络化。今天，银行逐步迈向智能化时代。纵观银行发展史，科技在改变银行服务模式、降低银行运营成本、助力银行风控、驱动银行实现渠道融合等方面发挥了重要作用。一方面，银行的服务成本降低，服务效率提高，规模扩大，用户群体增加；另一方面，产品和服务更加多样化，用户的体验不断提升。技术的发展，在改变银行业务模式的同时，推动着银行的创新和发展。这也导致在传统的生产禀赋（主要包括土地、劳动和资本）之外，以数据和技术为核心的生产要素发挥了越来越重要的作用。大数据发展和积累使得更精准、更智能的产品创新、服务和风险控制有了基础原材料；而现代技术，包括云计算、人工智能、区块链等新技术使得及时的信息收集和交互、大规模数据处理成为可能。

第一节 技术推动银行发展

银行业面临着运营风险增高、不良贷款率上升、存贷利差收窄、盈利方式单一、理念更新缓慢等问题。技术的飞速发展对银行经营管理的多个方面产生了深刻影响，在业务范围、资产规模、风险管理能力三个方面表现得尤为明显。

第一，由于技术的运用，银行不再局限于支付清算、资金融通等传统功能和业务，而是利用大数据在内的各种新技术不断发现新的业务机会、拓展新的业务类型，更充分地发挥范围经济优势。具体表现为银行的代客业务更丰富、不断扩展已有的客户增值服务，开始更多地涉足投资银行领域，开展一级市场和二级市场的投资业务，客户范围也不再局限于境内客户，开始更多地进行全球化的业务布局。这些新拓展的或进一步增强的业务使得银行的资产负债表更加复杂，银行的收入结构更加多元化，面临的风险也更加复杂多样，反过来也进一步强化了对技术的需求。

第二，由于技术的运用，银行的管理能力也不断增强，管理成本降低的同时管理效率进一步提升，使得收入成本比等指标有明显上升，技术进步抵消甚至逆转了边际效应，打破银行固有的客户“二八定律”，使得对长尾客户提供服务在经济上可行。例如，银行借助互联网思维将大量的业务从线下转移到线上进行，不必再依赖传统的线下物理网点来开展业务，而是更多地基于大数据、云计算和人工智能等技术提供中后台服务，从而有效地降低成本、提升效率。以掌上银行用户数量为例，即使在中国工商银行、中国建设银行、中国农业银行、中国银行四大国有商业银行中总资产规模最小的中国银行，其掌上银行用户数量在 2018 年也超过了 1.4 亿人。又如，自然语言处理和语音识别技术的运用使得智能客服成为可能，这会极大地提升单位时间内的客户服务数量，降低了对人工客服的依赖。从最基层的银行网点员工规模和人均营业收入来看，某国有大型商业银行的网点平均员工数量从2013年的25.78人降低到2018年的23.77人，但同时人均营业收入从2013年的138万元增加到2018年的190万元。技术运用对银行传统的基于物理渠道和依赖较多人力资源的运营与服务方式提出了挑战，银行需要重新审视自身的绩效评估、渠道拓展等管理模式。得益于管理能力和管理效率的提升，银行可以管理更加复杂、更多类型、更大客户规模、更大体量的业务，这也导致银行不断突破规模上限。我国四大国有商业银行在2018年年底的总资产规模都突破了两万亿元。

第三，随着新技术的运用，银行实施全面主动的智能化风险管理成为可能。从微观上来看，新兴科技与传统金融的结合，特别是对大数据和云计算技术的运用，一方面能够更好地缓解信息不对称，促使金融产品、合约所反映的信息更加透明；另一方面可以帮助银行更好地理解客户的行为特征、更及时地与客户沟通联系。这两个方面有利于银行更好地管控不确定性，起到降低交易成本、提高风险控制能力的作用，从而为客户创造更多的价值。从宏观上来看，通过合理运用大数据等新技术，银行等金融机构成为宏观经济市场化配置资源的主要手段，银行可以通过使用更丰富的风险指标更及时、更准确地传递风险信号以及更精确地识别不同行业、不同企业、不同金融机构之间的风险传染模式来提前规划信贷投放等多种方式，以更高效地引导资源配置。这意味着银行通过恰当的风险管理可以“熨平”经济周期，从而提升长期运行效率。

综上所述，科技的发展是全社会生产力的共同进步，大数据、云计算、人工智能等新兴技术为银行业带来了变革机会。从具体的作用路径来看，新技术能够为银行带来两大变革契机：数字化经营与银行服务质量提升。

一、数字化经营与银行效率改善

信息不对称与交易成本始终是金融市场重点关注的两大难题。在过去的发展中，银行作为金融中介，能够在缓解信息不对称、降低交易成本方面发挥关键作用。多元化的数字技术为银行带来了更重要的生产力要素。生产禀赋特征的改变为银行带来了应对两大难题的更优途径：数字技术对信息进行数据处理并进行充分挖掘能够拓宽信息数量，提高信息质量；以技术为基础建立的自动化流程可以实现更大范围的获客、更高质量的授信、更好的客户服务，以降低交易成本。数字化经营是银行活动、银行职能等各种模块的全面数字化，意味着所有客户信息、产品定制、风险管理的数字化。客户信息数字化是指银行将客户的社会属性、生活习惯、行为习惯等特征进行数字化描述，从而刻画出客户形象，形成对客户的精准认知。产品定制数字化是指银行通过从客户身上得到的数字信息，围绕其需求进行产品的个性化定制。

例如，银行在为客户提供理财产品时，可以通过客户在移动 App 上的记录（在获得用户许可的前提下）对其偏好进行测算，根据客户在 App 上的使用情况提供合理的个性化投资建议。风险控制数字化是指银行利用数字信息技术识别、计量风险。例如，银行在对信贷业务进行信用风险评估与管理时，不再只关注借款人的收入状况或抵押品价值，而更加注重借款人的生活行为习惯等。

银行数字化经营的一个特质是技术因素。在数字化经营的过程中，技术起到了底层支撑作用，金融科技是推动银行数字化经营的引擎，其中技术并不只会扮演一个纯粹的“加速器”角色，其背后创新思维与传统理念的有效融合也是数字化经营过程中的重点——原有的组织流程与创新逻辑的契合、传统银行体制架构与创新文化的矛盾缓和等。新科技不仅会改变“硬性产品”，也会促使银行提升文化水平与思维理念。

银行的金融功能决定了银行是天然的数据中心，金融科技的发展有助于银行打造成一个数据公司，构建数字化产品体系。未来银行业务的发展方向将更加注重零售业务，对客户进行个性化产品定制是必然结果。例如，通过数据分析对客户偏好进行描述形成多种量化指标，支持客户在线自助定制结构化产品，从而提高客户对产品结构、标的数额、参数配比的自主性，银行推出的智能投资顾问业务就是其中的典型代表。目前，智能投资顾问能够根据客户的特征差异提供多达数十种不同的配置方案，这一数字随着技术进步还必将进一步增长。

银行数字化经营的过程中，理念的转变是核心。围绕着技术变革，银行不仅要培育“技术为客户服务”的理念，更应该摒弃以往“一家独大”的固化思维，积极寻求与外界的合作。例如，某大型商业银行推出的电子银行客户端将越来越多的客户需求包含进去，电子化收费、生活缴费等都可以在移动端上完成，该银行与外部公司合作建立的金融科技联合创新实验室体现出了科技赋能金融的发展方向。

随着技术进步，银行发展模式也将发生重大变化，管理者必须深刻认识到这一点。一方面，银行通过增加物理网点实现渠道扩展，进而实现客户增加，最终实现规模扩张的传统发展模式已经被打破。据统计，2019 年，四大国有商业银行的网点总量开始呈缩减趋势，但客户总量和资产规模仍然持续增加。未来经营规模的进一步扩大更多地依靠新兴的电子渠道和外部合作等路径。另一方面，在银行提供的业务日益丰富和复杂、自动化程度日益增加的背景下，对员工技能的要求、绩效考核的方法、风险控制的思路，也都需要相应地调整，以提升经营效率。优化员工结构，相应地调整组织架构，更多地利用大数据、人工智能的方法来提升员工素质、改进绩效考核和风险管理的质量是必然选择。

二、金融科技发展与银行服务质量提升

金融科技的应用使得银行服务融入生态、嵌入生活场景，为客户提供更加全面、更高质量的服务。

一方面，银行依靠金融科技可以搭建出客户、产品、渠道统一的金融生态体系，提高服务的可得性。通过围绕客户的衣、食、住、行、医、娱等各种需求构建金融生态圈，银行作为第三方将尽可能多地提供产品与服务，拓宽以往产品与服务的范围。例如，某大型商业银行构建的金融生态圈基本涵盖从传统的转账支付到投资理财甚至生活中几乎所有的金融场景，而且随着技术进步还在持续优化中。客户可以通过银行系统进行各种生活缴费、查找药品和快速就医等，通过车牌绑卡、办理电子不停车收费系统（ETC）业务实现停车、通行无感支付，通过电子银行支持各大 App 购票服务。金融生态圈可以大面积覆盖用户的多样化需求，大幅度提升银行的服务质量与效率。

另一方面，金融科技使得银行提供的金融服务不再局限于以往的业务，更加关注客户实际的生活应用，通过扩展银行的服务边界、打破时间和空间的限制，从而提升客户体验。例如，移动端的电子支付、智能 POS 机、“刷脸”支付正在满足客户的多样化支付需求；24 小时自助银行、无人银行使得客户不再受银行传统工作时间的限制，让客户能够更加自由地安排自己的行动；水电缴费、网络购票、社区银行服务甚至智慧政务等都在逐步实现对客户的精准服务。不仅如此，技术的进步使得更及时、更精准的绩效管理成为可能，银行管理者可以有效地管理和激励员工，从而为客户提供更好的客户体验。

第二节　数据的价值

一、数据的核心价值

当前银行积累的客户信息、交易记录、管理数据呈现爆炸式增长。银行通过长期经营而积累的数据（以及处理这些数据的经验和技能）正日益成为银行越来越重要的资产，在更深层次、更广维度上发挥作用。透过这些数据，银行能够发现业务背后的交易规律、客户的真实背景、企业的运转情况以及员工的工作质量等，更好地把握经营管理的内在规律。对银行来说，数据在增强银行的核心功能、缓解信息不对称、降低交易成本以及强化风险管理等方面将发挥重要作用。

首先，在降低信息不对称方面，银行能够通过内外部网络获得庞大、多维的数据，进而借助强大的数据处理技术，实时掌握客户个性化、场景化的

需求，实现精准营销；基于更丰富的数据支持，对客户需求进行“微创新”，提升客户体验，快速而精确地描绘用户画像，缓解逆向选择问题；在贷后管理中运用客户的多方位数据评估客户风险，降低道德风险。其次，丰富的数据让银行了解和分析客户的成本大幅降低，进而提高利润，激励银行基于市场和客户的动态数据及时进行“微创新”，丰富银行业务，让银行有更大的动机为更多客户提供个性化、定制化的产品和服务。最后，银行可以借助实时的多维度数据搭建起多维度、全方位的风险评价方案，及时发现客户的异常情况并迅速做出反应，让银行有能力应对更加复杂的业务类型，实现更加高效的风险管理。

数据对银行核心功能的强化，决定了未来银行业的竞争中非常重要的一个因素就是数据的竞争。对数据的强烈需求推动着银行走向开放，以开放银行为起点走向生态圈建设。银行通过应用程序编程（API）接口，对合作伙伴开放业务和数据，帮助合作伙伴提升经营效率。进一步地，银行又可以借助合作伙伴的平台乃至整个生态圈平台融入社会，打造如医疗、租赁、政务服务等新金融生态，获取更丰富的数据，实现更多个性化、定制化、场景化的金融服务。

二、数据的获取与处理

数据在为银行带来价值的同时，也对其管理数据的能力提出了要求，如何合理地挖掘、运用、分析、管理数据，从而充分发挥出数据资产的最大价值是银行目前面临的一大挑战。对数据运营管理岗位的重视是恰当使用数据的前提。目前不少大中型银行已经设立专门的数据管理机构。数据的操作层面涉及四个维度：数据挖掘、数据治理、数据集成与数据共享。

数据挖掘是从大量数据中挖掘出知识和模式的过程，即通过高度自动化地分析数据，做出归纳性的推理，帮助决策者调整市场策略、降低风险、做出正确的决策。挖掘的数据源一般来自数据库、网络服务器等，从此处得到的数据统称为数据集。数据集的选取对数据的挖掘模式有着不小的影响。一般的数据挖掘模式有频繁模式、回归模式、聚类分析模式等，代表着数据挖掘的某种目的。对于不同的目的，数据挖掘的分类方式往往是不同的。数据挖掘的几种主要技术方法如下：一是分类，即找出数据源中一组数据对象的共同特点并按照分类模式将其划分为不同的类，其目的是通过分类模型，将数据库中的数据项映射到某个给定的类别。它可以应用到客户的分类、客户的属性和特征分析、客户满意度分析、客户的购买趋势预测等。二是回归分析。该方法反映的是事务数据库中属性值在时间上的特征，产生一个将数据项映射到一个实值预测变量的函数，发现变量或属性间的依赖关系。其主要研究问题包括数据序列的趋势特征、数据序列的预测以及数据间的相关关系等。三是聚类分析，即把一组数据按照相似性和差异性分为几个类别，其目的是使属于同一类别的数据的相似性尽可能大，不同类别的数据的相似性尽可能小。四是关联规则。该方法描述数据库中数据项之间的关系规则，即根据一个事务中某些项的出现可导出另一些项在同一事务中也出现，也就是隐藏在数据间的关联关系或相互关系。五是特征分析，即从数据库中的一组数据中提取出关于这些数据的特征式，这些特征式表达了该数据集的总体特征。六是变化和偏差分析。偏差包括很大一类潜在有趣的知识，如分类中的反常实例、模式的例外、观察结果对期望的偏差等，其目的是寻找观察结果与参照量之间有意义的差别。在机构的危机管理及其预警中，管理者更感兴趣的是那些意外规则。意外规则的挖掘可以应用到各种异常信息的发现、分析、识别、评价和预警等方面。七是网页挖掘。通过网页的挖掘，决策者可以利用网页的海量数据进行分析，收集政治、经济、政策、科技、金融、各种市场、竞争对手、供求信息、客户等有关的信息，集中精力分析和处理那些对机构有重大或潜在重大影响的外部环境信息和内部经营信息，并根据分析结果找出在机构管理过程中出现的各种问题和可能引起危机的先兆，对这些信息进行分析和处理，以便识别、分析、评价和管理危机。

数据治理是对数据资产管理行使权力和控制的活动集合，将混乱零散的数据调整为能够统一使用的主数据，将缺乏组织和流程的数据调整为整个机构范围内的、适用于业务控制的综合数据。数据治理是确保组织在数据的整个生命周期中存在高质量的数据的能力。通过数据处理技术的应用，我们能够节省很多时间成本，使数据更为标准、清晰、准确。更重要的是，数据处理能够提供给我们一个再次审视数据的机会，能够避免粗糙数据带来的负面影响，让高质量的数据可以在银行内部不同部门之间实现高质量的共享，甚至与外部伙伴合作分析，为搭建开放式的生态平台打牢根基。数据处理技术的一般方法，可以简单地划分为以下环节：定义数据概念、清洗数据、完善数据架构、进行数据管理。在定义数据概念环节，银行各部门之间较为分散，技术部门与业务部门的沟通至关重要，应合力将技术能力与业务需求紧密结合，根据业务提取数据、定义概念。在清洗数据环节，我们首先要确定一种标准，即上一环节中形成的数据概念，从而能够对提取出的数据进行整理，完善数据质量，能够对数据进行分类、编码，分类出对银行核心业务进行解释的主数据与动态参与业务流程的操作性数据，从而加强数据管理能力，提升数据服务。在完善数据架构环节，我们应该通过业务分析，对一致性不高的数据进行拆分，形成合理的归类。例如，不同的数据应对应着不同的业务，减少跨数据库的失误。在数据管理环节，我们应着重关注数据的生命周期和安全维护。

数据集成是将具有不同特点与性质但互相关联的分布式异构数据集中起

来，为使用者提供全面的数据共享，以保证我们能够以最快的速度获得业务流程中所需要的数据。数据集成要实现两大要求：一是高效，二是透明。高效表现在数据集成后的一致性提高了信息共享利用的效率，透明则是指使用者只需关注选择哪种方式访问数据即可。数据集成的操作方法主要有三种：模式集成方法、数据复刻方法、综合性集成方法。模式集成方法是在构建集成系统时，将各数据源的数据视图集成为全局模式，使用户能够按照全局模式透明地访问各数据源的数据。全局模式描述了数据源共享数据的结构、语义及操作等。用户可以直接在全局模式的基础上提交请求，由数据集成系统处理这些请求，转换成各个数据源在本地数据视图基础上能够执行的请求。该方法有效实施的一个重要前提就是要有良好的网络性能保证，因为该方法并未实现多个网络数据源的数据交互，使用者使用时需要同时访问多个数据源。数据复刻方法将各个数据源的数据复制到与其相关的其他数据源上，并维护数据源整体上的数据一致性、提高信息共享利用的效率。该方法中一个典型的例子就是数据库，即将各个数据源的数据全都复制到数据库中，使用者可以直接访问数据库。通过数据复刻方法集成来获得的数据十分全面，数量庞大，但使用者在使用时可能只会关注其中感兴趣的特定数据，该方法的效率就成了一个需要考虑的问题。综合性集成方法就是将上述两种方法结合起来一起使用。综合性集成方法通常是想办法提高基于中间件系统的性能，该方法仍有虚拟的数据模式视图供用户使用，同时能够对数据源间常用的数据进行复制。对于使用者简单的访问请求，综合性集成方法总是尽力通过数据复制方式，在本地数据源或单一数据源上实现用户的访问需求。对于那些复杂的用户请求，综合性集成方法无法通过数据复制方式实现时，才用虚拟视图方法。

数据共享能够让不同的数据使用者读取、使用他人的数据进行操作、运算和分析，可以使更多的人更加充分地使用已有数据资源，减少资料收集、数据采集等重复劳动和相应费用，而把精力集中在开发新的应用程序及系统集成上。实现数据共享的方法有很多，最广为人知的就是建立大数据中心。

建设大数据中心主要分为四个环节：数据处理与加工、信息资产管理、机构协同、公共共享。数据共享对金融行业有着很重大的意义。建立一个数据共享平台能够规范数据来源的渠道，使得数据更加翔实可信，数据真实度和可靠度上升。客观事实是大部分银行等金融机构为了保护客户信息安全而不对外公开数据，但是这种数据不对外公开的坏处是银行缺少了对用户提供快捷方便服务的机会。随着社会的进步，用户不断要求提高服务质量，跨行业的竞争也更加激烈。社会需要数据的开放，而且数据平台也是建立在合法的基础之上。开放程度越低的银行未来发展的空间会越小。随着技术的进步，诸如零知识证明等手段使不同企业之间安全可靠地共用数据也变得日益可行。

第三节　前沿科技应用前景

一、大数据

据测算，全球数据量大约以每两年翻一番的速度增长。大数据的核心在于提高对数据的加工能力，从而实现数据的增值。大数据平台的构建可分为四个层次，分别是数据收集和存储、信息整合、知识发现、智慧决策。四个层次的难度依次递增，目前的技术处于知识发现层次，随着人工智能技术的发展，大数据平台的构建正向智慧决策层次推进。大数据应用的特性主要体现在降低成本、提高决策效率和增强风险控制能力等方面。目前来看，其在银行的应用主要在征信、风险防控、消费金融、供应链金融和财富管理五个领域。

二、云计算

云计算是一种服务，由一个可配置的共享资源池组成，用户能够按需使用资源池中的网络、服务器、存储设备、应用和服务等资源，而几乎无需花费精力去管理。云计算的特征主要体现在共享计算资源、安全性和可靠性以及算力的弹性处理能力等方面。金融科技行业的基础架构大都以云计算为依托，并充分应用大数据和人工智能技术。这些技术不仅改变了金融科技行业的 IT 架构，也使得其能够随时随地对接客户，为客户提供更加便捷、及时的服务。

三、区块链

区块链的本质是一个分布式的数据库，由全网参与者共同管理和维护。每个数据块中都包含一定时间内的全部信息流，并生成密码，用于验证其信息的有效性和链接下一个数据块。根据应用场景和设计体系的不同，区块链一般分为公有链、联盟链和私有链。区块链最主要的特性体现在去中心化、开放性、自治性、安全性和匿名性五个方面，通过纯数字的信用背书提供了一种新的信用创造机制，金融机构可以利用其进行相应的业务拓展。目前银行能够运用到区块链技术的场景主要有数字票据、支付结算、供应链金融、证券发行交易以及客户征信与反欺诈等。

四、人工智能

人工智能是计算机科学的一个分支，是研究、开发用于模拟、延伸和扩展人类智能的理论、方法、技术以及应用系统，其目标是让机器能做出近似人类智能的反应。算法、数据和算力是人工智能的“三驾马车”。目前人工智能技术以机器学习，特别是深度学习为核心，在计算机视觉、语音、自然语言处理等应用领域迅速发展，已经开始像水、电、天然气一样赋能各个行业。例如，其在支付、风险防控、语音座席、运营等多种金融场景中已实现一定程度的应用，未来还可以往智能投资顾问、金融预测与反欺诈、智能投资研究等方向发展。

五、移动互联

通俗地讲，移动互联是指用户可以使用手机、平板电脑（PAD）、笔记本电脑等移动终端，随时、随地、随需以及快速地接入互联网，进行生产和生活的现代化技术手段。移动互联具备移动性、私密性和强关联性三大特征，带来几个方面的变化：一是移动设备的便携性，让人们随时随地可以获取服务；二是随着手机号码成为用户的一种身份，移动设备变成了用户社会关系的载体；三是随着定位功能的启用，用户的位置信息可以随时被追踪记录。巨大的市场需求与行业融合共同推动着移动互联网金融快速创新，主要体现在移动支付、移动理财和移动交易等方面。

六、物联网

物联网是在互联网、传统电信网等信息承载体的基础上，让所有能行使独立功能的普通物体实现互联互通的网络。物联网主要有全面感知、可靠传递、智能处理三大主要特征。现阶段的物联网，主要是通过各种传感器去采集物体的状态数据，并通过互联网上传至云端，与业务数据结合，产生新的应用模式。未来的物联网可以通过在设备中植入网络智能芯片，让这些设备具备感知和运算的能力，实现设备之间的连接与通信，进而产生更多颠覆性的应用模式。物联网金融在互联网金融信息流和资金流的基础上融入物流，将互联网金融立体化，将对金融领域的运行模式产生深远影响。目前我们可期待其在可穿戴设备、智慧网点以及供应链金融等方向上的应用。

七、其他新技术

除了上述新技术之外，诸如量子计算、边缘计算、5G 等新的技术，银行也要积极推进研究和实验，提前进行技术储备和战略布局，赢取未来发展的先机。5G 网络极高速率、极大容量、极低时滞的特点加上边缘计算技术应用，会催生智慧城市、智能制造、无人驾驶等物联网行业应用的快速增长，产生物联网支付等全新的商业模式。量子计算恰好适用于海量数据的复杂处理与计算难题，其与人工智能技术相结合，在银行中可以用于复杂衍生品定价、风险管理、投资组合平衡等场景中。

拓展阅读

中国数字金融发展的现在与未来

黄益平和黄卓（2018）对中国数字金融在过去十几年的快速发展进行了总结，从中国数字普惠金融的发展和对实体经济的支持、中国数字金融对传统金融市场的影响、中国P2P网络借贷市场的特征和风险三个方面对中国数字金融的相关研究进行了综述，并指出了若干个中国数字金融发展中有待研究的问题。北京大学数字金融研究中心致力于开展对数字金融、普惠金融、金融改革等领域的研究，形成了指数报告、学术论文、研究报告和新金融书系等研究成果。该中心于2019年4月25日发布了《北京大学数字普惠金融指数（第二期，2011—2018年）》《中国金融控股公司的风险与监管》《数字金融时代：中国商业银行的战略转型与实践》《数字金融的底层逻辑》四份兼具理论意义和应用价值的最新研究成果，读者可对相关研究保持关注。

本章小结

本章主要围绕银行的核心功能介绍技术与数据的价值。在技术方面，数字化浪潮带来了多元的数字技术，能对信息进行更充分的挖掘与处理，拓宽信息数量、提高信息质量；以技术为基础建立自动化流程可以实现更大范围的获取客户、更高质量的授信、更优质服务的客户服务，降低交易成本的同时使银行服务更加生活化。在数据方面，银行能获得更庞大、多维的数据，借助强大的数据处理技术，实时掌握客户个性化、场景化的需求，实现精准营销；快速而精准地描绘客户图像可以缓解逆向选择问题，贷后运用客户的多方位数据评估客户风险可以降低道德风险；丰富的数据可以让银行了解和分析客户的成本大幅降低，激励银行进行更多的“微创新”，进一步完善银行业务；银行可以借助实时、多维的数据搭建起多维度、全方位的风险评价方案，实现更高效的风险管理。在数据的获取与处理中，数据挖掘、治理、集成与共享是四个重要的操作环节。

蓬勃发展的前沿科技，不断催生金融科技创新，展现了丰富的银行应用场景。同时，我们面临着许多技术、业务、监管的研究课题，如大数据技术应用中数据确权、数据共享商业模式、数据安全等问题；区块链技术应用中共识算法、分布式规则、智能合约安全等问题；基于前沿技术的基础设施建设……在不断解决问题和发现问题的过程中，金融科技不断发展。

第三章

银行数字化经营

本章提要

本章首先分析金融科技未来发展趋势，提出产业数字化、客户用户化、产品服务化、组织解构化、连接泛在化和监管严格化等潜在的行业变革可能性。随后提出银行面对变革的应对措施，技术上要积极应用前沿技术构建科技基础，业务上要敢于创新建设智慧金融，同时要不断拓展服务边界，打造智慧生态圈。

学习目标

了解当今时代发展趋势，寻找银行发展的新思路；了解智慧型金融未来可能的服务形态；理解为何需要构建智慧生态以及生态服务模式。

第一节　金融科技催生银行变革

我们身处在急剧变化的“VUCA”时代①，现代科技飞速发展驱使各行业变革加速，产品和服务获得变得更便捷，新业态、新模式颠覆传统行业变得更容易，固有的想象、认知和观念被快速刷新。新技术、新思维在潜移默化中改变了传统的生产生活方式，世界已展示出数字和智能时代的朦胧轮廓。截至2018年年底，全球互联网用户数量已超过38亿，智能手机用户数量达33亿，全球物联网设备连接数量达91亿。从PC机到互联网、移动互联网再到物联网、云计算、人工智能，手机、汽车、商店、学校、银行……一切都被数字化重新定义和深度解构。

今天遇到的问题，大部分都是之前从来没有发生过的。因此，如果还是用过去的方法来解决新的问题，往往是无法成功的。我们需要对时代趋势有所辨识。未来可能有以下几个趋势：

一是产业数字化。正如《从1到N：企业如何实现持续高速增长》所说，数字化转型旨在利用新技术带来的机遇推动业务增长。数字化会席卷所有行业，区别只在于规模和速度。越来越多的企业将“数字”视为核心资产、新资源和新财富，究其根源，还是因为在技术进步的基础上，数字化经

① “VUCA”时代，即变幻莫测的时代，其中“V”是易变性（volatility），“U”是不确定性（uncertainty），“C”是复杂性（complexity），“A”是模糊性（ambiguity）。

营能够有效推动产业转型升级，抢占新的竞争制高点。

二是客户用户化，用户年轻化。用户是产品的最终使用者，关心的是使用价值和感受，而客户更多地关心的是价格。以客户为导向，营销策略是有效的，而以用户为导向，体验才是最为关键的。从客户到用户，意味着服务不再只停留在网点或线上，而是渗透到各个生活场景；服务的内容也将不会自我设限，会沿着用户的需求自然延伸。银行面对的用户群体正从“70后”“80后”变为“90后”“00后”。“90后”是接替“80后”的新一代、年轻化的主力消费群体。“Z世代”是一批生长于数字时代的年轻人，他们更适应于数字化的产品，更喜欢通过社交媒体来获取购物的灵感。麦肯锡咨询公司的研究显示，社交媒体增加了用户10%的购物时间。

三是产品服务化，服务智能化。人们对产品的价值诉求演化为对其背后实质性服务的需求，产品即服务。在这样的背景之下，互联网金融服务的供给不再单纯地将传统银行业务通过互联网化即可享受互联网红利、获取大量客户，而是更多地从用户视角出发，思考如今的消费者想要哪些金融产品和服务。服务将成为竞争焦点，传递的是“对用户真诚关怀”，背后是“比用户更懂用户”的深刻洞察。

四是组织解构化。企业间的交易成本会越来越低于企业内部管理成本。原来在企业内部做的事情，会慢慢转到企业外部，“连接比拥有更加重要”。慢慢地，组织就逐渐解构了，再也没有那么清晰的边界，竞争也不再是市场主体关系的全貌，新型组织形态的内涵发生了巨大改变，开放边界、彼此加持、互动生长、共创价值成为新的特征。

五是连接泛在化。“互联网+”正逐渐走向“万物互联”。“万物互联”是以万物有芯片、万物有传感器、万物有数据、万物有智慧、万物皆在线为基础，人、数据和设备之间自由沟通，产品、流程、服务各环节紧密相连的全球化网络。据预测，到2020年年底，全球物联网连接设备将超过500亿个，会产生600泽字节（ZB）的信息。“万物互联”作为未来社会的发展趋势，其技术进步和应用进展一直是社会关注的焦点，未来也将衍生出新的应用类型和商业模式。

六是监管严格化。随着智能银行、开放银行的不断发展，由此形成的生态圈平台都将对整个金融系统产生越来越大的冲击，带来业务跨界无人监管、去中介化和去中心化与监管框架错位、自我进化的模型缺乏可解释性和回溯性等挑战。在不久的将来，我国可能出台跨界的监管规则，借鉴国外的开放银行监管框架，设计符合我国情况的数据标准、API标准、安全标准以及统一化治理模式。监管政策也将越来越注重用户隐私和信息安全的保护，强调用户认证和授权，要求生态圈平台各方提供数据使用报告和安全报告。

第二节 转型动力与原则

科技的发展带来客户行为的显著变化。一是客户行为数字化。移动终端等联网设备可以记录衣、食、住、行等日常生活行为轨迹，为描绘客户精准立体画像提供了量化基础，掌握全生态数据、数据建模分析能力成为了解客户的关键。二是客户触达数字化。通信社交、观看视频、阅读资讯以及线上购物占据着移动互联网用户 70%的时间，数字媒体已成为触达客户的主渠道，银行营销资源需要更多向流量聚集的数字化媒体倾斜。三是客户关系社交化。客户参与感越来越强，创意、互动、裂变、社交属性的营销内容与形式成为获客、活客的关键。客户行为的变化拓展了客户需求空间、更新了需求形式，乃至重新定义需求的内涵和外延。这在客观上要求银行金融服务做出改变，包括更加注重客户体验和个性化需求实现，更加注重交互性、便捷性、开放性、共享性等。

一些金融科技企业通过捕捉客户行为特征的变化，从某些特定维度挑战传统金融的核心竞争力。例如，科技企业通过深刻把握客户在流动性和安全性上的平衡需求，涉足传统上以银行为主的基金代销业务，并取得相当大的市场份额。具体来看，以下几个方面表现更为明显：

第一，改变交易模式。支付宝、微信等第三方机构为客户提供交易、支付、转账等功能，一定程度上取代了银行卡、POS 机等传统支付介质和手段。2019 年第三季度，中国第三方移动支付交易规模达到 56 万亿元，同比增速为 15. 2%。第三方机构抢占了客户的交易入口，为客户提供了更便捷实惠的交易支付场景。

第二，分流银行资金、改变银行负债结构。互联网理财产品的发展降低了投资门槛，随时随地提供便捷服务，吸引力远超传统的银行存款和理财产品。截至 2019 年 6 月底，我国互联网理财用户规模已达 1. 70 亿人。

第三，争夺银行贷款。贷款利息收入是银行收入的重要组成部分。金融科技企业正在抢食这块蛋糕，它们发挥数据优势，利用客户累积的信用和行为数据，评价客户信用、自动审批发放贷款并进行贷后监控，提升了审批效率和风险防控水平，并将服务的重点放在传统商业银行较少涉足的长尾客户和小微企业贷款上。

毋庸置疑，技术进步带来社会变革。就某个行业或企业来说，要适应和利用技术进步，其必须选择好出发点和路径，因势而变。银行在金融科技的冲击下，具有以下优势：

第一，网络资源。银行天然是网络，除覆盖面巨大的结算网络、业务处理网络、现金管理网络等系统网络外，数以万计的员工及数以亿计的客户、ATM机、POS机都是网络节点，其是可开发的网络。相比之下，互联网企业推出的类似“百亿级补贴”项目，是花钱换用户，为的是做大自己的网络。银行网络背后有庞大的数据资源，而且往往是关键数据：覆盖企业全生命周期的财务数据、结算交易背后的企业资金流向、个人住房贷款背后的客户资产和月供还款、信用卡刷卡数据……在大数据时代这些都是宝藏。

第二，经营对象特殊。银行经营的对象是货币、账户、虚拟产品，易与互联网技术融合，电子化、网络化成本较低。

第三，信誉与安全。信誉是社会的黏合剂，是降低交易成本的无形工具。越来越多的出借人对网贷行业持谨慎的态度。随着监管趋严，网贷行业迎来了清退潮，正常运营平台数大幅减少，截至2019年年底，全国正常运营的网贷平台数已降至343家。在多数人心目中，银行仍然是最可靠的。银行信誉是长期建立起来的，不是某个企业一朝一夕可以拥有的。

第四，线下服务。互联网金融一般擅长提供理财等标准化的线上产品，但线上服务始终无法完全取代线下服务。除了需要面对面的洽谈、实地办理的业务外，像债券承销、养老金办理、造价咨询、综合融资等非标准化的融智类业务，单笔金额大、综合化程度高，业务处理需要相当的专业知识，需要针对客户“量体裁衣”，这些主要靠线下来办理。

基于银行的禀赋优势和业态特点，银行在数字化经营中应遵循如下原则：

第一，以我为主。银行提供给客户的一定不只是一个连接、一个网络，而是实实在在的资金、信用和问题解决方案。银行只有利用金融科技，深耕自己的专业，而不是离开主业去开发什么新模式，才不会本末倒置。以我为主的另一层意思是要看大势，不能盲从新技术。银行的特质是稳健，有生命力的技术应用必须形成生态、相互协同、持续发展和大范围应用。

第二，以开放的态度谋求合作性竞争。互联网对银行的冲击不是单纯的技术问题，还会带来企业文化的巨变。在互联网时代，银行只有开放、合作才能实现共赢。银行的网络开放给各类企业、银行与各种结算场景连起来、各银行之间的系统连接起来，对客户来说等于多了很多网点、获得了更多便利，对社会来说降低了交易成本。例如，某大型商业银行通过开放银行连接企业（B）端和消费者（C）端，发布产品30多款，已上线201家合作机构，日均交易量130万笔，达到银行、商家、消费者三方共赢的效果。

第三，以客户体验至上为宗旨设计产品、提供服务。随着银行业务线上化、电子化和数字化以及第三方支付的发展，客户的银行转换成本正在降低，客户只需动动手指、拖动鼠标就能到不同银行办业务。这样客户给银行的“第二次机会”也就越来越少。因此，在流程、产品、销售设计中做到以客户为中心、重视客户体验尤为重要。

第三节 应对挑战

不断结网扩网。银行要做的就是不断把自己的“网”织牢拓宽，构建生态圈。例如，银行将结算网与特定的交易场景和社交场景结合起来，形成一张“汇通天下”的大网，涵盖几乎所有的行业应用和用户场景，连接无数超市、电影院、餐厅、医院、学校等，客户只需要一部手机就能够随时随地完成所有交易支付。

利用线下发展线上，实现线上线下协同经营。线上线下各有优势和特点，两者只有结合协同，才能优势互补。例如，银行将理财、基金、保险等金融产品搬到网络平台上；把 ETC 电子标签送到客户手里，装到车上，开通激活；通过网银盾技术、生物认证技术，解决身份认证和签名法律效力问题，帮助客户在网上办理商事登记；通过营销演示、开通接口、辅导等将企业公积金、养老金、社保金、学杂费、交通罚款缴纳等搬到网络银行上；内部管理线上化，如将风险授信所需的纸质材料通过电子渠道完成，进行后台审批；等等。这些不同种类的业务服务，既有线上操作，又有线下支持。银行拥有众多网点和客户经理，如能与线上协同，将是一笔巨大的资源。

不分大小抓客户。银行过去拓展客户，讲究“二八定律”，注重抓大客户。随着互联网技术的发展，客户用自己的空间和时间，花自己的流量和电费，用手机银行、网络银行以及微信银行与银行做常规交易，银行的客户服务和维护的边际成本大大降低。长尾效应就是这样产生的。客户基础越庞大，价值挖掘机会也越多。银行不仅仅要通过传统方式抓集团客户、私人银行客户，更要通过批量化、技术化方式抓小微企业客户、个体工商客户以及中低收入个人客户。只有这样，银行才能形成良好的客户生态圈，形成资金内部循环。

以便捷实用和有趣为主旨设计开发产品。未来银行产品对客户来说一定是便捷、实用、有趣的，产品的开发要从客户需求和体验入手。对客户来说，减少一次点击，增加一个有趣的互动，都可能成为评价产品的重要影响因素。

抓住机会发展融智类业务。银行信誉和综合化服务能力是网络无法取代的，银行在养老金管理、资产托管、跨境人民币、债券承销、财务顾问等非标准化、融智类业务都有优势。

以客户满意度和贡献度为核心改进考核体系。银行考核的重心应该从存款、中间业务收入向客户的满意度和贡献度转变，让银行真正以客户为中心，让用户成为银行的粉丝。组织管理架构、计划管理、资源配置都应以客户为中心来改造。

提高数据分析能力。大数据分析是银行推动产品创新、重塑业务流程、支持科学决策、更好地选择客户、规避经营风险的关键，是银行竞争的重要战场。因此，提升大数据分析的深度和广度、拓展大数据应用场景非常重要。

重视网络媒体的广告效应。据统计，全球移动端广告支出占比从 2010 年的 0.5%上升至 2018 年的 33%，已经逼近份额最大的电视媒体。试想一下，当客户需要换房子时，其手机自动推送二手房信息，同时直接推荐需要的贷款产品广告，并根据客户信用、资产和承受能力自动计算出贷款额度、利率和月供额，这样的广告一定更有效率。在互联网时代，口碑会通过社交网络迅速传播，成为最好的广告。为用户提供良好的服务体验，或许比任何广告投入的效果都要好。银行可以将投放广告的钱用于重视社交媒体，将企业网站链接到社交媒体上，与公众沟通互动，获得公众的关注。银行可以利用社交媒体企业账号进行投资者关系管理、持续关注公众需求、定期提供信息、体现社会责任、招聘员工、接待和反馈客户。

加强内部协同联动。在互联网的推动下，交易边际成本趋向于零。社会协同共享的模式越来越现实。银行之所以存在的一个重要原因就是因为内部协同比社会交易的成本低。面对协同共享的社会发展环境，如果银行的内部协同联动功能发挥不好，将变得毫无优势和竞争力可言。怎么加强协同联动呢？除了调整组织结构、改变权力结构、改进考核等外，大力倡导协同文化的建设也十分重要。积极向上、协同作战的文化将使银行产生巨大的竞争力。在所有的应对策略之中，思维方式的转变是起点，而绩效考核是落实各类措施的关键，银行只有从思想上转变并抓好绩效考核才能真正应对挑战。

第四节 未来之路

一、科技基础

数字化经营的核心驱动力在于技术的进步。要构建科技基础，就要先看到技术的本质，去寻找到它的发展规律，然后去探索、发现对金融领域影响最大、最有可能深入应用的新技术。从目前来看，人工智能、区块链、云计算、大数据、移动互联、物联网等新兴前沿技术，都为金融科技范围内的核心技术。

人工智能是智慧金融的引擎，区块链是智慧金融的助推器，云计算是智慧金融的发射器，大数据是智慧金融的燃料，移动互联和物联网是智慧金融的传递媒介，边缘计算技术让智能硬件具备了计算的能力，量子计算将助力人工智能应用迈上新的层级。

随着科技持续进步，这些核心技术将构建出一个新的架构体系，技术最终将让社会发展成一个数字双生的世界，不断地把碎片化物理世界数字化后，在网络空间构造成一个碎片化的数字孪生体，然后把这个碎片化的孪生体拼成一个完整的数字孪生体，直至构造一个数字孪生的世界。在这条道路上，银行需要秉持科技驱动的理念，不断探索、布局新的技术体系。

二、智慧金融

数字化的世界让金融科技可以更为严谨、快捷地助力银行的业务发展，银行业务也会变得越来越智慧化。

个人业务将能够提供随时、随地、随需的个性化综合金融解决方案，真正实现“唯你专属”。例如，随着区块链技术、移动互联技术的发展，未来个人的电子身份可以按需被下载至任何泛终端设备中，像是在租用的电子汽车中，车辆在行驶过程中，将按照用户的爱好进行调整，途中的加油、停车等均能够通过物物支付完成，车辆保险费也将按照用户使用习惯进行评估，归还车辆时，一切数据将清零。又如，金融服务能够嵌入在智慧家居中，智能投资顾问服务将根据家庭生活习惯等行为，依据大数据的分析，为用户推荐合适的理财服务以及无所不在的客户关怀，如基于智能音箱的远程客服等。

对公业务将能够真正提供嵌入企业生命周期的、“一企一案”的交易型服务。随着区块链、物联网技术的发展与应用，企业生产、制造、仓储、运输等每一环节，都能够被实时监测并通过人工智能与大数据技术的运用，实时计算出企业在各个环节中的信用情况、资金缺口等，并提供小额、实时、动态调整的金融服务。

其他领域，如渠道服务、内部管理等，也将因为金融科技的出现而提供无所不在的银行网点、无所不在的金融服务以及财务处理机器人等前沿性的服务形态。

三、智慧生态

新兴金融服务模式和服务主体的不断涌现使银行不断蜕变，边界扩大、体量变轻，银行的金融属性进一步下沉，社会属性不断凸显。银行借助现代技术实现与社会各群体互联互动、共生共促，形成智慧生态圈。银行生态圈的推动与执行要着力从企业（B）端、消费者（C）端和政府（G）端三个维度开启转型和重构，构建出完整的智慧生态，重新定义新时代银行的功能，找到银行新的角色定位。

银行以服务 C 端用户着手，在 C 端服务不断迭代与优化之后，逐步拓展至 B 端和 G 端。无论是 B 端还是 G 端，本质上是为了更好地联合企业与政府来服务 C 端用户，这是银行建设智慧生态圈的要义。

对 C 端而言，银行可以在围绕衣、食、住、行等与生活息息相关的领域择机切入。例如，与住房相关的产业，仅住房购买（一手、二手）的年市场规模就达到 10 万亿元以上，银行作为住房按揭贷款的主要提供者，具有进入此领域的天然优势。住房市场存在很多痛点，像是市场监管不到位，如对租赁房源、市场主体、合同备案、参与各方信用监管不到位；市场监测手段差，如租赁监测采集手段多靠人工收集，时效性低、数据质量差；政务服务不完善，如租赁合同范本不规范、租赁指导价格存在偏差、纠纷处置依据不明确、政务服务渠道建设有待提高；租赁企业规模不足，如长租投资回报率低、回报周期长、市场积极性不高；市场秩序混乱，如房源真假难辨，假房源泛滥，中介行为不规范，误导、欺骗消费者事件屡有发生。这些问题都是因为信息不充分、不对称造成的，这些都有可能成为银行介入并提供服务的机会。

从 B 端来看，当前 B 端市场已呈现出过度竞争状态，银行需要跳出固有的格局，转向建立伙伴式的新型银企关系。例如，教育和医疗卫生领域有着强烈的信息化平台建设需求。学费收缴是中小学、幼儿园的刚性需求，因此教育领域客户存在搭建缴费平台实现学费快速收缴的诉求。患者看病难、看病贵，医院拥挤，“三长一短”（挂号、看病、取药排队时间长与医生问诊时间短）等现象一直是医疗卫生机构的痛点。借助“互联网+医疗”实现诊疗资金便捷支付、院间双向转诊和信息共享等是医疗卫生机构的迫切需求。

相比于竞争激烈的 B 端、C 端市场，银行正在尝试与 G 端客户实现互联互通，通过“G 端连接”的核心举措，紧抓政策源头、资金源头和数据源头，自上而下牵动“B 端赋能”和“C 端突破”，是适应工业 4.0 智慧化发展的需要，也是创新经营与盈利模式的有益实践。银行可以从“互联网+政务服务”这个 G 端市场的核心业务切入。从“群众少跑腿”到互联网“数据多跑路”的服务管理新模式可以帮助建设智慧政务，无疑也将带来银行业形象的重塑、商业模式的革新和服务格局的再造。

本章小结

银行数字化经营是一个全方位、系统化的经营与管理的变革，银行未来的变革是在金融科技的引领和支撑下，发挥自身优势，遵循以客户为中心、技术化、场景化、平台化、企业级、开放化的理念，对内建设智慧型金融，对外构建智慧型生态。银行要选取核心技术来构建技术体系；要全面在个人、对公、渠道、风险防控等领域创新业务服务模式，让金融服务无处不在；要对外拓展服务边界，从 B 端、C 端、G 端入手，共同打造智慧生态圈。

第四章

金融科技治理

本章提要

面对金融科技给银行数字化经营带来的机遇和挑战，银行需要建立多层次的金融科技治理体系。组织架构要向高效协同发展，使业务与技术互相促进；科技制度体系要向层次化发展，结构需完整、相互有承接；人才队伍建设要多措并举，将第一资源的地位落实到位；财务资源需要科学化的配置、精细化的管控。在开放、合作与共享发展模式中，银行自身的金融科技核心能力建设非常重要。

学习目标

了解IT组织架构的基本框架，熟悉基本管理职责；了解科技制度体系的基本内容；掌握金融科技人才队伍建设与管理的要点，熟悉金融科技人才职业发展生涯；了解金融科技财务资源投入和管理方式。

第一节　组织架构

在银行的数字化经营过程中，金融科技条线的职能也随之转变，由技术保障部门变为银行创新驱动和业务引领的部门。因此，银行需要建立层次清晰、高效协同的金融科技组织架构。

一、决策层

一般来说，银行金融科技决策主要在董事会、监事会和高级管理层。

（一）董事会

董事会负责银行金融科技战略规划，履行银行金融科技风险管理职责。相关职责主要包括审查批准银行金融科技战略整体规划，听取金融科技战略规划执行情况汇报；遵守并贯彻执行国家的法律、法规和技术标准，落实相关监管要求；审议银行金融科技风险管理策略，听取银行金融科技风险管理情况汇报，确保金融科技风险管理的总体有效性与合规性；致力于银行的金融科技风险文化建设，规范职业道德行为和廉洁标准，提高全员对金融科技风险管理重要性的认识；确保良好的金融科技治理体系，形成分工合理、职责明确、相互制衡、报告关系清晰的金融科技风险管理组织结构和激励机制。

董事会通常下设若干委员会，其中战略发展委员会负责指导银行金融科技战略规划和执行；风险管理委员会负责指导金融科技风险管理工作，履行金融科技风险相关的规划与管理职责。

（二）监事会

监事会负责监督银行金融科技战略、规划和管理的执行情况。相关职责主要包括监督董事会、高级管理层在银行金融科技方面的履职尽职情况；监督银行金融科技决策、金融科技风险管理的执行与落实情况；指导银行金融科技审计工作。

（三）高级管理层

高级管理层负责银行金融科技管理与流程管理的研究、议事和协调，确保金融科技战略规划有序推进、稳步落实。相关职责主要包括研究金融科技战略规划，确保其与银行的总体业务战略保持一致；评估金融科技风险管理工作的总体效果和效率；负责金融科技专业队伍的建设，建立人才激励等机制。

高级管理层可下设金融科技创新委员会，负责银行金融科技工作研究、议事和协调，审议金融科技相关重大事项。主要职责为研究银行金融科技管理政策；研究重大信息系统建设目标和建设方案，推动战略性项目实施；组织制定和落实银行金融科技风险管理策略；组织研究整体业务需求的整合，推进全局性业务流程的优化和标准化；组织协调年度金融科技开发、运营维护任务总量计划及配套支持预算，协调推进金融科技项目的实施；分析监管机构重大政策变动对银行流程管理与金融科技管理工作的影响，制定对策和实施方案；定期向董事会、监事会汇报金融科技战略规划的执行、金融科技预算和实际支出、金融科技建设和运行的整体状况等。通常，金融科技创新委员会包括金融科技部门、战略规划部门、人力资源部门、财务部门、风险管理部门、内控合规部门、质量管理部门以及相关业务部门。

二、管理层

金融科技创新委员会办公室是金融科技创新委员会的日常办事机构，负责落实银行金融科技战略、企业级业务需求统筹、科研创新项目统筹、科研经费统筹以及科研项目后评价等工作。

金融科技主管部门负责银行技术创新研究、架构管控、安全生产及科技风险管理，组织实施重点项目等工作。主要职能是 IT 架构的建设、信息安全合规管理、保证项目实施过程的质量和进度、跟踪研究前沿科技应用以及对海外子公司的技术支持和银行资产管理。

数据资源管理部门牵头银行数据治理体系建设，负责外部监管数据报送工作，牵头推动银行数据管理与数据应用能力提升。

产品创新与管理部门负责组织、推动银行产品创新，协调、实施跨部门的产品创新，牵头建立产品生命周期管理机制和产品创新流程化运行机制。

三、执行层

生产系统的运行管理机构负责信息系统运行维护、应急灾备、安全防护、参数管理以及基础设施建设等工作。

海外机构的金融科技部门负责受理海外机构的业务需求及需求分析、项目实施和推广、技术支持、服务响应及科技输出，提升科技队伍对海外市场的快速响应能力和创新能力。

开发中心或金融科技公司等研发机构承担整体性需求的实施任务，服务总行各业务部门、金融科技部门、分行等。

系统投产测试和科技产品选型测试的实施机构负责集中开发测试环境的建设、管理和日常维护，开展应用系统版本检验测试、非功能性测试以及科技产品选型测试相关工作。

网络运营保障机构负责网络规划标准制定、网络资源管理、网络设备与线路的运行维护、网络产品管理、新技术和新产品研究。

信息安全防控机构负责安全防控系统的建设，全面管理安全漏洞和缺陷，主动预警、监控、分析、处置安全事件，应对有组织、大规模的网络攻击。

分行科技部门作为根植市场、直面业务发展与客户需求的关键队伍，承担企业级架构下的特色需求开发与网络运维，开展本地金融科技服务与技术创新，并为客户提供技术解决方案。

四、部门协同与总分行协同

部门协同是银行金融科技建设的有效途径。部门协同要求打破竖井式、部门级的开发模式，贯彻以客户为中心、以企业级架构为基础、业务技术协调发展的思路；加强业务部门与金融科技部门的互动，加强横向联动与协调，整合境内外业务需求，形成业务与技术互相促进的沟通模式。

总分行协同是银行金融科技演进的必然选择。银行建立一体化金融科技研发体系，基于企业级 IT 架构职责分工和各自优势，总行负责企业级技术平台的搭建、研发支持以及应用组件的实施，分行专注于紧贴市场的个性化组合产品研发。总分行同步实时收集银行研发过程数据，形成多视角管理整体视图，为实现金融科技数字化、智能化、集约化管理提供决策依据。

第二节　制度体系建设

金融科技制度是银行按照自身金融科技发展需要和监管要求，结合金融科技工作实际情况制定的管理办法、实施细则、操作规程、技术标准、手册等规范性文件的总称。

为有效规范 IT 计划、IT 建设和 IT 运行维护等工作，银行应建立一套完整的金融科技制度体系来管理信息化过程中的所有活动，创造良好的信息化发展环境。

一、制度框架

为确保金融科技目标的准确传导、落实，银行应该逐级分解金融科技目标，对执行的过程进行规范，并为各流程环节及岗位提供可操作的制度，实现从目标到操作的落地。金融科技制度框架为分层结构，大型商业银行的金融科技制度框架如图 4-1 所示。

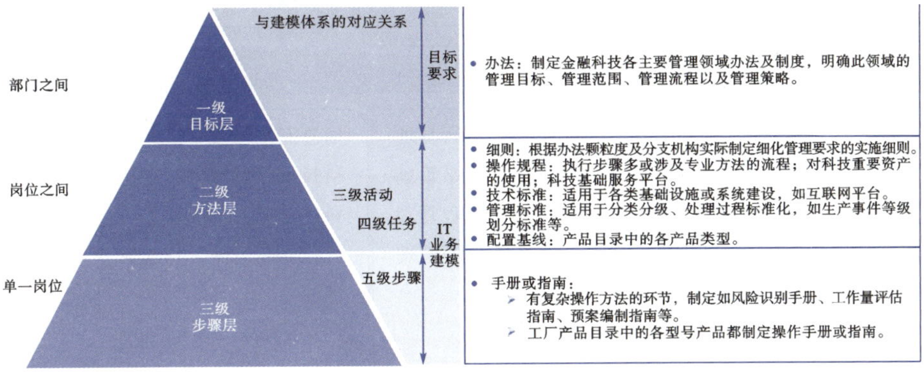

图 4-1　大型商业银行的金融科技制度框架

（一）目标层

银行要明确金融科技某一管控方面的总体职责分工、管理流程、管理策略、管理方式等，如制定金融科技各主要管理领域办法及制度，明确此领域的管理目标、管理范围、管理流程以及管理策略。

（二）方法层

银行要落实管理要求，明确各角色之间的分工、跨角色之间的流程以及实现要求的方法。

（1）细则：根据办法及分支机构实际制定细化管理要求的实施细则，如信息安全管理办法实施细则。

（2）操作规程：执行步骤或涉及专业方法的流程，如终端安全组件操作规程。

（3）技术标准：适用于各类基础设施或系统建设，如互联网平台安全建设标准。

（4）管理标准：适用于分类分级、处理过程标准化，如生产事件等级划分标准、数据脱敏标准、科技检查标准等。

（5）配置基线：产品目录中的各产品类型。

（三）步骤层

银行要具体到单一角色，明确每一步骤完成所须的工作，制定如风险识别手册、工作量评估指南、预案编制指南等；针对 IT 产品目录中的各型号产品都制定操作手册或指南。

二、制度内容

制度内容分为五个管理领域，分别是科技创新、开发建设、生产运行、安全风险、综合服务，具体如图 4-2 所示。

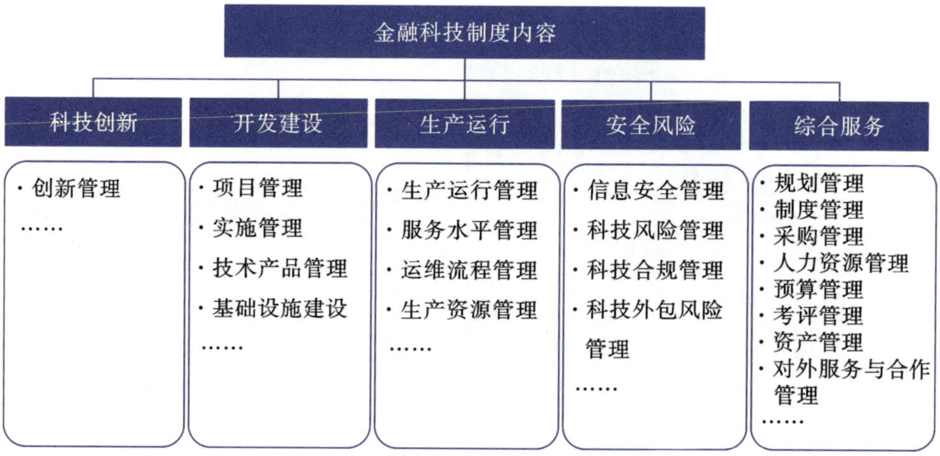

图 4-2　银行金融科技制度领域

银行要明确各个管理领域的管理目标、方法、流程、步骤、职责分工等内容。开发建设领域表现为项目管理、实施管理、技术产品管理、基础设施建设等；生产运行领域表现为生产运行管理、服务水平管理、运维流程管理、生产资源管理等；安全风险领域表现为信息安全管理、科技风险管理、科技合规管理、科技外包风险管理等；综合服务领域表现为规划管理、制度管理、采购管理、人力资源管理、预算管理、考评管理、资产管理、对外服务与合作管理等。

第三节 人才队伍建设

实施数字化经营，人才的质和量是重要保障。银行需要不断完善金融科技人才管理体系。

一、专业化设置金融科技岗位

针对金融科技的专业性特点，岗位设置包括规划岗位、架构岗位、需求岗位、开发岗位、测试岗位、运营岗位、数据岗位、安全岗位等。

（一）规划岗位

规划岗位人员负责银行金融科技战略规划的编写，管理规划推进和执行情况；负责科技能力研究及科技队伍建设；负责研究科技能力模型，提出科技人员配置建议方案。

（二）架构岗位

架构岗位人员负责制定企业级业务架构原则、规范、标准、业务建模方法，管理应用标准、数据标准、技术标准、安全标准；负责应用架构、数据架构、技术架构、安全架构资产的管理；负责应用总体方案的设计及架构决策。

（三）需求岗位

需求岗位人员负责业务需求统筹管理，建立业务需求快速采集机制，组织科技公司对口服务团队完成需求定义，组织企业级需求的研究和整合；负责完成立项准备。

（四）开发岗位

开发岗位人员负责应用组件或核心模块的开发及优化；负责单元测试、组件组装测试工作，完成测试阶段、运维阶段程序问题的排查和优化；负责参与项目投产支持。

（五）测试岗位

测试岗位人员负责测试环境的管理，测试技术与工具的研究与推广；负责测试方案、测试案例、测试报告等管理；负责功能测试、非功能测试的执行。

（六）运营岗位

运营岗位人员负责信息系统的运维；负责投产变更方案的制订和实施；负责运行服务的受理与响应，生产事件的应急处置、事件分析等。

（七）数据岗位

数据岗位人员负责数据管理和服务工作，牵头或参与研究、协调所在机构数据挖掘分析工作；负责探索大数据、人工智能等在业务经营管理中的应用。

（八）安全岗位

安全岗位人员负责信息安全技术管理，组织安全软硬件产品和技术的研究、测试；负责安全产品的全生命周期管理；负责敏感信息数据管理；负责银行安全威胁漏洞和违规操作监测以及风险响应处置。

二、细分人才素质要求

（一）基本要求

细分人才基本要求如下：

（1）爱岗敬业、遵纪守法、廉洁自律、身体健康。

（2）具有良好的专业教育和文化教育背景。

（3）具备较强的专业、专注精神和创新意识。

（4）熟练掌握至少一个领域的专业知识。

（5）最好取得过专业领域资格认证。

（二）专业能力要求

1. 规划岗位

规划岗位要求理解专业领域的知识、技术与原理；掌握至少一种战略规划编制方法论及工具；掌握 IT 架构、实施工艺及流程、建模等相关规范及标准；具备较强的洞察力，有一定的预见能力。

2. 架构岗位

架构岗位要求熟悉专业领域的知识、技术与原理；理解国内外领先银行架构发展现状和趋势；掌握架构设计的理论、方法，能针对业务领域需求编制架构解决方案；掌握主流企业架构框架及架构设计方法；熟悉云计算、大数据、人工智能、区块链、物联网等技术。

3. 需求岗位

需求岗位要求理解专业领域的知识、技术与原理；熟悉业务条线的特性、特点、宏观改革方向，银行特定业务领域及相关领域的流程；精通企业级需求管理及需求分析的方法；精通应用分析、测试、业务培训、业务推广的相关方法及工具；对银行特定业务领域有深入的理解；熟悉企业级需求管理及需求分析的理论。

4. 开发岗位

开发岗位要求理解专业领域的知识、技术与原理；掌握开发框架及编码规范相关要求，能灵活运用设计模式及编程语言语法特点，编写高效并简洁的程序；精通 C++、Java、python、SQL 等编程语言。

5. 测试岗位

测试岗位要求理解专业领域的知识、技术与原理；掌握质量管理方法；具备自动化测试实施能力，具备测试环境和测试资源优化分析能力；熟悉业界测试方法和测试工具。

6. 运营岗位

运营岗位要求熟悉专业领域的知识、技术与原理；熟悉主流计算机硬件、存储设备、操作系统、中间件、数据库、网络设备，具有网络安全管理的必备知识和技能；熟悉主机系统与开放系统，熟悉银行常用网络协议和通信协议；精通软件工程知识，熟悉银行业务流程。

7. 数据岗位

数据岗位要求理解专业领域的知识、技术与原理；掌握数据提取与应用、统计分析、信息检索与数据挖掘、数据可视化表示、数据建模方法、数据科学和机器学习；掌握大数据在银行的应用现状，熟练掌握大数据某一领域技术。

8. 安全岗位

安全岗位要求理解专业领域的知识、技术与原理；熟悉国际标准、国家标准、行业标准和监管要求；精通网络攻击的相关技术以及发展趋势，精通行业应用类的安全规范和认证规范，精通防火墙技术和应用；熟悉各主流支撑平台的安全机制及风险点，熟悉行内应用的开发规范。

三、人才职业发展路径和空间

（一）动态管理金融科技岗位

金融科技部门在确保不影响正常工作的前提下，应定期听取员工的双向选择意见，根据承担工作任务、机构职责与岗位配置、人力资源现状等条件，进行金融科技岗位双向选择。优化金融科技条线的岗位结构、高效配置人力资源，有利于金融科技人才拓展岗位发展空间。

（二）细分专业技术职级

金融科技人才拥有“管理+技术”序列双通道的职业发展路径和空间。在管理通道，其可以向上晋升为副处长、处长、副总经理、总经理等；在专业技术通道，领域细分为规划、架构、需求、开发、测试、运营、数据、安全等，级别从低到高依次为四级、三级、二级、一级。

根据需要，银行可以在金融科技部门内部设置领军人才、核心人才、关键人才和后备人才等分层的金融科技人才库。银行每年根据库内人才工作表现、年度考评结果、岗位调整以及业务发展需要等进行重新评定，通过新增、晋级、降级三种方式，动态调整和确定金融科技人才队伍总体规模及人员结构。

（三）加强人才交流

金融科技人才在总分行、母子公司、业务与技术部门间有序流动，有利于深化技术与业务融合，培养一专多能的金融科技复合型人才。

针对新入职的具有 IT 背景的人才，银行可以采用导师制、师傅带徒弟的培养方式，加速知识传递和技能复制，鼓励员工在一线参与金融科技项目研发，使其尽快熟悉管理流程。

技术管理人才可以到总行各部门、分行、数据中心、开发中心或金融科技公司锻炼，参与需求、开发、测试、运营等岗位工作，提升技术能力，丰富实践经验。

有丰富研发经验的一线科技人才可以到总行技术管理岗参与金融科技规划、架构设计、需求管理、项目可行性研究、项目管理、项目实施、测试投产等工作，培养企业级架构管理能力。

业务能力较强或综合素质较好的科技人才可以到分行或总行业务部门综合管理岗位负责金融科技创新与综合管理等工作，提升科技人员的业务能力与管理能力。

四、健全金融科技人才管理体系

（一）建立灵活的增人机制

一是综合应用多种专业测评工具构造选人模型。银行可以通过岗位描述和能力模型相匹配，基于大数据分析，实现人岗精准匹配和高效智能招聘；构建金融科技人才智能招聘平台，搭建移动端招聘门户，提升招聘效率。

二是优化校园招聘制度，提前锁定优秀毕业生。银行可以面向境内外高校的下一年毕业生，举行金融科技专项暑期实习活动；通过课题研究和能力大赛，提前考察实习生的专业能力和综合素质；通过金融科技精品课程、园区参观、青年论坛等夏令营活动，让实习生深入了解银行金融科技。

三是按需开展社会化招聘，多渠道引进高端人才。银行可以探索小批量、多频次补充金融科技急需人才模式，可招聘高级别专业人才；提前规划前沿技术的创新人才，对创新急需的稀缺人才、初创团队所需人才可实行特殊政策，不受招聘指标、时间、薪酬等因素限制，尽快形成银行新兴科技应用能力。

四是内部挖掘金融科技人才。银行可以通过参与金融科技项目或举办能力大赛等方式发现人才，按需进行总分行、业务部门、研发中心或金融科技公司等系统内招聘。

（二）建设有吸引力的激励约束机制

1. 构建适配项目团队制的考核评价体系

银行应将总分行金融科技部门作为经营部门考核，综合考虑过程评价、结果评价，使项目成员的浮动薪酬水平与其贡献度挂钩；为金融科技突出贡献者建立职业发展的绿色通道，对项目经验丰富、研究成果丰硕、在各类劳动竞赛中屡拔头筹的优秀典型，优先提拔聘用，优先提供培训资源，优先安排更多脱产培训的机会；对主动考取各类专业资格证书以及在专业刊物上发表文章的员工给予物质和精神激励。

2. 构建创新激励体系

银行应设立创新专项基金，对各项迭代创新活动提供资源支持，对优秀创新成果予以物质奖励；明确容错原则，对创新的各个环节均予以相应奖励，引导更多的人才积极参与创新；建立创新成果输出和共享机制，定期举办全员创新创意大赛；建设金融科技创新平台，提供课题管理功能、技术平台工具、数据资源和业务场景，赋能新金融人才联合培养工作，方便银行与政府、企业、高校、研发单位合作开展产教研融合创新。

五、提升金融科技人才占比

为保证银行金融科技工作的开展，大型商业银行的金融科技背景人员占比应不低于15%，总分行业务部门、子公司具有金融科技专业背景人数占比应不低于12%，分行金融科技部门人数占机关总人数比例应不低于10%。

第四节 财务资源管理

金融科技财务资源管理的核心问题是如何对财务资源进行配置并使之高效运行。银行金融科技的财务资源配置原则可以概括为战略牵引、需求驱动、安全保障、注重效益，即投向金融科技战略规划部署的领域，投向能够满足业务需求、支持业务发展的领域，投向能够保障业务安全稳定运行的领域。资源配置的主要领域是科技项目研发、基础设施建设和常规运维。

一、科技项目研发

科技项目是指为实现特定的业务和技术目标，在规定的时间内完成的一次性应用开发或系统集成任务。年初，科技项目主管部门召集总行各业务部门，对本年度各业务条线的年度工作安排及需要IT条线支持的各项重点工作进行盘点，形成全年项目计划；再基于各项目规划的建设规模，结合历史数据积累，核算出所需的年度工作量，并基于人员结构配比和人员单价，核算出年度项目投入预算。

在单个项目立项的财务审批方面，银行需重点关注项目的事前投入产出分析情况。项目的投入产出分析应全面考虑项目有效存续期，即全生命周期的投入和产出，并注重投入和产出的匹配；项目投入应为全口径成本投入，涵盖项目初始建设、推广、持续优化等开发的直接成本和系统运行、维护所需的间接成本。科技项目主管部门应该综合全面衡量项目性质、复杂程度、规模和应用领域等的不同，选用不同的评估指标和评估方法，评估指标要与项目目标紧密相关。评估力求合理可操作，对于项目产出中可以量化的应使用定量评估方法，并选取可获取、能监控、易评价的量化指标；难以量化的项目使用定性评估方法，或者将定量评估、定性评估相结合。在实际操作时，项目成本可包括项目建设成本、项目持续优化改进成本、基础设施使用成本和应用运维成本；项目产出可主要使用能够量化的产品产出、获客产出和管理效益产出，同时使用用户量、访问量、交易量等指标进行辅助描述。最终银行使用项目投入产出数据计算项目各年度损益，并使用投资回收期、投入产出比、净现值、内部收益率等指标对项目进行评价。在项目评价时，银行应采取鼓励创新的措施；对于创新度高的项目和功能，评价体系应给予相对更宽松的空间，可以对创新项目的整体成功率进行评估，而不必苛求每个项目、每个功能都成功。

在项目实施期间，银行应关注项目支出的过程控制。项目支出主要分为采购研发服务的合同性支出与支持项目实施的差旅、住宿等非合同性支出。对于合同性支出，银行应在研发服务采购合同中就采购单价、结算依据、付款安排等核心条款进行明确约定，监督供应商履约并与供应商协同完成结算付款。对于非合同性支出，银行应以合规性为核心原则，制定清晰的费用支出项目清单，列明必要的报销材料，清晰阐述报销流程，并对报销审核要点进行详细解释，以实现合规基础上的高效。

在项目上线后，银行应对项目进行后评价。对于具有不同应用领域和特性的项目，银行应设置不同的指标集，并根据项目上线后的生命周期选取不同指标进行评价。对于金融业务类项目，初创期主要评价收入增速，成长期主要评价收入规模，成熟期主要评价利润水平。对于互联网平台类项目，初创期主要评价新增用户数，成长期主要评价用户付费率，成熟期主要评价用户流失率和利润等。评价结果可以作为开发和运营费用的结算依据，促进开发和运营团队对产品质量和用户体验的关注，实现以结果为导向的团队激励。

二、基础设施建设

基础设施建设是指为支撑信息系统的开发、测试和运行所进行的底层基础系统构建活动。基础设施通常由机房设备、服务器设备、存储设备、网络设备等硬件以及管理这些硬件并为上层应用提供服务的基础软件组成。按建设内容，基础设施建设可分为新增事项、扩容事项和更新事项。对于新增和扩容事项，我们应首先评估当前系统软硬件资源的类型和容量，并基于全年项目计划和预估全年的基础设施资源需求，测算资源缺口，然后参考银行内的设备配置标准和历史成交价等因素，核算全年新增及扩容预算。对于更新事项，我们应对当前系统软硬件资源所处的生命周期阶段和折旧摊销情况进行盘点，对于存在潜在运行风险且无防范措施的资源进行更新替换，确保基础环境能够安全稳定运行。

此外，我们应注重基础设施建设的成本管理，通过多种手段提升投入产出效率。在主动管理方面，银行应加强生产、研发、测试等不同环境下基础设施资源的利用，通过引进先进的技术方案提升基础设施平台的资源产出效率，同时在商务方面使用灵活的采购策略和合作模式，充分发挥基础设施的规模效应优势。运行部门应当对设备和设施使用效率设置指标，如开机率、处理能力利用率等加强日常监控分析报告，并按照相应策略及时进行调整，防止设备闲置，减少低效运行。在被动管理方面，银行应基于管理会计理念，实现基础设施资源的产品化和服务化，形成产品服务目录，对各项产品服务进行成本核算和内部定价，并将相关费用分摊给各项目、部门、条线等，进而通过考核等手段促进用户自觉管控成本，从需求端实现资源的合理管控。

三、常规运维

运维事项是指为保障信息系统的正常研发和运转所进行的运行维护工作及必要的运营费用支出，通常由硬件维保、软件维保、网络通信费、人员服务、安全保障服务以及耗材等组成。按购买服务的内容不同，运维事项可分为硬件产品维护保障服务、软件产品维护保障服务、软件租赁服务、网络通信服务、人力资源服务、安全保障服务、计算机耗材等。常规运维投入与整体系统规模、科技条线的组织机构设置及资源采购策略相关，其年度投入的核算应在往年投入的基础上，根据当年系统规模的变化、组织机构的新设和撤销以及资源采购策略的变更进行调整。同时，银行也要积极研发和引入自动化、智能化运维工具，在提升运维质量、保证运行安全的同时有效降低成本。

与基础设施建设类似，银行对常规运维投入的成本管理也应从主动和被动两方面双管齐下。例如，大型机下移等技术方案的演进可以显著减少大型机类常规运维的投入；统一采购第三方维保、与运营商商定弹性带宽计价等商务策略的转型也可以显著降低成本。同时，常规运维投入也应纳入基础设施产品和服务的成本核算，或者形成独立的服务目录，通过管理会计手段完成费用分摊，实现需求端的合理化资源管控。

四、构建金融科技财务资源管理系统

构建先进的金融科技财务资源管理系统能够更好地支持财务资源的优化配置，实现对财务资源使用进度与节奏的把控，同时发挥财务资源管理在价值发现和业务指引方面的潜力。系统应具备如下基础功能模块：

（一）基于事项的财务资源全生命周期管理模块

银行应从财务资源的规划、申请、审批、执行、评估等角度对科技项目、基础设施建设、常规运维等事项进行全生命周期的跟踪和描述。各事项属性和要素的设计应结合银行相关流程进行统筹考虑，实现与项目管理、采购管理、资产管理、企业资源计划（ERP）等系统的对接，保持数据一致性。科技财务数据的线上化不仅能够大幅提升财务管理的效率，而且能够实现真正意义上的数据资产积累，为数据分析和远期的人工智能应用提供高质量的素材。

（二）多维报表系统

多维报表系统支持对科技财务数据进行上钻、下钻、切片、转轴等多种数据操作，能够从多个维度展现财务资源配置及使用情况。科技财务类数据对于分析金融科技战略推进情况、衡量金融科技业务价值能够起到至关重要的作用。性能强大的报表系统能够充分发挥数据效能，有助于形成更具实践意义的分析结论，对未来的资源配置、战略决策等具有重要的指导作用。

（三）高附加值功能模块

高附加值功能模块可以包括科技项目事前投入产出分析、科技项目后评估、基础科技产品成本核算等功能模块。此外，金融科技财务资源管理系统与银行内其他财务系统，如管理会计系统的有效联动也能够进一步扩大金融科技财务管理的管理边界，在机构考核、价值计量等领域实现突破。

第五节　自主与外包合作

银行经营趋向于开放共享，需要明确如何做好自主可控与开放共享的平衡关系、解决好自主与外包合作的关系问题。

总体而言，银行的信息技术应用处于行业领先水平。一方面，大型商业银行在数字化经营中，沉淀了一批具有自主知识产权的业务解决方案，拥有了企业级 IT 架构设计和技术开发平台，储备了有丰富经验的科技人员，因此具有自主研发的天然优势。另一方面，银行毕竟不是纯粹的科技公司，主要任务是通过技术应用实现银行业务经营与管理变革，促进业务发展，因此基础技术研究并不是银行金融科技部门的强项。综上所述，银行需要不断寻找自主与外包的平衡点，合理规划哪些工作任务自主、哪些项目外包合作。

一、自主研发与外包合作

银行自主可控信息系统是建立在自主规划设计基础上的，只有立足于自主规划设计才能掌握技术应用主动权。自主规划设计银行 IT 架构，可以选择组合使用于不同厂商的技术产品，以集成的方式应用于不同的产品，在技术上扬长避短和相互补充。在外部厂商技术产品的使用上，银行也应在充分消化吸收的基础上，理解其背后的原理和实现方法，评估未来通过自主研发最终替换外部产品的可行性。必须要认识到，简单地对产品和技术进行替换将造成银行科技建设成本的增加，单一地外购产品和子系统，难以与银行自身系统实现信息交互、数据共享和统一风险管理。

自主研发是与外包研发对应的开发方式，以行内人员为主开发应用系统，实现关键业务系统风险管理的自主可控。通常认为，外包研发成本比较低，银行项目研发工作普遍大量使用外包方式和外包人员。实际上，使用外包方式和外包人员也存在诸多问题：一是外包价格初期比较低，但长期运维成本较高；二是外包服务人员归属感低、忠诚度低、流动性大；三是知识经验难以沉淀与积累，项目后续发展受限；四是外包责任管理比较困难；五是外包项目的知识产权、信息安全风险高。从长远来看，使用外包方式和外包人员的代价并不比使用银行内部人员低，因此增加银行自身科技力量，坚持以自主研发或合作研发模式为主才是大型商业银行可持续的技术研发路线。

二、自主运维与外包合作

数据中心是银行重要的核心部门，选择自主运维还是合作运维或外包运维，可以根据运维工作的性质以及运维工作的目标来确定，但总体来说，在资源充足以及情况许可的情况下，银行应优先考虑自主运维。

自主运维是指使用行内人力资源，自行管理、控制、执行数据中心运维活动，能更好地规避操作风险。考虑到安全，对涉及银行核心竞争力或运维安全的运维工作，如规划设计、风险管理等工作，银行应该坚持自主运维，将数据掌握在自己手中。相反，考虑到成本与效率，对于技术与价值含量低、不影响核心竞争力的运维工作，如运维值班工作，银行可以外包合作；对于数据中心目前尚不具备的高端能力，或者替代代价过大的专业领域能力，银行可以通过引进、合作、购买等方式获得。

三、自主可控的管理机制

（一）建立技术管控机制

1. 建立信息技术产品管理规范

一是增加商业产品的供应商数量。银行要在信息技术产品目录中增加同类产品的供应商，并在适当场景中加大其应用范围，降低对单一产品、单一厂商、单一国家的依赖。二是加大开源技术的引入与应用，构建开源软件的准入评估体系，按需引入各类开源软件；构建企业级的开源软件技术堆栈，形成银行内部开源技术的使用指引。

2. 建立科学的技术评价体系

一是在产品采购的标准上，要适当倾向于具备自主产权的产品，在采购评分中增加相关指标的分值；二是在生产稳定运行考评的标准上，要适当提高对开源技术产品的容忍度，逐步形成能用、敢用的环境。

（二）健全成果保护与转化机制

1. 保护技术标准和知识产权

对于引入新技术或新产品的技术创新项目，如创新效果达到预期目标，金融科技部门将新技术产品纳入银行技术标准管理。对于技术创新产生的新技术所有权、知识产权等，金融科技部门与法律部门协作，共同开展新技术相关的知识产权管理工作，鼓励技术创新主体为创新成果申请专利。同时，各级机构在技术创新过程中应树立知识产权保护意识，不得侵犯他人知识产权或其他合法权利。

2. 激励技术创新成果

金融科技部门组织专家对技术创新成果进行评审，评审结果报银行主管部门审批，并依据审批结果给予相应的奖励。

（三）外包管理

1. 供应商管理

银行应该加强对外包供应商的考核，严格外包供应商在准入、评价、退出等环节的管理。在确认供应商能够满足采购需求的基础之上，银行采购部门对供应商进行资质审核。审核内容主要包括供应商的经营资质、财务状况、负面信息、成功案例。在资质审核过程中，银行应该参考供应商在银行履约考核结果、举报投诉处理结果、同业供应商不良行为通报等信息。

在日常工作中，银行采购部门通过对需求部门反馈的外包供应商履约情况评价表进行综合分析，考核外包供应商的服务能力，将连续两次考核结果均为不合格的供应商列入禁用名单。

对于重要外包服务，在采购开始前，银行采购部门根据采购需求推荐相应的供应商，外包服务需求单位在采购前对供应商开展尽职调查工作，形成尽职调查报告。

2. 外包风险管理

对于研发类、运维类外包、驻场合作模式，银行需要重点监控外包人员的考核合格率、外包人员更换率，建议每半年进行一次考评；建立外包人员管理平台，实现外包人员进出场、考评等工作的线上管理。

对于业务外包中的金融科技活动，银行业务部门应该根据业务类型进行具体的监测，要有量化的业务监测指标，按月进行数据监测。

对于非驻场外包服务，外包服务执行单位应该定期进行服务商现场检查，建议每半年一次或每季度一次。

银行采购部门负责监测服务商的经营信息（委托第三方公司实施），包括服务商财务危机、破产、转让、侵权、重大法律纠纷等负面信息等。外包服务执行单位关注服务商的关键人员流失、投入不足和管理不善等因素引发的财务状况恶化及内部管理混乱等情况。

银行应加强外包项目的数据保护、信息防泄漏等方面的考量。在同等条件下，银行优先选择具有信息安全资质的供应商。合同应明确安全保密责任等信息安全责任，并约定违约责任条款，明确供应商服务人员资质和行为要求。研发、运维服务以驻场形式开展合作；核心性、关键性工作或技术都由银行内部员工完成，外包人员主要承担辅助性、重复性的工作。银行应该严格控制外包人员权限，外包人员登录系统的权限，仅限于完成合同约定的工作，无法登录银行其他系统；采用“云端存储、集中管控”模式，在数据收集、传输、使用、存储、销毁等各阶段充分应用机控手段，减少人工操作。对于非驻场外包涉及的数据传输与处理，银行应该严格遵循“最小必须”原则，防止信息泄露。对外传输数据时，银行应该采用数据安全组件等企业级安全服务或第三方认可的安全协议、数据加密、碎片化数据、专线传输等措施，防止数据泄露和被篡改。

案例

某银行金融科技组织架构

为适应金融科技变革与挑战，某银行主动实施金融科技组织结构改革，壮大科技队伍、激发科技活力，用科技力量支持业务创新发展。改革后，该行基本形成“金融科技创新委员会管总，金融科技部、金融科技创新委员会办公室、集团金融科技创新中心主建、分行金融科技部门，一级金融科技公司、信息安全防控中心、运营数据中心、网管中心、测试中心、海外金融科技中心主战”的科技创新总体管控架构（如图4-3所示）。

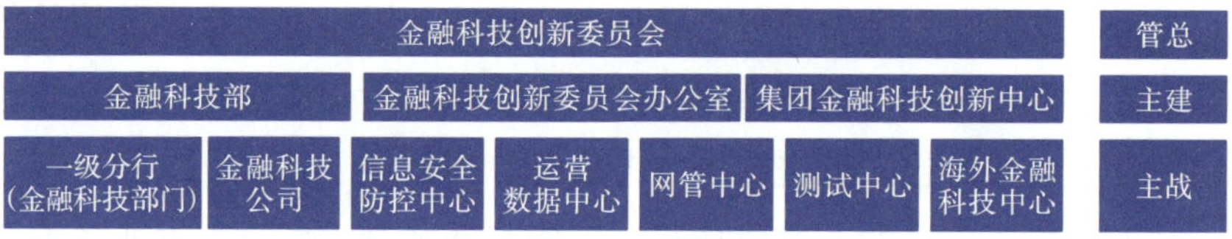

图4-3 某银行金融科技创新总体管控架构

一、金融科技创新委员会

金融科技创新委员会主任由行长担任，成员单位包括金融科技部、资产负债管理部、财务会计部、人力资源部、风险管理部、内控合规部、公司业务部、同业业务中心、个人存款与投资部、网络金融部、产品创新与管理部、渠道与运营管理部、数据管理部、运营数据中心、金融科技公司等，负责银行金融科技和产品创新及大数据等领域的战略规划与政策制度建设、战略推进等事项的研究、议事和统筹协调。

二、金融科技创新委员会办公室

金融科技创新委员会办公室是金融科技创新委员会的日常办事机构，主要负责落实银行金融科技战略，统筹企业级业务需求、科研创新项目、科研经费、跨部门及跨层级事务协调和联合作业指挥、科研项目后期评价等工作。

（一）主要职责

金融科技创新委员会办公室主要职责如下：

（1）负责组织编制集团金融科技战略规划及年度实施计划，推动落实金融科技战略。

（2）负责研究科技人才发展战略，推进科技队伍建设。

（3）负责统筹金融科技创新实验室布局，统筹科研创新项目，落实银行统一财务管理框架，统筹科研经费、基础设施建设支出以及科技运维常规性费用，组织金融科技成本分摊。

（4）负责企业级业务需求统筹（数据需求统筹执行现行办法），组织项目立项。

（5）负责组织企业级业务架构管控。

（6）负责组织项目后评价、创新成果评价以及科研成果评定；管理银行科研成果，协助做好相关知识产权保护工作。

（7）负责组织跨部门、跨层级事务的协调和联合作业指挥。

（8）负责征集金融科技创新委员会会议议题、组织会议以及督导会议决议落实。

（9）组织落实金融科技创新委员会交办的其他事项。

（二）内设处室职责

金融科技创新委员会办公室内设科技战略与人才规划处、财务资源统筹处、业务架构管理处、业务需求管理处、项目管理处5个处室。

（1）科技战略与人才规划处负责银行金融科技规划、科技能力研究、科技队伍建设以及战略推进等。

（2）财务资源统筹处负责落实银行财务管理框架要求，承担金融科研创新相关财务资源归口统筹、规则拟定、执行监管等。

（3）业务架构管理处负责企业级业务架构管控，维护企业级业务架构原则、规范、标准，组织战略性创新业务方案设计等。

（4）业务需求管理处负责业务需求统筹管理和快速采集机制建立，组织企业级需求的定义、研究和整合等。

（5）项目管理处负责银行信息技术项目分类、审核、任务下达、验收评估以及成果管理等工作。

三、金融科技部

金融科技部是银行信息技术的主管部门，负责技术创新研究、架构管控、安全生产及科技风险管理、组织实施重点项目等工作。

（一）主要职责

金融科技部主要职责如下：

（1）负责建立金融科技管理制度体系，组织制定相关制度、规定以及操作规程。

（2）负责组织落实金融科技战略。

（3）负责组织开展技术创新研究及新技术应用，推动创新成果转化和分享。

（4）负责组织金融科技产品研究，建立金融科技标准体系，统一发布金融科技产品目录。

（5）负责制定技术架构、应用架构、数据架构、安全架构策略，组织金融科技项目的总体设计，审定重大项目技术方案、资源配置方案及部署策略。

（6）负责统筹重大金融科技项目推广，制订金融科技项目的实施计划，协调重大实施问题，管控实施风险。

（7）负责金融科技输出服务事项管理。

（8）负责组织制订系统投产变更计划，组织系统投产变更。

（9）负责落实业务连续性管理策略，组织应急灾备体系建设。

（10）负责制定集团金融科技风险策略，组织科技风险识别、评估活动，指导科技风险处置及监测工作。

（11）负责构建企业级信息安全保障体系，组织信息安全技术防范工作。

（12）负责金融科技内控管理、传导落实科技监管要求。

（13）负责制定金融科技外包风险管理策略，指导科技外包工作。

（14）负责归口管理金融科技采购需求。

（15）负责统筹金融科技服务资源，对境内分行、子公司、海外机构提供科技服务支持。

（16）负责科技软硬件资产管理。

（17）负责科技合规、安全教育及技术技能培训，构建及管理技术专家库。

（18）负责制定金融科技年度工作目标，并监督落实，组织绩效考核。

（二）内设处室职责

金融科技部内设综合处、技术资源管理处、技术创新管理处、技术架构管理处、应用架构管理处、信息安全管理处、生产管理处、制度与内控处、项目实施管理处、系统管理处、同业支持处、海外支持处等处室。

（1）综合处负责协助领导组织信息技术管理及行政事务管理。

（2）技术资源管理处负责 IT 固定资产与无形资产管理以及金融科技外包管理。

（3）技术创新管理处负责新技术创新应用及创新成果管理。

（4）技术架构管理处负责银行技术标准、技术产品以及技术方案的管理。

(5) 应用架构管理处负责应用标准、数据标准的管理。

(6) 信息安全管理处负责信息安全技术管理、安全架构资产管理和组织安全事件调查取证。

(7) 生产管理处负责信息系统投产及运维管理。

(8) 制度与内控处负责落实金融科技风险管理要求及金融科技制度的管理。

(9) 项目实施管理处负责信息技术项目任务的实施管理。

(10) 系统管理处负责组织落实金融科技战略规划、信息技术管理政策、架构原则、标准规范等要求。

(11) 同业业务支持处负责组织子公司落实金融科技战略规划，负责子公司 IT 需求统一响应、信息系统建设推动及成果输出。

(12) 海外支持处

海外支持处负责海外 IT 工作归口管理。

四、集团金融科技创新中心

集团金融科技创新中心负责业务与技术创新工作，通过联合先进企业、知名高校和科研院所，打造新技术研发与应用的科创平台，开展创新业务和技术的研究与规划，主持新产品设计与孵化，统筹科技创新课题研究，为银行业务发展提供持续的技术创新动力。

五、一级分行金融科技部门

一级分行金融科技部门作为银行战略落地和科技服务对接客户的关键环节，是银行金融科技力量的重要组成部分。在企业级架构下，各分行按照本地市场与客户需求，自主开展本地金融科技服务与技术创新，是总行企业级创新工作宝贵的“资源池”。

六、金融科技公司

金融科技公司由原分散在各地的开发中心转制而成，主要以服务母行为核心，通过建设开放的平台、智造创新的产品、深耕普惠的服务，全面落实总行业务创新发展战略；同时，寻找市场机会，稳步拓展金融科技对外输出。

七、信息安全防控中心

信息安全防控中心是统一信息安全运营机构，主要负责安全防控系统的建设及安全架构、安全组件、安全技术产品等管理；负责网络和信息系统攻击和外部欺诈等技术监测以及威胁情报管理；负责安全态势分析、安全事件分析以及协调联动行内外机构共同处置安全事件；负责安全事件取证、数据泄露溯源，网络和信息系统的漏洞挖掘，开展安全技术渗透和安全攻防对抗等。

八、运营数据中心

运营数据中心是银行生产系统、灾备系统的运行管理机构，负责信息系统运行维护、应急灾备、安全防护、参数管理以及基础设施建设等工作。运营数据中心内设综合处、基础设施规划处、技术创新发展处、运行处、开放系统应用支持处、主机支持处、开放系统平台管理处、网络通信处、设备与环境管理处、风险管理处、互联网安全监测处、机关服务处、海外及托管机构支持处、环境管理处、灾备运维处、大数据支持处、环境管理处、参数管理处、参数维护处等处室。

九、海外金融科技中心

海外金融科技中心是海外机构的科技部门，致力于提升对海外机构的支持力度，促进海外业务的发展。海外金融科技中心主要负责集中受理海外机构的业务需求，并进行集成需求分析；组织海外项目的用户测试相关工作；组织、实施和推广海外 IT 项目；为海外机构提供技术支持和服务响应；协助总行进行海外科技输出。

本章小结

本章通过对金融科技组织架构、制度体系建设、人才队伍建设、财务资源管理、自主与外包合作的关系分析及案例介绍，比较系统地介绍了大型商业银行的金融科技治理体系。银行的数字化经营离不开决策和高级管理层的重视。完整的科技制度体系，可以规范银行科技管理过程中的全部活动，创造良好的发展环境。金融科技战略实施离不开人才，大型商业银行应通过明晰金融科技人才职业生涯发展路径，采取多维立体的培养体系和激励措施吸引人才。大型商业银行数字化经营的金融科技年均投入数以百亿元计，需要对投入产出进行科学分析和精细化管理。

科学、高效的金融科技治理结构和机制，可以保证银行在数字化经营中少走弯路、降低成本、提高效益和竞争力。

为了加深对人才管理的理解，建议读者阅读《人才盘点：创建人才驱动型组织》①。

① 李常仓，赵实. 人才盘点：创建人才驱动型组织［M］. 2 版. 北京：机械工业出版社，2018.

第五章

业务架构

本章提要

企业级工程建设方法能够促使银行完成从部门银行向流程银行的转变，进而逐渐实现业务高度组件化的目标，提升客户体验、产品创新、系统建设能力，更为敏捷地开发和部署新产品。本章介绍业务转型理念、方法和效果。业务战略需要被有效地转换并嵌入可执行的业务流程中。战略解析将银行发展战略作为关键输入，解析未来业务转型所需的业务能力和高阶需求，为战略部署、IT 开发提供合理的依据。业务架构设计对银行转型起着关键的促进作用，业务模型是用标准化、结构化的语言描述业务，是战略能力实现和应用开发的桥梁。银行应用系统旨在通过企业级整合和组件化，实现业务流程再造，支持产品快速创新，统一数据基础，在保持低成本的同时达到高灵活度和对市场的快速响应的业务目标。

本章的难点是业务架构、业务模型、业务领域、业务组件的概念及业务架构重构在银行数字化经营中的作用和效果。

学习目标

掌握业务架构、业务模型、业务领域和业务组件的概念及关系，了解业务模型的组成及业务建模的路径，认识业务架构在银行业务能力建设中的作用。

第一节　业务转型理念

银行为实现数字化经营，对外应主动适应外部经济金融环境变化，提供全面、优质、便捷、高效的金融服务，促进社会财富稳定增长，推动金融市场持续性发展，促进和改善社会金融生态环境；对内应主动适应客户与市场需求变化，调整经营战略、重构组织构架、再造业务流程、优化经营结构，保持收益稳定增长，实现客户满意度和企业利润互相增进，形成股东、社会、员工多赢的良好局面。

银行应遵循以客户为中心、技术化、场景化、平台化、企业级、开放化的数字化经营理念，以实现业务转型战略目标。

以客户为中心强调从用户体验的角度去设计业务模式和流程。以客户为中心和企业级两个理念往往是融合的，包括三个层次：第一个层次是以用户体验模型为标志，建立集团统一、专业化的用户界面框架和设计标准；第二个层次是以便利客户服务为目标，打破部门壁垒、系统边界，从企业级角度整合渠道、规划产品、优化流程，通过流程能力建设改进业务能力、提升客户满意度；第三个层次是构筑企业级业务架构和应用架构，坚持自上而下的原则，形成统一的产品视图、运营视图、客户视图、渠道视图、信息视图、风险管理视图等集约化的企业能力价值网，为客户建立更便捷、更舒适的金融服务环境。

技术化是指面对人工智能、大数据、区块链、云计算、物联网等新技术的持续发展，银行应执行新的发展策略，以提升盈利能力。银行要认识到新技术已经成为驱动创新的重要动力，要看到金融科技在产品、营销、客户服务、风险防控等多个领域数字化、个性化、智能化的发展趋势，借助先进科技的力量，满足不断变化的消费者需求，推动银行业可持续发展。

场景化是以客户为中心理念的升华，是金融服务与民生和实体经济结合的必然需求。场景化强调围绕用户的实际情况和交易习惯展开产品设计，通过行业间的跨界融合及衍生的社群效应，为客户提供在生活、工作、学习等场景下无界、无感的一站式服务，只有这样才能在激烈的市场竞争中收获自己的商业生态。

平台化是金融科技引起的商业模式创新的产物。在后流量时代，获客、活客、留客的难度大大增加，银行需要通过平台连接各种行业、各类客户的生态，以此实现平台营销和平台运营，开启新型获客渠道及客户服务模式。对于金融科技运用已经很强的行业及客户，银行应将金融服务或平台嵌入其已有的平台，形成交易闭环。对于金融科技运用较弱的行业及客户，银行应为其打造金融服务或社会化服务平台，在平台上嵌入金融服务，形成行业或客户生态。

企业级是与部门级、分行级、系统级相对的概念。需求侧经常受“画地为牢”观念的限制，站在本部门或分行的视角提出需求，往往仅关注需求实现速度，不关心架构设计。如果供给侧接收需求后，不做长远规划设计，仅为当前需求而实施，那么开发出来的系统就是部门级、分行级、系统级的。随着功能的拓展，系统会越来越复杂，当变成“无法转身的大象”时，就无法快速适应市场、响应客户需求。企业级强调的是从银行甚至是全集团的视角统筹资源，包括企业级的规划、企业级的需求整合、企业级的架构设计、企业级的实施交付。只有将企业级的理念不遗余力地贯彻于转型过程中，一盘棋做顶层设计，才能完整地描绘银行的业务和 IT 架构蓝图，进而建成能支持多法人、多时区、多语言、多账套、多币种、多领域等全方位金融需求的银行业务系统。

开放化是银行未来的发展趋势。未来企业间的竞争可能会逐步演化为平台与平台之间的竞争，开放式的综合服务平台将是新时代数字金融的“夺宝奇兵”。银行应通过跨行业战略合作，积极与银行同业、地方政府、核心企业、第三方服务机构合作，将金融服务以标准化接口方式提供给第三方，打造场景融合的服务模式，构建合作共赢的金融服务新生态。

第二节　实施路径

为顺利完成全面、彻底的数字化经营，银行应改变以往孤立看待各个条线的业务管理和 IT 建设的方式，将业务视为一个有机整体而加以分析研判，需要采用企业级的工程建设方法和路径，即将原来各自为战的部门级系统，改造成为整合先进技术、业务功能丰富的企业级系统，实现从部门银行向流程银行的转变，进而实现银行业务高度组件化的目标，提升客户体验，增强产品创新能力和系统建设能力。

银行应该利用技术对业务进行重塑，重塑客户体验、重塑运营流程、重塑业务模式；通过技术与业务的融合，实现从传统银行向数字化银行的转型。企业级架构方法是对企业的愿景和战略进行解析，描述企业未来状态发展的关键原则，是一种“练内功”的方法，有助于业务与 IT 实施的融合，构建业务与 IT 的桥梁，助力银行业务数字化经营。数字化经营整体路径见图 5-1。

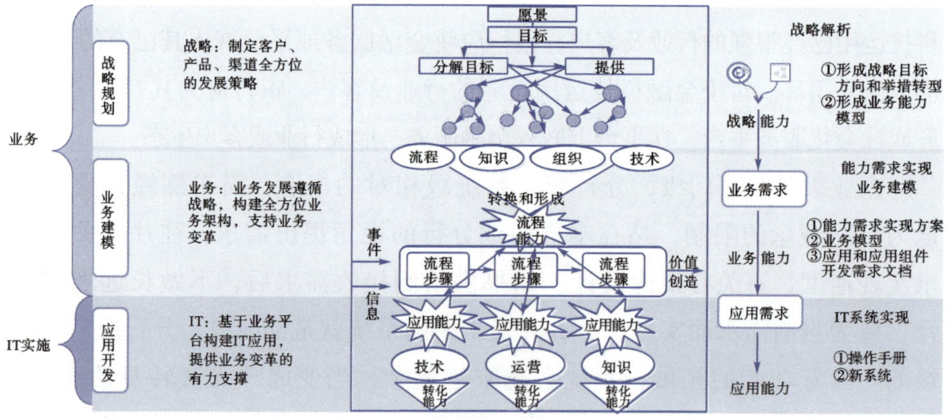

图 5-1　数字化经营整体路径

完整的数字化经营分战略规划、业务建模、应用开发三个步骤。

战略规划包括业务发展战略、IT 发展战略、业务驱动因素、业务能力、IT 能力等，可用于指导后续的分析和设计。在战略规划阶段，银行结合业务愿景、数字化要求、业务规划，通过对各业务部门进行充分的调研、访谈，根据业务战略导出业务能力，确定相应能力方向，明确转型目标和银行价值定位；通过对业务活动进行高度抽象，建立高阶业务模型，为消除系统重复建设、打破部门界限建设企业级业务能力进行顶层规划。

业务建模是将战略目标转化为可执行的业务过程，是保证每一项业务目标得以实现的关键环节。业务建模由大量业务人员、技术人员参与，遵循企业级业务建模理念和方法，构建企业级业务模型，实现对银行业务集中、统一的规划与展示。银行按照建模方法论，首先在承接战略规划阶段工作成果的基础上，细化转型举措，开展先进性、前瞻性的研究工作，形成能力需求项；其次通过对现有业务制度的分析，结合遗留系统优化需求、日常业务需求，整理形成操作型需求；再次通过建模形成业务统一视图，将业务能力包含在其中；最后将业务需求转化为标准的需求文档，将转型战略落地为实际开发需求。

应用开发阶段由 IT 架构承接业务架构的内容，通过企业战略-业务架构-IT 架构的承接关系保障战略落地实施。技术团队根据业务模型的实施要求，按照业务模型划分开发边界，由业务模型驱动开发。这一阶段重在开发人员对模型及根据模型形成的需求文档的解读，将模型形成的业务架构设计转换为 IT 架构设计，形成技术开发规范并最终落地。

第三节　解析业务战略

解析方法是将银行业务发展战略作为关键输入，解析未来业务转型所需的业务能力和高阶需求。其结合高层访谈、领先实践研究及现状问题采集进行高阶需求分析，从而实现数字化经营目标的合理解析和定位，正确、全面地体现在银行的业务全景视图中，为战略部署、IT 开发提供合理的依据。

一、理解业务战略目标

理解业务战略目标指理解银行的业务发展战略、愿景和目标，结合战略发展规划及各部门计划，合理地分解、归并，整理成业务举措。此项工作需要全面收集各方的业务资料和发展目标，采用易于理解的方式进行汇总，通过全景视图检查完整性，避免出现业务资料的收集遗漏。

二、归纳业务发展方向

对业务发展方向和目标进行归纳时，银行可以参考迈克尔·波特的价值链理论。波特的价值链分析模型把企业内外价值增加的活动分为基本活动和支持性活动。基本活动涉及企业生产、销售、进料后勤、发货后勤、售后服务。支持性活动涉及人事、财务、计划、研究与开发、采购等。基本活动和支持性活动构成了企业的价值链。引入价值链分析主要是为企业横向审视自身业务能力提供分析框架。典型的银行业务价值链包括营销支持、产品管理、产品运营、业务支持、风险管理、报告与决策六类活动。银行可以将战略目标和业务举措定位到正确的业务价值链，再结合共性对战略目标和业务举措进行归类。在归并过程中，银行应结合领先实践差异分析和业务访谈记录，优化业务发展方向，进而在价值链基础上明确转型方向。

三、定义业务能力

银行需要定义业务战略所需的业务能力及高阶需求。业务能力描述的是实现业务战略目标或业务举措需要具备的各项能力。业务能力描述通常以“能够……”为关键词，如能够识别市场战略优势合作伙伴并与其建立长远关系，能够在解决方案中利用最新技术等。一个能力可以支持多个价值定位，能力需要描述得足够详细。

高阶需求描述的是要达到业务能力的要求及业务和 IT 需要完成哪些重要的工作。针对每个业务能力，银行应识别相应的高阶需求（流程、信息等），每个业务能力都需要不同的高阶需求来实现。解析过程应针对各业务举措逐点进行解析，保证细致、全面。

四、基于领先实践进行差异分析

银行应该对照领先实践和业务现状，对相关领域的业务流程进行分析和诊断，识别在业务流程上存在的差距；从收集的领先实践经验中进行筛选，对比确定可用的领先实践需求，并融入高阶需求中。

五、整合高阶需求

银行应该将不同来源的高阶需求整合在一起，便于对业务能力进行补充和优化；按照高阶需求整合原则，整合不同来源的高阶需求，提出完整的高阶需求，根据整合后的高阶需求对业务能力进行补充和优化。

六、形成高阶需求框架和建议

银行应该根据高阶需求归纳转型举措，保持战略目标和业务举措的一致；将所有高阶需求与流程模型价值链、业务方向和转型举措映射；归纳、整理同一转型举措下的高阶需求，形成高阶需求综述。转型举措代表未来业务发展的关键行动，包含了对业务和 IT 的要求。转型举措应完整覆盖所有高阶需求。在高阶需求框架的基础上，银行可以形成内容全面、定义清楚的高阶需求建议，突出转型举措和业务能力提升方面的描述内容。其中，转型举措应详细描述该转型举措的具体内容，并围绕该转型举措描述其具体措施，重点分析通过战略解析、业务访谈得出的关键需求，定义通过该转型举措进行提升的业务能力。

第四节 业务架构概述

企业级架构是与企业经营战略、信息需求紧密相连的一整套原则、方针、政策、模型、标准以及流程，它结合企业未来发展方向，为企业各项解决方案的设计、选择和执行提供指导。主流的业务架构设计框架包括 Zachman 模型、开放组织体系结构框架（TOGAF）、联邦企业架构（FEA）、美国国防部体系架构框架（DODAF）等。目前，国际影响力最大的架构行业标准体系框架是 TOGAF。该框架支持业务架构、数据架构、应用架构和技术架构四种架构域，强调用基于业务导向和驱动的架构理念来理解、分析、设计、构建、集成、扩展、运行和管理信息系统。复杂系统集成的关键是基于架构的集成，而不是基于部件（或组件）的集成。对银行来说，企业架构有助于业务与 IT 的融合，构建业务与 IT 的桥梁，提升核心能力，助力数字化经营。

业务架构是企业架构的组成部分。业务架构是业务的结构、原则和指南，它向上支持企业的业务发展战略，向下指导 IT 战略的规划和架构的设计，目标是实现以客户为中心、以产品为支撑的理念，支持流程银行、企业治理和全面风险管理。业务架构主要包括业务战略目标、战略能力、能力实现方向、能力主题需求、业务模型和管控流程等。业务架构设计对银行数字化经营起着关键的促进作用。只有当企业的战略能力被分解到最细颗粒度并内化整合在业务流程中，且企业的所有员工都准备好遵循流程、执行流程的时候，战略才能得以执行和实现。

第五节 业务领域和业务组件

企业级业务模型采用标准化、结构化、规范化的方法全面、完整地展现业务流程和业务对象，对企业整体运营活动及其关系进行描述，为银行业务按照价值链进行解构和需求整合提供基础和框架。企业级业务模型是业务的统一视图，按照价值创造划分业务领域，全面识别企业为股东和社会创造价值的标准化流程，清晰、准确地将前、中、后台的流程对接起来，形成端到端的价值链。

构建业务模型的主导思想是打破部门级边界，从创造价值的角度梳理各业务条线，以价值创造为原则识别关键业务活动，用还原业务本质的分析方法整合标准化业务流程，以模型化的方式描述业务规则。业务模型通过多个维度满足业务运营和管理的需要。其主要包括业务领域和业务组件。

业务领域是一组涵盖计划、执行和管理的业务流程。它利用业务组件的内部专业能力、对外展现能力，满足客户要求，实现客户价值。每个业务领域是基于具体业务目的的企业级视角统一活动的组合，反映银行业务的真实状况。例如，信用卡业务领域包含从客户申请办卡到客户激活卡片端到端的流程。业务领域的主要作用是关注最终用户（外部、内部客户），整合银行产品和服务，提供端到端的、完整的、跨渠道统一的业务流程。

业务组件是从能力角度来洞察企业的商业模式和业务行为，是构成业务和企业战略目标的核心，是具有相似资源、人和专业技能的活动的组合。业务组件是独立的业务模块，拥有独立运营的潜力，在极端情况下可以作为一个可分离的单位被共享，甚至被外包，由承包人进行管理和运营，与企业现有的组织结构无关。业务组件的目标是提高业务灵活性与运营效率，控制风险与成本，实现企业级架构优化。业务组件可用于分解业务战略，提供全局的业务蓝图及热点图，分析 IT 的支持能力以及持续指导企业级业务模型的优化与设计。以信用卡业务为例，为实现客户申请办卡到激活卡片的业务流程，银行需要信用卡、业务审批、运营配送、反欺诈、客户信息等多个组件提供能力支持。

图 5-2 说明了业务领域、业务组件和业务实体的关系。业务领域利用业务组件对外交付价值，业务组件负责一类业务实体。举个例子，一支笔由墨汁、笔芯、笔杆、笔帽组成，笔芯的作用是装墨汁，墨汁的作用是在纸上留下痕迹，笔杆的作用是保护笔芯、方便用户握笔，笔帽的作用是防止笔水变干。它们各有分工，但都不具备书写功能。只有这些零部件组合起来，形成一支笔，才能提供写字的能力。墨汁、笔芯、笔杆、笔帽如同业务组件，具有专业能力。笔如同业务领域，串接并利用业务组件的专业能力，对外提供价值。生产墨汁的工厂有可能生产不同种类、不同颜色的墨汁，但是不一定生产笔杆，因为不同类型的墨汁的原材料类似，但墨汁和笔杆的原材料不同。原材料相当于业务实体。业务组件的划分原则是业务实体的关联性，关联性强的业务实体归属于同一业务组件，关联性弱的业务实体分属于不同的业务组件。这体现了高内聚低耦合的原则。这样分工的目的是提升专业能力、降低生产成本、提高生产效率。

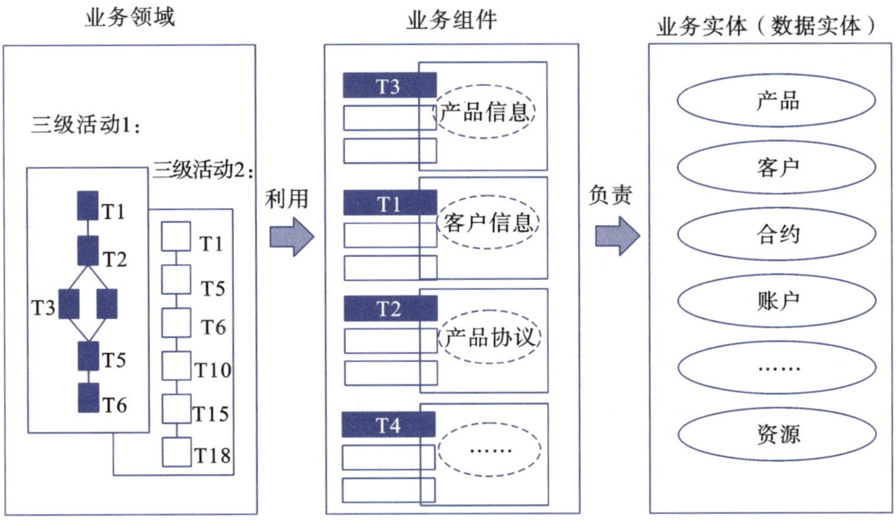

图 5-2 业务领域、业务组件和业务实体的关系

第六节 业务模型

业务模型是业务架构的载体。模型是对现实世界的抽象表达，建模的目的是描述某个关注点，解决某个问题。例如，地图是一种模型，其中交通地图的关注点是道路，地形图的关注点是地貌特征。业务模型是对业务模式的描述，其关注点是企业如何盈利。企业的业务模型有一个最高阶抽象的三角形，即高阶业务模型如图 5-3 所示。

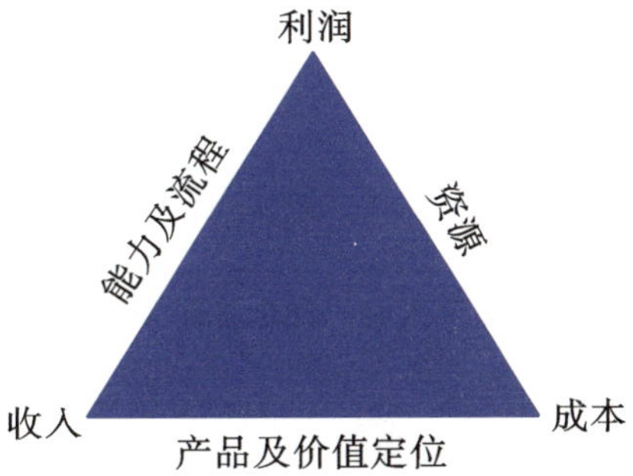

图 5-3 高阶业务模型

这个三角形是一切营利性企业的基本行为。企业为生产而投入成本，产品或服务销售后取得收入，而衡量企业业绩的最基本方法就是衡量通过收入减去成本形成的利润。所有企业的行为都可以从这个三角形出发去分析。例如，企业准备向哪些目标客户销售产品或服务，体现了企业自身的价值定位；企业组织生产，搭建销售渠道，为此投入资源，这就是企业的生产和销售流程；收入和成本需要记账，这就是财务会计流程；所有行为都会产生数据，这些数据是做系统设计时的必要输入，是结合业务流程做架构分析的基础。这就是企业的高阶业务模型。

银行业务建模实质上就是遵循银行价值链的原则，将银行经营活动按照流程、数据和产品的维度进行分析，通过结构化的语言进行描述，将抽象的业务操作流程分解为多层次、多维度、标准化、可视化的结构。业务模型将业务流程分级，每个层级分解都有明确的、可操作的标准，使银行任何业务领域的业务流程在经过建模后，在每个层级上都具备同样的颗粒度。另外，业务模型在流程、数据和产品三个对象之间建立关联关系，通过业务模型可以分析出每个业务流程需要经过多少个环节，遵循哪些规则，对应哪个产品，使用、创建哪些数据，或者流程中需要消耗的资源是什么，还能比较不同的业务流程之间的时间、效率、成本。

以个人客户现金管理的业务模型为例（见图 5-4），为实现提升个人客户资产管理能力的战略目标，银行需要具备相应的战略能力和流程能力，在战略解析和能力研究的过程中，将流程能力进行细化和明确，并用结构化、标准化的方式表达，由业务模型来承载。这样流程具有了执行层面的能力，可以实现并支持战略能力。

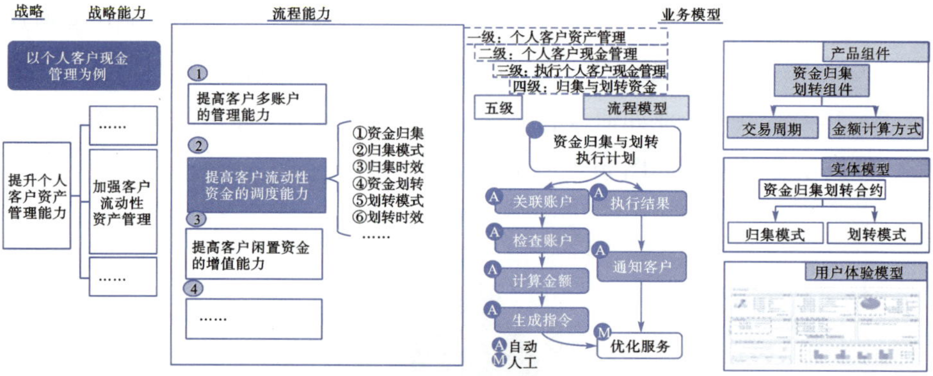

图 5-4　个人客户现金管理业务模型

第七节　建模原则

企业级建模从领先实践、系统现状、操作改进等三个方面入手，通过对企业流程和信息能力的再造，采用标准化、结构化的方法描述银行业务流程、数据与产品的全貌，构建银行的业务知识库，形成业务和 IT 的统一语言，进而形成可直接交付 IT 开发的标准化、结构化的业务需求。银行通过

“一个业务模型”可以实现对海内外、总分行和母子公司的企业级模型描述，形成集团一体化建设的业务基础。

构建业务模型不仅是一套方法，还是一套新的银行转型思想，能够更好地帮助银行从业人员认识业务、找出差异，将战略目标融入日常业务中。业务建模遵循以下原则：

第一，企业级原则。银行应坚持企业范围内流程、实体、产品、用户界面的标准化和一体化，运用企业级思想解决冲突，保障企业战略实现。

第二，基于价值链搭建业务模型原则。企业价值链是业务模型结构设计的基础，基于价值链搭建业务模型是打破业务条线“竖井”，整合企业级业务能力，建设关键专业能力，衔接前、中、后台流程，构建集约化、结构化、标准化的企业级业务模型的基础准则。

第三，业务战略驱动原则。业务模型必须承载企业业务战略目标，并根据业务战略要求，进行架构布局与建设。

第四，统一方法论原则。统一的方法和语言是在自上而下继承战略并有效传递给系统开发的过程中各利益相关方进行有效沟通的保障，是模型提升、人员技能扩散的基础。

第五，业务模型化原则。银行应采用模型化方法分析、规范定义业务，提取变量因子整合流程，持续推进流程银行建设，实现产品快速创新，灵活应对市场需求。

第八节　建模方法

业务建模包括流程、产品、实体与用户体验建模。

流程模型是通过展现和归纳总结由外部事件触发或内部发起的业务执行过程，形成的标准化、结构化模型。流程模型包括业务流程、角色和职责、政策、业务规则以及授权信息等内容。流程建模将相同或相似的流程进行标准化整理，将客户、产品、渠道作为变量因子提炼出来，以标准化语言对业务流程进行结构化、规范化的描述。

以客户信息采集为例，最上层是企业价值链，在营销支持价值链下，有3个业务领域组，其中包括客户管理业务领域组；客户管理的下一层包括客户信息管理、客户评价与细分、客户管理与维护等7个二级流程，这是业务领域的价值环节；再下一层是三级活动，是企业级视角完成某个具有明确目的、创造价值的流程，客户信息管理二级流程下包括获取新客户、采集客户信息、建立客户视图、拆分归并客户、维护内控客户信息5个三级活动；四级任务是不同角色为完成三级活动进行的具有明确业务目的的任务事项，如为完成采集客户信息的活动，需要由网点柜员、客户经理收集客户信息，由客户信息管理人员审核修改客户信息申请，由网点柜员、客户经理或集中维护人员维护客户信息。第五级是操作步骤，描述具体的业务规则，如收集客户信息任务，包括获取客户基本信息、获取客户联络信息、获取客户评价信息等五级步骤。客户信息采集五级业务模型如图 5-5 所示。

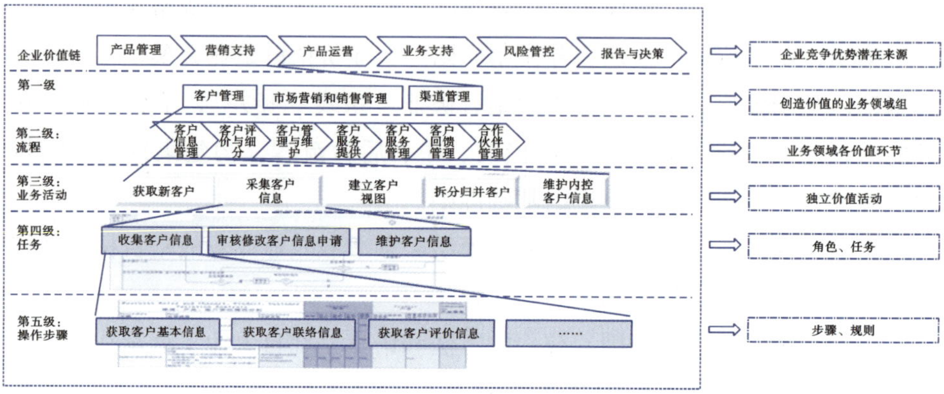

图 5-5　客户信息采集五级业务模型

产品模型记载了企业对外经营和管理的所有产品，按照标准化、结构化的方式，描述产品的功能、规则、条件等业务特征信息，是确保在产品销售、处理和分析中使用正确、统一的产品定义的基础，是银行连接产品管理和产品服务的桥梁，也是产品标准管理的重要组成部分之一。产品建模整合产品信息，形成产品目录；梳理出具有广泛“共性”的基础产品，同时也提炼出体现丰富“个性”的产品条件，改变了原有的产品创新模式，组装式的产品装配可以支撑产品快速创新。这不仅有助于提升产品管理水平，也为在“互联网+”、体验经济时代实现客户差异化、定制化的产品和服务奠定基础。

数据实体模型是数据特征的抽象，是管理数据的形式框架。数据实体建模根据一定的规则，对业务概念信息系统数据进行逻辑化的、一致的表达。数据实体建模澄清业务概念、指标和数据口径，能有效控制数据质量。

用户体验模型是面向用户界面的设计规则，包括用户界面框架模型和用户界面设计标准。界面框架需求定义用户对系统界面的需求，并为解释框架需求配套设计原型图。界面设计标准是在系统详细设计阶段，界面设计人员做具体界面设计需遵循的标准，包括交互模式、界面命名规则、界面组件、整体布局四部分。用户体验建模聚焦人机交互界面，通过问卷调查、访谈、可用性测试等方式了解与分析用户的真实行为和感受，满足高效性、一致性、有效性、审美性、安全性、灵活性的要求。在用户体验模型的指引下，系统实现统一登录、统一界面标准，给用户提供友好一致的界面体验。

流程、产品、数据实体、用户体验模型四者是密不可分的，流程模型的步骤规则描述了数据实体的调用关系。产品模型的基础产品和流程模型的步骤规则进行对接。数据实体模型容纳产品目录，支撑产品组件与产品条件。用户体验模型的模式与流程模型的步骤有对接关系。流程模型、产品模型、数据实体模型、用户体验模型的设计以及四者之间结构的相互对接，表达了企业级和组件化的建模思维。

第九节　实践效果

银行按照以上方法对业务流程进行梳理和再造、统一数据基础，能有效提升业务需求响应速度和产品创新速度，支撑银行的数字化经营。

过去，流程和流程之间相互没有关联，造成了流程的重复和冗余。现在，银行采用企业级的标准化流程建模方法，对业务流程进行全面梳理，建立企业级业务模型，保证数字化经营，强化银行企业级需求整合、架构管控、业务与 IT 融合、敏捷响应市场变化等能力。业务流程再造如图 5-6 所示。

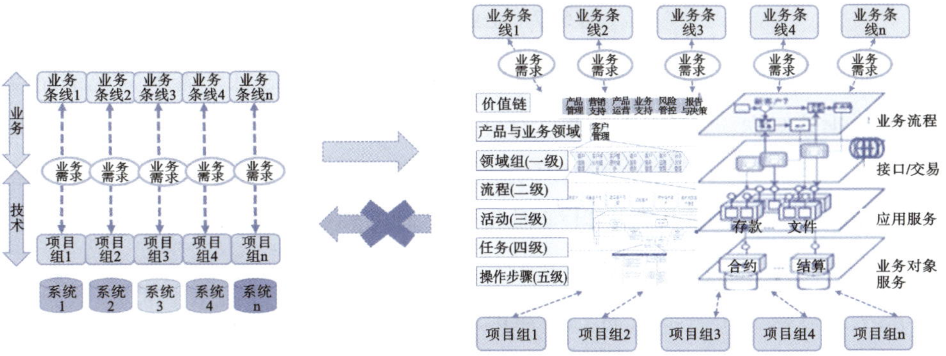

图 5-6　业务流程再造

数据建模发布了规范的企业级指标、业务术语、数据标准。例如，以前一个客户在银行有多个客户编号，经过数据建模，现在客户在一处创建编号，便可在银行通用，保证了数据的一致性。数据建模形成了企业级通用语言，实现了每个业务数据单点采集、企业级共享。数据建模、数据架构以及数据库建设，建立了企业级数据规范体系，从源头上解决了数据质量问题。依托企业级数据库，整合建立统一、共享的全景数据视图，是大数据分析的基础，为“大数据银行”建设创造了条件。

业务架构重构引入产品工厂的设计理念，借鉴制造行业的标准化生产模式，吸收制造业零件标准化、部件模块化、装配平台化的特点，建立由业务人员主导的组件化、参数化装配平台，实现业务与 IT 的有效融合。银行通过建立统一的产品目录，实现集团统一产品管理，提供统一、完整的产品基本信息，形成参数化的金融产品装配工厂，支持快速产品创新。

从业务和 IT 融合的角度，IT 建设从部门级向企业级转变。过去竖井式产品服务、零散的数据服务、差异化的基础设施，经过业务架构重构，实现了向企业级的转变，从而实现组件化、服务化的架构，做到能力共享，快速响应需求。企业级能力共享如图 5-7 所示。

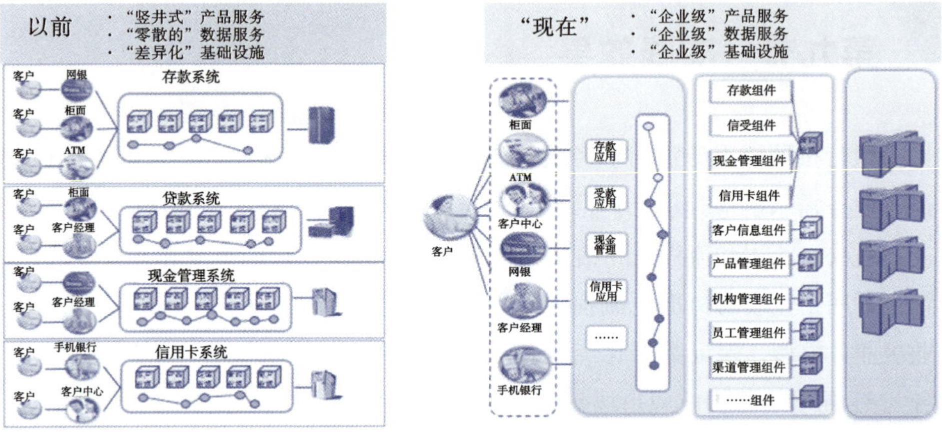

图 5-7　企业级能力共享

业务建模承载了银行战略，包括所有业务细节、信息、需求、规章制度的各类业务知识。业务建模通过对业务信息进行结构化和标准化的梳理记录，建立企业级全领域业务知识资产库，并采用知识图谱的方式存储和展示，为业务管理提供从业务目标到业务流程再到业务操作的完整统一视图，为 IT 开发提供整合的应用开发需求。无论是管理层、经办层还是开发团队，都能从业务模型中各取所需，从知识库中获得有价值的信息。

案例

某银行业务架构设计

以某银行业务架构为例，本案例介绍业务架构如何被定义和业务架构如何在金融科技中发挥作用。

一、业务领域和业务组件

业务领域和业务组件适用于各类企业，包括金融和非金融企业，企业的业务类型和经营模式不同，其业务领域和业务组件的内容会有所区别。某银行业务领域、业务组件如图 5-8、图 5-9 所示。

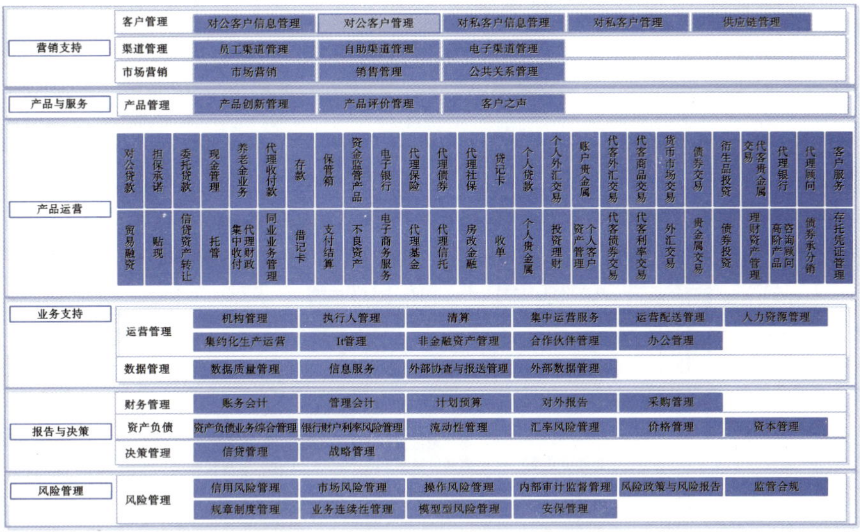

图 5-8 某银行业务领域示意图

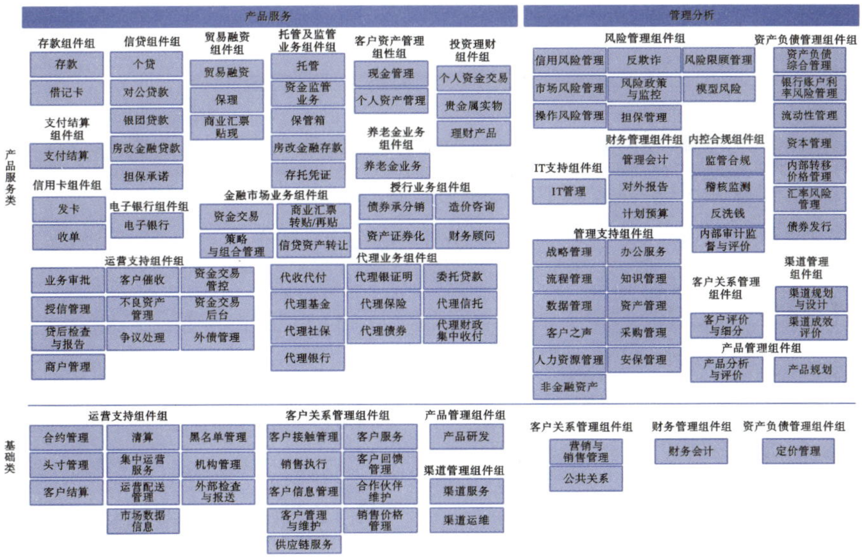

图 5-9 某银行业务组件示意图

以业务审批为例，无论是信用卡发卡业务还是个人贷款业务、对公信贷业务，都存在业务审批环节。将业务审批提炼出来形成业务审批组件，可对银行各业务提供业务审批能力支持。贷记卡、个人贷款、对公贷款等业务领域中涉及业务审批的环节都由业务审批组件提供能力支持。

二、能力需求实现

能力需求实现的主要目的是将实现企业未来业务发展战略所需的

战略能力转化为具体的解决方案和业务需求，并最终反映到目标流程模型和数据模型中，继而为项目实施提供具有前瞻性、先进性的业务需求输入。能力需求实现是承接流程能力、战略能力的关键。能力需求实现方法如图 5-10 所示。

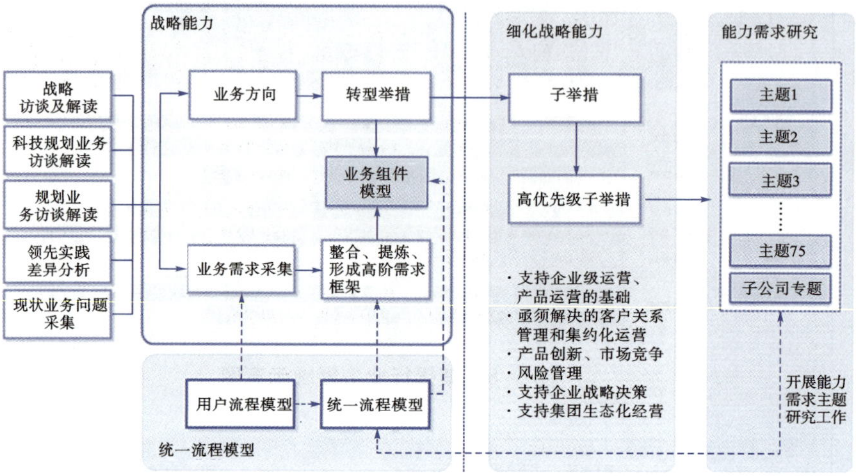

图 5-10　能力需求实现方法

战略解析的过程确定了企业级转型的举措。在此基础上，银行通过收集业务部门的操作型需求和日常需求，形成功能点需求。转型举措示例：营销支持如图 5-11 所示。

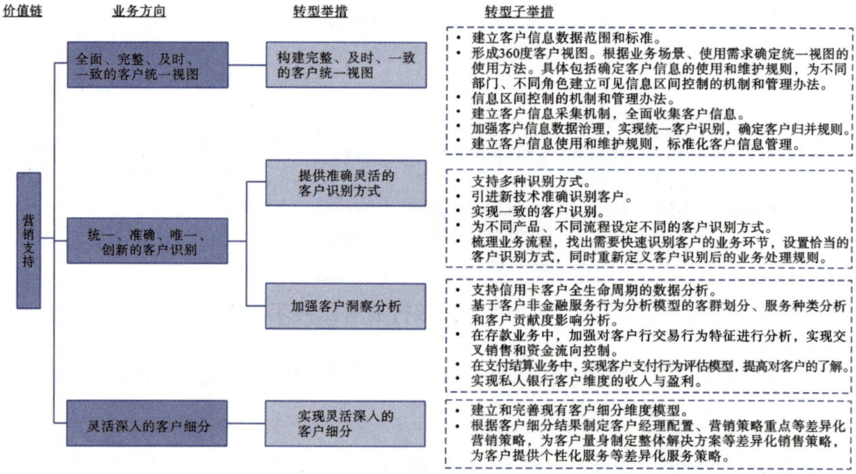

图 5-11　转型举措示例：营销支持

银行通过对基础性、迫切性、实施效果、成熟度几个方面对业务举措确定优先级；根据综合优先级评定的结果，确定开展专题和主题研究的内容范围。能力主题方案示例如图 5-12 所示。

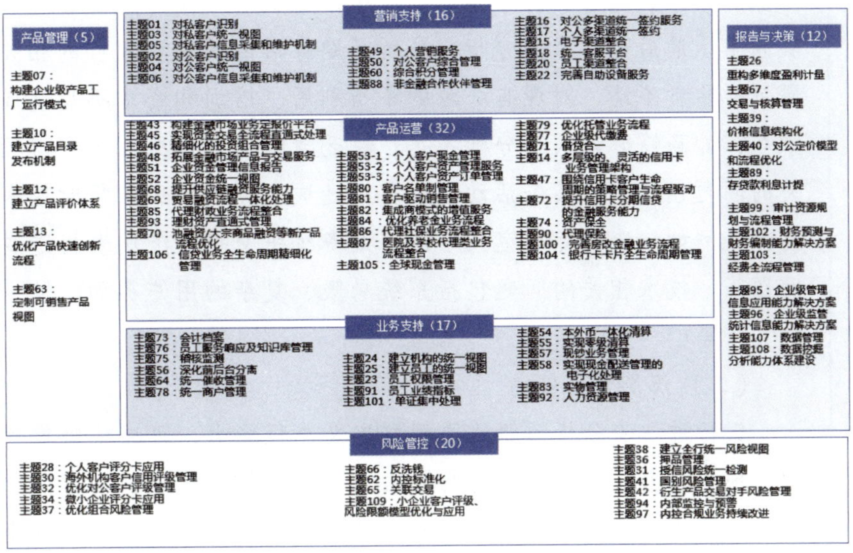

图 5-12　能力主题方案示例

下一步，银行根据能力主题研究成果，进行目标建模；根据建模方案，与最初主题提交的需求清单进行比对，形成能力需求方案与模型成果在三级活动和四级任务上的差异分析，再对差异结果进行确认和修正。能力需求主题确认建模落地的活动和任务是否正确。

每一个能力需求实现方向是通过详细的问题分析和识别流程能力关键改善点进行定义的。能力主题研究方法包括识别具体问题和证据、识别流程能力、根据流程能力识别关键改善点、交付基于流程能力的需求方向四个步骤，见图 5-13。

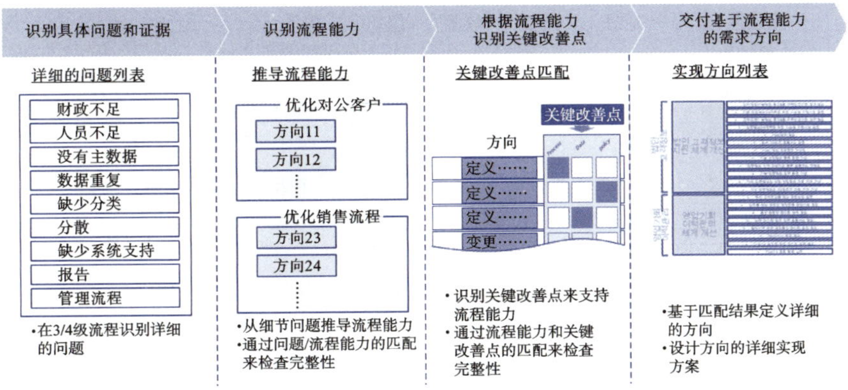

图 5-13　能力主题研究方法

（一）识别具体问题和证据

银行在研究过程中需要对现状业务的问题进行识别，问题识别可以从人员、流程和技术等方面着手，并识别问题的严重程度和出现频率，最后进行原因分析，分析问题背后的因素。人员的相关问题包括职责不清、对现有资源的不当利用、培训和资源不足造成瓶颈等，如高峰时期人员分配不足、缺乏清晰的职责分工等。流程相关的问题包括执行某个活动或任务时造成瓶颈问题、执行时效率不高等。例如，流程标准定义不清、太多过手交换、纸质表格造成的问题等。技术相关的问题包括系统局限、复杂的用户界面、缺少系统支持等。

（二）识别流程能力

银行进一步分析问题的原因并定义流程能力，可以帮助找到问题的根本原因。流程能力仍然是在“是什么”的层面，需要能够对应到具体的三级活动。例如，问题是“从企业视角看，企业现金服务没有有机组合在一起，同一个企业往往面对多个业务部门和多个系统的服务”。原因分析为“系统之间缺乏统一的客户识别标识”。流程能力为“能够具有唯一的客户识别，能够使用客户单一视图提供整合的银行服务”。

（三）根据流程能力识别关键改善点

针对识别出的流程能力，银行需要逐个流程能力识别达成这个流程能力的实现方向，实现方向从信息、流程、政策、组织、技术五个维度完整的考虑。识别关键改善点并定义实现方向如图 5-14 所示。

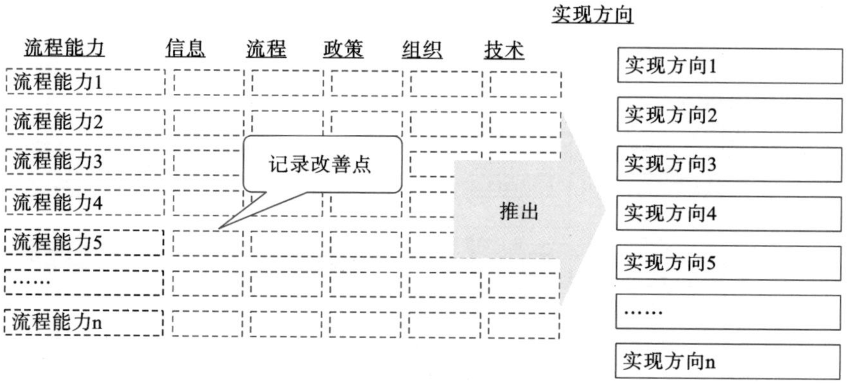

图 5-14　识别关键改善点并定义实现方向

当较大的事项被拆分成较小的单元时，银行需要用“相互独立、完全穷尽”的原则检查其完整性，以保证所有的问题有流程能力覆盖解决以及所有的流程能力完整地定义了实现方向。

（四）交付基于流程能力的需求方向

理想化的能力需求实现方案源自现状、问题以及实现方向。但是在方案的设计过程中银行也需要考虑一些约束条件。能力需求实现方案的设计采用迭代的方式，方案设计过程中可能会出现不断调整前期实现方向的研究成果。方案设计出来后，银行需要分析实现方案相对现状业务的变化点，总结形成详细的业务需求和 IT 需求。

三、业务五级建模

我们通过分析存款的生命周期及所使用和创建的信息项或业务对象，将存款领域划分为 1 个一级流程——存款，它包括 3 个二级流程——合约管理、交易处理、不动户管理，二级流程下包括 11 个三级活动、85 个四级任务，业务规则与产品、渠道、客户、产品条件、数据实体之间的关联关系如图 5-15 所示。

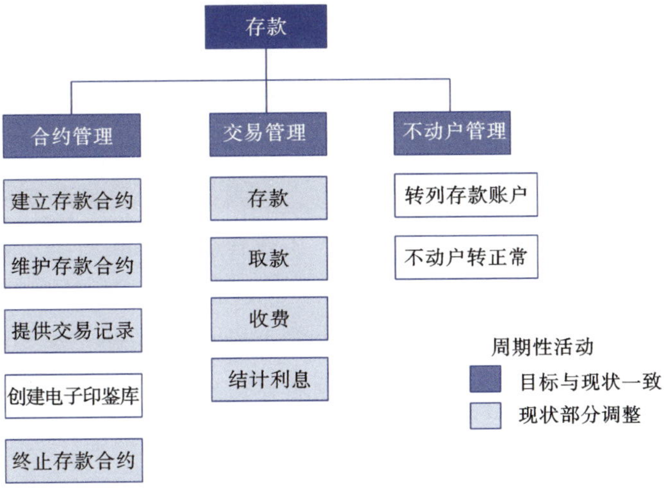

图 5-15　存款领域的一、二、三级流程

（一）存款一级流程

存款是指单位和个人把资金或货币暂时转让或存储于银行或其他金融机构，或者把使用权暂时转让给银行或其他金融机构的资金或货币，是银行的主要负债，是最基本、最重要的金融行为或活动，也是银行最重要的信贷资金来源。因此，存款应定义为一级流程。

（二）存款二级流程

根据三级活动分类分组，归纳后形成 3 个存款二级流程：合约管理，即将与合约有关的活动归纳为合约管理二级流程；交易管理，即将与存款交易相关的账户变动、费用收取等活动归纳为交易管理二级流程；不动户管理，即对特殊账户进行管理。

（三）存款领域三级活动流程

银行在对梳理出的现状流程进行分析后，将跨业务领域的活动整合统一。银行按照建模原则，以创建的信息或业务对象、业务目的的相似程度，整合归并成11个三级活动，包括建立存款合约、维护存款合约、终止存款合约、存款、取款、收费、结计利息、转列存款账户、不动户转正常、提供交易记录、创建电子印鉴库等。银行将客户信息、渠道协同与创新、管理会计、定价管理、产品运营——贸易融资、产品运营——财富管理、营运管理、渠道规划、交易与核算管理9个能力专题需求以及操作型需求，对应落实到存款领域的相关活动和任务中。

以建立存款合约活动为例，银行通过分析存款业务活动流程，通过标准化形成了客户申请并与银行签订协议的标准统一的“建立存款合约”活动流程，这为产品创新奠定基础。从客户角度，这可以支持个人和单位申请办理存款业务；从产品角度，这可以支持办理本外币、多用途、多种规则的存款产品等；从渠道角度，这可以支持客户通过柜面、网银、其他电子渠道提出申请。

在“建立存款合约”活动中，客户信息维护复用客户关系管理领域的“维护客户信息”任务，实现任务的标准化和可复用，真正形成企业级的标准。

能力主题的能力需求、操作需求对应落实到“建立存款合约”的活动，可以从企业级层面实现业务部门提出的业务需求，满足业务发展的需要。

（四）存款领域四级任务

银行通过预先定义的标准和方法，使具有相同的对象、相同的含义，相同的产出、相同的输入，并可被不同的角色执行，来最终确定具有正确性、唯一性、完整性和可复用性的标准化任务，并使用规范化的语言对所确定的任务进行描述。存款领域共使用了71个标准化的四级任务。

在四级任务“开立存款账户”中，所有存款业务都涉及开立存款账户的环节，银行将此环节中所有不同的客户、产品、渠道所办理的业务流程进行梳理，根据客户、产品、渠道的分类，建立与任务的映射关系，并定义描述。

“开立存款账户”对应的客户类型包括对公客户和个人客户，产品类型包括定期存款、活期存款、通知存款、协议存款、支票等，渠道类型包括柜台和网上银行等。

另外，四级任务承接能力主题需求和操作性需求，如四级任务“开立存款账户”承接了23条能力需求、41条操作型需求和33条IT实施需求。

（五）存款领域五级步骤

各种存款业务的不同，开立账户的规则要求也有可能不同。银行应将所有存款业务在开户环节的步骤规则罗列出来，再提炼产品、客户、渠道及其他变量因子，归纳相同步骤，利用产品条件及产品条件取值，将同一步骤下的不同产品的处理规则区别描述，并建立业务规则与产品条件、数据实体的关联关系。

四级任务“开立存款账户”中的“检查收息账户”步骤，根据产品约束的不同，可能存在三种收息方式，一是指定本人的其他账户，二是指定内部账户，三是指定他人账户。如果不进行整合归并，这一步骤需要有至少三个任务来分别描述；如果再结合其他步骤，任务数可能将会按平方的速度增加。企业级建模方法把这三种收息方式抽离成一个产品条件“收息账户类别”，当执行到此步骤时，按事先维护的业务规则，判断应该执行哪类检查规则，从而体现业务处理的灵活性和重用性。

以上业务规则通过“客户”变量因子区分对公存款和个人存款；通过“产品”变量因子区分个人活期存款、个人定期存款、子公司住房储蓄存款等不同的存款产品；通过“渠道”变量因子区分手机银行、员工渠道等不同渠道发起的存款业务。不同的变量因子业务规则有所差异。业务模型通过这种结构化、标准化的方式，支持境内外、总分行、母子公司一体化。

本章小结

业务架构是业务的结构、原则和指南，它向上支持企业的业务发展战略，向下指导IT战略的规划和架构的设计。业务模型是业务架构的载体，业务建模将银行经营活动按照流程、数据和产品的维度进行分析，通过结构化、标准化的方式描述银行业务。业务领域是一组涵盖计划、执行和管理的业务流程，它利用业务组件的内部专业能力对外展现业务能力。业务建模遵循企业级、基于价值链搭建、业务战略驱动、遵循统一方法论、业务模型化的原则，业务架构重构在银行实现数字化经营、业务流程再造、支持产品快速创新、统一数据基础、快速响应业务需求方面起着重要作用。

第六章

应用架构

本章提要

应用架构向上承接企业战略和业务架构，向下规划和指导企业各IT系统定位和功能分布。本章重点介绍银行分层、组件化、服务化的应用架构设计，阐述该架构的特点。在组件化、服务化架构基础上，本章提出在企业级IT架构中引入事件驱动机制，降低系统间的耦合性。

本章的难点是理解应用和组件的架构理念，掌握大型商业银行组件划分和提炼公共基础组件的方法。

学习目标

了解银行应用架构的分层，组件化、服务化架构的特点，了解事件驱动架构的设计，初步建立平台化理念，形成对银行应用架构的整体认识。

第一节　应用支撑体系

银行IT架构是企业架构的重要组成部分。如果把单个系统的架构类比为某个建筑的设计规划，则企业级IT架构就是城市总体规划设计。盖一座小房子，也许可以不经规划而盖起来；但是要盖一座大楼，如果没有一个建筑设计规划，难以想象这座大楼会盖成什么样。同样，要建设好城市必须有一个统一的、科学的城市规划，并严格按照规划来进行建设。城市规划确定城市的发展方向、规模和布局，协调各方面的关系，使整个城市的建设达到技术先进、布局合理、协调统一、环境优美的综合效果，这样才能为居民的居住、劳动、学习、交通、休息以及各种社会活动创造良好条件。IT架构对整个银行信息化建设的作用与城市规划对城市建设的作用类似，用于指导IT投资和设计决策，是企业级信息系统建设的综合蓝图。根据关注的不同角度，银行IT架构分为应用架构、数据架构、技术架构、安全架构四个部分。

银行以企业级IT架构为蓝图，建立相应的基础设施、应用平台和应用系统，构成整个银行数字化经营的应用支撑体系。

结合当前技术发展趋势，银行需要具备以下几方面的IT应用支持能力：一是基础设施的灵活、快速、低成本供给能力，提供具备强大金融能力和银行特性的云计算服务；二是人工智能应用能力，建设包括基础层（算法和算力）、技术层（感知和认知）和应用层（各领域应用）在内的人工智能基础能力和应用支持；三是数据分析应用能力，支持对行内外大数据的整合、加工和计算，为用户提供易用、好用的数据服务；四是区块链、物联网等新兴技术应用支持能力；五是基于以上技术支持能力，建立快速、敏捷响应业务的能力，不断沉淀业务共享服务，支持应用快速组合实现共享服务，推出满足市场需求的产品服务。

应用支撑体系由技术架构域的基础设施层，数据架构域的数据层，应用架构域的平台层、公共服务层、组件层、应用层和安全架构域的安全服务层组成，如图 6-1 所示。

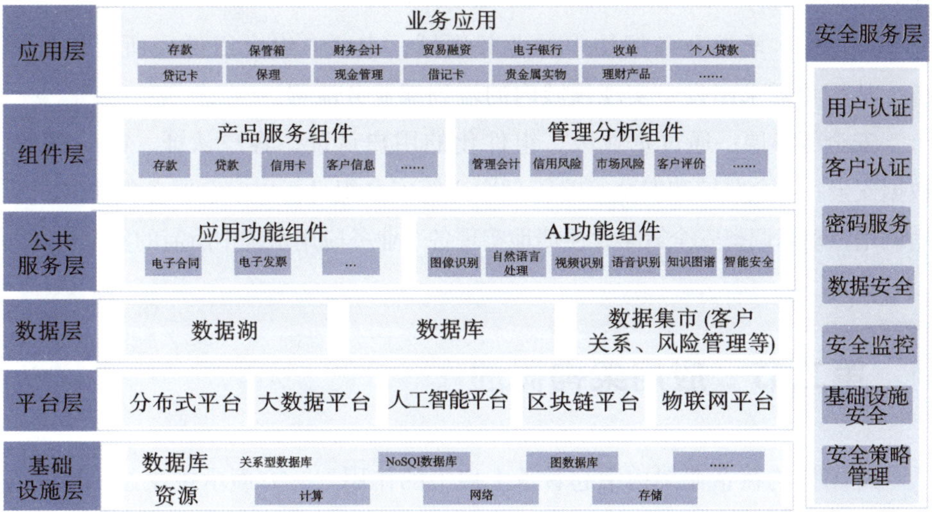

图 6-1 应用支撑体系

基础设施层：基于云计算技术实现对计算、网络、存储等基础设施资源以及中间件、数据库等资源的统一管理，快速供给，支持横向扩展。目前，“主机+云计算”的融合架构是大型商业银行 IT 基础设施层的主流架构。

平台层：基于平台即服务的模式，将软件研发、测试、部署、运行所需要的能力以服务的方式提供给应用研发和运行维护人员，通过基础设施层的接口实现资源管理调度。分布式应用平台提供微服务框架、交易路由、数据访问代理、配置中心等服务，实现分布式应用运行所需要的资源管理；大数据云平台提供数据采集、数据集成、数据服务、数据分析与挖掘等服务；人工智能平台提供简单、灵活、快捷、多算法支撑的模型构建、训练、应用与优化服务，支持用户快速应用人工智能技术取得应用效果；物联网平台满足各种类型终端的海量接入，支持对接第三方物联平台，实现终端设备的统一管理，支持对物联数据的采集和分析处理。

数据层：由数据湖、数据库和数据集市构成。数据湖对采集的行内外各类数据进行统一管理，支持海量数据的存储和访问；数据库以企业级数据模型整合银行内外数据，按企业级指标进行加工计算，提供数据访问服务；数据集市对特定应用领域的数据进行整合和计算处理，支持相应领域的数据分析应用。

公共服务层：归纳提炼企业应用中的一些公共的、基础的业务功能，如电子发票、电子合同等公共功能以及图像识别、自然语言处理等人工智能公共功能。

组件层：承接业务架构中业务组件所定义的业务，以服务方式实现相应的业务功能，提供可共享的企业级服务，各组件负责其职责范围内的数据创建和维护。

应用层：承接业务架构中的业务领域，串联、组合组件层所提供的服务，从用户需求出发，实现领域内的端到端业务流程。

安全服务层：通过企业级、组件化的用户认证、客户认证、密码服务、数据安全、安全监控和安全策略管理中心等安全组件，以安全服务的形式供应用调用，动态调整安全策略，便捷地实现各个业务应用系统中所需的安全保障。

第二节　应用架构概述

应用架构在企业架构中起着承上启下的作用，一方面承接业务架构的落地，另一方面影响技术方案的选择。应用架构从业务架构建立的产品、流程和数据模型出发，结合技术因素，从企业级视角描述银行数字化经营管理所需的 IT 系统整体布局、功能边界、相互关系、支撑平台和实现机制等。应用架构要回答的问题是 IT 如何高效满足现在的业务需求，并适应未来业务发展要求，实现技术与业务的深度融合。应用架构关注的核心内容是科学合理的系统边界划分、系统之间的交互关系、数据和系统之间的对应关系等。

银行应用架构分为企业级的应用架构和单个系统的应用架构，分别由不同的架构师负责规划和设计，前者一般由企业级的应用架构师负责，后者一般由项目的架构师负责。企业级的应用架构在企业层面进行应用系统的统一规划，向上承接企业战略发展方向和业务模式，向下规划和指导企业各个应用系统的定位和功能，包括企业的应用架构蓝图、架构标准和原则、系统的边界和定义、系统间的关联关系等内容。单个系统的应用架构对系统的主要模块和功能点进行设计，描述从前端展示到业务处理逻辑以及后台数据的架构。单个系统的架构设计需要遵循企业级总体应用架构原则。

第三节　应用架构能力

大型商业银行在发展过程中，普遍形成了相当规模的 IT 系统。基于传统的建设理念、以部门需求驱动 IT 系统建设方式，导致架构呈现竖井式特征，系统功能冗余，数据标准不统一，信息孤岛越来越多，难以适应数字化经营要求。在金融科技背景下，银行应用架构要满足以下几方面的能力要求：

一、以客户为中心的支持能力

银行的数字化经营理念从以产品为中心向以客户为中心转变，强调客户体验，应用架构的设计也应该贯彻这个理念和原则，准确地识别客户、了解客户，为客户提供其需要的服务。这就要求银行：第一，将客户的全部信息关联起来，建立统一的客户视图，全面了解客户的信息，分析客户偏好，挖掘潜在客户；第二，由于客户追求多样化、差异化和个性化的服务，所以应从客户体验入手，站在客户的立场，将服务做好做精，为客户提供方便、快捷、有针对性的服务；第三，充分利用市场细分手段，准确把握不同客户的特点，提供差异化的客户服务；第四，当客户主动或被动接触银行系统时，第一时间识别客户，了解客户诉求，主动关怀与营销客户。

二、敏捷支持能力

面对客户需求变化、市场变化和业务创新，银行需要建立一套支持产品快速创新的工厂模式，建立银行产品的部件、元件库；基于对产品部件、元件的组装，快速推出新产品。另外，快速产品创新还需要建立市场化的、灵活的、差异化的定价体系，支持产品、客户、机构、渠道、账户、余额等维度的多层次定价和跨产品的组合定价，实现银行统一的价格参数管理，快速响应市场和需求变化。

业务敏捷支持能力要求 IT 架构灵活、松耦合，面对不断创新的业务需求，可以实现最大限度的功能复用；基于已有的系统能力进行灵活组装，当需要对某一系统进行改造时，可以独立部署和上线，不影响其他系统的稳定运行。为满足数字经济高速发展对系统处理能力不断增长的要求，银行的 IT 系统需具备承受短时间内极限峰值的压力，需具备充分的水平扩展能力，实现资源动态伸缩，降低运行风险。

三、开放生态能力

银行需要具备开放的生态能力，联合合作伙伴提供综合化的服务，而不仅仅是单一化的产品。以开放和生态合作为核心的开放银行需要应用架构的支持，以全面提升金融服务对外输出、聚合服务与极简化场景嵌入能力。开放银行通过应用程序接口和软件开发工具包，面向企业端、商户端、开发者提供开放合作服务，将金融服务无缝嵌入实体经济各领域，打破银行服务门槛和壁垒，拓宽生态边界，重塑价值链。同时，银行需要提高与开放生态能力相适应的风险控制能力。开放银行在提升银行金融服务效能的同时，使得风险敞口更多、管控链条更长，系统风险呈现出新特点、新变化，需要具备相应的风险控制手段和管理能力。

四、关键技术应用能力

银行需要加强对新技术的研究，降低新技术应用门槛，建立分布式计算平台、大数据服务平台、人工智能平台、区块链服务平台，以平台促进金融科技应用。分布式计算平台通过分布式、微服务技术实现高容错、高性能、高扩展的基础架构。大数据服务平台为用户提供海量、异构数据的全流程服务，借助便捷的数据获取、数据分析、数据开发、数据资产管理环境和工具，支持技术和业务人员高效使用数据、释放数据价值。人工智能平台提供简单、灵活、快捷的模型构建、训练、应用与自优化等服务，实现全生命周期的模型管理服务，支持用户快速应用人工智能技术取得应用效果。区块链服务平台将区块链前沿技术与金融应用生态相融合，通过区块链技术创新金融服务模式，降低区块链应用落地的门槛和复杂度，提高区块链应用的交付效率，降低应用落地的成本。

第四节　应用架构设计

一、应用架构分层设计

分层是一种架构模式，以保持架构的灵活性、稳定性和扩展性，从而适应业务的不断变革和发展。对单个应用系统的软件架构而言，分层式架构是最常见、也是最重要的一种结构。例如，应用系统从下至上分为数据访问层、业务逻辑层、表示层。企业级应用架构往往也采用分层的方法来降低架构的复杂性和耦合度，但与单个系统应用架构的分层设计完全不同，前者从企业整体的 IT 视角进行分析，后者从单个应用系统的视角进行分析。应用架构分层是根据整体架构的目标和能力要求，结合各类非功能需求，从管理、业务和技术的视角将整体 IT 功能进行分组，形成架构的层次划分，明确各 IT 系统的定位、功能边界、所属架构层次。

图 6-2 是某银行的企业级应用架构分层，该架构划分为渠道整合层、用户服务整合层、应用集成层、外联集成层、产品服务层、数据集成层、管理分析层。

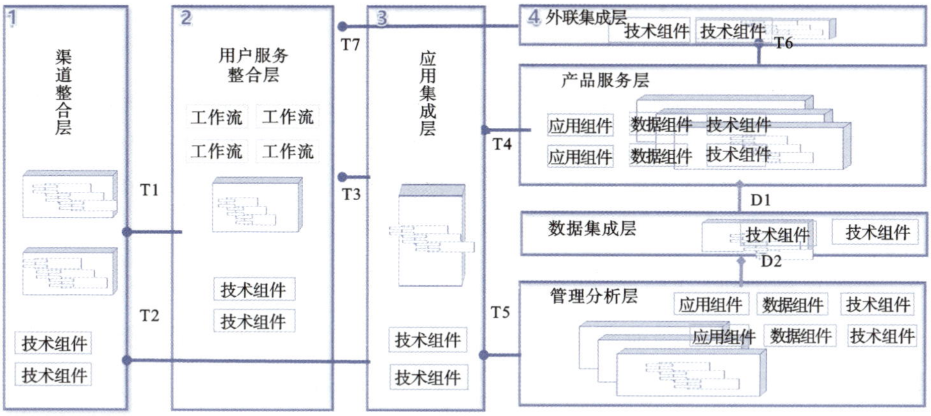

图 6-2　某银行的企业级应用架构分层

（一）渠道整合层

渠道整合层整合渠道接入，接受来自不同渠道的业务请求，处理并封装请求数据，调用后台服务并返回结果。渠道整合层提供内部用户和外部用户的渠道接入、安全认证、接口路由等功能。在渠道整合层，不同渠道使用的后端服务、流程是相同的，为客户提供一致的体验。另外，在渠道服务整合的基础上，银行可以快速支持新兴渠道的部署和现有渠道的能力拓展，支持业务在多渠道快速部署。

（二）用户服务整合层

用户服务整合层以客户为中心，整合端到端的客户服务流程，为内外部用户提供集成服务。用户服务整合层基于跨时序、跨角色、跨用户的企业级工作流引擎，调用产品服务层的服务逻辑完成业务处理。用户服务整合层支持内外部用户按需定制个性化工作流，支持产品管理、机构员工管理、现金管理等业务领域。

（三）应用集成层

应用集成层提供企业级统一的服务注册、服务发现机制，为服务调用方提供基于软负载均衡的服务寻址支持。对于异构系统之间的调用，应用集成层提供报文转换、协议适配和交易路由等支持。产品服务层的组件将服务统一发布在应用集成层的服务目录中，服务请求方通过服务目录查找服务。应用集成层降低了 IT 系统之间的耦合度，支持服务的快速灵活地整合重用。

（四）外联集成层

外联集成层负责外部机构与行内系统之间的交互，如保险公司、中国人民银行征信等，主要完成协议转换、报文转发等功能，为内部系统屏蔽技术复杂性。外联集成层提供了行内系统集成外部合作方服务的能力，同样也提供了行外系统集成行内服务的能力。基于统一的外联集成层的能力，其能实现银行快速与外部合作伙伴服务集成，形成开放的金融生态环境。

（五）产品服务层

产品服务层提供与渠道无关的产品服务处理，实现银行共享的业务能力，支持产品、客户、合约等银行核心产品服务。产品服务层包括存款、贷款、代收代付、贸易融资、托管、客户管理等服务，发布在应用集成层的企业服务总线上。

（六）数据集成层

数据集成层整合企业范围内的各类数据，提供一致的数据计算和访问服务，提供准实时的业务统计分析监控能力，包括海量数据存储能力、大数据的分区管理能力、大批量处理的计算能力、数据质量的控制能力、高并发处理能力、报表数据存储能力、非结构化数据管理能力。

（七）管理分析层

管理分析层为银行内部管理和决策提供集中的管理分析服务和支持，包含所有的管理分析类组件，从数据集成层获得所需要的数据服务。管理分析层基于数据集成平台提供一致的数据，保证了统计分析结果的一致性和可信度，满足了银行内用户的管理统计分析需求。

上述架构分层体现了以下设计理念：

一是渠道与流程、产品服务分离，流程、产品服务为全渠道共享，保证客户可以通过不同的渠道获得一致的信息和服务，为渠道互动、线上线下协同提供支持。

二是产品服务和管理分析服务分离，产品服务侧重于对数据的维护操作，管理分析服务侧重于提供基于整合数据上的分析处理，各组件将自身职责内的功能做好、做精，避免相互干扰，提供更加优质的服务。

三是只在产品服务层和管理服务层的组件创建和维护业务数据，并将数据管理封装在组件的服务内，保证数据的唯一性、一致性。

四是统一与外部系统的互联方式，避免和解决各系统与外联单位独自连接的乱象问题，提高外联的共享性、安全性，提供对外部服务的快速集成能力。

二、组件化、服务化设计

组件是一个自包含的功能处理单元，可完成一个或多个功能，并可通过接口暴露其服务，组件可独立部署、可重用、可替换。组件化是指基于可重用的目的，遵循高内聚、松耦合的原则，将一个大的软件系统按照分离关注点的形式，拆分成多个独立的组件，组件之间通过接口进行通信，相互协作，构成一个有机的整体。组件化的思想是分治和解耦，将复杂的大系统分而治之，降低耦合性。服务化是一种架构风格，系统之间通过良好定义的服务进行交互。组件化与服务化往往是“孪生”关系，组件化架构往往也是一个服务化的架构。

组件化与服务化的架构具备以下特征：

（一）清晰的组件定义

完整定义组成架构的所有组件，对每个组件的目的、范围进行明确说明，组件之间不存在功能冗余，组件可独立实现、独立部署，组件之间是松耦合的关系。

（二）数据首要责任组件

组件在封装功能的同时，对相应的数据也进行封装，即每个组件管理的数据有明确的范围，组件之间的数据不存在冗余。数据首要责任组件是指负责数据创建和维护的组件。在组件化的架构中，特定的业务数据实体由唯一组件负责创建和维护，关系紧密的数据实体要内聚在同一组件。

（三）服务颗粒度和标准化

组件提供的服务应提供一项特定的完整业务功能，即避免多次往返交互。组件提供的服务对于调用者来说位置透明，使用企业范围内标准的报文格式和通信协议。

（四）服务的复用性

服务的编排有利于实现业务的快速响应和创新，真正面向服务的架构必定会沉淀出一系列公共的、可复用的服务，形成企业最核心的 IT 资产。

服务只有交付给用户才能发挥其价值，这就需要从用户的视角进行应用设计，体现用户、产品、渠道的差异，为用户提供良好的用户体验。因此，银行应该从两个视角来观察企业的应用架构，一个是用户视角，一个是企业视角，从用户视角看到的是企业交付给用户的应用，从企业视角看到的是组件及其实现的能力。应用是基于用户视角，对某一业务领域下活动的 IT 实现，为用户提供端到端的流程服务，通过调用业务应用组件所提供的服务，完成对用户价值的创造与交付。应用基于场景实现用户的需求，关注良好的用户体验；组件基于可共享的服务实现企业的能力，关注能力的复用。

图 6-3 是某银行的应用架构，用户服务整合层列示的是提供给用户的应用，实现用户端到端的流程；产品服务层和管理分析层列示的是企业级应用组件，为应用提供可调用的服务。该应用架构承接业务架构成果。业务架构将银行业务能力按照高内聚和松耦合原则划分为 100 多个企业级业务组件，业务组件对应到 IT 实现时的应用组件。因此，应用组件也是按业务能力进行划分的。与微服务架构理念中对整体业务进行垂直划分为微服务的方法一样，在进行组件划分时，银行将客户信息、机构员工、定价管理、产品管理等公共能力提炼出来，形成企业级可复用的服务，在保证整体架构松耦合的同时，实现公共服务的共享。

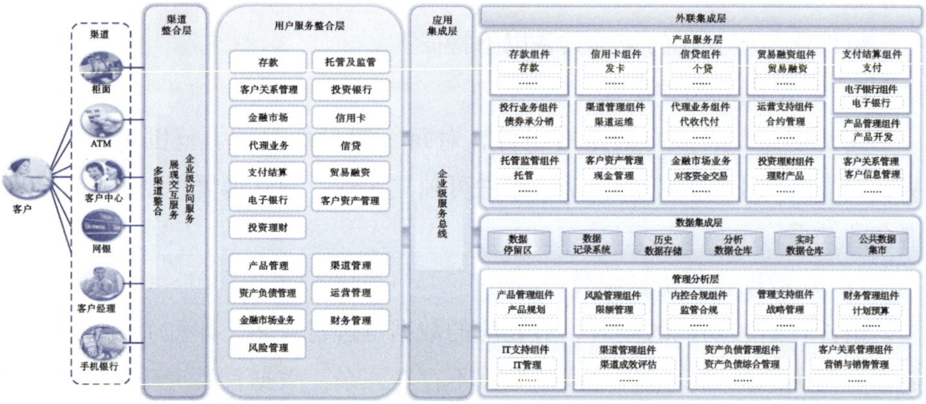

图 6-3　某银行的应用架构

组件化、服务化的架构克服了竖井式架构的缺点，减少了功能重复建设的成本，消除了系统间集成的难点，沉淀了可重复使用的业务服务，赋予了银行快速创新的能力。

银行的应用组件可以划分为两类：一类是基础公共类组件，包括客户信息管理组件、产品研发组件、定价管理组件等；另一类是特定领域的组件，如存款组件、贷款组件、信用卡组件、风险管理组件等。下面将重点介绍基础公共类组件，这些组件提供了最基础的共享服务，是对银行业务进行横向归纳分析的结果。

1. 客户信息管理组件

以客户为中心的经营理念要求 IT 系统支持准确地识别客户、了解客户，为客户提供所需的服务。客户信息管理组件建立统一完备的客户信息，支持客户唯一标识，整合客户基本信息、联系信息、产品信息、财务信息、风险信息、偏好信息等。在竖井式架构下，银行各应用系统分别建立自己的客户信息管理模块，导致客户信息重复采集，缺乏统一标准的客户信息管理，不同系统的客户信息之间难以建立关联，不能支持银行全面了解客户。客户信息管理组件将银行的客户信息集中在一点统一管理，通过服务方式与其他系统共享统一的客户信息，其他组件只能通过客户信息管理组件的服务进行客户维护和使用客户信息，不重复开发客户信息管理功能。共享的客户信息管理组件聚焦客户，在支持业务需求过程中持续演进，功能不断完善和增强，支持业务创新。

银行基于客户基本信息、结算情况、持有产品、财务状况、信贷状况等对全量客户进行评估，再基于客户综合贡献对客户进行分级，采用客户评价及客户细分模型，对客户进行等级划分、星级评定。

针对不同客群进行分类描述，银行可以实现客户细分与分群。就对私客户而言，银行能够围绕衣、食、住、行、娱、医、金融等来刻画客户行为特征的360度画像库，可将所有客户细分为战略级、私人银行级、财富管理级、钻石级、白金级、金级、大众富裕、大众客户等级别；就对公客户而言，银行按客户价值与忠诚度、业务类型等进行客户分类。

2. 产品研发组件

产品研发组件定位为支持银行快速产品创新，建立一套可复用的产品装配服务，支持银行产品的灵活创新与快速投放，满足市场多变的需求与客户定制化的金融服务需要。

产品研发组件建立快速、方便、易用的产品工厂。银行通过统一的产品装配平台，按照装配模型对不同产品线和产品组进行实例化参数配置，快速实现产品的组装，支持产品快速创新。产品工厂的核心设计思路是依托企业级产品装配设计体系，将银行业务中各类产品按照产品特征和业务流程划分为不同的产品装配模型（基础产品），同时解构成一些标准化、结构化的产品部件、产品元件和产品参数，以便采用组装与实例化的方式，快速设计并开发出满足市场需要的产品。当客户有了新的需求或希望获得定制化的综合金融服务方案时，这些结构化、标准化的产品“零部件”就可以被迅速复用配置，形成产品后实时发布至对应的销售系统进行销售。银行利用已有的产品或产品功能，针对客户的新需求进行重新组合或少量开发，使原本复杂冗长的创新过程变得灵活快捷。

3. 定价管理组件

定价管理组件建立统一的价格参数结构模型，实现价格要素体系的标准化，支持产品、客户、机构、渠道、账户、余额等维度的多层次定价和组合定价。定价管理组件实现以客户为中心的综合定价模型和价格审批流程，形成以市场为导向、以客户为中心的综合定价能力，满足市场化条件下产品创新和价格管理的需要。

定价管理组件用结构化方法描述价格模型，包括基准价格和差异价格两部分，其中基准价格描述的是价格的基本信息，而差异价格则是为了支持产品、客户、机构、渠道、账户等不同维度的差异化定价要求。费率结构化模型中，基准费率描述了计费、扣收价格规则；差异费率支持在基准费率规则的基础上设置多组不同的差异化价格，且每一组差异价格均可以由不同的差异维度组合决定。利率结构化模型中，利率条件划分为正常利率条件、违约利率条件、计结息利率条件、利率调整条件、差异利率条件等不同组成部分；同一利率条件支持不同档期、金额分层、差异维度的差异化维度组合。汇率结构化模型定义了总分行基准价、对客基准价以及在对客基准价基础上支持渠道、机构、客户等不同维度的差异化价格。定价管理组件内建产品的计费计息场景规则，将价格计算场景分解为一系列结构化的场景因子，如通兑类型、大小额标志、客户评级、提前还款标志等，并与定价管理组件提供的价格项进行映射；在发生收费计息相关交易时，价格识别引擎使用从交易上下文中获取的场景因子，与内建的规则进行比对，从而对交易发生时的价格计算场景与关联价格进行智能识别。

4. 会计核算引擎

会计核算引擎通过交易和核算解耦使产品服务和会计核算各自独立，当各自变动时只影响自身部分，以解决绑定在一起带来的相互影响的问题。统一的会计核算引擎在设计上遵循业务核算稳定、账务准确安全、核算规则可配置、支持产品创新、性能高效、系统可扩展的原则，适应银行产品创新快、业务量大的要求。

5. 机构员工组件

机构员工组件的定位是建立机构信息和员工信息标准，建立银行统一的企业级机构视图和员工用户视图，改变以往机构信息和员工用户信息分散管理、重复开发的模式，实现信息的单点采集、同步共享、联动管控和集中发布，为银行 IT 系统的员工统一登录、认证和鉴权奠定基础，支持机构员工经营指标考核、员工绩效考核以及操作风险防控。

机构员工组件建立可以灵活扩展的员工权限模型，实现对员工权限的统一管理、统一控制、统一银行岗位角色设置，支持持续性精益化管理需求；在统一的机构员工信息管理基础上，支持以接口访问方式和数据订阅方式访问机构员工信息。在大多数场景下，外围组件通过实时调用接口的方式到机构员工组件获取数据，对于个别访问量大、性能要求高的访问场景，机构员工组件提供数据副本订阅。

以上介绍的只是银行基础类组件的一部分，可以看出，基础类组件实际上管理了银行最重要的基础业务数据，如客户信息、产品信息、价格信息、机构信息、操作员信息等，将这些信息的管理内聚到特定的组件统一管理和维护，保证了数据的一致性、完整性、标准性，支持业务数字化管理。

三、事件驱动架构设计

事件就是状态的变化，代表过去发生的事情。从类型来划分，事件可以分为业务事件和系统事件。以事件为驱动的编程模型称为事件驱动架构（Event Driven Architecture，EDA）。从来源来划分，EDA 事件可以分为系统内部事件和外部事件。

面向服务架构从系统解构的角度入手，将复杂的系统分解为一系列相对独立的组件，组件按照指定的标准对外提供服务，在企业级服务总线支持下，实现服务易于共享、重用。面向服务架构实现了请求方和服务方的解耦，但是这种解耦程度也存在一定的局限，如果服务接口发生变化，双方代码都需要变动。EDA 以事件为媒介，调用者和被调用者互相不知道对方，两者只和中间消息队列耦合，实现组件或服务之间最大程度松耦合的方式。另外，由于面向服务架构更多地关注静态的信息，不能很好地与动态业务匹配，在部分场景下面向服务架构难以实现业务要求。例如，银行具有产品服务系统、反欺诈系统、反洗钱系统、账务系统、营销系统等，当一个客户的产品交易在产品服务系统处理后，其他相关联系统都需要得到通知，反欺诈系统需要评估这笔交易是否存在欺诈风险，反洗钱系统需要判断是否涉嫌洗钱，账务系统需要进行核算处理，营销系统需要分析是否存在营销商机等。这里面其实包含了几个问题：谁来负责触发这样一个事件、各个系统如何得到通知、如何保证各个系统行动的一致性。采用服务调用的方式逐个调用相关系统，会显著影响核心系统处理的效率。事件驱动的架构采用分布式异步处理模式，可以很好适应这些场景。当组件 A 执行的逻辑需要触发组件 B 的逻辑时，组件 A 不是直接去调用组件 B，而是触发事件将其发送到事件管理程序；组件 B 将侦听事件管理程序中的特定事件，并在事件发生时执行操作。

事件驱动架构包括事件产生端、事件传输通道、事件处理引擎、事件应用端、事件管理中心五个组成部分（见图 6-4）。

事件产生端：产生事件的应用系统。事件产生端发布事件，将事件信息发送到事件传输通道。

事件传输通道：将事件投递给事件的订阅方。消息中间件是一种典型的事件传输通道。数据变化捕获（Change Data Capture，CDC）是在数据库级别实现的增量抽取机制，也是一种事件传输通道。

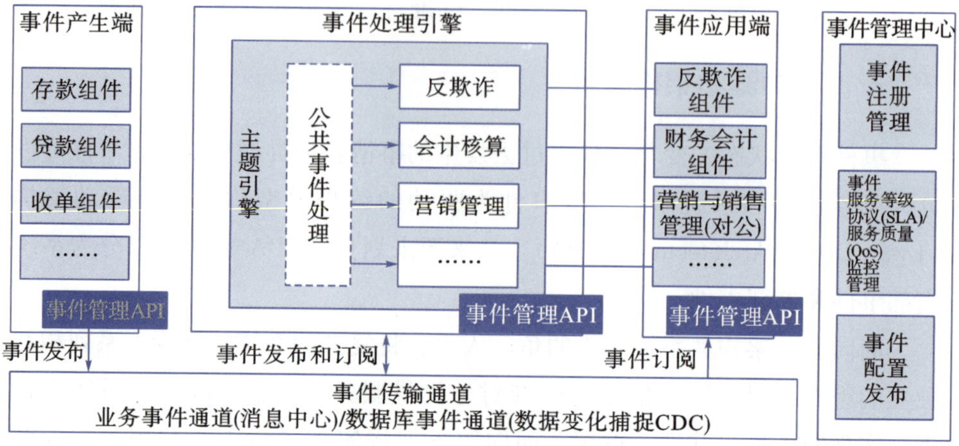

图 6-4 事件驱动架构

事件处理引擎：对于一部分复杂事件，从产生端生成，经过事件传输通道到事件处理引擎进行筛选、过滤、计算、关联、聚合后，经过事件传输通道发送给事件应用端；对于简单事件，事件从事件产生端生成，经过事件传输通道直接发送到事件应用端，触发应用端逻辑处理。

事件应用端：事件的订阅方，订阅事件产生端或事件处理引擎所发布的事件，根据收到的事件进行应用逻辑处理。

事件管理中心：对事件进行定义，对事件的发布和订阅关系进行线上的注册管理，负责将事件定义信息和事件发布订阅信息发布给事件传输通道，事件传输通道根据消息的发布、订阅关系控制事件传递。

事件驱动架构可以应用在营销销售、客户服务、反欺诈、反洗钱、安全防控、系统运维等各个领域。事件驱动架构通过对事件的订阅和发布处理，支持第一时间捕获事件、准实时处理事件，提高系统对事件感知、处理的即时性。基于事件的“通知/订阅”模式，相关组件是异步、松耦合的关系，弥补了传统面向服务架构请求、响应同步式处理方式的不足，提高了系统并发执行、分布式处理、即时响应能力，快速满足业务需求。

四、金融科技支撑平台

银行打造金融科技支撑平台可以降低金融科技应用的门槛，实现金融融入生态和场景。以下从开放银行平台、人工智能平台、区块链平台说明技术平台如何赋能银行业务。

（一）开放银行平台

开放银行平台支持银行以更加开放的心态，开展跨界合作，拓展金融服务场景，提升跨界、跨领域、跨行业的服务能力，通过对外开放自己的金融和非金融服务以及与外界开展信息互通和共享，建立全新的金融生态。

图 6-5 为开放银行平台，从功能上主要划分为客户中心、运营中心、服务中心三大核心模块。客户中心模块含有开发者门户、第三方管理、服务购买、应用管理、服务浏览/搜索等具体功能模块；运营中心模块主要包括服务管理、软件开发工具包管理、订单管理、权限管理、计量计费等功能模块；服务中心模块主要包括 API 接入、流量控制、故障隔离、服务调用、服务治理等技术功能模块。

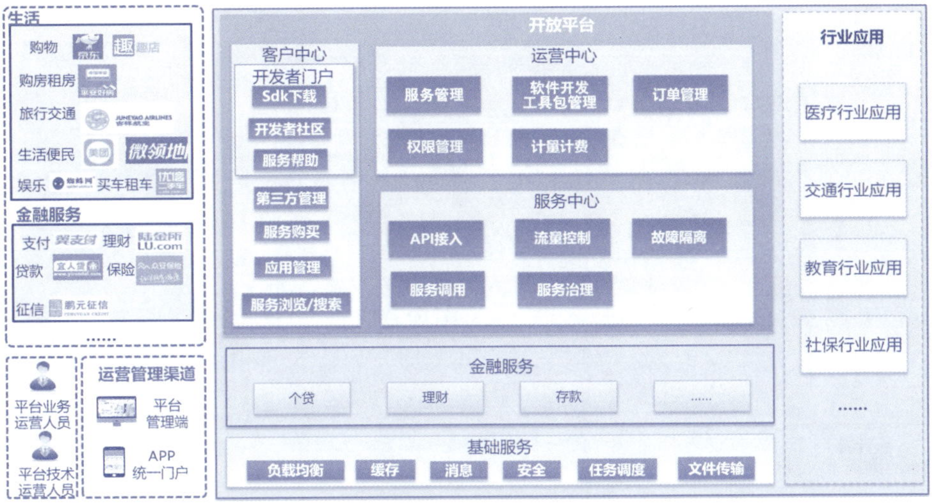

图 6-5　开放银行平台

以开放银行平台为支撑，银行可以拓展行业合作应用，对外输出账户、信用卡分期、商户管理、收付款管理、缴费等金融服务，住房租赁、数字政务、交通出行等非金融服务，以及征信评分、反欺诈、估值、楼盘指数、客户信用等信息服务；将金融服务融入第三方应用场景；将银行业务扩展到社会生活场景的方方面面；打造开放、融合、共赢的业务生态。

（二）人工智能平台

人工智能在银行业的主要应用场景包括智能营销、智能风控、智能投顾和智能运营等。智能营销是指在可量化的数据基础上分析消费者个体的消费模式和特点，并以此来划分顾客群体，精准地找到目标客户，然后进行精准营销和个性化推荐的过程。智能营销相对于传统营销，基于大数据技术、机器学习计算框架等技术，具有时效性强、精准性高、关联性强、性价比高和个性化突出等特点。智能风控主要依托多维度的大数据和人工智能技术对风险进行及时有效的识别、预警和防御，包含用户画像、用户行为建模、风控模型和风险定价几个方面。智能投顾是指利用大数据和人工智能等技术，将现代资产组合理论应用到模型中，结合投资者个人财务状况、风险偏好和收益目标，为投资者提供财富管理和投资组合的建议。其核心是将理财顾问的

“经验判断”模式升级为“算法判断”模式，通过降低成本与资金门槛覆盖更多长尾用户群体。对比面向高净值客户的传统投顾模式，智能投顾具有门槛低、费用少、投资范围广、透明度高、操作简单和个性化定制等优势，更适合投资者的需求。智能运营是运用人工智能、机器人等技术，辅助完成产品的服务交付和业务处理流程，实现运营直通化、数据化、自动化，智能运营可以提高银行运营效能、降低成本、控制风险，还可以助力获客引流、产品创新、市场营销乃至差异化竞争。图 6-6 为人工智能服务平台。

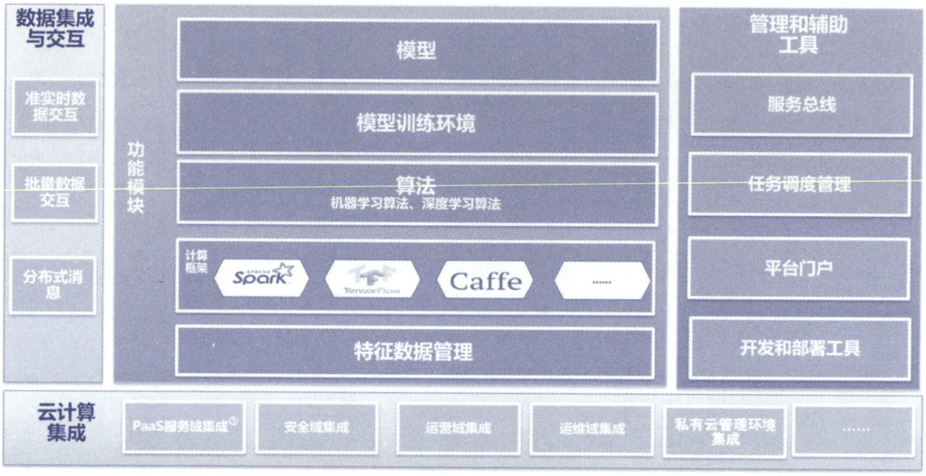

图 6-6　人工智能服务平台

人工智能服务平台提供简单、灵活、快捷、多算法支撑的模型构建、训练、应用与自优化等服务以及全生命周期的模型管理服务，支持用户快速应用人工智能技术取得应用效果。平台实现建模活动全流程统一管控、建立自学习机制、支持模型一键式部署、算法库灵活可拓展。人工智能平台在基础能力的支持下，基于对人工智能应用方面的公共需求，提炼并形成人工智能领域的公共技术组件，构建自然语言处理、视频识别、知识图谱、边缘计算、语言识别、虚拟现实、图像识别、智能安全等领域技术能力。企业级人工智能平台的建设及应用，能够有效降低人工智能的应用门槛，提升企业级人工智能的应用能力，人工智能公共技术组件为金融科技提供了“开箱即用”的人工智能基础服务能力。

（三）区块链应用平台

银行在区块链技术方面的应用能力要求其将底层区块链技术功能进行提炼和封装，高效地为业务应用区块链技术提供支持，屏蔽区块链底层技术的复杂性，降低区块链应用成本。

① PaaS（Platform as a Service）：平台即服务，是指把应用服务的运作和开发环境作为一种服务提供的商业模式。

区块链服务平台是为了适应区块链大规模应用的需要。单一的区块链场景落地实施和大规模应用所考虑的问题是不同的。大规模应用会面临四个方面的挑战：一是技术复杂度高，区块链融合了若干独立的技术领域，包括安全、通信、存储和智能合约等，对传统的应用开发人员有一定的技术门槛，需要为应用封装这些技术复杂度；二是应用模式不统一，如果没有统一的应用模式，那么应用落地的形态和技术方案就会多种多样，复用性有待提高；三是底层技术紧耦合，区块链的技术演进存在较大的不确定性，需要对底层的技术框架进行隔离；四是落地门槛高，目前区块链的应用支持不够完善，需要以平台集成技术能力，降低应用的落地门槛。

区块链服务平台采用分层逻辑架构，面向不同的应用场景，提供全流程的实施指引和应用开发支持：第一层是管理控制台，是平台面向用户的入口，包含面向开发和运维人员的各种工具以及面向应用的实施指引、实验环境等。第二层是面向应用的应用组件，对不同的应用场景进行总结和提炼，抽象出一些可复用的通用服务，通过这些服务直接支持上层的应用落地，包括存证组件、溯源组件、数字资产等。第三层是面向平台的平台组件，包括节点管理、证书管理、合约管理、成员管理、数据管理等。第四层是底层封装的基础技术框架（简称基础框架），封装了区块链五大核心技术，包括分布式存储、点对点网络、共识算法、智能合约、加密算法。第五层是基础设施，为区块链提供运行时环境、资源的调度和分配等功能。图 6-7 为区块链服务平台。

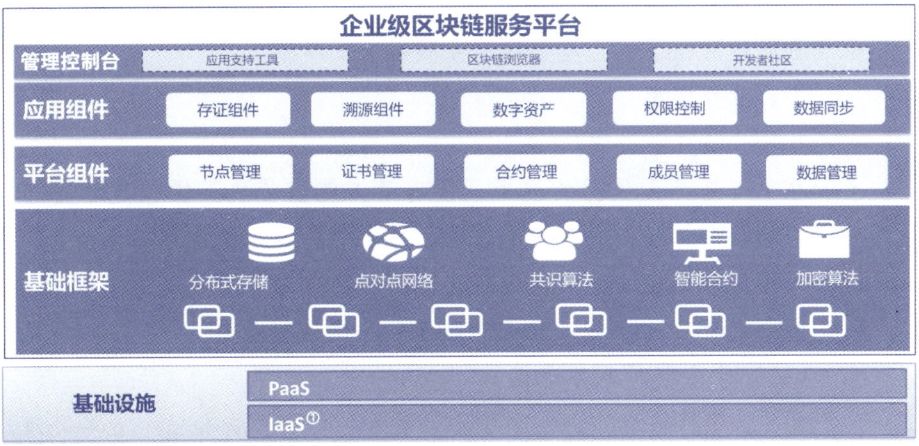

图 6-7 区块链服务平台

随着区块链应用场景的不断丰富，银行可以对不同的应用场景进行总结

① IaaS（Infrastructure as a Service）：基础设施即服务，是指把 IT 基础设施作为一种服务通过网络对外提供，并根据用户对资源的实际使用量或占用量进行计费的一种服务模式。

和提炼，抽象出通用的合约和应用服务模板，进一步减少各场景区块链服务的开发工作。另外，银行通过区块链平台提供一键式的区块链环境交付、节点和智能合约的全生命周期管理、多维度的安全加密体系、企业级联盟链治理等基础技术服务，支持用户快速实施区块链应用。

案例

某银行应用架构案例

本案例以小微快贷应用为例，介绍组件化、服务化架构下，应用的实现方式和运行原理，架构组成部分之间的关系。

一、业务背景

小微企业是企业发展历程中的一个阶段性形态。目前，在普惠金融领域，最突出的问题是融资难、融资贵问题，特别是小微企业融资难、融资贵问题。在小微企业的成长过程中，以融资能力为代表的获取金融服务的能力是制约其发展的一个重要因素。小微企业背后是数亿的小微企业员工。目前，小微企业提供了约70%的城镇就业机会，在促进就业方面有着突出的贡献，是新增就业岗位的主要“吸纳器”。支持小微企业发展是银行支持实体经济、推进社会公平、优化经营结构、顺应时代发展的重要举措。

小微快贷是某银行运用互联网和大数据技术，发挥该行渠道和数据优势，深度挖掘小微企业客户信贷需求，为解决小微企业融资难、融资贵问题而推出的全流程线上互联网信贷产品。

二、业务模型

小微快贷在业务本质上仍然是一种信贷产品，与传统信贷产品的差异在于其基于大数据的应用，改变了传统信贷线下操作流程环节多、手续繁杂、融资成本高的弊端。因为小微企业贷款通常与企业主的个人授信密切相关，所以产品处理规则更接近个人贷款产品，该银行基于个人贷款（个贷）相关系统承载小微快贷业务。

（一）个人贷款业务流程

通常，银行将贷款业务流程分为贷前、贷中、贷后三个业务处理阶段（见图6-8）。个贷业务的贷前处理包括申请个贷业务、审批个贷业务、建立个人额度、签署个贷合约、发放个人贷款等流程；贷中处理包括归还个人贷款、结计贷款收益、转列个人贷款、结清个人贷款、变更个贷合约、维护个人额度等流程；贷后处理包括执行贷后检查、开展风险分类、制定催收策略、执行催收、执行委外催收或执行法律追索等。

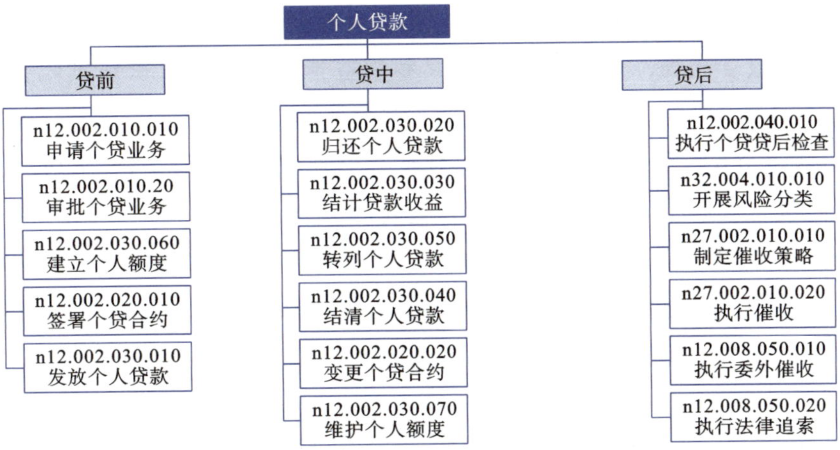

图 6-8　个人贷款业务流程

（二）个人贷款相关应用组件

该银行通过企业业务能力聚类，形成 100 余个业务组件。图 6-9 标记深色底纹的是个人贷款相关业务组件。

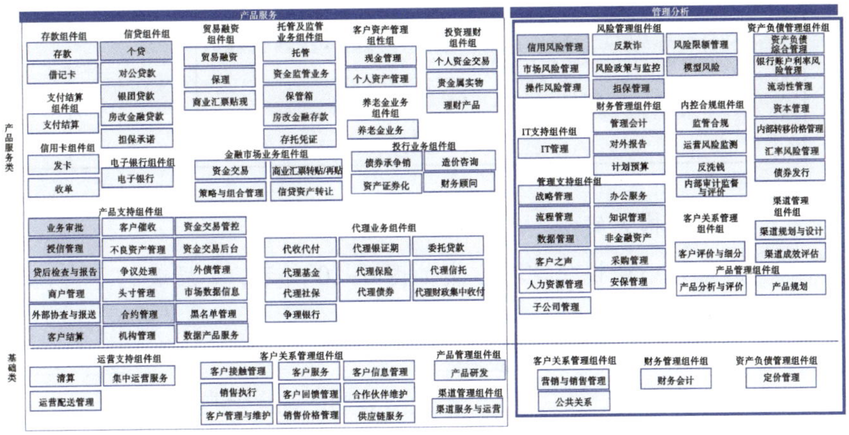

图 6-9　应用组件分布图

（1）授信管理组件：实现客户授信额度的建立、调整、扣减、释放、重估等全过程管理和全业务管控。

（2）业务审批组件：提供信贷审批管理服务，包括审批发起、审批过程、审批结果等全过程的管理。

（3）担保管理组件：建立担保管理制度，通过对保证人、押品的全流程管理，结合监控风险状况，及时清偿，保证资产安全。

（4）个贷组件：面向个人、小微企业客户的贷款业务，包括贷款合约管理、偿还费用、登记报表信贷业务台账、发放对公贷款、转列对公贷款等业务内容。

（5）贷后检查与报告组件：提供银行信贷业务统一的贷后检查与报告流程，是关注客户经营和收益情况，发现、识别风险信息，监测、防范贷款风险的措施和方法的总和。

（6）客户催收组件：针对银行逾期贷款客户，制定催收策略，执行电话、信函、委外或司法催收。

（7）信用风险管理组件：对个人或小微企业客户进行评分卡评分，对信贷资产提出零售初分意见，执行矩阵分类。

个人贷款相关组件任务列表如表 6-1 所示。

表 6-1　个人贷款相关组件任务列表

个贷组件	授信管理组件	业务审批组件	贷后检查与报告组件	客户催收组件	信用风险管理组件	担保管理组件
• 签发个人贷款合同 • 执行个人贷款放款 • 结清个人贷款 • 偿还个人贷款 • 发送个人贷款利息支付通知 • 实施个人贷款产品转换 • 转列个人贷款账户 • 调整个人贷款利率 • 调整个人贷款利息 • 维护个人贷款账户信息 • 预约人贷款调整 • 执行个人贷款合同公证 • 执行个人贷款放行 • 执行个人贷款客户回访 • 计算个人贷款利息	• 激活个人预授信额度 • 执行个人统一额度预占 • 执行个人统一额度预占解除 • 执行个人统一额度占用 • 计算个人统一额度 • 计算个人预授信额度 • 监控个人额度风险评价要素 • 建立个人授信额度 • 筛选个人预授信客户 • 设定个人额度监控和风险预警指标 • 受理个人预授信签约申请 • 维护个人授信额度 • 执行个人额度风险预警	• 分配个人贷款审批任务 • 获取个人客户评分 • 执行个人客户调查 • 记录个人贷款审核意见 • 记录个人贷款及额度信息 • 申报委托贷款资料 • 审核个人贷款申请资料 • 审批个人贷款 • 受理个人信贷业务申请	• 报送个人贷款征信 • 分配贷后检查任务 • 分配监测任务 • 分析个人贷款风险状况 • 监控个人贷款 • 签发个人贷款贷后检查报告 • 签发个人贷款督导单 • 签发个人贷款风险提示书 • 设定个人贷款监测事项 • 设定个人贷款检查事项 • 生成个人贷款贷后检查任务 • 生成个人贷款监测报告 • 生成个人贷款监测任务 • 制定个人贷款检查方案 • 执行个人贷款贷后检查 • 制定个人贷款监测方案 • 担保管理 • 执行押品登记	• 编制催收策略 • 发布配置催收策略 • 发送催收短信 • 发送催收提示 • 发送催收通知书 • 发送催收信函 • 发送还款到期提示通知书 • 发送司法催收信息 • 发送委外催收信息 • 分析统计催收成效 • 归集催收记录文件 • 记录并反馈催收结果 • 监督委托材料回收 • 监控委外催收方案实施	• 提出零售初分意见 • 执行矩阵分类	• 押品信息接收 • 押品估值

三、架构方案

该银行小微快贷架构方案如图 6-10 所示，7 层架构下应用功能分布也可见图 6-10。

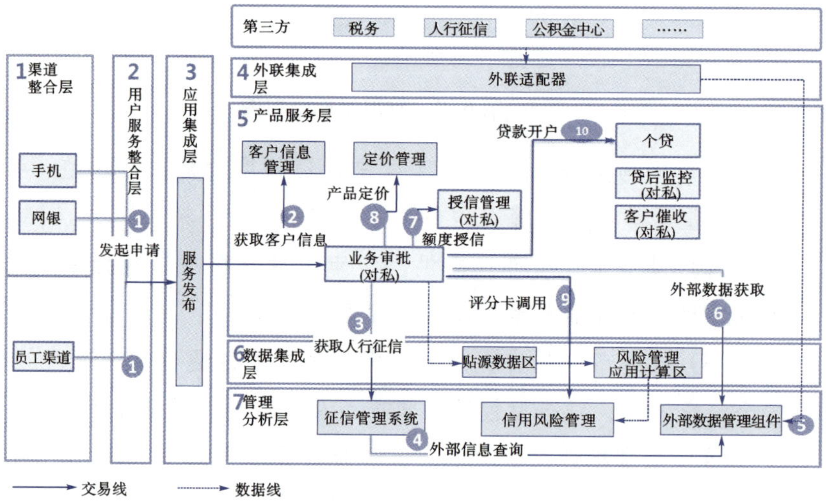

图 6-10　小微快贷架构方案

（1）渠道整合层：基于客户渠道的手机、网银以及员工渠道实现小微快贷申请、进度查询、支用、还款等用户交互功能。

（2）用户服务整合层：该案例不涉及。

（3）应用集成层：授信管理组件、业务审批组件、担保管理组件、个贷组件、贷后监控组件、客户催收组件、信用风险管理组件将其服务发布在企业服务总线上，企业服务总线提供服务注册、寻址访问。

（4）外联集成层：基于企业级外联集成平台配置或编写代码方式实现与税务、人行（中国人民银行）征信、公积金中心等第三方单位的交易和文件接口。

（5）产品服务层：实现授信管理组件、业务审批组件、个贷组件、客户催收组件的业务处理逻辑，并将服务发布、注册到企业服务总线上。

（6）数据集成层：集成产品服务层和外部数据管理组件接入的外部数据，进行数据整合、计算，为信用风险管理组件、风险政策与评价组件提供数据服务。

（7）管理分析层：实现担保管理组件、贷后监控组件、信用风险管理组件的业务处理逻辑，并将服务发布、注册到企业服务总线上。

（8）业务审批组件调用定价管理组件进行产品定价。

以一个完整的小微快贷申请业务为例，基于该架构的组件间调用关系如下：

（1）客户登录手机银行申请快贷，手机银行调用业务审批组件的快贷申请服务为客户提供全线上贷款申请。

（2）业务审批组件调用客户信息组件获取客户信息，查询该客户是否为黑名单客户。

（3）业务审批组件调用征信管理系统获取中国人民银行征信信息。

（4）征信管理系统通过外部数据管理组件调用中国人民银行征信系统查询中国人民银行征信信息。

（5）外部数据管理组件通过征信外联适配器获取中国人民银行征信信息。

（6）业务审批组件调用外部数据管理组件获取行外大数据信息。

（7）业务审批组件结合征信数据和外部数据调用授信管理组件计算客户可贷额度。

(9) 业务审批组件结合征信数据和外部数据调用信用风险管理组件中央风险引擎的评分卡进行评分，如不通过则返回，即申请失败。

(10) 业务审批组件根据客户申请和签约结果调用个贷组件完成额度账户的开立。

四、方案特点

(一) 组件化、服务化架构实现IT的灵活性，IT能力可复用

该方案贯彻企业级理念，运用了组件化、服务化的应用架构，快速支持业务需求释放。

(二) 应用移动渠道技术，进行多渠道全流程部署

该银行依托移动渠道实现了贷款业务全流程线上服务，客户从发起申请到完成开户最快仅需三步，实现了让“数据多跑路，客户少跑腿”的体验提升。

(三) 应用大数据分析技术，实现对客户精准服务

该银行依托数据信息优势，实现客户预授信与精准营销；深入挖掘行内、行外数据，在客户精准画像基础上对客户进行分类分层，批量进行预授信处理，并向客户主动推送预授信结果，实现对客户的精准营销；拓展抵押、质押、信用授信来源，广泛引入政府平台、电商平台、金融监管机构、合作商圈以及供应链核心信息等外部数据，为个人及企业客户授信提供增信依据，增加客户黏性。

本章小结

面向服务架构采用分层设计，分为渠道整合层、用户服务整合层、应用集成层、外联集成层、产品服务层、数据集成层、管理分析层，每层有其独特的功能定位。组件化、服务化架构是当前银行采取的主流架构，组成银行应用架构的组件包括基础公共类组件、产品服务组件、管理分析组件。提炼基础公共组件的能力是架构灵活性的保证，客户信息、机构员工、定价管理、会计引擎等组件将相关公共能力聚类，提供企业级共享服务，避免各系统重复制造带来的功能冗余和数据不一致，组件能力可复用，支持应用快速研发。

事件驱动架构是面向服务架构的补充，具体包括事件产生端、事件传输通道、事件处理引擎、事件应用端、事件管理中心五个部分。事件驱动架构为客户营销、风险控制等场景提供支撑，应用系统可及时感知正在发生的事件，提升业务的洞察能力。

第七章

数据治理与数据架构

本章提要

数据治理内容包括数据治理组织、数据制度建设和数据治理沟通。数据治理指导数据架构的规划、设计和实施。数据架构是IT架构的重要组成部分，承接业务架构的数据需求。本章重点介绍大型商业银行的数据治理体制和机制，从数据模型、数据集成、数据应用和数据管控流程等方面，介绍银行数据架构建设内容。数据模型是规范化、结构化描述数据项之间关系的方法与结果，统一规范描述业务经营管理和系统实施需要的数据；数据集成是对种类繁多的数据进行高效采集、存储、梳理、组合，提供企业级数据共享；数据应用是数据在各业务领域的具体应用和数据的使用方式；数据管控是通过严格的管理制度，保障数据的完整性、时效性、一致性、易用性、适应性。

本章的难点是如何通过数据标准化和数据管控流程，提升数据质量；如何用好企业数据资产，为银行创造价值。

学习目标

掌握数据治理要素，了解数据架构的概念及设计理念，学习数据模型、数据集成、数据应用和数据管控的设计方法及相互关系，了解数据架构的未来发展趋势。

第一节　数据治理

一、数据治理的发展阶段

数据治理是把业务和信息技术融合起来所必需的一整套技术、方法和相应的管理过程。

银行电子化阶段的信息系统侧重于关注某一特定领域的功能实现和局部效率的提高，侧重于数据的使用和基本的数据库管理。此阶段尚未开始数据治理，也无数据治理的概念。银行进入信息化阶段，从提升服务水平、提高经营管理水平和提高行业监管水平的需要出发，逐步开展数据治理工作。时至今日，数据治理已历经十多年的发展，大致可以分为以下三个阶段：

第一阶段是银行数据大集中后数据库建设时期。银行在数据整合过程中发现由于数据源标准不统一，数据整合非常困难。因此，本阶段的银行数据治理工作主要从统一数据标准入手，解决数据整合的问题。

第二阶段是银行业精细化管理时期。数据库平台搭建后，管理信息应用和监管报表应用纷纷上线。在运行过程中，数据质量严重影响了数据分析的效果，因此这一阶段数据质量问题成为银行关注的焦点。数据治理不再只是银行科技部门的事情，业务部门也开始介入数据治理中，并主动开展数据“清洗”等工作。同时，为了更好地统筹各项管理信息应用，银行开始对管理信息系统建设进行规划，数据需求管理和数据架构管理逐步成为银行数据治理的重点内容。

第三阶段是以企业级视角为重要标志的大数据应用。银行数据治理成熟度从“稳健级”朝着“量化管理级”迈进。大数据的兴起让银行不得不重新审视数据治理，数据挖掘成为关系银行生存发展的大事。银行从企业级数据建模入手，对数据进行统一描述和标准化，指导应用数据模型设计。同时，以企业级元数据管理、数据全生命周期管理等为代表的数据治理方法论也日渐成熟。

二、数据治理的主要内容

（一）数据治理的定义

数据治理是指通过建立组织架构，明确董事会、监事会、高级管理层及内设部门等职责分工，制定和实施系统化的制度、流程和方法，确保数据统一管理、高效运行，并在经营管理中充分发挥价值的动态过程。数据治理是公司治理的重要组成部分。

（二）数据治理的组织

数据治理组织包括组织架构、岗位设置、团队建设、数据责任等内容，是各项数据职能工作开展的基础。数据治理组织对数据管理和数据应用行使职责规划和控制，并指导各项数据职能的执行，以确保组织能有效落实数据战略目标。

大型商业银行通常设置如下的数据治理组织架构：

（1）董事会。董事会负责制定数据战略、审批或授权审批与数据治理相关的重大事项，督促高级管理层提升数据治理有效性，对数据治理承担最终责任。

（2）监事会和高级管理层。监事会负责对董事会和高级管理层在数据治理方面的履职尽责情况进行监督评价。高级管理层负责推动建立数据治理体系，配置数据治理资源，制定并实施数据治理问责和激励机制，建立数据质量控制机制，组织评估数据治理的有效性和执行情况并定期向董事会报告。

（3）数据治理委员会。数据治理委员会负责贯彻落实监管机构数据治理要求，推动数据战略在集团的实施，建立数据治理体系，普及数据文化，推动数字力建设，防范数据风险，对保证数据治理成效、发挥数据资产价值负领导责任。

（4）数据管理部门。数据管理部门是数据治理归口管理部门，牵头研究集团数据战略，落实中国人民银行、中国银行保险监督管理委员会等监管部门的数据治理要求，建设数据治理体系。

（5）业务部门。业务部门负责在统一的数据治理体系中，承担本业务领域的数据治理工作。

（6）金融科技部门。金融科技部门负责在统一的数据治理体系中，承担科技领域的数据治理工作。其具体职责有：负责提供数据治理的技术支撑，包括技术基础设施、技术能力、技术支持等；负责在信息系统开发与运维、科技基础设施建设与管理中建立数据架构管控机制，落实数据规范和元数据管理等数据治理要求，维护数据字典及接口，实现数据质量控制要求；负责按照数据治理要求，调优数据架构和管理机制，支持数据即时赋能；负责保障信息安全，承担信息安全管理职责。

（7）运维部门。运维部门负责在信息系统测试、运行维护、应急灾备、安全防护、参数管理以及技术基础设施建设等方面，承担与数据治理相关的工作。

（三）数据制度建设

数据制度建设保障数据管理和数据应用各项功能的规范运行，是数据治理沟通和实施的依据。数据制度体系通常分层次设计，遵循严格的发布流程并定期检查和更新。

大型商业银行通过制定和实施系统化的制度、流程和方法，对数据进行管理，包括但不限于数据规范、数据架构、数据需求、数据质量、元数据、数据安全、数据变更、数据生命周期、数据档案和资料管理等工作。其具体制度如下：

（1）数据规范管理制度。数据规范管理制度是对数据标准、业务术语、指标体系、基础数据、衍生数据、逻辑数据模型等数据规范，进行需求提出、制定、发布、执行、检查、废止等管理的制度。

（2）数据架构管理制度。数据架构管理制度是落实数据规范要求，制定从逻辑数据模型到物理模型的管控流程，科学设计数据分布和数据功能组件的制度。

（3）数据需求统筹管理制度。数据需求统筹管理制度是规范数据需求的接收、分析、实施、跟踪、交付和知识共享流程，提高数据管理与应用的集约化水平的制度。

（4）元数据管理制度。元数据管理制度是建立组织、流程与系统平台，将数据字典、数据接口、数据规范等纳入元数据管理范畴，对元数据的创建、存储、变更、整合与应用进行统一管理，保证元数据质量，提供元数据便捷访问的制度。

（5）数据安全管理制度。数据安全管理制度是通过策略、流程和技术，对数据进行安全管理和控制的制度。各级机构在采集、应用数据涉及个人信息的，应当遵循国家个人信息保护法律法规的要求，明示客户采集内容与应用范围，并取得客户授权同意，符合与个人信息安全相关的国家标准。

（6）数据变更管理制度。数据变更管理制度是统一协调管理由业务调整引起的数据变更，避免数据变更引发数据质量问题的制度。

（7）数据生命周期管理制度。数据生命周期管理制度是对数据量进行控制和管理，根据数据需求、设计和开发、运维、退役不同生命阶段的需要，确定合理的数据存储与访问方式的制度。

（8）数据档案和资料管理制度。数据档案和资料管理制度是对数据资料进行规范管理，制定全面严密的管理流程、归档制度，保证数据可比性的制度。

（四）数据治理沟通

数据治理沟通旨在确保组织内全部利益相关者都能及时了解相关政策、标准、流程、角色、职责、计划的最新情况，通过开展数据管理和应用相关的培训，掌握数据管理相关的知识和技能，建立与提升跨部门及部门内部数据管理能力，提升数据资产意识，构建数据文化。

通常，数据治理沟通包括如下内容：

（1）明确沟通路径。银行应确定数据管理和应用的各相关方，并分析各相关方的需求，了解沟通的重点内容。

（2）制订沟通计划。银行应建立定期或不定期的沟通计划，并在各相关者方之间达成共识。

（3）沟通执行。银行应按照沟通计划安排实施具体沟通活动，同时对沟通情况进行记录。

（4）建立问题协商机制。问题协商机制包括引入高层管理者等方式，以解决分歧。

（5）建立沟通渠道。银行应在内部明确沟通的主要渠道，如内部网站、邮件、文件、自媒体、研讨会等。

（6）制订培训计划。银行应根据人员和业务发展的需要，制订相关的培训宣传计划。

（7）开展培训。银行应根据培训计划的要求，定期开展相关培训。

第二节 数据架构

一、数据架构概述

银行的 IT 发展通常是以数据为中心进行信息化建设。银行的应用系统越多，数据之间的依赖关系越复杂，越会面临数据采集、数据处理、数据流转以及数据存储的及时性、有效性和一致性等问题，需要通过合理的企业级数据架构来统筹解决。

数据架构立足于解决从数据产生开始，到流转、整合、分析应用、归档和消亡等环节的数据全生命周期管理中数据的存储方式、模型策略、访问机制等问题。

数据架构是从企业级视角描述银行业务经营管理所需数据的整体结构、布局、支撑平台、实现方式、主要技术和管控机制等内容。目标是实现企业数据的标准化、一致性、准确性、完整性、时效性、易用性和适应性，解决“用好数、管好数”的问题；形成良好的企业级数据生态环境，实现银行数据的统一规划，支持境内外、总分行、各业务条线用户自主用数，充分挖掘数据的价值。某银行的数据架构框架如图 7-1 所示。

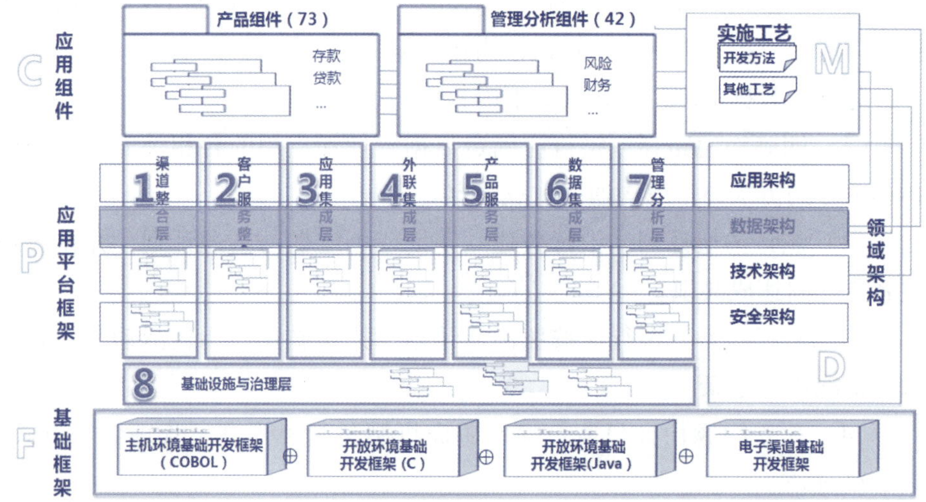

图 7-1 数据架构框架

数据架构设计以企业级、面向服务为导向，依托整体的平台框架，建立以数据模型为核心，以数据分布为基础，以数据集成和数据应用为主体的框架体系，并配套严格的数据管控制度。

二、数据架构的能力

在银行数字化经营过程中，数据架构一般需要具备的能力如下：

（一）规范化数据模型的定义

要想使银行变得更加智能，数据支撑是必需的，同时数据粒度要足够细、覆盖面要足够广，数据之间还要建立关联关系，且要在银行范围内保持一致。这就要求数据必须采取恰当的方式进行组织和表示。模型是抽象和规范化表示的方法。建立起企业级的数据模型、统一规范描述业务经营管理和系统实施需要的数据、建立统一数据视图是构建数据应用和数据管控的基础。

（二）高效数据集成

数据模型解决了数据规范化描述问题，但要对种类繁多的数据进行高效采集、存储、集成、使用和管控。银行需要建立相应的数据平台，如要实现数据的易用性，银行需要构建支持多种用数模式的数据使用平台；要实现海量数据的存储和计算，银行需要构建高性能企业级数据集成平台；要实现最细粒度、完整数据的采集，银行需要密切结合业务流程，建立灵活多样的数据采集平台；要实现数据的高效管控，银行需要建立相应的数据管控平台。银行要根据数据生命周期不同阶段特点，培养和提升相应的高效数据集成能力。

（三）全方位数据应用

让数据在业务经营管理过程中发挥价值，要建立全方位数据应用能力。银行通过建立不同的数据模型、提供各类数据服务，让数据在产品管理、营销支持、产品运营、业务支持、风险管控以及报告与决策等领域发挥作用，提升全价值链业务处理的智能化水平。银行利用数据集成平台集成行内外语音、视频、图像等各种类型的数据，利用数据挖掘和文本分析等各种技术手段，推动大数据应用。

（四）严格数据管控

银行要培养以提高数据质量为核心，以强化数据应用为导向，目标明确、流程清晰、标准规范完备、工具支撑的数据管控能力，保障数据的完整性、时效性、一致性、易用性、适应性等。数据的需求部门、实施部门和使用部门要协调一致，形成良好的企业级数据生态环境。

三、数据模型设计

数据模型是规范化、结构化描述数据项之间关系的方法与结果。数据模型解决了数据表示的问题，也为数据组织、数据分布和生命周期管理奠定了基础。

（一）操作类数据模型

操作类数据模型通常以国际商业机器公司（IBM）公司的 FSDM[①] 为基础，从业务、技术和管控三个维度出发，建立以概念模型、逻辑模型、物理模型和管控模型为主体的模型体系。其中，概念模型描述业务经营管理需要的全部信息及其之间的关系。逻辑模型和物理模型描述 IT 实现需要的全部数据及其之间的关系。逻辑模型是设计结果，是概念模型和物理模型的中介。管控模型描述数据在所有者、实施者以及应用之间的关系，是数据认责和实施管控的载体。所有模型都是在不同层面完整一致地对数据进行描述，如图 7-2 所示。

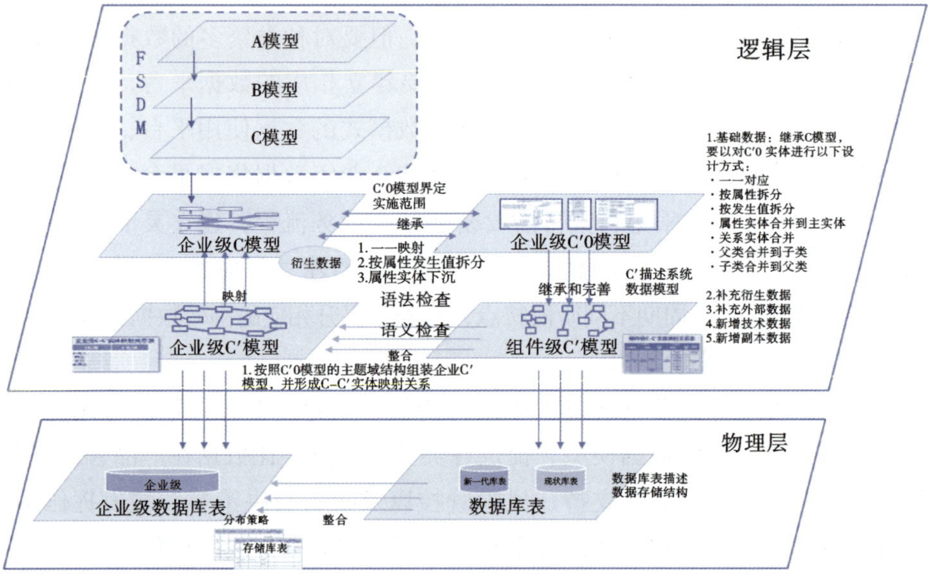

图 7-2　操作类数据模型

A、B 模型是概念模型，C、C′模型是逻辑模型，D 模型是物理模型，C′0 模型是管控模型。

A 模型是最高阶的概念数据模型，将银行经营管理所需数据分为参与人、合约、条件、产品、位置、分类、业务方向、事件、资源项九大概念，定义见表 7-1。

B 模型基于 A 模型采用层次分类结构对数据进一步细分和规范，形成企业级的语义模型；C 模型将 B 模型定义的数据采用三范式的方式按业务对象进行统筹整合，形成标准规范的数据模型；C′0 模型是作为数据管控和应用的基础，将 C 模型从应用的角度按实体粒度划分到相应的应用组件中，确

---

① IBM 公司的金融服务数据模型（Financial Service Data Model，FSDM）是业界成熟的模型之一，囊括了银行约 80%的业务数据，并把预定义的业务模板连接到核心银行业务数据和数据库中，被广泛应用。

定了组件的数据范围；C′模型作为应用级数据模型，是在 C′0 模型基础之上考虑应用系统具体实施层面的要求，进行降范式和实体拆分等操作后形成的；D 模型则是在 C′模型的基础上考虑系统性能等因素，并结合数据库管理系统的特点进行分库分表等操作而形成的物理数据模型。

表 7-1 A 模型概念定义

主题	描述
参与人	金融机构想要维护其信息的所有参与对象
合约	两个或更多关系人之间的协定
条件	金融机构执行业务的相关特定要求
产品	金融机构与其他关系人所管理或销售的产品和服务
位置	物品所在位置或特定区域
分类	可套用一种或多种数据概念的类别
业务方向	关系人执行业务的方法
事件	金融机构为了取得信息而发生的所有活动
资源项	与金融机构特定利益相关的所有有价项目

（二）管理分析类数据模型

A、B、C、C′和 D 模型体系很好地解决了操作类应用数据相关问题，对于管理分析类应用，其采用了分区建立模型方式来解决相关数据问题。

如图 7-3 所示，贴源数据区采用类似 D 模型数据结构进行数据整合，基础主题数据区采用近似 C 模型的第三范式数据结构进行数据组织，计算区则采用多维建模的方式按照客户、产品、合约、员工、渠道、账户等维度组织数据，供数据分析使用。

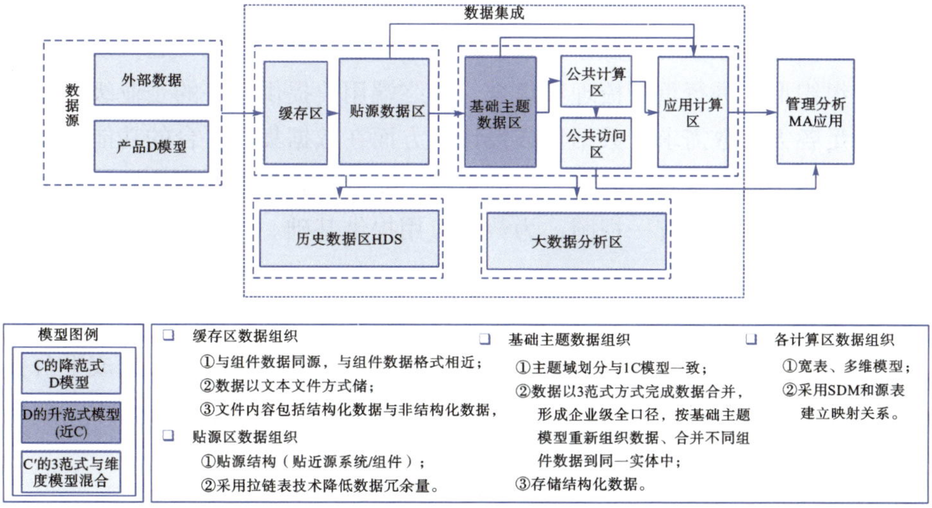

图 7-3 管理分析类数据模型

（三）非结构化数据模型

为加强非结构化数据[①]的分析和应用，银行需要对非结构化数据进行统一定义，包括非结构化数据对象本身、对应技术元数据以及关键字索引，如图 7-4 所示。

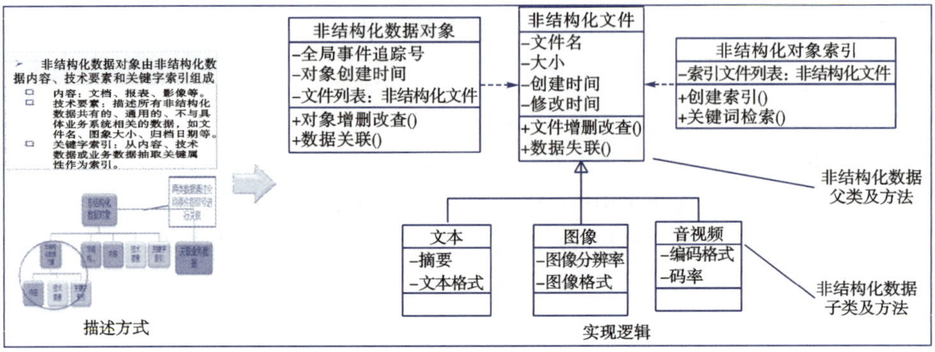

图 7-4　非结构化数据模型

非结构化数据建模通过建立非结构化数据父类和子类，明确其对应的属性和操作方法，实现可扩展性。

四、数据集成设计

数据集成是对种类繁多的数据进行高效采集、存储、梳理、组合，提供企业级数据共享。数据架构基于企业级架构分层，从一体化、标准化、层次化、组件化、共享等企业级视角出发，以提升数据存储能力、数据访问效率和数据深度分析能力为目标，综合考虑用户成本、技术成熟度和先进性等因素，构建数据集成体系。

数据集成设计除了继承数据项及数据模型统一定义的成果外，同时考虑数据应用的易用性和时效性，将数据从各个产品组件汇聚到一起，以新的数据分区组织形式进行重新梳理和组合，为终端用户提供统一的企业级数据视图，满足各方用数需求。数据集成设计一方面在数据集成平台的功能组件上实现，同时采取计算和访问相分离的策略，充分提升数据的可用性；另一方面，形成企业级数据统一视图，为数据应用提供基础。

（一）数据集成

1. 数据分区

根据数据类型、数据处理的时效性和数据用途的不同，数据集成平台要设置不同的数据分区，建立海量数据集成计算平台，发挥不同的作用，如图 7-5 所示。

---

① 非结构化数据是指数据结构不规则或不完整，没有预定义的数据模型，不方便使用数据库二维逻辑表来表现的数据。非结构化数据包括所有格式的办公文档、文本、图片、XML、HTML、各类报表、图像和音频或视频信息等。

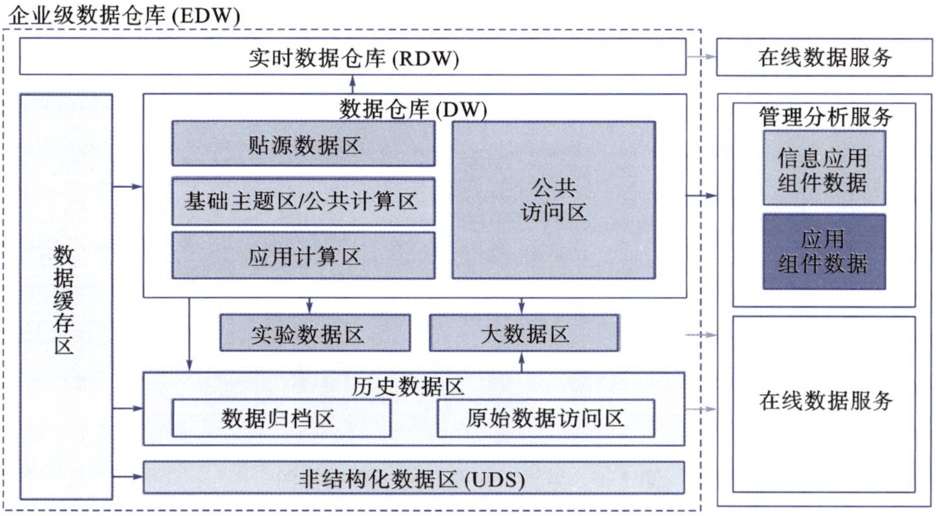

图 7-5 数据分区

2. 功能组件

调度组件：对运行于数据集成平台产品和工具上的数据加工作业进行统一的作业排程，并按排程和所需条件、资源运行作业。

资源管理组件：实现数据集成平台内的运行资源收集、资源池划分、资源分配、资源回收。

事件管理组件：管理数据到达作业完成等事件，驱动作业调度。

作业运行组件：定义数据集成平台内数据处理的上下文环境、实体、参数和所需的资源使用策略。

作业与数据监控组件：实现涵盖数据集成平台内作业处理流程、数据流转过程的多维度监视，对运行错误的作业提供干预手段。

数据抽取组件：实现数据集成平台内不同分区的数据迁移。

数据加载组件：实现数据集成平台内不同分区的数据装载，包括全量加载和增量加载。

数据清洗组件：按照统一的数据格式或默认值以及异常值处理的设计要求，进行数据格式统一转换的过程。

数据标准化组件：根据企业级数据标准规范，进行数据代码转换的过程。

数据复制组件：根据非功能需求，实现数据集成平台内的数据副本能力。

数据发布订阅组件：实现业务、技术的自主取数。

（二）数据组织

数据组织是指整合结构化、半结构化和非结构化数据，在访问区按照企业级统一指标体系，按照业务主题建立企业级数据使用的统一视图，支持多种用数方式。图 7-6 为某银行企业级统一数据视图。

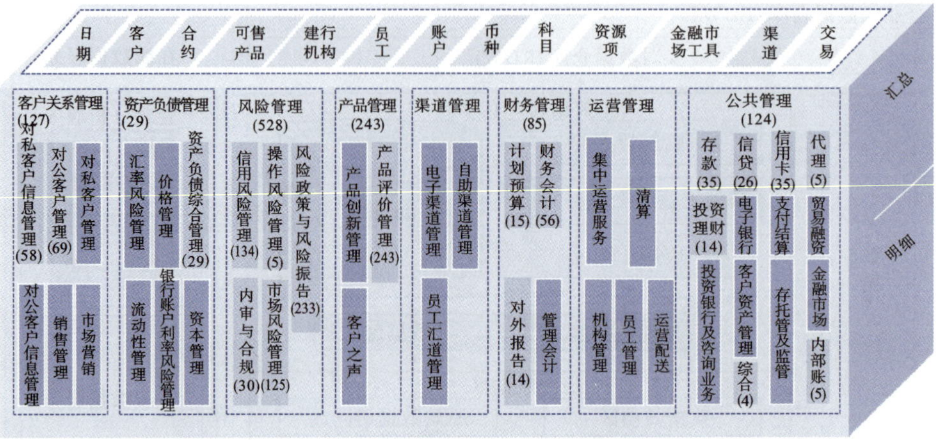

图 7-6　某银行企业级统一数据视图

从业务能力看，统一数据视图以业务领域的形式进行组织，涵盖客户关系管理、风险管理、资产负债管理、财务管理、内控合规、产品管理、渠道管理等全部管理分析业务领域，是数据应用进行需求分析、设计开发以及业务定制的业务界面。

从数据能力看，统一数据视图应覆盖数据集成层中可供访问的全部数据，包括贴近源系统数据结构和粒度的操作型数据；经过主题化、范式化整合的基础主题数据；经过企业级维度建模组织的企业级数据维度定义、一致性事实数据以及各应用计算区根据应用计算主题组织的应用数据。统一数据视图不是数据集成平台各区的数据表的物理模型的罗列，它体现的是业务用户从业务视角入手而实现的对数据的访问能力，是数据应用进行需求分析、设计开发以及业务应用的数据界面。

（三）数据线

数据线描述了数据在 IT 系统（应用、组件）间传输的完整路径，包含各种数据接口的数据路径，如图 7-7 所示。

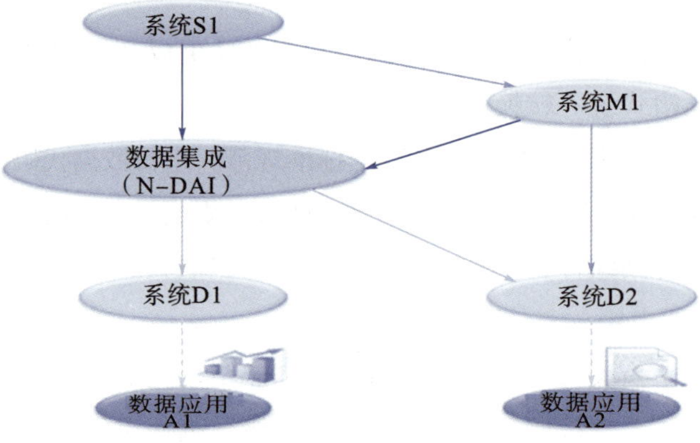

图 7-7　数据线

数据接口主要描述各个平台间以文件传输或数据访问为载体的信息交换过程。按照数据接口上下游不同，数据线可以分为：

（1）数据交换：适用于各组件和系统给数据集成平台数据仓库的供数接口。

（2）数据集成：适用于各组件和系统对数据集成平台数据仓库的用数接口，包括目标数据和源数据映射关系。

（3）批量数据传输：适用于在各组件、平台间进行批量数据（访问）接口，在批量数据传输目标方存在批量数据传输映射关系。

五、数据应用设计

数据应用包括数据在各业务领域的具体应用和数据的使用方式。数据模型奠定了数据有序组织和高效呈现的基础，数据集成具备对海量数据进行整合集成、关联计算的能力。数据应用就是在数据模型和数据集成的基础上，提供了灵活多样的数据使用方式，建立以大数据应用为基础的数据应用。

在结构良好的企业级数据模型、海量的整合数据、统一的数据视图与企业级指标体系、灵活多样的数据访问模式的支撑下，全价值链的数据应用就会越来越智能。首先，数据应用以固定报表为主要方式满足监管信息报送和信息披露要求；其次，数据应用以数据服务为主要方式满足全价值链业务经营管理智能化水平需要；最后，数据应用以数据挖掘为代表的自主用数方式，以支持智能数据应用为核心，最大限度释放数据业务价值，实现业务智能化，让数据“慧”说话。

（一）数据应用规划

数据应用要全面支持业务价值链各个环节的业务应用，如图 7-8 所示。在产品管理方面，银行需要建立基于大数据的智能化产品评价和多维度灵活

价值链	产品管理	营销支持	产品运营	业务支持	风险管控	报告与决策
业务智能化	通过对产品综合评价和灵活定价实现产品管理的智能化	通过对客户的差异化服务和商机挖掘实现智能营销支持	通过大数据计算支持产品运营过程中的灵活调整以实现运营智能	通过数据的存储和应用支持业务应用智能化	通过数据统一视图实现全行风险智能预警	基于大数据分析应用，实现员工绩效智能测算
典型应用	基于大数据的智能化产品分析与评价体系	基于大数据计算的多层级定价模型支持客户差异化定价	基于大数据应用统一额度监控预警	通过大数据实现组件与会计引擎账务流水核对提升业务能力	全面统一的风险视图支持全行组合风险预警	基于大数据实现科学合理的员工绩效测算
	全面且多维度的定价参数组合支持产品灵活定价	客户行为大数据分析挖掘潜客户提升营销精准度	信用卡影子额度大数据计算支持信用卡实时调额	通过录音、文本等非结构数据分析提升客户服务水平	利用大数据实现市场风险市场交易的公允估值	基于大数据全面提升机构盈利成本计算
		利用大数据事件驱动架构能力提升对公客户关系管理水平	基于大数据的智能化稽核监测分析模型支持员工渠道交易风险全预警	海量数据归档支持历史数据查询服务	利用大数据提高反洗钱可疑交易监测	基于完整指标体系全面提升内部管理决策科学化水平
		基于企业级对公客户特征库进行商机挖掘		多渠道办公经营指标直观表达		

图 7-8　数据应用规划

产品定价应用；在营销支持方面，银行需要建立基于大数据的多层次客户差异化服务以及基于客户行为大数据分析的客户营销应用；在产品运营方面，银行需要充分利用语音、文本等非结构化数据，提升客户服务水平；在风险管控方面，银行需要利用大数据提升反洗钱和可疑交易的检测能力；在报告与决策方面，银行需要建立完整指标体系来全面提升内部管理决策科学化水平。

（二）数据应用总体方案

数据应用总体方案是访问和计算分离、基于统一数据视图的数据应用解决方案，如图 7-9 所示。

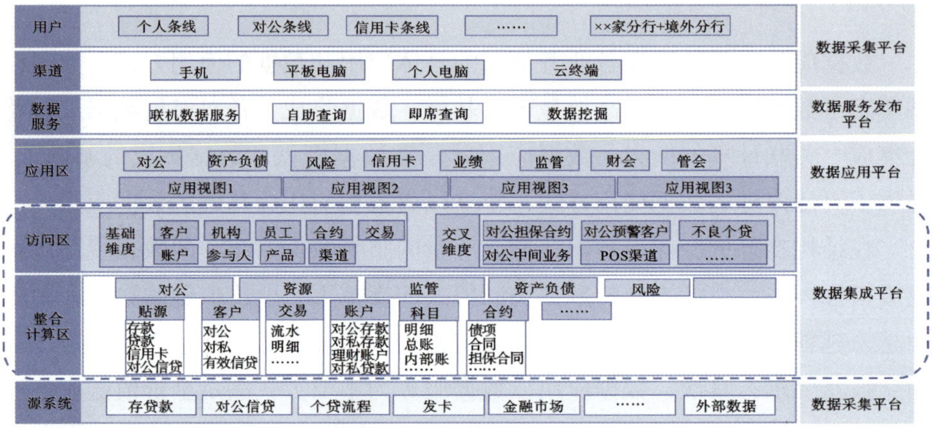

图 7-9 数据应用总体方案

用户渠道层支持总行各业务条线、基层各分支行及境外分行等用户以及提供多渠道接入能力。

应用集成层的数据发布平台提供丰富的数据服务，从业务视角的应用划分与相应的数据权限设置。

管理分析层是数据应用平台，提供多种数据使用模式，实现数据的易用性，建立固定报表、即席查询、自助查询、数据挖掘等多种数据服务方式，让数据应用从最初的报表应用向数据挖掘深度应用发展，为不同数据消费用户按需提供不同操作程度的数据价值发现工具或方法，让数据价值的变现更加简单、快速和便捷。

数据集成层应实现海量数据的存储、计算和挖掘分析，并对外提供企业级统一数据视图。

用户渠道层和产品服务层是数据采集平台，是数据源采集的源头。

（三）数据应用模式

1. 管理分析服务

管理分析服务所能支撑的数据应用模式，主要是由市面上的 BI① 商业

① 商业智能（Business Intelligence，BI）又称商业智慧或商务智能，指用现代数据仓库技术、线上分析处理技术、数据挖掘和数据展现技术进行数据分析以实现商业价值。

产品支撑的。每一种 BI 商业产品都有其强项和弱项，银行要尽可能地选择每一种应用模式下用户体验较好的产品集成到管理分析服务中，暂时找不到能满足用户体验需求的模式可采用引入开源代码自行开发的方法实现。目前，市面上相关的 BI 商业产品为 Cognos① 和 SAS②。Cognos 的强项在于固定报表和灵活查询，SAS 的强项在于数据模型实验和数据挖掘。仪表盘③的业务需求在美观和灵活度的要求上大大超过了这两个产品的能力。

自主用数是与 SAS 相关的应用模式，包括即席查询、挖掘模型应用和数据实验室。业务人员经过一定的培训之后，可以直接借助 SAS 图形化工具（EG 或 EM）和 SAS 编程语言实现上述功能。

2. 在线数据服务

在线数据服务的数据应用模式包括在线查询和运营决策。在线查询主要用于满足应用或应用组件从组件数据区、实时数据仓库（RDW）、历史数据区（HDS）获取数据的需要。运营决策主要支持风险计量（零售评分、对公评级、信用卡评分、经济资本和违约风险计算等）、客户营销、反欺诈等，用于完成联机服务所需的规则计算和事件处理，其中规则计算在开发和运行上基于规则引擎产品实现，在线数据服务侧重于对产品的集成。事件处理目前在结合电子设计自动化（EDA）架构建设和应用需求方面逐步探索使用。

（四）传统报表

传统报表可以细分为连线报表、批处理报表和管理分析报表三类应用，具体实现方式如图 7-10 所示。

批处理报表有以下两种实现方式：

第一种，由产品服务组件负责完成加工，结果传输到数据缓存区，再通过数据缓存区加载到管理分析服务组件数据区。如果报表访问时需关联公共数据，我们可从数据集成平台贴源区获取公共数据到组件数据库，供访问时关联，再通过 Cognos 访问组件数据库进行报表展现。

第二种，需要关联其他组件数据。由产品服务组件把数据提供给数据集成平台，数据集成平台经过贴源处理后发布贴源数据，在应用计算区进行关联和加工，加工后加载到管理分析服务的组件数据区，通过 Cognos 进行报表展现。

---

① Cognos 属于主流 BI 产品，可以提供无缝密合的报表、分析、记分卡、仪表盘等商业智能解决方案。

② SAS 属于主流 BI 产品，用于数据分析与挖掘。SAS 还提供多个统计过程，每个过程都含有极丰富的任选项。用户可以通过对数据集的一连串加工，实现更为复杂的统计分析。

③ 仪表盘是一种用数模式，能够充分利用现有的商务智能基础设施，易于构建，具备用户友好性，并能够提供更深入的分析。仪表盘使企业能够跟踪指标，通过基本分析来获得深入了解，当条件变化时对业务规则发出告警。仪表盘利用高级告警和指标引擎使整个企业的用户都能够以一致、最新的方式来监控关键业务领域。

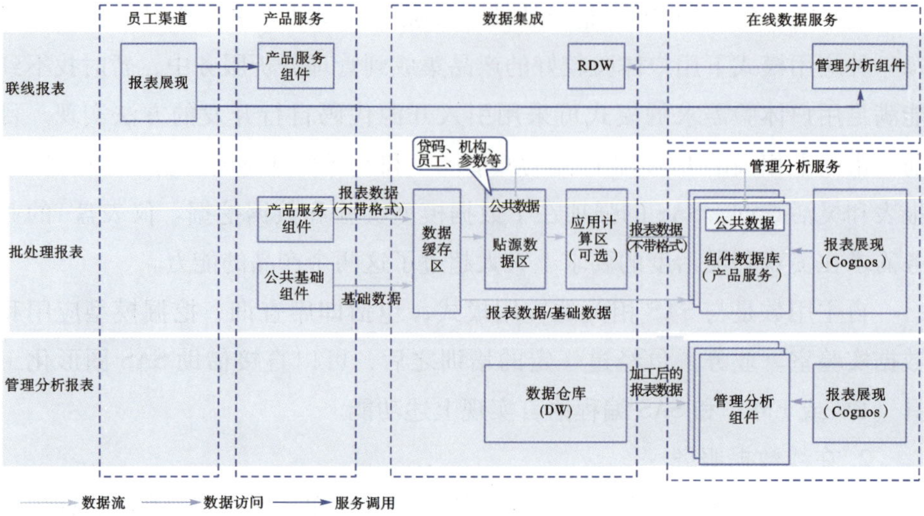

图 7-10　传统报表实现方案

（五）数据实验室

数据实验室提供数据存储环境和多种访问工具，支持实验性的数据使用需求，可用于支持数据分析与挖掘工作及数据视图的构建。

该类数据应用的实现方式如图 7-11 所示。

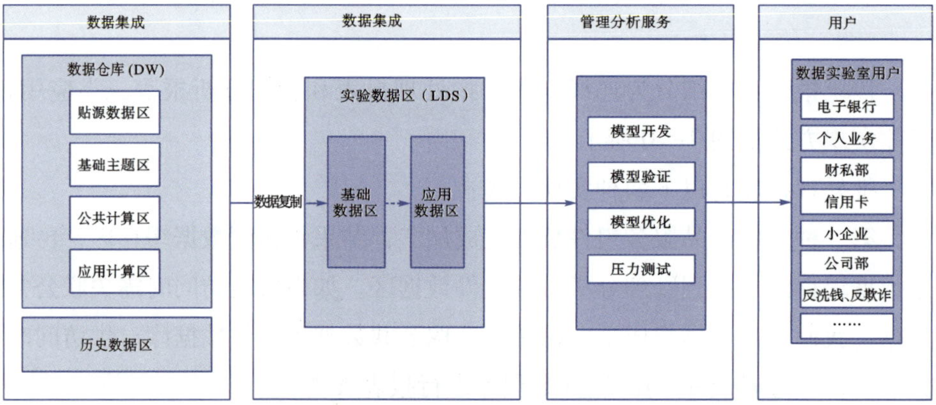

图 7-11　数据实验室实现方案

数据从数据仓库和历史数据中定期复制和按需复制。基础数据区按照业务需求保留，不进行归档，基础数据区的数据规范与来源数据区保持一致。应用数据区可以对实验所需的数据进行重新组织，需要接受监管审计的模型开发过程数据应归档保存（如风险管理部开发的行为评分模型等），其他模型开发过程数据在模型开发结束后清理。

数据实验室的定位是提供全量样本数据，支持各种模型的结构化数据，支持模型开发、模型验证、模型优化、压力测试；支持管理分析应用需求，分析人员确认口径。模型训练结果是模型及参数，由应用计算区（或公共计算区）负责对模型训练结果进行加工。

数据实验室的设计约束包括不要把高并发、高可用的需求放在实验区；数据通常按月更新，不会按日更新；不支持对半结构化数据的直接分析；不支持随机、高时效性要求的统计分析。

（六）大数据应用

大数据应用是指为发现业务规律、实现特定业务目标而设立，需要借助专业分析工具和方法，通过对数据进行深入挖掘分析才能完成的专项工作。

基于数据集成层数据分区的大数据应用实现方案如图 7-12 所示。

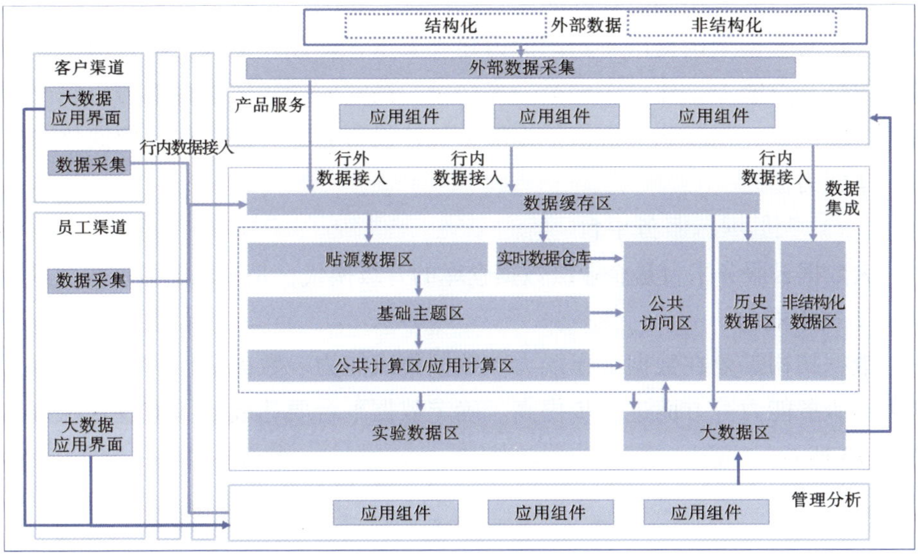

图 7-12 大数据应用实现方案

大数据应用按需从数据集成平台各区获取数据，并引入政府、金融市场、新闻等各类结构化、非结构化数据。

数据专家通过使用新的高性能分析工具、文本分析工具、关系网络分析工具和可视化分析工具等，实现相关数据的批量分析和实时分析。

行内外用户可以通过用户渠道层的渠道，调用部署在管理分析服务和在线数据服务的应用组件访问大数据分析产生的结果数据。

大数据应用产生的结果数据或应用模型推送到产品服务层的各应用组件，应用组件进行后续数据使用（如展示、加工分析等）。同时，大数据应用产生的结果数据根据需要推送数据仓库进行整合与分析。

六、数据管控设计

数据管控包括管控目标、组织、对象、流程、标准和工具等方面的内容，其中目标是导向，组织是目标的执行者，对象是目标的承载者，标准规范是依据，流程是管控操作步骤，管理工具是系统支持。

数据架构的管控目标就是确保数据的完整性、一致性、时效性、易用性和适应性，最终建立企业级良好数据生态环境。其中，完整性要求数据不能够有缺失；在数据不能够缺失的基础上，一致性要求保证企业范围内主副本的相互一致；时效性是在完整性和一致性的基础上提出操作时间方面的要求；易用性是从用户的角度提出使用数据的便捷性问题；适应性指数据对于变化情况的适应能力。

七、数据架构优化与完善

近年来，大数据和云计算应用日趋广泛，相关技术日益成熟，市场前景广阔。这对数据架构提出了新的能力建设要求，即建设更加主动、前瞻、高效的数据获取能力，建设多种类、多层级、高时效的集成整合能力，建设全方位、深洞察、强预测的价值挖掘能力，建设可直达、能迭代、便捷化的成果共享能力。

（一）大数据云服务平台

大数据云服务平台是企业级数据仓库的升级换代，是未来的数据集散地。

1. 技术能力

数据架构需要在数据采集能力、数据集成能力、数据分析与可视化能力和数据服务能力等方面进一步提高。确定数据平台要达成的八大技术能力如图 7-13 所示。

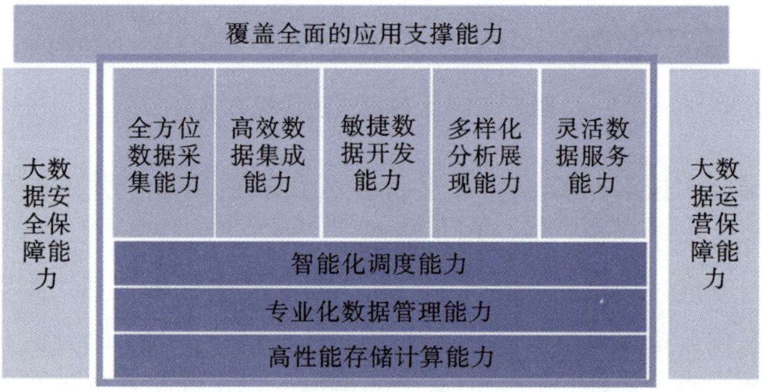

图 7-13　大数据云服务平台能力框架

一是高性能存储计算能力。其具体包括建设完备的企业级结构化和非结构化数据计算和存储能力，建设企业级流处理计算能力，支持图计算能力，满足计算和存储资源弹性伸缩和租户级的按需供给能力。

二是专业化数据管理能力。其具体包括提供可视化数据管理工具，具备在线元数据采集、存储和处理能力；为租户、用户提供数据地图、数据热度分析、血缘分析等服务的能力。

三是智能化调度能力。其具体包括根据实时中央处理器（CPU）、图形处理器（GPU）、内存、磁盘空间、网络读写等情况进行灵活的资源调度，支持多租户的资源和作业调度。

四是全方位数据采集能力。其具体包括具备多渠道（线上或线下）、多数据类型（结构化或非结构化）、多方式（实时、批量、流数据）数据采集能力，能够通过自助式采集配置界面和采集插件，实现便捷的数据获取。

五是高效数据集成能力。其具体包括通过数据湖的方式组织多数据源、多数据格式的数据。

六是敏捷数据开发能力。其具体包括提供集成开发环境，实现敏捷开发、测试、部署开发全流程服务，提供拖拽式开发方式，支持灰度发布、在线部署，支持流式数据、图数据的开发框架。

七是多样化数据分析展现能力。其具体包括集成丰富的数据分析工具和算法，支持海量数据的高效在线分析，提供丰富的可视化展现效果，支持多类终端。

八是灵活数据服务能力。其具体包括具备对结构化、非结构数据的统一数据访问接口，屏蔽底层存储和技术差异，支持全文检索。

2. 建设思路

大数据云服务平台的建设思路包括采用厚平台、薄应用的建设理念，为应用提供基础资源、技术中台、数据中台三大类服务；私有云和公有云各自部署，两套保持相同的技术路线；以大数据云提升现有技术，对部分商业产品迁移替换，推动应用向大数据云的融合；基于开源技术，同步推进生态建设，保持平台的先进性。

3. 数据存储管理

大数据云平台的数据湖技术让数据的存储管理更统一。具体的数据湖实现方案如图 7-14 所示。

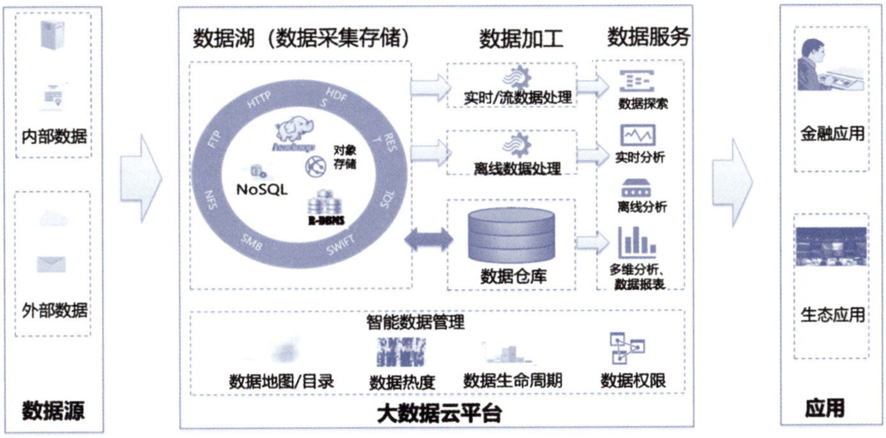

图 7-14　数据湖实现方案

数据湖按原生态格式保存所有类型数据，作为数据仓库的缓存区，提供原始数据；同时，数据仓库中过期数据可以归档到数据湖保存。

数据湖基于在线数据资产管理实现的数据地图、数据目录、数据生命周期等功能，实现企业数据资产的定位和访问。统一的数据服务接口屏蔽底层存储和技术差异。

（二）私有云大数据应用实现

大数据云技术升级后，私有云大数据应用实现方式的拓扑结构没有发生变化。具体的私有三大数据实现方案如图 7-15 所示。

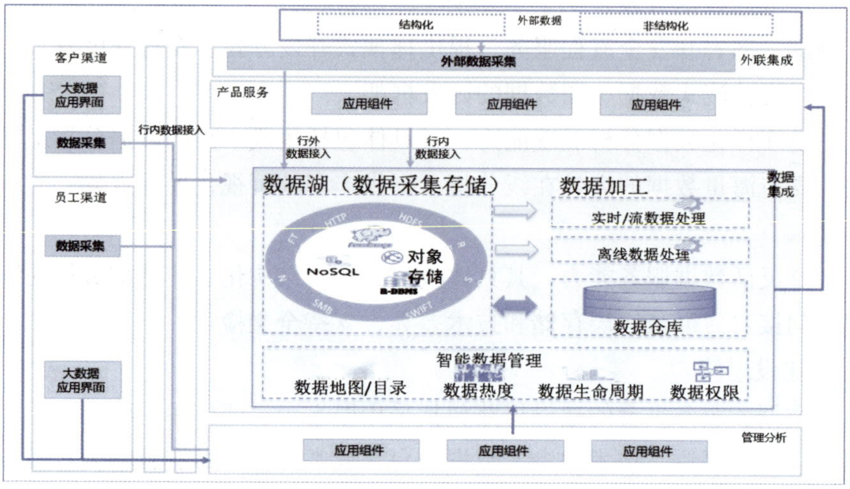

图 7-15　私有云大数据应用实现方案

（三）公有云大数据应用实现

大数据云服务平台具备全流程、智能化、开放、全面、易用的大数据技术服务，基于九大基础组件，可以根据租户和应用需求，灵活组装出各类大数据应用环境和服务，实现快速交付。公有云大数据应用的总体方案如图 7-16 所示。

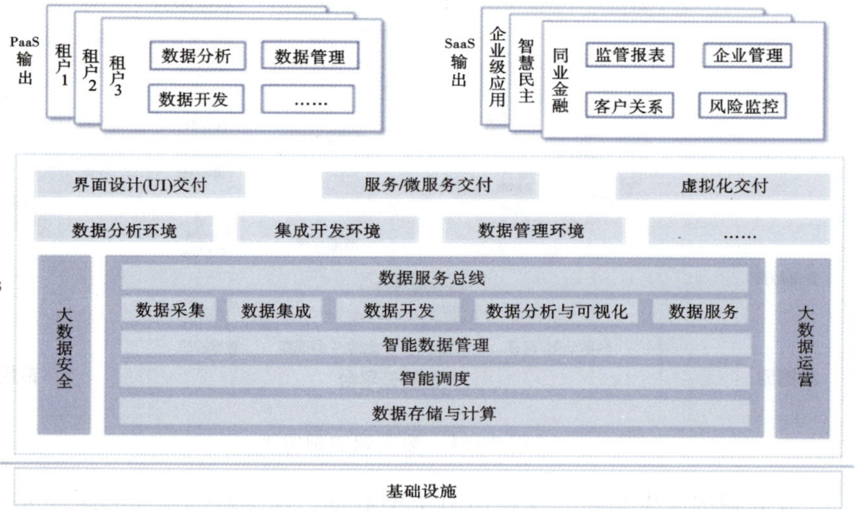

图 7-16　公有云大数据应用的总体方案

小知识

大数据的基本特征

大数据的基本特征如下：一是数据体量巨大，海量数据处理规模，难以集中存储和计算，至少达到拍字节（PB）级；二是数据类型多样，包括结构化、非结构化和半结构化，现在的数据类型不仅是文本形式，更多的是图片、视频、音频、地理位置信息等多类型的数据；三是数据处理速度快，数据处理遵循“1秒定律”，包括流模式、实时、准实时和批量，可以从各种类型的数据中快速获得高价值的信息；四是数据高价值、低密度、碎片化，以视频为例，一小时的视频，在不间断的监控过程中，可能有用的视频仅仅只有一两秒。

案例

某银行数据架构设计

数据架构包含四个重要组成部分：数据模型，即统一规范描述业务经营管理和系统实施需要的数据，并建立统一数据视图，为数据应用和数据管控奠定基础；数据集成，即建立起支撑从数据需求开始到数据退出结束的数据全生命周期平台体系，实现对种类繁多的数据进行高效采集、存储、集成、使用和管控；数据应用，即以数据服务的方式支持各种类型的数据分析挖掘应用，让数据在产品管理、营销支持、产品运营、业务支持、风险管控以及报告与决策等领域发挥作用，提升全价值链业务处理的智能化水平；数据管控，即保障数据的完整性、时效性、一致性、易用性、适应性等，形成良好的企业级数据生态环境。

一、数据模型

数据模型，即在银行范围内统一规范描述业务经营管理和系统实施需要的数据，并最终建立集团范围内统一数据视图，实现数据完整性和一致性，为数据应用和数据管控奠定基础。

银行以金融数据模型（FSDM）为基础构建企业级数据模型，从业务、技术和管控三个维度出发，自主建立以概念模型、逻辑模型、物理模型为主体的模型体系，如图7-17所示。

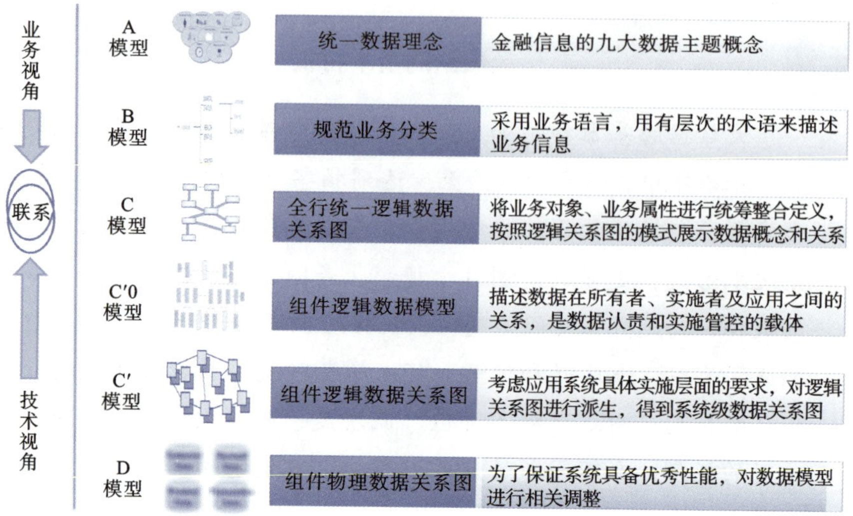

图 7-17　数据模型体系

（一）操作类数据模型

1. A 模型

A 模型是最高阶的概念数据模型，将银行经营管理所需数据分为参与人、合约、条件、产品、位置、分类、业务方向、事件、资源项九大数据主题概念。

业务场景示例：某贸易公司的职员李敏在信用卡免年费优惠月期间，到位于复兴路×号的复兴支行递交申请资料，现场办理了一张姚明信用卡。

这个例子涉及客户、交易、产品、渠道、客户与银行的关系（合约）等信息内容。数据模型对这些信息进行分类归集，比如李敏、复兴支行归于参与人这个主题概念中；姚明信用卡归属于产品主题；李敏签订的办卡合约归属于合约主题；申请办卡是一笔交易，归属于事件主题；复兴支行位于复兴路×号，这个信息可以在位置主题下来定义；信用卡免年费，是一种业务策略，归属于业务方向主题；等等。这些信息项之间相互之间有关联关系，通过连线来表达。

图 7-18 所示的是最简概括、最高阶的概念数据模型。

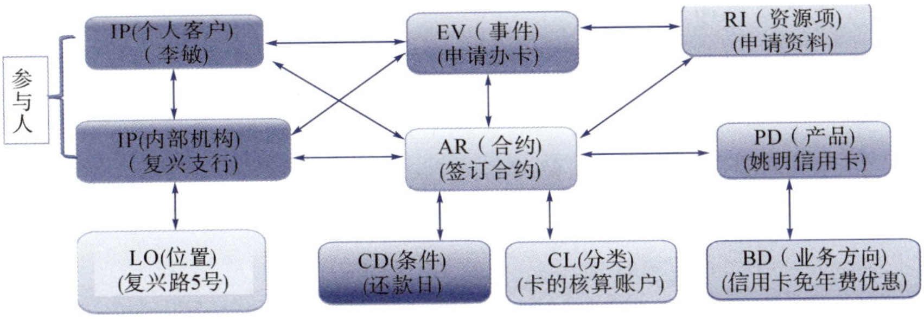

图 7-18　A 模型示例

2. B 模型

B 模型在 A 模型框架下，对九大概念分别在概念分类、概念描述以及概念关系三个维度下进行细化，形成 9×3＝27 个层次结构。特别是在概念分类维度中，B 模型严格按照值（Value）和分类（Scheme）相间的方式逐层细化，如图 7-19 所示。

B 模型描述了银行内大部分信息，包含 IT 实现的数据以及 IT 未实现的业务信息的定义方法。

B 模型用于准确地定义信息或数据的业务含义，但在该层面，并不建立为 IT 系统所使用的数据结构。

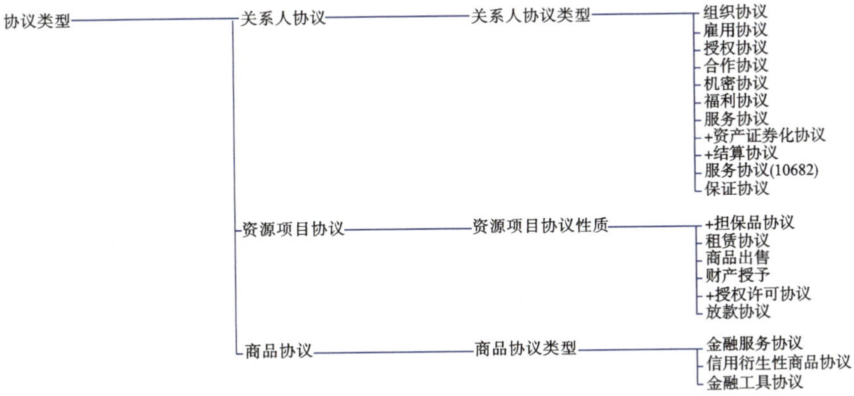

图 7-19　B 模型示例

3. C 模型

C 模型是企业级逻辑数据模型，保证银行统一的数据定义，是具有一定前瞻性、结构化的数据模型。它满足第三范式、无数据冗余，是具体应用进行快捷、规范的数据结构设计以及多个应用之间进行数据整合的重要参考。

从 B 模型（分类模型）到 C 模型（ER 模型）不是一个细化的过程，而是用不同的组织方式来表达数据的概念和关系，C 模型比

B 模型更面向应用。

企业级的 C 模型不考虑实施层面的约束，用实体联系（ER）图从业务角度定义了银行业务经营管理所需数据的业务含义和各个数据之间的关联关系，无数据冗余，是数据完整性的前提。C 模型结构化、满足第三范式，是具体应用进行设计的基础和重要参考。C 模型示例如图 7-20 所示。

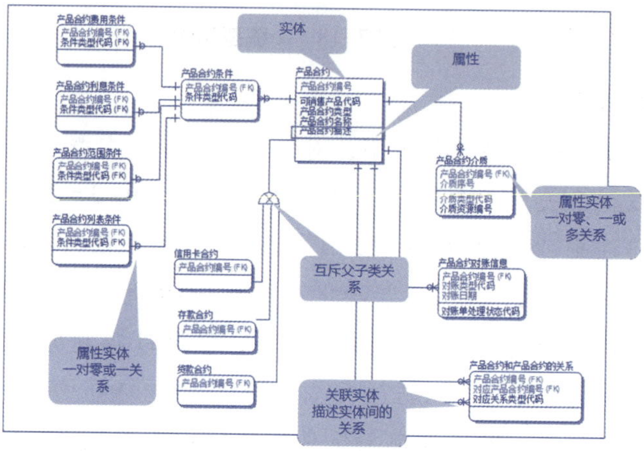

图 7-20　C 模型示例

4. C′0 模型

C′0 模型是基于流程和数据模型对接结果（实体首要责任组件——业务组件），按照企业级拆分原则将 C 模型拆分到各逻辑组件。

C′0 模型是面向实施和管控的模型，在企业范围内界定了组件创建的数据范围，也同时明确了数据实施的责任主体，是项目组进行 C′模型设计的基础。C′0 模型分实体级和属性级。实体级和属性级的 C′0 清单构成了企业级的 C′0 模型。C′0 模型示例如图 7-21 所示。

5. C′模型

C′模型是具体为某类或某个特定应用定制的逻辑模型。针对特定应用的需求，C′模型可能会对 C 模型进行去范式化，且允许可控的数据冗余。C′模型涵盖可在 IT 系统中实现的数据实体。C′模型示例如图 7-22 所示。

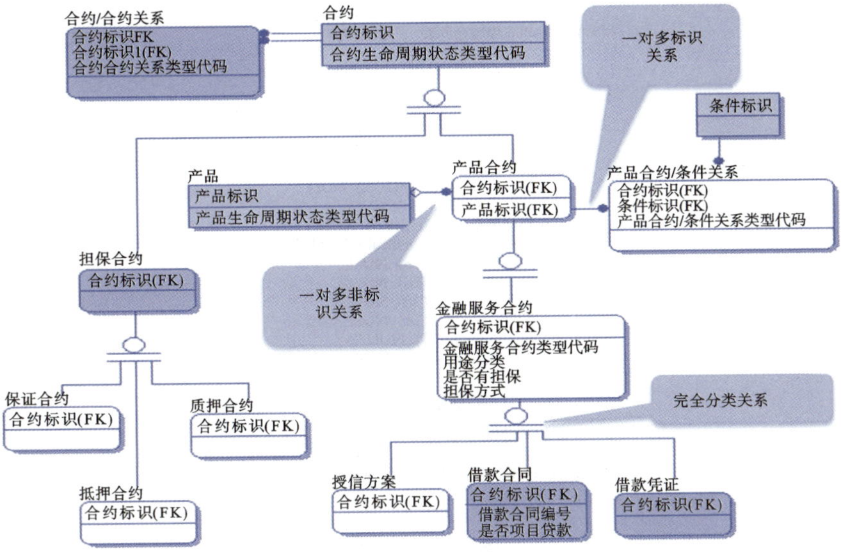

图 7-21　C′0 模型示例

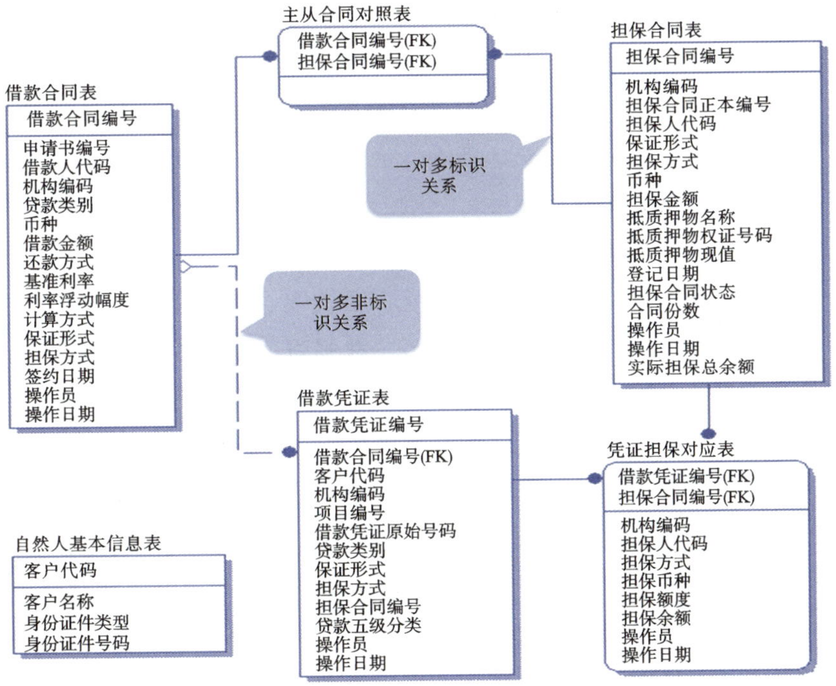

图 7-22　C′模型示例

6. D 模型

D 模型是与具体数据库系统相关的物理数据模型。具体的数据类型要根据实际数据库系统进行部署。为提高数据库执行效率，我们可以创建索引等。D 模型示例如图 7-23 所示。

```
CREATE TABLE 借款合同表          创建物理表
(
        借款合同编号 char(18) NOT NULL,
        申请书编号 char(18) NULL,
        借款人代码 char(18) NULL,          非空约束
        机构编码 char(18) NULL,
        贷款类别 char(18) NULL,
        币种 char(18) NULL,
        借款金额 decimal(16,2) NULL,
        还款方式 char(18) NULL,
        基准利率 decimal(8,5) NULL,
        利率浮动幅度 decimal(8,5) NULL,
        计息方式 char(18) NULL,
        保证形式 char(18) NULL,
        担保方式 char(18) NULL,
        签约日期 char(18) NULL,
        操作员 char(18) NULL,
        操作日期 char(18) NULL
)
go
                修改物理表                  增加主键约束
ALTER TABLE 借款合同表
        ADD CONSTRAINT XPK借款合同表 PRIMARY KEY
NONCLUSTERED (借款合同编号 ASC)
go
```

图 7-23 D 模型示例

（二）管理分析类数据模型

管理分析类应用采用了分区建立模型方式解决相关数据问题。

贴源区采用类似 D 模型数据结构进行数据整合，基础主题区采用近似 C 模型的第三范式数据结构进行数据组织，计算区则采用多维建模的方式按照客户、产品、合约、员工、渠道、账户等维度组织数据，供数据分析使用。

二、数据集成

数据架构从一体化、标准化、层次化、组件化、共享等企业级视角出发，以提升数据存储能力、数据访问效率和数据深度分析能力为目标，综合考虑用户成本和技术成熟度和先进性等因素，以七个架构分层为基础构建以数据集成层为核心的数据集成平台。

渠道整合层、客户服务层、应用集成层、产品服务层是数据采集平台，是数据源头，可以对应到全生命周期的数据创建；管理分析层是数据应用平台，实现数据的易用性，提供多种数据使用模式，建立固定报表、即席查询、自助查询、数据挖掘等多种数据服务方式，让数据应用从最初的报表应用向数据挖掘深度应用发展，为不同数据消费用户按需提供不同操作程度的数据价值发现工具或方法，让数据价值的变现更加简单、快速和便捷，对应到全生命周期的数据使用；数据集成层是关键，采用数据分区的方式实现了海量数据的存储、加工、集成、计算和挖掘分析，对应到全生命周期的数据传输、数据集成、数据归档、数据退出。

访问区按照企业级统一指标体系，以业务主题建立企业级数据使用的统一视图，支持多种用数方式，如图 7-24 所示。

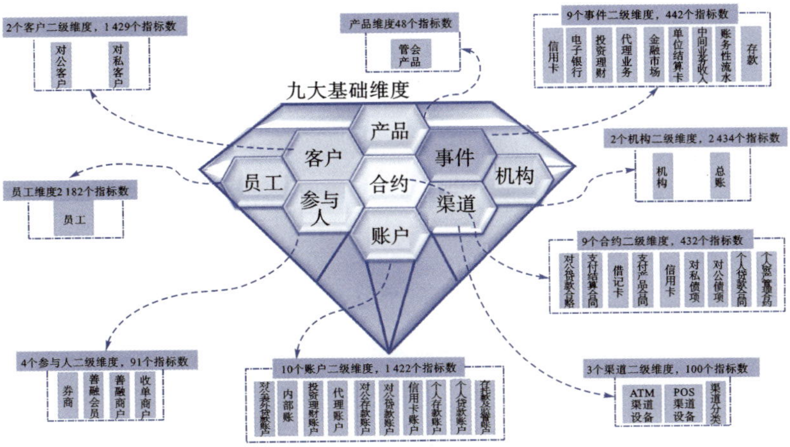

图 7-24　统一数据视图

三、数据应用

在企业级数据模型、海量的整合数据、统一的数据视图与企业级指标体系、灵活多样的数据访问模式的支撑下，全价值链的数据应用越来越智能。

首先，银行以固定报表为主要方式满足监管信息报送和信息披露要求；其次，银行以数据服务为主要方式满足全价值链业务经营管理智能化水平；最后，银行以数据挖掘为代表的自主用数方式，以支持智能数据应用为重心，最大限度释放数据业务价值，实现业务智能化，让数据“慧”说话。

具体实现上，银行以数据集成层为核心，通过管理分析层协同完成跨组件数据处理。不考虑时间限制的问题，单组件的数据处理以及查询在产品服务层上面都能够完成。数据集成层和管理分析层的重点是处理不同时效性跨组件数据处理的问题。从数据流向来看，单个组件的数据从产品服务层流出，在数据集成层实现整合。从层次分工来讲，管理分析服务承担了主机平台的批量报表展现问题，管理分析服务具备 T+0 开门报表的功能。更重要的是，管理分析服务通过数据集成层，能够实现 T+1 跨组件的报表。从数据集成层的角度，管理分析服务针对跨组件报表数据查询、自助查询、即席查询、历史数据查询、数据挖掘等功能；在线决策服务针对跨组件数据的运营决策、信息查询、事件驱动等。

数据应用体系包含数据应用模式、数据服务模式、数据供数模式、数据准备模式、数据获取模式等几个方面，如图 7-25 所示。

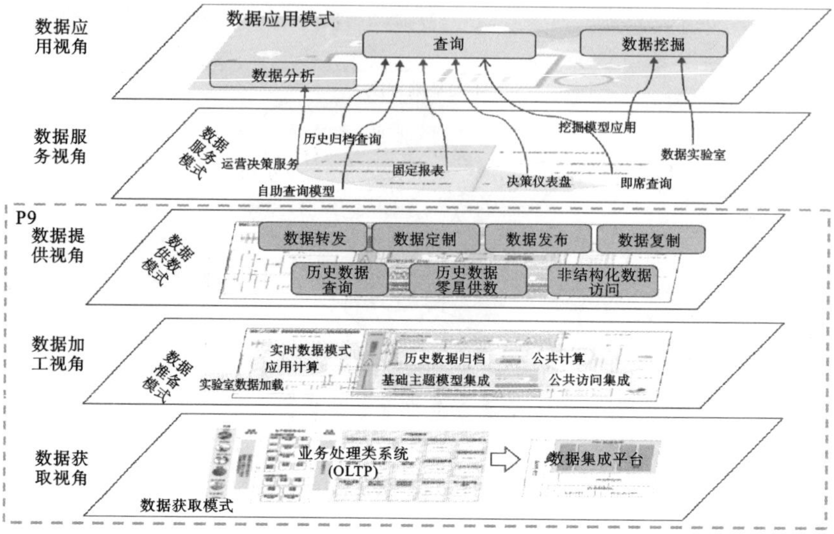

图 7-25　数据应用体系

数据应用模式：从最终用户的视角看利用数据仓库的数据的使用方式分类，根据用户目标和规则是否明确划分三种模式——查询、数据分析和数据挖掘。

数据服务模式：从 IT 实现与业务数据分析两方面视角，为用户管理和决策提供相关历史归档查询、运营决策服务、自助查询模型、即席查询、数据实验室、固定报表、决策仪表盘、挖掘模型应用 8 种用数的服务方式。

数据供数模式：从数据仓库对外供数的视角出发，依据用户的数据需求从数据集成平台获取各类数据的供数服务方式。其具体分为数据转发、数据定制、数据发布、数据复制、历史数据查询、历史数据零星供数和非结构化数据访问。

数据准备模式：从数据仓库内部数据加工的视角出发，数据集成平台内部满足数据需求的数据模型和计算模式。其具体分为基础主题模型集成、公共计算、公共访问集成、应用计算、数据回流、实验室数据加载、历史数据归档、实时数据模式。

数据获取模式：从源系统采集数据集成到数据集成平台视角出发，描述数据获取的方式；按照数据标准和数据质量的要求，转换成目标数据，并加载导入数据集成平台。数据格式包括结构化数据和非结构化数据。

四、数据管控

数据架构需要建立涵盖原则、政策、标准、指南和规范的制度体系，做的“有法可依、有法必依”。其中，原则指明确数据架构的基本方向和方法；政策指根据数据架构原则识别应采取行为的领域并为这些行为分配管控责任；标准、指南和规范指制定数据架构标准、指南和规范，指导项目组如何实施符合数据架构原则和政策的行为，如图 7-26 所示。

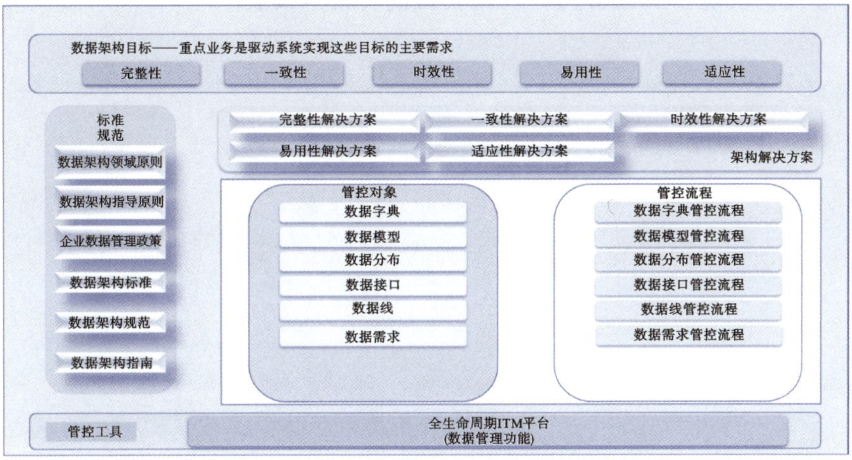

图 7-26 数据管控框架

本章小结

数据治理与数据架构是评估银行数据管理能力成熟度水平的重要方面。

数据治理是对数据进行处置、格式化和规范化的过程，是在高层次上执行数据管理制度，确保银行能有效落实数据战略目标，提升对业绩、风险和市场响应的能力。数据治理指导数据架构的规划、设计和实施。

数据架构是 IT 架构的重要组成部分，主要从数据模型、数据集成、数据应用和数据管控四个方面来阐述数据架构的理念和设计方法。数据架构承接业务架构的数据需求，在银行业务端到端的处理过程中，与应用架构、技术架构和安全架构共同支撑银行业务的高效、安全、稳定运行，在产品管理、营销支持、产品运营、业务支持、风险管控以及报告与决策等领域发挥作用。

数据架构的实施效果主要体现在数据标准化、实施平台化、业务智能化、管控流程化几个方面。数据标准化主要是指通过企业级的数据模型定义，在企业范围内统一了数据语言；实施平台化主要是指通过数据集成平台、数据应用平台等数据平台，使数据集成和应用的技术实施更快、更省、更好，业务使用方式更便捷；业务智能化主要是指跨层级、多渠道、灵活多样的数据应用，使业务更智能；管控流程化主要是指数据管控工作摆脱了手工模式，基于管控平台实现流程化管控，实现企业级协同并确保数据线实施不偏航。

第八章

基于云计算的技术架构

本章提要

技术架构是银行IT的基础架构，从全局视角规划定义银行信息化建设所需的整体技术框架，为信息系统运行提供基础设施服务、运维管理服务和必要的通用技术服务。本章简要介绍技术架构演进的几个重要阶段的技术特征和迭代逻辑以及云计算时代银行技术架构的主要能力。本章重点介绍大型商业银行技术架构的规划设计，主要包括总体框架规划、数据中心布局、网络架构规划、基础设施服务、通用技术服务、运维体系建设等方面。本章通过某银行金融私有云规划设计的案例，帮助读者进一步理解云计算架构规划设计的理念和方法。

学习目标

了解技术架构发展的几个重要阶段，理解其演进的内在逻辑；熟悉云计算时代技术架构的主要能力；理解大型商业银行技术架构总体框架规划设计理念；学习当前银行数据中心、网络规划、基础设施、通用技术服务、运维体系建设等方面的主流架构和发展趋势；通过案例的学习，掌握云计算架构设计的理念和方法。

技术架构是IT架构的重要组成部分，为应用架构的落地提供技术支撑，为信息系统运行提供基础设施服务和运维管理服务，并提供必要的通用技术服务，是银行IT的基础架构和先进性技术的载体。

技术架构规划设计主要从应用需求出发，结合技术发展趋势，从全局视角规划定义信息系统建设所需的整体技术框架。其核心内容包括数据中心布局、网络架构规划、基础设施服务、通用技术服务和运维体系建设。除此以外，技术架构还包括相应的技术产品和技术方向选择。其核心目标是为应用系统提供高可用、弹性伸缩、快速高效的IT资源服务。

第一节　技术架构概述

IT基础架构目前经历了三个大的发展阶段，大致可总结为“All in One”架构、分层架构和云计算架构，大型商业银行的技术架构演进也与此相对应。

第一台通用计算机诞生后的前 30 年，全封闭软硬件技术栈的“All in One”架构是主流。所谓“All in One”，是指从最底层的芯片设计和硬件设备生产，到基础软件和应用系统研发全部由一家供应商提供，架构上呈现高内聚和强耦合的特征，可以理解为定制机。计算高度集中化、支持多用户、多任务的大型机和小型机是 IT 系统的主流形态，构成 IT 系统的软硬件堆栈[①]层之间缺少统一的工业标准，仅有少数厂商拥有提供端到端高度复杂化的 IT 系统软硬件的能力。那个时期的 IT 系统造价高昂，是少数高端企业才能拥有的“奢侈品”。

20 世纪 80 年代，以 X86 芯片和 PC 服务器的诞生为标志，IT 系统迎来了第二次里程碑式的变革，即形成了网络、存储、服务器、操作系统、中间件和应用层等多层次水平分工的分层架构，各层之间接口标准化、规范化，大大简化了每一层的技术复杂度，IT 产业链获得了大繁荣与大发展，涌现出一批优秀的专业化厂商，如英特尔（Intel）、思科、甲骨文、微软等，它们聚焦于各自的领域，为客户提供高质量的产品和解决方案。

由于分层架构实现了软硬件各层的开发解耦，大幅降低了 IT 系统的使用门槛，IT 系统开始走入“寻常百姓家”。然而，随着企业信息化进程的不断推进，IT 系统的使用者逐渐发现，分层架构依然存在诸多弊端。首先，虽然软硬件各层的开发实现了解耦，但部署和运行态仍然是软硬件耦合绑定的关系，IT 系统的建设周期依然很长，无法实现跨服务器的资源调度；其次，生态链大繁荣的同时，多厂商软硬件异构集成与管理的复杂度也越来越高；最后，随着互联网时代的到来，业务的快速创新、频繁变更已成为常态，IT 资源的按需供给能力成为快速响应业务需求的关键制约因素，如如何应对“双十一”业务爆发性增长带来的临时性 IT 资源需求等。

有人开始思考如果能像用水或用电那样按需使用 IT 资源，这些问题便能迎刃而解。2006 年开始，IT 领域迎来了第三次里程碑式变革：从分层架构迈入云计算架构时代。虚拟化与云调度管理技术，将来自不同厂家的、烟囱式的、彼此孤立和割裂的计算、存储、网络设备在逻辑上整合成为“一台超大规模云计算机”，通过分布式技术为上层的应用提供弹性的资源供给服务，从而实现软硬件部署过程与运行态的解耦，屏蔽多厂商异构软硬件的差异性与复杂度，并按需提供高性能的计算、存储和网络能力。

所谓天下大势，合久必分，分久必合，IT 基础架构也一样，从“All in One”架构到分层架构是从单一走向分离，从分层架构到云计算架构又重新

---

① 堆栈是两种数据结构：堆，即队列优先，先进先出；栈，即先进后出。软硬件堆栈是计算机领域的一种惯用说法，是计算设备、网络设备、存储设备、操作系统和数据库等软硬件层层叠加形成的一种技术体系。

走向融合，当前广受关注的边缘计算①将再次从融合走向分离。每一次的架构演进，并不是将之前架构推倒重来，而是在继承已有成果基础上的创新突破。无论 IT 架构如何演进，其核心价值和驱动力都是不变的，即不断追求更低的成本、更高的效率、更优的性能以及用户体验。

第二节　技术架构能力

一、全球化的基础设施布局

为信息系统运行提供基础设施服务，保障全球业务的连续运营，是大型商业银行技术架构应具备的基本能力。大型商业银行需要从企业级、全球化的视角规划设计银行 IT 基础架构，IT 基础架构通常包含数据中心布局和网络架构规划。数据中心布局需具备应对地域性灾难的能力，网络架构规划要实现数据中心之间、数据中心和分支机构之间的高速互联。大型商业银行要形成覆盖总行各业务部门、境内分行、境外分行和外联机构的全球网络系统，为各类用户提供在任何时间、任何地点通过多种设备的接入能力。

二、灵活高效的基础设施云服务

随着业务创新速度的不断加快，IT 系统的快速发布、频繁变更已成为常态。传统的 IT 系统基础设施建设动辄数月，远远不能满足这种需求。在移动互联网时代，几个月的时间足以决定一个新型应用的生死成败。另外，随着移动互联网、智能手机的快速普及，一个创新业务或一次商业促销，都很有可能短期内吸引大量的用户访问，比如“双十一”“春节红包”等，银行的 IT 系统需要具备承受短时间内极限峰值的压力，并具备快速的水平扩展能力，实现资源动态伸缩，降低运行风险。

基于云计算架构，以云服务形式提供基础设施的快速供给、弹性伸缩，是移动互联网时代大型商业银行技术架构的核心能力，是业务创新的技术保障。

三、企业级的通用技术服务

通用技术服务是指与业务非直接相关，同时在应用系统中广泛使用的技

① 边缘计算是在靠近物或数据源头的网络边缘侧，融合网络、计算、存储、应用核心能力的开放平台，就近提供边缘智能服务，满足行业数字化在敏捷连接、实时业务、数据优化、应用智能、安全与隐私保护等方面的关键需求。云计算负责全局性、非实时、长周期的大数据处理与分析；边缘计算则根据特定的需求对局部性、实时、短周期数据进行处理与分析。

术组件，如统一通信、文件传输、消息中心等。如果放任各应用系统在通用技术组件使用上各自为政，就会产生服务体验不一致、接口不一致、产品不一致、重复开发等问题。通用技术服务规划设计的关键在于系统梳理各应用系统的需求，抽取出各应用系统可共享的基础服务进行统一设计、统一开发、统一部署，使之符合企业级、面向服务的架构理念，使各应用开发项目组将主要精力放在业务实现上，进而提升 IT 开发的效率和标准化水平。

四、智能化的运维体系

云计算、分布式等新技术的应用以及 7×24 小时的全球化业务运营，对银行 IT 系统的运维能力提出了更高要求。构建一个自动化、智能化的运维体系，保障 IT 系统的安全稳定运行是技术架构领域的重要能力。智能化的运维体系主要包括智能可视化监控管理平台、全面自动化运维管理、统一的资源配置管理、高效的服务流程管控以及前瞻性的智能运行分析管理。

第三节　技术架构设计

为了更好地界定企业技术架构的工作边界，并指导其规划设计工作，银行通常需要从全局视角定义技术架构总体框架。分层解耦、组件化、服务化是架构框架规划的主要原则。

随着技术的不断发展和变化，技术架构总体框架也在不断演进。不同时期、不同银行、不同架构风格也存在一定的差异。下面以基于面向服务架构理念的技术架构总体框架为例，进行简要描述。

一、总体框架规划

银行技术架构总体框架通常由前端层、基础设施资源层、通用服务层、基础设施服务目录层、基础设施资源层以及统一管理层六部分组成，见图 8-1。

前端层由前端设备逻辑组件构成，该逻辑组件制定自助设备、柜面设备、外设和移动终端的配置标准，结合通用服务层中的输入输出组件，为前端设备提供统一的设备驱动接口和指令集规范。通用服务层中的交互组件为业务应用提供桌面云、设备管理和应用商店的支撑能力。基础设施资源层由运行物理环境、核心骨干网络以及云计算的资源池构成。其中，云计算的资源池由计算资源、存储资源、网络资源经标准化封装后形成。通用服务层提供满足应用架构需要的通用技术组件，支持分布式架构的实现。该层由分布

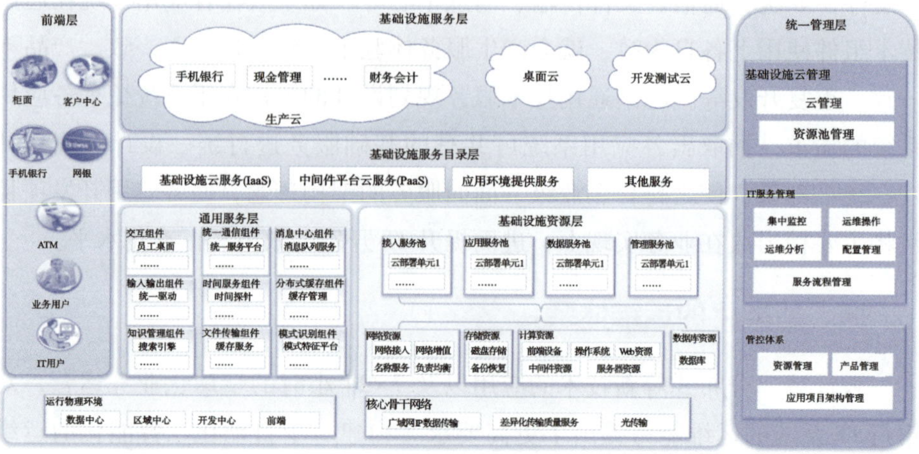

图 8-1　技术架构总体框架

式缓存、消息中心、文件传输、时间服务、统一通信等组件构成。基础设施服务目录层是经云服务设计后提供的标准服务目录，主要包括基础设施云服务（IaaS）、中间件平台云服务（PaaS）以及软件发布、自动变更等其他服务。基础设施服务层是各类不同云的抽象表述，根据用途不同，可分为生产云、开发测试云和桌面云等。统一管理层主要由集中监控、运维操作、服务流程管理、运行分析、配置管理以及云管理等组件构成。该层提供了 IT 管理服务及云计算引擎等功能。

二、数据中心布局

银行数据中心布局已从一开始的单中心发展为“两地三中心”模式。“两地”指同城、异地，“三中心”指生产中心、同城容灾中心和异地容灾中心，这一方案兼具高可用和灾难备份的能力。同城双中心通过高速网络实时同步数据，日常情况下可同时分担业务运行，并可快速切换。异地灾备中心是指在异地的城市建立一个备份的容灾中心，当同城双中心出现自然灾害等原因而发生故障时，异地灾备中心可以用备份数据进行业务的恢复。

由于应用之间关系复杂，灾备中心在接替主中心时往往需要较长的时间。目前，以互联网行业为代表，包括银行在内的诸多行业用户，开始探索分布式多活数据中心的建设。分布式多活数据中心将业务分布到多个数据中心，彼此之间并行为客户提供服务，分布式多活包括两大关键特征——分布式和多活。

所谓分布式，其核心是要在应用架构的设计上实现分布式，数据的跨中心多活部署是关键。资源的调度可以跨越多个数据中心，运维管理可以基于全局，逻辑上可以视为一个全局的大数据中心。

所谓多活，一是多中心之间地位均等，并行地为业务访问提供服务；二是在一个数据中心发生故障或灾难的情况下，其他数据中心可以正常运行并对关键业务或全部业务实现接管，实现用户的“故障无感知”。

多活数据中心的建设是一个复杂的系统工程，当前银行业更多关注的是双活数据中心。建设思路与技术选择是基于多活的裁剪和优化。用户在建设时应更多地关注于自身业务的连续性要求，基于自身资源和能力进行选择，而不是盲目追求先进。

三、网络架构规划

银行网络架构按照功能区分，主要包括核心网、数据中心网络和接入网络。其中，核心网主要提供数据中心之间以及数据中心和分支机构之间的互联；数据中心网络主要提供数据中心内部服务器接入和互联；接入网络主要提供客户端接入，包括分行网、海外网、办公大楼、子公司等。

目前，网络架构主要通过软件定义网络实现控制层面和数据转发层面的解耦，控制层面负责网络信息采集、路径计算和快速业务布放；转发层面采用隧道技术，实现流量的灵活调度。在网络管理方面，网络架构实现海量数据的秒级检索，为业务实时感知、大数据分析奠定基础。

（一）核心网

当前，银行网络核心层主流架构已从传统的以数据中心为根的“树型”网络结构转变为以三节点或多节点（不同城市）为中心的环网结构（见图8-2），核心节点之间提供高速数据传输能力，并能够提供灵活的流量模型，支持东西向横向通信，支持新兴业务发展。

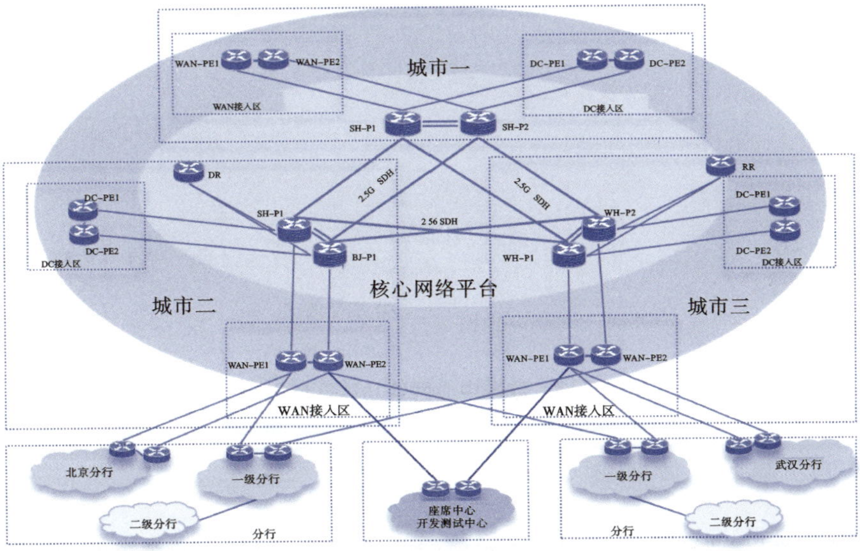

图 8-2　核心网参考架构

（二）数据中心网络

云计算的特点是按需计算、动态扩展、灵活部署，与之相匹配的数据中心网络也必需要向动态、弹性、灵活、按需的设计思路转变。云网联动支持云主机动态感知和资源的灵活调度，在网络建设、供给、运维等各方面提高网络自动化水平，大幅缩短网络服务交付时间，支撑云化数据中心的实现。

银行数据中心内部按安全域或功能域划分为不同的网络模块，通常包括广域网区、核心区、互联网区、外联区、带外管理网区和服务器接入区等（见图 8-3），网络模块之间松耦合设计，提高了网络的稳定性。防火墙、负载均衡设备等网络资源模块集中部署，形成资源池。

（三）接入网络

接入网络打造“无边界网络”，为用户提供丰富、灵活的网络接入能力，在保障安全的前提下，能够提供任何人在任何时间、任何地点通过任何设备接入的能力，获取所需的服务资源。客户、内部用户、合作伙伴可以选择最便捷的方式接入银行网络，获取及时、有效的信息资源，为业务发展创新奠定坚实的基础。

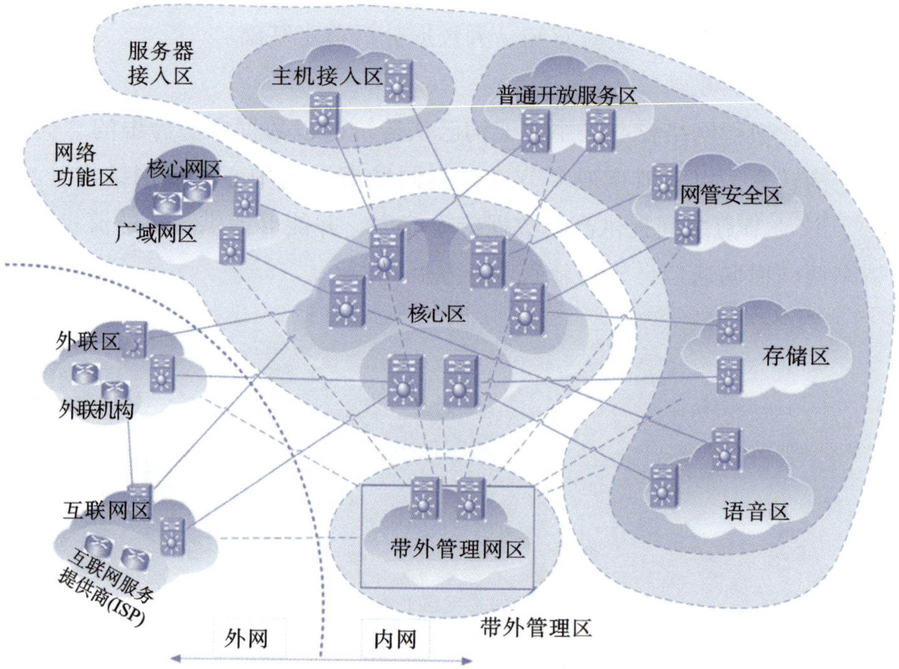

图 8-3　数据中心网络功能区域划分

四、基础设施服务

随着银行业务的迅速发展和规模的急剧扩大，银行 IT 系统的数量、规模以及复杂程度也呈几何级数上升，业务对 IT 系统的安全性、可用性与持续性依赖程度也越来越高，数据中心面临着如下困境与挑战：

第一，系统高可用要求日益严格，运行风险日益突出。银行数据中心作为“银行业跳动的心脏”，稳定运行和控制风险是第一要务。一方面，基础设施故障、突发业务压力、频繁变更上线都可能影响系统的稳定和服务质量；另一方面，数据中心对外部基础设施、外部技术和服务的依赖性不断增强，网络入侵、信息泄露等安全风险日益突出。

第二，资源使用效率较低，基础设施建设成本不断攀升。大型商业银行一直以来采用成熟可靠的 IT 技术路线，在信息技术实施、支持和保障方面很大程度上依赖信息技术供应商，存在技术标准不统一、新技术应用和技术创新缓慢、投入产出比较低等问题。随着基础设施规模的不断扩大，数据中心建设成本不断攀升，如在“双十一”促销和电商秒杀等业务需求中，传统技术只能按照业务峰值配置基础设施资源，会造成巨大的资源浪费。

第三，传统 IT 基础设施无法高效支撑银行创新业务。在金融服务互联网化、移动化发展趋势下以及利率市场化挑战下，银行从战略和战术层面积极应对，必须快速推出创新业务。但传统的 IT 基础设施解决方案无法快速满足业务需求，探索、采用新技术已经成为必然选择。

云计算的产生和逐步成熟为银行 IT 基础设施建设带来了新的机遇。长期以来，银行云计算的应用主要以私有云为主。也有部分领先银行开始探索金融行业公有云的建设。由于服务对象和服务模式不同，私有云和公有云在架构设计上存在一定差异。从长期来看，技术体系上私有云和公有云的融合是发展趋势。

（一）金融私有云规划设计

云计算架构在逻辑上主要由资源池、云服务和云管理平台三部分组成。资源池是将不同应用需求的计算资源、存储资源、网络资源进行标准化封装，形成一个个云部署单元。云服务是将基础设施能力及通用技术能力进行封装和集成，以服务的形式提供给用户使用。云服务是云计算技术实现与业务应用的结合点。云管理平台是整个云计算实现的指挥协调中心，它上对用户请求，下对资源池驱动操作，对云服务进行注册、发布及管理，并对整个资源池的资源进行管理。

资源池设计的目标是提供统一的、可被调度的标准资源体系，使得资源供给和服务集成快速、标准、可靠。因此，资源池设计采用领域部署单元→构建单元→云部署单元→资源池的方法，即先对存储、网络、服务器等领域形成各自标准化的部署单元，之后由领域部署单元组合成构建单元，由构建单元组合成云部署单元。云部署单元是资源池构建的基本单位，多个云部署单元就构成了不同服务用途的资源池。

云服务设计由业务定义、结构模型和操作模型三部分组成。云服务的业务定义，是从业务视角来描述云服务的服务能力，包括可以提供的功能和服务质量等，使云服务用户能够更容易地理解云服务可以做什么，从而判断出云服务是否能够满足其需求。云服务结构模型描述组成该服务的相应组件（或构件）及其关系，如部署单元及镜像等。云服务操作模型描述云服务的实现步骤和过程。

云管理平台提供强大的资源池管理和服务策略管理，同时通过与管理工具和管理流程的深度结合，实现了运维管理、运维流程、运维操作的全面自动化，解决管理工具和流程之间的信息孤岛。

银行私有云除具备资源共享、快速部署、弹性伸缩等云计算基本能力外，还有以下特点：首先，通常提供小型机、X86 等异构平台资源池，满足不同应用的差异化需求（绝大多数公有云只提供 X86 单一平台资源）。其次，通过云服务打包的方式，银行将多年积累的规范、工艺等最佳实践予以固化。最后，针对银行高可靠、强安全的要求，银行在资源池部署、应用部署、安全策略等方面进行加固设计。

（二）金融公有云规划设计

银行金融公有云主要面向行业客户、合作伙伴、社会大众提供一站式云服务，逐步形成以银行为中心的云生态系统。在技术上，银行采用以分布式、软件定义、多租户为主要特征的公有云技术，支持大规模扩展，提供一站式云服务的金融级公有云。

与私有云略有不同，金融公有云规划设计主要涉及云服务、云安全、云运营、云运维、云基础设施五个领域。

（1）云服务：提供支撑各类行业应用的计算、存储、网络等基础 IaaS 服务，可以根据客户需求提供小型机、存储区域网络（SAN）存储等金融级云服务；提供具备银行特性的云应用服务框架、容器、大数据等 PaaS 服务；提供银行各类业务系统解决方案。

（2）云安全：构建安全可信的公有云环境，保障公有云应用和数据的安全，满足银行监管合规要求和国家信息安全等级保护要求；结合银行先进的安全云服务，为客户提供金融级的云安全保障。

（3）云运营：建立统一的对外服务门户，支持客户自服务；提供市场营销推广、计费结算等功能，为客户提供弹性云资源服务。

（4）云运维：构建公有云运维管理平台，提供运维门户、监控分析、运行管理、操作管理配置管理等能力；具有云服务的交付、监控、维护、分析以及管理等能力。

（5）云基础设施：构建基于分布式、多租户、软件定义等主流公有云技术的业内领先的基础设施架构；支持多区域、多可用区高可用架构，规模可扩展至10万节点级。

用户通过使用金融公有云资源，可以减少基础设施和平台层的管理成本，能更专注于市场变化和客户需求。各类计算资源和IT服务全部以自服务的方式一键式交付，用户获取资源的时间由数周降低至几分钟，极大地降低了开发投产的实施成本，缩短了时间周期，支撑业务快速投放。

五、通用技术服务

通用技术服务是指与银行业务非直接相关，但是在多个应用系统中广泛使用且具有较多共性的技术组件，包括统一通信、用户交互、输入输出设备、文件传输、消息中心、分布式缓存等。整体来说，通用技术服务可以划分为分布式技术服务、前端交互和统一通信三大部分。

分布式平台是通用技术体系的核心，该平台围绕低成本、高性能、高可用、敏捷性、可维护性等目标，按照基础设施接口层、持久化层、数据访问层、中间件层、技术框架层、应用框架层、服务接入层的层次结构，建立了完整的分布式能力。平台包括服务路由、配置中心、并行查询引擎、分布式计算、分布式锁、分布式缓存、分布式消息等功能组件，能够为银行核心业务提供园区多活灾备、微服务框架、分库分表、读写分离、数据一致性、灰度发布、自动化运维全面支持，并全部基于X86服务器和云平台进行物理部署，大幅降低了基础设施的投入成本。

前端交互服务将原有分布于银行的用户交互、输入输出设备进行了统一管控，包括设备接入、系统管理和应用服务三部分。其中，设备层可以完成个人电脑终端、跨平台移动终端、外设、自助设备、柜面设备和离行设备的配置标准制定；系统层提供了终端镜像管理、系统升级和补丁管理、基础类工具管理；应用层则提供虚拟桌面、设备管理、应用商店等服务。

统一通信服务则将分布在原自助业务、电子银行、柜面和办公业务的多种通信需求融合为一个技术组件，提供包括传真、邮件、即时通信、视频，呼叫中心等在内的企业级标准服务。该服务包括接入、适配以及应用三个层次。接入层主要完成独立通信服务的接入，包括统一的出局网关、统一的互联网准入等；适配层完成接口的标准化，包括协议转换、接口封装等；应用层则完成服务的抽取或组合以及服务的管理，包括信息路由管理、应用授权等统一标准规范。

六、运维体系建设

银行IT服务管理是承接业务与IT组件的关键环节，对上支撑业务运行，对下协作各 IT 组件的工作。银行 IT 服务管理围绕运维过程监、管、控一体化要求进行设计，主要包括配置管理、集中监控管理、运维操作管理、服务流程管理和运行分析管理等（见图 8-4）。

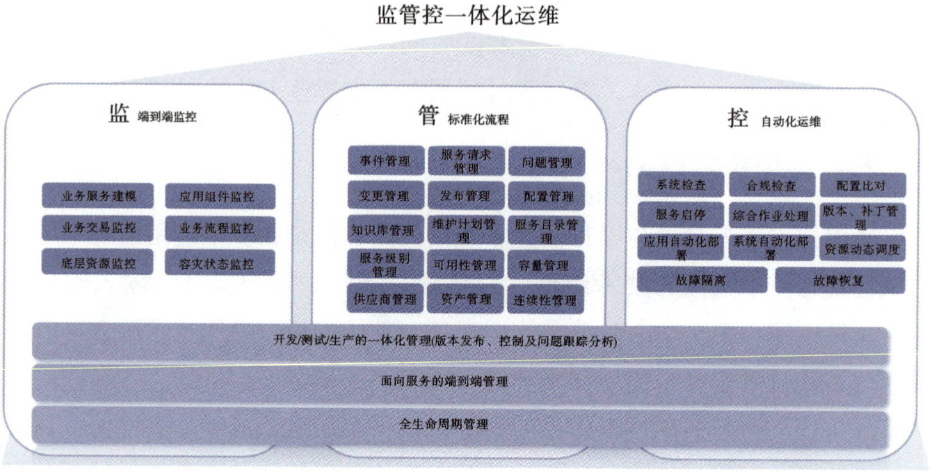

图 8-4　监管控一体化运维

配置管理组件管理了银行 IT 资源的资产配置项，实现了从可研、预入库、待采购、到货、验收、库存、分配、上架、上电、投产、下电、下架、待报废到报废的全生命周期管理，具备自动扫描发现、更新、核对能力，作为基础数据层为企业监控、流程、自动化、展现分析等提供支撑数据，做到了基础配置信息的统一管理、展现和应用。

集中监控管理组件是监、管、控一体化的监控核心，监控范围涵盖整个 IT 环境，包括端到端全路径交易监控、应用运行状态监控，网络设备、操作系统、数据库、中间件等技术组件状态监控。同时，该组件还对运行环境各个层面的监控数据进行集中分析处理，统一事件定级，实现了告警信息的集中展示、处理、分析。银行通过事件处置自动学习功能，进行实现故障快速定位，联动运维操作管理平台进行自动化的修复。

流程管理组件是监、管、控一体化的管控者，包括 IT 服务交付和 IT 服务支持模块，对 IT 服务投产上线过程相关资产、容量、服务级别、可用性、业务连续性内容，以及投产后事件、问题、变更、知识等相关服务内容及流程进行管理，确保服务质量。

运维操作管理组件是监、管、控一体化的执行者，也是整个 IT 服务自动化的操作枢纽，作为云环境自动化部署、应用发布、健康检查以及监控故障发生时的预定义资源操作、再分配等的具体动作执行者，承接整体框架的自动化相关任务，管理对象涵盖当前开发、测试、生产环境基础设施资源。

运行分析平台组件通过数据采集、数据建模、数据分析以及可视化数据分析工具，为银行提供了统一的运行分析视图和分析决策依据；在技术先进性方面，监控平台实现了企业级、端到端、基于交易的监控。银行运行分析平台利用大数据分析技术，将传统的按需开发报表转为线上实时分析，大幅提升了分析的时效性。

案例

某银行金融私有云规划设计

私有云逻辑上主要由资源池、云服务和云管理三部分组成（见图 8-5）。其规划设计也主要围绕这三部分开展。金融私有云的服务对象是银行，规划设计要满足金融行业信息系统的需求，其主要特点是高性能、高可靠、高可用和强安全。本案例主要介绍的是国内某大型商业银行私有云资源池、云服务和云管理平台的规划设计。

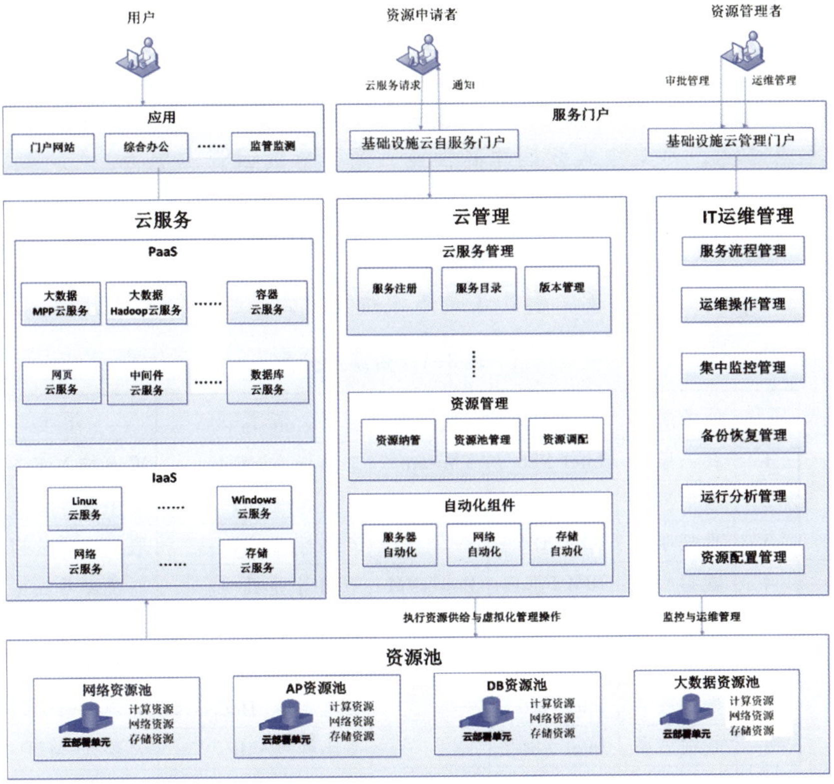

图 8-5　私有云整体架构图

一、资源池规划设计

资源池是将计算资源、存储资源和网络资源等传统的基础设施资源的运算能力通过云管理平台统一整合在一个池内，再进行统一分配及管理。资源池打破了单一设备的限制，将所有的CPU、内存、存储和网络等资源解放出来，并汇集在一起形成一个可分配管理的池，当用户提出需求时，便从这个池中配置能够满足需求的组合。资源的池化使得用户不再关心计算、存储和网络等资源的物理位置和存在形式，只需要按需获取。

资源池设计的目标是提供统一的、可被调度的标准资源体系，使得资源供给和服务集成快速、标准、可靠。其主要包括资源池分类、分区、云部署单元、高可用和使用策略设计等。

（一）资源池的分类

资源池的核心目的是共享，从理论上讲，一个大资源池最好。但实际上不同场景的信息系统对资源的需求差异较大，设计上需要结合服务质量、成本等因素对资源池进行分类。分类通常从两方面入手：一方面是资源池的服务类型，该银行按照自身业务应用的特点，将资源池分成了四类——接入服务、应用服务、数据服务和管理服务；另一方面是资源池所使用的技术差异，如CPU、虚拟化技术和设备配置的差异。区别于公有云，金融私有云通常提供小型机资源池，为集中式数据库高性能、高可靠的云资源服务。

资源池的分类并不是一成不变的，可以根据业务的需求变化和技术的发展增加或删减，如随着人工智能需求增加，CPU资源池已成为金融私有云的标配。表8-1是该银行私有云一期的资源池分类。

表8-1　资源池分类

序号	服务类型	技术平台	虚拟化	配置	用途
1	接入服务	Intel X86	VMware	2路标准-Web①	Web接入服务器
2	应用服务	Intel X86	VMware	2路标准-AP	应用服务器
3	数据服务	Intel X86	—	4路标准-DB	联机交易数据库
4	数据服务	IBM Power	PowerVM	IBM小型机-高	联机交易数据库
5	数据服务	IBM Power	PowerVM	IBM小型机-低	联机交易数据库
6	数据服务	Intel 安腾	—	惠普小型机-标准	联机交易数据库
7	数据服务	Intel X86	—	2路标准-Hodoop②	大数据-Hadoop
8	数据服务	Intel X86	—	2路标准-MPP③	大数据-MPP
9	管理服务	Intel X86	VMware	4路标准-管理	管理服务器

① Web，即全球广域网（World Wide Web），也称为万维网。

② Hodoop是一个由阿帕奇（Apache）基金会开发的分布式系统基础架构。

③ MPP，即大规模并行处理机。

（二）资源池分区规划

在银行数据中心的基础设施环境中，为了保证风险可控，安全性要求较高，为此资源池从网络上划分了多个安全区域。为了满足应用上线的需求并同时符合网络安全访问控制的策略，基础架构网络中需要部署资源池的有以下几个区域：

开放服务区：部署各类核心业务系统。

运行管理区：部署各类管理服务器。

互联网 DMZ（两个防火墙之间的空间，即“隔离区”）服务区：实现互联网接入及互联网应用部署。

外联 DMZ 服务区：实现与外部机构互联及外联网应用部署。

由于要满足网络安全访问控制的要求，因此同一个标准资源池不能跨网络区域部署。同一个网络区域内，按照不同类型划分为多个的资源池。

（三）云部署单元设计

资源池构建过程为由计算、存储、网络等技术领域部署单元（Technology Deployment Unit，TDU）组成构建单元，由一个或多个构建单元按照一定的构造策略组成云部署单元（Cloud Deployment Point，CDP），满足一类应用对安全、高可用、可扩展等的要求。在相应的网络区域部署所需类型和数量的云部署单元构成提供某种服务的资源池。云部署单元构建流程如图 8-6 所示。

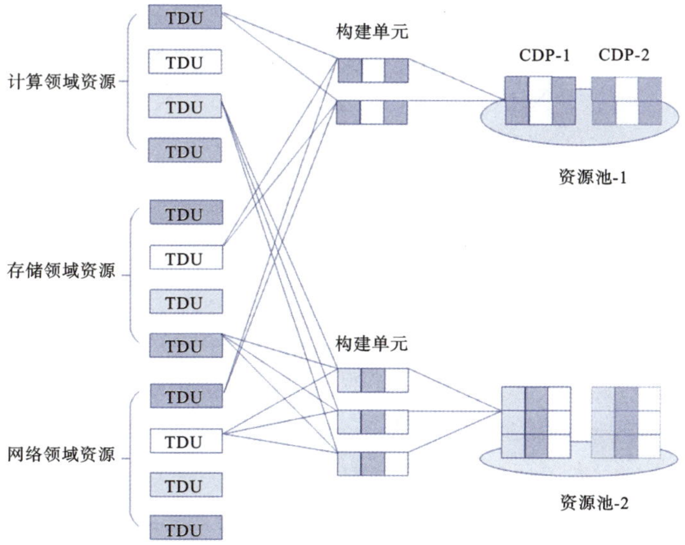

图 8-6　云部署单元构建流程

领域部署单元（TDU）是提供某一领域功能的产品或能力，包括计算、存储和网络等领域部署单元。各领域部署单元按照不同的技术平台类型、厂商、性能等指标进行分类组织。

构建单元是由一个或多个领域部署单元组成，能够形成服务供给能力的最小单位。由一类构建单元按照一定的架构策略组织起来形成有一定可用性、安全性、可管理性的集合称为云部署单元（CDP）。云部署单元是资源池标准化的具体落地，是资源池的部署、运维和扩展的最小单元，一个资源池由一个或多个云部署单元组成。

例如，X86 应用服务器资源池云部署单元由三个虚拟化集群（构建单元）组成，每个集群由 16 台 2 路 X86 服务器、1 台 10 万亿字节（TB）可用容量网络附属存储（NAS）设备、2 台千兆柜顶交换机、2 台万兆柜顶交换机、2 台万兆接入交换机组成。

（四）资源池高可用设计

众所周知，金融行业信息系统对高可用的设计有很高的要求。为了提高应用系统的整体可用性，除了设备层面的冗余设计，资源池采用“多通路”的设计理念，在物理层面上将计算设备、存储设备和网络设备多路独立部署，有效控制硬件设备的故障对整体应用的可用性影响，结合应用软件的集群线状部署（又称多通路部署，见图 8-7），大幅提高系统的整体可用性，避免了传统网状架构下的故障蔓延，从架构层面提高了应用系统的可用性。

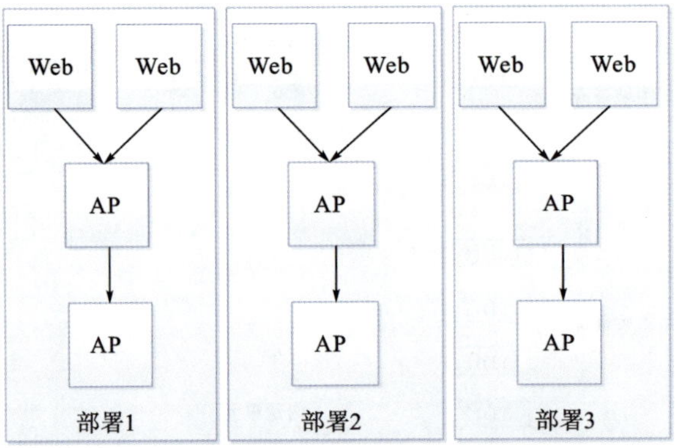

图 8-7　多通路部署

（五）资源池的使用及分配策略

资源池的使用及分配策略主要从标准化、高可用和资源的均衡使用三方面考虑，如该银行的 X86 应用服务器资源池使用策略设计如下：

（1）所有虚拟机分为三个档次：2C/8GB、4C/16GB、8C/32GB（标准化）。

（2）每个应用平均分配在不同集群内，虚拟机以 3 的倍数分配（高可用）。

（3）一个群集内所分配的虚机应部署在不同的物理机设备上（高可用）。

（4）虚拟机的分配优先选择空闲资源最多的物理机设备上（均衡使用）。

二、云服务规划设计

云服务是由云计算提供者将 IT 能力以面向用户的服务形式来进行包装和集成（见图 8-8），通过云管理平台和网络渠道向云服务消费者（用户）来提供的一种服务。云服务提供的 IT 能力包含了服务功能和服务质量两个方面。云服务是云计算的核心内容，是技术实现和业务应用的结合点。

简单说，云服务就是通过打包的方式，将银行金融科技专家多年积累的规范、工艺等最佳实践固化，实现可配置、套餐化的云服务（每一个云服务都是“专家版一体机”）。

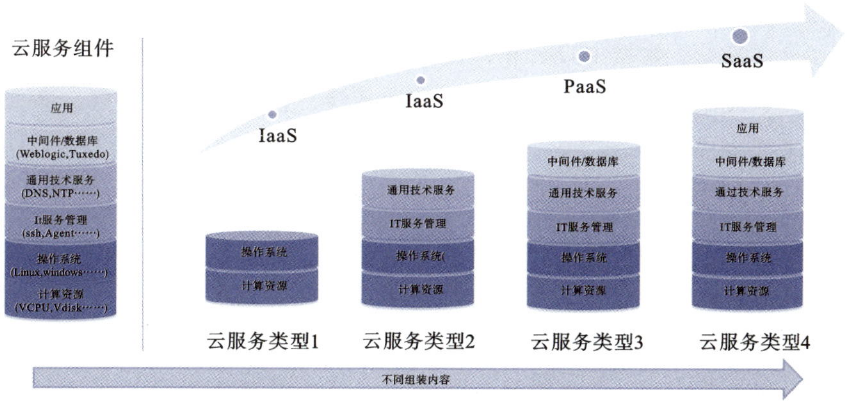

图 8-8 云服务组装与集成

每一个云服务设计主要由业务定义、结构模型和操作模型三部分组成。云服务的业务能力是从业务视角来描述云服务的服务能力，包括可以提供的功能和服务质量等，使云服务用户能够更容易地理解云服务可以做什么，从而判断出云服务是否能够满足其需求。云服务结构模型描述组成该服务的相应组件（或构件）及其关系，如部署单元及镜像（Image）等。云服务操作模型描述云服务的实现步骤和过程，由构建计划、供给计划、管理计划和维护计划四部分组成。构建计划是创建一个镜像的过程，同时记录镜像的版本号、配置文件等关系。供给计划是申请取得虚拟环境，并按照云服务结构模型的部署模式将镜像部署在分配好的虚拟环境的过程。管理计划是当一个云服务被分配，成为虚拟的运行环境后需要处理的流程模型。管理计划分为配置脚本和管理注册两个部分。配置脚本包括网络配置、安全配置、管理配置等，管理注册包括在管理平台的配置和虚拟环境的配置。维护计划处理的是在服务部署完成后，服务运行生命周期中需要执行的各种运维操作的流程模型，如服务启停、服务下线等。

该银行一期实现 21 类 66 个云服务，涉及供给、扩容、回收等各个方面。

三、云管理平台规划设计

云管理平台参考业界标准的 OpenStack[①] 架构，在充分考虑自有业务应用特点和基础设施的情况下进行自主设计和开发。该平台提供强大的资源池管理和服务策略管理，同时通过与管理工具和管理流程的深度结合，实现了运维管理、运维流程、运维操作的全面自动化，解决了管理工具和流程之间的信息孤岛。该银行通过云管理平台实现了数据中心云化，建立了一体化的运行管理体系，有效解决了云计算数据中心带来的挑战和风险，提高了运维效率，降低了 IT 成本。

云管理平台依据功能分为四个逻辑层次，分别是资源服务层、资源分配层、资源管理层和资源抽象与共享层。资源服务层在用户访问系统的前端，支持自助服务模式，将资源请求以一种标准化和约定的方式进行描述以减少沟通成本，并为后续自动化节点提供必要的参数，同时根据最佳实践和用户需求构建审批及变更流程，以契合用户个性，并提供持续调整和优化的能力。资源分配层根据用户的请求，按照既定策略对资源进行分配，分配资源包括网络资源、存储资源、计算资源等。资源管理层实现了对具体资源的自动化配置操作，通过统一的平台将资源对象的操作逻辑固化和参数化，并通过配置管理系统和流程系统的整合实现所需的自动化，有效支撑资源环境部署、变更和回收。资源抽象与共享层支持第三方资源管

① OpenStack 是一个开源的云计算管理平台项目，是一系列软件开源项目的组合。

理平台，如虚拟机环境、存储环境相关管理平台，实现对异构环境的统一管理。

云的规划设计是一个复杂的过程，涉及计算、网络、存储、数据库、中间件、虚拟化、机房环境和运行管理等多个领域的设计与交互，大到软硬件平台选择，小到板卡插槽位置都要一一落实。该银行私有云的规划设计用时一年多，最终形成了几十篇规范工艺，上百张设计流程图纸。以上只是挑选了部分主要内容做了简要介绍，供各位读者参考。

本章小结

技术架构是银行 IT 的基础架构，从全局视角规划定义了银行信息化建设所需的整体技术框架。银行在规划阶段明确各组件的边界和范围，在设计阶段考虑各组件的关联、非功能性需求以及基础架构的实现。技术架构主要经历了“All in One”、分层架构和云计算架构几个重要阶段，每一次的架构演进，都是在继承已有成果基础上的创新突破。对架构能力的要求随着时代的发展变化而变化。在云计算时代，大型商业银行技术架构能力主要包括全球化的基础设施布局、灵活高效的基础设施云服务、企业级的通用技术服务和智能化的运维体系建设。总体框架规划设计主要是通过分层方法对架构的复杂性进行解构，通常由前端层、基础设施资源层、通用服务层、基础设施服务目录层、基础设施服务层以及统一管理层六部分组成。银行数据中心当前的主流模式是“两地三中心”，网络架构按照功能区分，主要包括核心网、数据中心网络和接入网。云计算架构在逻辑上主要由资源池、云服务和云管理三部分组成。通用技术服务是指与业务非直接相关，但是在多个系统中广泛应用且具有较多共性的技术组件。智能运维体系主要围绕运维过程监、管、控一体化要求进行设计。

需要强调的是，架构是平衡的艺术，好的架构都是迭代出来的，规划设计过程要根据架构师的经验不断取舍，而不是先进技术的简单堆砌。

第九章

安全与体验平衡的安全架构

本章提要

安全架构是银行金融科技运营的基础，是守住不发生系统性信息安全风险事件的基础保障，其目标是保障客户信息安全、保障客户资金安全、保障业务持续运营。本章介绍安全架构的定义、目标和能力，重点介绍“安全即服务”的安全架构设计理念，提出以面向服务架构、组件化、服务化原则来设计安全组件；介绍安全技术和产品层、服务接入层、应用安全服务层、基础设施安全服务层和安全策略管理中心等设计要点；介绍如何利用企业级、服务化的安全组件和安全服务，设计智能安全风控体系、数据泄漏防控体系和云安全保障体系。

本章的难点是如何通过分析业务流程，在业务的不同流程环节中主动分析安全威胁，为客户提供差异化的安全控制措施，实现安全与体验的平衡。

学习目标

了解银行安全架构的目标、能力和要解决的问题，掌握安全架构的“安全即服务”的设计理念和方法，熟悉企业级的安全架构框架规划原则，掌握不同安全领域问题的解决方案设计要点。

第一节　安全架构概述

一、安全架构的含义

安全架构是为实现银行的业务战略目标而存在的，是银行金融科技运营的基础，是守住不发生系统性、群体性的信息安全风险事件底线的基础保障。银行没有了安全保障而单纯地追求业务发展和客户体验就是无本之木、无源之水。

安全架构是指为应对新的安全威胁以及 IT 技术和业务的发展过程中形成的安全态势所提出的安全防护理念、安全技术、安全组件、安全服务以及管控模式等应对措施的集合。银行应结合自身特点和业务发展开展安全架构的建设工作。

安全架构从早期的被动防御型安全加固阶段，演进到智能主动防御阶段，直到现今主动对抗、主动预防阶段。在最初的被动防御型安全加固阶段，安全功能与应用功能紧耦合、安全策略固化。在智能主动防御阶段，安全功能面向服务、组件化、松耦合、安全策略动态调整，具备基于规则化的智能风险防控（风控）。主动对抗、主动预防，更加强调自动化和智能化的安全运营，要求银行具备应对有组织、大规模的网络攻击的能力。

银行的安全架构要解决的问题主要包括安全监管合规、黑客的网络攻击、网络诈骗的资金盗窃、敏感数据泄露等问题。

（一）安全监管合规要求日益严格

随着《中华人民共和国国家网络安全法》及其配套法律法规的出台，网络安全法律体系日渐完善，企业安全合规压力日益增大。银行面临的攻击具有获利高、影响广、危害大的特点，银行信息安全管理的监管要求日趋精细和严格。在行业监管层面，中国人民银行和中国银行保险监督管理委员会（简称银保监会）的金融科技监管日渐趋严，监管处罚的力度空前加大，对网络安全和金融科技风险管理能力提出了更高的要求。同时，随着海外通用数据保护条例（GDPR）等客户信息和个人隐私保护政策出台，海外科技合规风险也越来越大。

（二）有组织、大规模的网络攻击日益严峻

有组织的网络黑客对金融机构的攻击已成常态。著名的网络黑客组织“匿名者”每年都公开针对金融机构发起分布式拒绝服务（DDOS）等网络攻击。2018 年 12 月 26 日，“匿名者”黑客组织发布的分布式拒绝服务攻击警告列表中包括中国的众多金融机构。2018 年 12 月 11 日，“匿名者”同一天发动了两次对国内某银行的分布式拒绝服务攻击。同时，随着物联网、智慧城市的推进和普及，网络攻击的规模越来越大，造成的影响越来越严重。2016 年 10 月，美国大部分地区的推特（Twitter）、脸书（Facebook）等网站都访问不了，原因是美国最大的互联网域名管理（DNS）公司遭受了僵尸物联网的分布式拒绝服务攻击，攻击流量超过 1 万亿字节（TB），创造了新的分布式拒绝服务攻击的世界纪录。

（三）网络诈骗严重威胁客户资金安全

不法分子利用泄露的客户信息数据实施精准的、专业化的、产业化的网络诈骗，造成客户资金损失严重，社会危害性较大。2018 中国互联网安全大会发布的报告显示：2018 年 1～6 月，新增钓鱼网站 1 600 多万个，网络诈骗举报案件 12 000 多起，涉案金额近 2 亿元。

（四）互联网数据泄露愈演愈烈

近年来，互联网数据泄漏事件不断发生，并呈现出泄漏数据量大、数据敏感程度高的趋势。随着互联网客户信息与银行客户信息的“大同”，特别

是邮箱、微博等密码与网银密码一致，不法分子利用社会工程和数据关联分析，通过非银行渠道泄漏的数据可以逐步“提纯”出银行相关敏感信息，从而对客户资金造成威胁。数据泄露事件会让企业声誉受损，并受到监管机构的严厉处罚，企业的股价会因此下跌，客户也会因此流失，对企业的经营活动造成严重影响。

银行应通过构建企业级、强有力的安全架构来应对日益严峻的安全风险和态势；同时，也要充分考虑客户的体验，为客户提供既安全又有好的体验的服务，保障银行经营活动的健康开展。

小知识

信息安全的目的

信息安全的目的常常用保密性（Confidentiality）、完整性（Integrity）和可用性（Availability）三个词概括，即 CIA。

二、安全架构能力

银行要恪守底线思维，主动应对金融科技风险，严守不发生系统性、群体性的信息安全风险事件的底线。针对银行面临的攻击和威胁、新技术带来的挑战以及监管要求，安全架构的目标可以概括为保障客户信息安全、保障客户资金安全、保障业务持续运营。通俗地讲，安全架构的目标就是保障客户钱不丢、客户信息不泄露、银行系统不瘫痪。

为了实现上述安全架构的目标，安全架构应具备如下六种安全能力：

（1）系统可以抵御网络攻击。系统可以检测发现网络攻击入侵和异常活动，并实施适当的阻断、拦截等动作。

（2）交易记录防篡改、抗抵赖。用户在系统上的交易记录被安全保护，不可被恶意篡改，用户不能抵赖其在应用系统上发生的交易记录。

（3）合法的用户经过恰当授权后才能使用系统。应用系统对用户进行角色、功能的恰当授权，仅允许具有权限的用户接入访问应用系统，进行权限范围内的业务功能操作。

（4）敏感信息要保密处理以防止泄漏。系统对敏感信息的传输、存储、分发等过程进行保密处理，隐藏敏感信息，发现、拦截敏感信息的泄露。

（5）所有关键操作可跟踪、可监控、可审计。应用系统应对所有关键性的用户操作进行记录，记录要素包括时间、互联网协议地址（IP 地址）、终端、地点、用户、操作行为、数据范围等，可对关键操作日志进行数据分析、监控和审计。

（6）信息安全事件发生后，能阻断侵害行为和可疑交易。系统在监测发现信息安全事件后，能够自动化、智能化地采取机控措施，及时阻断侵害行为和可疑交易，避免安全事件的发生或减轻安全事件的危害。

第二节　安全架构设计

安全和客户体验是一对矛盾。增加安全，就需要增加控制措施，就让客户操作更加复杂，客户体验通常会变差；提高客户体验，就需要减少安全控制措施，减少操作步骤，安全保障性通常会下降。银行通过以面向服务架构组件化理念设计安全组件，将安全功能与应用系统解耦，安全策略动态调整后，结合对客户行为做差异性分析，对犯罪分子的控制措施增多，提升安全性；对正常客户的控制措施减少，在不降低安全性的同时，提升客户体验，达到安全和客户体验的平衡。

为了实现保障客户信息安全、保障客户资金安全、保障业务持续运营的目标，银行需要构建安全与体验平衡的安全架构，从多维度全方位数据防泄漏、智能化未知威胁感知防护、智慧型主动性云安全保障等方面，进行有效的安全防控。

实现安全与体验的平衡，需要从以下五个方面进行架构设计：

一要实现“安全即服务”，将安全技术、产品和功能以服务的形式提供，安全服务的细节对应用完全透明，业务上可以无缝对接、平滑过渡，便捷地满足不同应用场景的安全需求。

二要考虑以业务为驱动，将适应业务发展作为安全服务、安全基础框架建设的目标和方向；将安全管理由传统的以技术领域划分转变为以业务应用场景和流程划分，从信息系统安全延伸到应用安全、业务安全，从单点控制提升到企业级、全局风险管控的管理高度。

三要以客户风险等级为基础采取有针对性的安全防护措施，提供差异化的安全服务；要平衡安全与服务效率，保证业务服务高效的同时提供完备适当的安全服务，实现风险控制与业务发展价值最大化。

四要实现安全策略集中管理，将各个业务流程进行统一的标准化管理，针对不同的业务流程制定专属的安全管理策略。

五要将安全功能组件化、定制化，将信息安全技术进行标准化和模块化处理，通过各种统一的标准模块将安全功能灵活、快速组合，以满足各个应用系统的个性化安全需求，提供定制化的安全支撑。

一、“安全即服务”架构框架

银行的安全架构由安全技术和产品层、服务接入层、应用安全服务层、基础设施安全服务层和安全策略管理中心组成，如图 9-1 所示。安全架构框架包括用户认证、客户认证、密码服务、数据安全、安全监控、基础设施安全、安全策略管理中心等安全服务以及应用安全代理、应用安全插件、基础设施安全代理、安全客户端四类接入模式。

安全技术和产品层集成通用的安全技术和安全产品，为整体架构提供技术基础与产品支撑，减少通用模块的重复性建设，并提供高效稳定的基础设施支持。

基础设施安全服务层为终端、系统、网络、主机、云等基础设施提供终端设备认证、非法外联监控、系统安全加固、系统安全配置、云防病毒、网络隔离、防逃逸、拒绝服务攻击等各类安全服务。

应用安全服务层提供统一、规范的安全措施，主要包括用户认证、客户认证、密码服务、数据安全、安全监控等，以安全服务的形式供应用调用，便捷地实现各个业务应用系统中所需的安全保障。

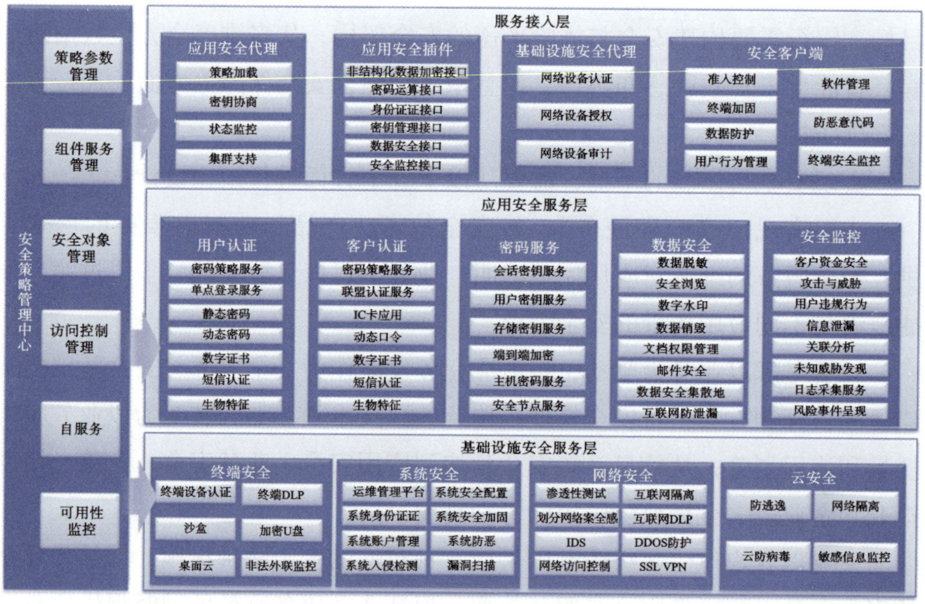

图 9-1　安全架构

服务接入层基于硬件无关性的设计，适应不同业务应用，提供多样化的服务模式和统一的服务接口，使安全功能与应用松耦合，易于扩展安全服务，支撑安全功能的快速部署。

安全策略管理中心通过统一的安全策略管理，部署一体化安全管理机制，实现信息安全管理的标准化、规范化，保障安全架构的有效落实和运转。

“安全即服务”的安全架构凭借组件化、可定制的安全服务，通过标准化的安全代理，可以便捷地满足不同应用场景的安全需求，实现安全和客户体验的平衡。例如，当银行的客户使用业务和产品时，认证服务通过静态密码或指纹、声纹、人脸等生物特征识别技术验证客户的真实身份，拒绝非法用户访问使用商业银行系统，密码服务组件则保障客户的敏感信息和数据在银行系统内加密传输、存储、处理过程的安全。同时，通过建立覆盖事前、事中、事后全流程的纵深防御体系，银行安全监控组件应用大数据分析技术智能分析客户的行为，主动识别交易过程中的风险，并根据不同风险等级及时进行预警处置，如增加验证短信验证码，采用多因素认证提升身份认证强度，或者通过客服中心座席外呼客户提问进一步核验客户身份，或者对高风险交易直接阻断。在内部员工管理应用中，数据安全组件通过数字水印、数据脱敏、敏感数据泄露拦截等技术有效防控了客户以及银行内部敏感信息的泄露。安全架构应提供完备的安全功能和安全服务，保障客户资金安全和信息安全，同时提供良好的客户体验。

二、智能安全风险防控体系

银行在“安全即服务”的安全架构下，可以利用多渠道、跨领域的安全风险和情报数据，采用大数据分析技术，进行多维度的安全态势风险分析，智能化地预测未知风险，同时快速、灵活地调整风险防控策略，主动发现并及时处置客户资金盗窃、客户信息泄漏、可疑风险账户等风险事件，形成覆盖事前、事中、事后全流程，智慧型、主动式的风险防控方式，保障客户的资金安全。

银行应以业务的视角，从交易流程出发，充分剖析业务交易元素，实现覆盖全业务流程的关联性安全策略，真正实现对交易风险的全面管控。银行应避免安全短板问题，实现边界防护和纵深防御的并重，将传统边界防护“木桶原理”发展为纵深排列的“多层水闸式”的防范体系，在可信接入、可信环境等方面降低安全程度，提高可信数据、可信行为质量，保障整体安全风控水平。银行通过对客户交易记录、安全事件记录、交易风险监控数据、网络舆情及客户泄露信息以及第三方机构的风险防险数据的大数据关联分析，按照风险防控策略对客户的交易行为进行评级，得到高风险、中风险和低风险三种交易风险等级，进而通过安全策略管理中心联动安全组件统一配置安全策略，在客户渠道和员工渠道对该交易进行风险防控。

三、数据泄漏防控体系

银行面临的数据安全风险主要来自外部数据泄露和内部数据泄露。外部数据泄漏主要来自不法分子和黑客的攻击，其通过拖库、撞库、暴力猜解、网络钓鱼、社会工程攻击等方式获取用户敏感信息。内部数据泄露主要来自内部员工、外包人员受利益诱惑，加之合规意识不足，有意违规或无意泄露客户信息。银行要内外兼顾，采取严格的数据安全保护措施，保护客户信息安全。基于对数据安全威胁态势的分析，银行应按照国家网络安全等级保护思想，建立数据安全保障体系。银行应围绕保障客户信息安全、数据合规便捷使用、消除第三方数据泄露影响这三大目标，在事前建章立制，明确信息资产分级分类和保护要求；在事中强化安全技术支撑，建立覆盖数据全生命周期、动态灵活的安全技术保障体系；在事后加强监控审计，运用安全态势感知、大数据分析技术，主动发现和追溯数据泄露，及时采取补偿性控制措施，全力保障客户资金安全。

对于内部的数据泄露防控，传统的方式是以端点防御为主，在各个终端上部署监测工具，发现终端泄露了数据，就去堵上这个终端的漏洞，这是一种被动式的数据防泄漏防控方式。依托金融科技，银行应转变数据防泄漏方式，改为云端集中存储防护方式，严格地控制数据下载，提升内部数据使用体验，疏堵结合，构建多维度、全方位数据泄漏防控体系。如图 9-2 所示，银行应以生产环境数据保护为核心，通过数据集散地和桌面云、沙盒等虚拟终端，建立数据安全专用环境，方便内部使用，引导员工在安全环境中处理和加工数据，提升内部数据使用客户体验；同时，严控终端和互联网的数据泄露途径，及时阻断数据泄露，并通过监控内部数据泄露，及时发现和阻断泄露数据行为。

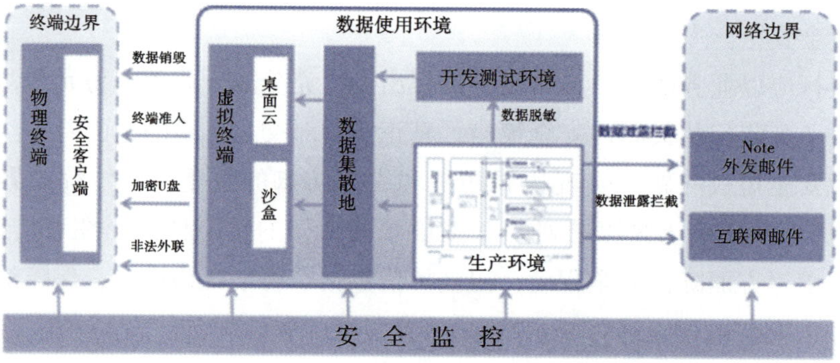

图 9-2　数据泄漏防控架构方案

数据泄漏防控体系包括如下部分：

（1）应用桌面云和本地虚拟化技术，构建安全封闭的数据使用环境。其具体包括建立专用业务分析桌面云，在安全环境中进行业务数据加工和分析；建立数据安全集散地，安全传输脱离生产环境的数据；建立开发测试桌面云，防范开发文档、源代码等重要技术文档的泄露；建立数据安全脱敏系统，实现开发测试用途的数据自动化脱敏。

（2）在网络边界部署数据防泄漏系统，实时监测及阻断敏感数据外发行为。

（3）应用终端安全组件，面向银行统一提供终端网络安全准入、U盘管控、无线网络管控、防病毒等技术保障措施，有效监控用户终端操作行为，确保用户违规操作行为可追溯。

（4）部署应用安全监控组件，实现终端、网络一体化监测；运用大数据分析，主动发现和应对员工的违规操作数据行为。

在监测内部违规使用数据方面，银行应利用大数据定期分析、追踪数据泄露和违规使用行为，有效警示和震慑违规员工。例如，在监测柜员违规查询出售客户信息方面，银行可以通过采集员工渠道、排队机等系统交易日志，从无卡查询、无排队机信息、异地查询、查询频率、查询数量等维度，关联分析，发现违规查询客户信息的行为。又如，针对在互联网上监测发现的数据文档泄露，银行可以利用采集U盘拷贝数据文件的日志记录、终端设备的信息、用户登录的日志等信息，关联分析追查内部泄露的人员。

为主动感知内外部数据泄露风险，银行应建立全面主动的安全监控机制，包括前移风险防线；针对内外部不法分子获取客户信息环节，利用大数据分析主动监测内部违规使用数据行为；主动监测QQ群和贴吧以及外部互联网数据泄露“黑市”；主动分析钓鱼网站，识别被骗客户信息；建立联防联控共享风险数据的机制。银行应将监测识别的数据泄露客户纳入风控系统“灰名单”予以重点保护，采取交易拦截、提示改密、换卡等措施保护客户资金安全，最大限度消除客户数据泄露的影响。同时，因为暴力猜解密码是不法分子从非银行渠道数据“提纯”银行相关敏感数据的主要途径，所以银行可以从不法分子恶意登录网银、手机银行等多个客户渠道入手，形成暴力猜解密码的识别及处置机制，实施7×24小时暴力猜解密码行为监测和封禁，对被猜解成功的账户提升保护级别，强制客户修改密码，并拦截其后续的交易请求。

四、云安全保障体系

顺应云计算的技术发展趋势，银行应构建金融级、智慧型、主动性的云安全保障体系，为租户提供智能化、一站式、开放共享、随需所用的云安全服务，为蓬勃发展的住房云、同业云、政务云、养老云等社会化应用输出银行金融安全服务能力，促进新兴信息安全技术与创新金融的深度融合，支持产品创新、服务创新、模式创新。

在客户系统“上云”时，客户最关注的两个重点问题是网络安全和数据安全。客户的系统托管部署在公有云上，因此需注意防范来自互联网的各种攻击，以确保客户的数据不被恶意访问和泄露。

防范公有云的网络攻击应该部署边界防护、租户防护、系统防护等多层次的纵深防御体系和多维度防控措施（如图 9-3 所示），并通过安全态势感知，智能、主动识别和防控未知威胁风险。在全面收集基础设施网络安全、应用安全的日志和互联网情报的基础上，银行要应用人工智能、大数据分析技术，智慧分析云的安全态势，告知租户面临的攻击和威胁情况，主动进行事件响应，智能联动调整基础设施、应用组件等安全策略，快速防控攻击和威胁。

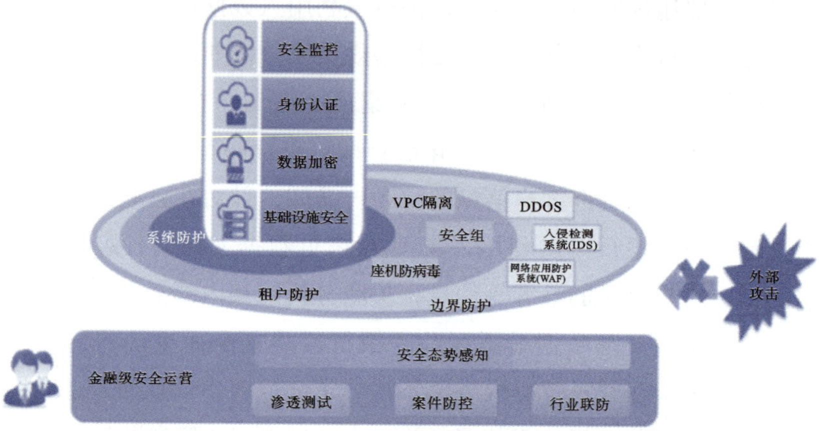

图 9-4　公有云网络安全防护方案

数据安全是公有云客户关心的核心问题，因此银行的公有云提供数据库加密、数据库审计、数据隔离等数据安全服务，并通过应用层面的数据访问控制、严格的身份认证等措施，避免客户信息被非法访问和数据泄露，全面保护云上系统的客户数据。其中，数据库加密服务为云上租户应用提供加密服务，除了租户自己，其他任何人无法窥探租户业务数据，满足租户在数据安全方面的特殊要求，要最严格地保护云上数据的隐私和机密，应对拖库等数据泄露的威胁。图 9-4 所示的是银行公有云数据安全保障的防控体系。

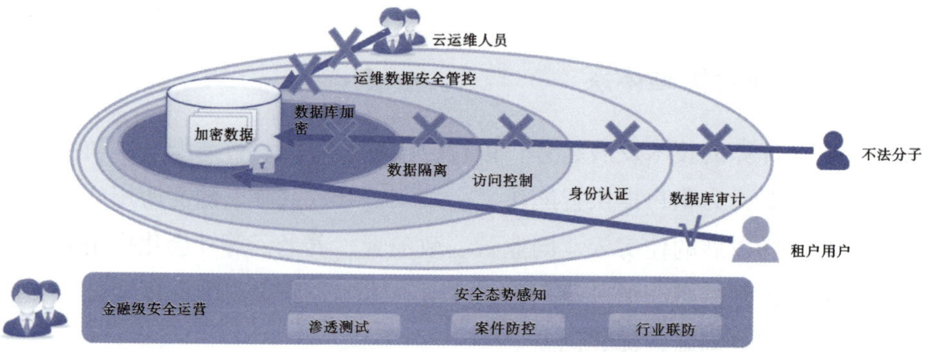

图 9-4　公有云数据安全保障的防控体系

案例

某银行安全架构设计

一、问题和需求

随着电子渠道业务规模的迅猛增长和电子业务产品的日益丰富，新兴业务具有支付金额小、支付笔数多的特点，渠道具有虚拟交易、追踪记录难度高的特点。这些都使得银行各渠道业务处于更加复杂、多变的环境之中，各个渠道的交易也面临着越来越多的风险和挑战。银行对渠道交易风险管理一般采用传统的、被动式的应对模式，缺乏风险管控主动性。一旦发生交易安全事件，银行才开展相关的应急处理工作，这时很难帮助客户避免信息泄露或资金损失，银行处于非常被动的地位，缺乏风险管控的主动性。

二、设计目标

该银行依托安全与体验平衡的安全架构的特点，充分利用和整合大数据挖掘、云计算、自动化监控和智能化分析等新兴技术，以渠道交易风险为切入点，以降低业务风险为导向，以提升客户体验为宗旨，针对各个渠道交易风险的主动式管控，实现针对交易安全事件的事前分析防御和事中应急处置；通过主动式的渠道交易风险管控模式，在风险交易尚未导致客户资金损失或客户信息泄漏等危害前即完成处置，最大限度地避免客户资金损失或信息泄露等事件的发生。

三、架构方案

该银行基于安全与体验平衡的安全架构，通过引入先进的风险规则引擎，实现渠道业务风险规则的灵活、快速设置；实现对网上银行、手机银行、电话银行等各个渠道交易的覆盖；多维度地对渠道交易进行全面风险评估；及时发现、分析和处理客户的风险交易；对不同风险级别的交易进行事前预警、事中干预、事后核实等风险控制机制；与交易控管平台、短信平台、外呼系统进行联动；增加阻断、挂起、二次短信验证、外呼电话确认等风险交易核实机制；形成了完整的渠道交易风险管控体系，保障银行渠道交易的安全。

渠道交易风险管控体系（见图9-5）主要依托该银行安全架构中安全监控、客户认证、数据安全和密码服务等安全组件提供的服务，基于风险分析引擎，实现对网上银行、手机银行、电话银行等渠道交易行为的监控，建立动态的渠道交易风险管控体系，有效识别交易的

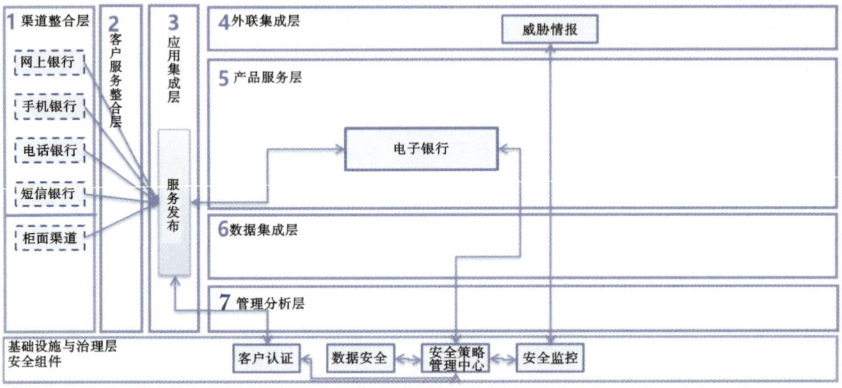

图 9-5　渠道交易风控架构方案

风险级别，实施相应的动态安全策略。对于风险级别较高的可疑欺诈交易，该银行实时给予提示、预警或中止。该银行可以动态部署监控规则，有效降低欺诈率，控制风险敞口。

四、功能和流程

为解决上述在渠道交易风险管控中的关键问题，实现主动式的渠道交易风险管控体系，该银行需要从对交易的发起人到交易的全流程进行有效的风险管控，即从客户发起交易开始，针对可信接入、可信交易环境、可信数据和可信行为等环节进行全局管控。

安全监控组件从业务交易系统在线采集柜面业务、网上银行、手机银行、电话银行等多个渠道的签约信息、登录信息、交易信息、查询信息等数据。系统对各种渠道的交易数据实现量化分析，计算出交易中的各项风险指标，并送往安全策略管理中心进行模型匹配，对超出指标阈值触犯规则的客户生成风险名单。随后，该系统通过安全策略管理中心实时反馈给交易系统，后续的风险交易将被实时挂起或阻断。交易渠道风险管控流程如图 9-6 所示，主要由数据采集、数据预处理、风险规则管理、风险等级评估、风险案例管理五大部分构成。同时，系统提供了内容丰富、关联展示的警报监控界面，通过多样化的认证方式核实交易对象身份，对挂起交易决定是否放行或阻断，从而形成了规则判断、名单推送、事中干预、调查确认、放行或阻断、案例梳理的完整风险管控流程。

渠道交易风险管控流程包含事前预防、事中控制、事后分析三个方面。

在事前预防阶段，系统对交易发起的客户进行黑名单判断和阻断。客户登录手机银行，若该客户登录手机银行的账户是 10 级账户

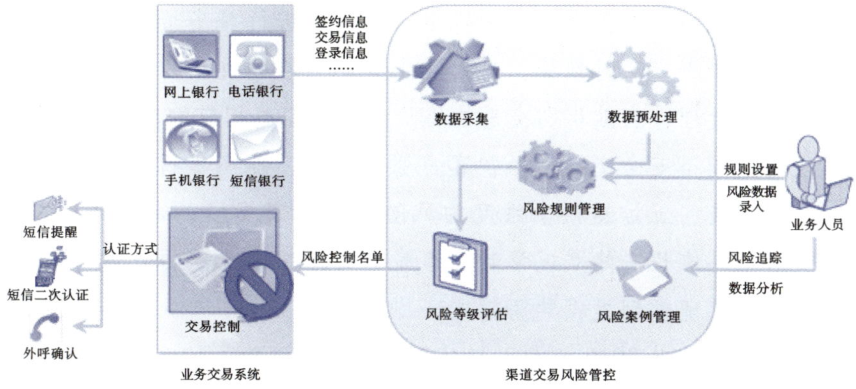

图 9-6　渠道交易风险管控流程

（极高风险账户，根据客户投诉或警方发现的账户及与其有直接关系的账户），则系统提示拒绝该客户登录，这就提前防范了该客户后续进行欺诈交易。

在事中控制阶段，系统可以在客户交易过程中，高效监测出风险交易，并给出预警提示、交易挂起或阻断。例如，客户 A 在北京签约银行网银后，当天又在广州登录网银，此时客户 A 的签约流水和网银登录流水经由交易系统推送至安全监控组件，监控组件计算匹配预定义的监控规则，将客户 A 添加至 20 级账户（极高风险账户）名单中，并同步至交易系统。当客户 A 完成转账要素输入，想进行大额转账时，交易系统根据账户分级策略，将该笔转账交易挂起，并提示该笔交易存在安全风险，客户需主动外呼银行客服验证身份或由银行客服联系该客户进行身份核实，核实通过方可转账成功。这样就有效控制了此类欺诈交易的发生。

在事后分析阶段，系统对疑似违规交易进行事后分析与调查。例如，交易系统将网银登录流水推送至安全监控组件，安全监控组件根据预定义规则，计算匹配出短时间内失败登陆多个网银账号的异常 IP 地址，并将这些异常 IP 地址展现给相关安全团队。安全团队对这些异常 IP 地址进行事后调查分析，通过逐步分析与排查，锁定高危 IP 地址，有效控制交易风险。

五、实施效果

该银行一是满足监管机构要求，改变传统的渠道交易风险管控措施，帮助银行建立多方位、立体式的交易监测，提高银行渠道交易风险管控水平。二是建立事前防范、事中监测以及事后分析的三层风险防范体系。三是搭建稳定的、动态的风险规则模型库，实现对柜面交易、网上银行、手机银行、电话银行等多渠道交易业务风险智能排查、实时预警，有效防止欺诈风险的发生。四是流程化风险事件处理，有效识别交易的风险级别，实施相应的动态安全策略，及时处理不安全交易、保护客户资金安全，提高银行声誉度，减少银行损失。五是提供多维度的风险分析决策支持，通过改进系统、完善业务流程、建立规章制度等多个方面防范风险再次发生，同时为风险管理规划提供数据基础。

该银行自2016年利用智慧型主动性的风险防控系统以来，主动拦截风险交易6.57万笔，累计金额4.05亿元，有效保护了客户资金安全。

本章小结

本章从安全架构的定义、目标、能力、框架体系设计及案例等方面，比较系统地介绍安全架构规划设计的主要特点、定位和作用；分析安全架构所要解决的监管合规、网络攻击、网络诈骗、资金盗窃、敏感数据泄露等风险问题；通过对“安全即服务”理念的阐述，实现安全技术、产品和功能以服务的形式提供，便捷地满足不同应用场景的安全需求，形成智能、主动的安全防控体系，为银行业务运营提供有效的安全保障；通过分析业务流程，为客户提供差异化的安全服务，保证服务的高效和安全可信，实现安全与体验的平衡。

当然，安全不是绝对的，架构体系不是一成不变的，而是一个“道高一尺，魔高一丈”的动态变化过程，因此银行要不断跟踪新的安全技术和攻击态势，不断调整安全策略，不断完善安全架构体系，持续保持安全架构的先进性。

第十章

数字化能力

本章提要

本章重点介绍银行统一客户视图、产品创新、多渠道服务、差异化综合定价、集约化的业务运营、全面的风险防控、精细化的资源配置、企业级数据应用、境内外集团一体化支持等方面的能力建设方法，并通过具体案例来体现能力建设的作用和价值。

学习目标

了解大型商业银行的数字化能力要求，学习数字化能力建设的方法。

以科技手段为业务赋能涉及银行经营与管理的多个领域。限于篇幅和本书定位，本章仅对以客户为中心的经营理念，以企业级架构为支撑，在统一客户视图、灵活高效的产品创新、协同智慧的多渠道服务、差异化综合定价、集约化的业务运营、全面的风险防控、精细化的资源配置管理、企业级数据应用、境内外集团一体化支持等方面开展的数字化能力建设方法进行介绍。

第一节　企业级客户统一视图

一、能力定义

银行首先要认识客户、了解客户，建立客户统一视图，才能以客户为中心，提供高质量的产品和服务。客户统一视图是指大型商业银行为全面了解客户而建立的完整、统一的客户信息，涵盖境内外分行的个人客户和对公客户的全方位信息，包括客户基本信息、证件信息、联系信息、财务信息、关系信息、评价信息、风险信息、产品合约快照信息以及客户的各类关系信息等。

银行在认识客户能力方面，首先需要整合客户各方面信息，支持客户唯一标识；其次需要建立集团层级会员体系，支持差别化的客户服务，基于对客户行为的分析来多维度细分客户，为不同的客户在不同的营销渠道提供不同的产品，支持千人千面的差异化营销；最后需要利用人工智能知识图谱的手段建立家庭关系、企业供应链的关系以及个人与企业的关系，并通过这些关系实现公私联动的营销、家庭类产品创新、精准风险防控和及时风险预警。

银行在客户服务、客户营销领域往往面临数据缺乏有效整合、无法准确定位目标客户群、营销效果难以准确评估等问题。银行应该依托企业级客户统一视图的能力，采用新的理念和方法，利用人工智能、大数据等科技手段解决银行在客户服务和营销方面的痛点，准确识别目标客户群体，挖掘客户需求，发挥全渠道协同优势，实现对客户的精准触达，以最有效的渠道将产品推荐给合适的客户；同时，对营销活动进行全生命周期管理，对营销模型、营销方案进行准确评估并持续改善。

银行应该在客户统一视图的基础上，结合对客户需求、客户风险偏好及应用场景的分析，从客户价值入手，抓住时间窗口，及时为客户提供定制化服务方案，增强客户黏性。

二、架构定位

在企业级业务领域中，客户统一视图能力体现在对公客户信息管理、对公客户管理、对私客户信息管理、对私客户管理四个业务领域，这四个业务领域同属于营销支持价值链。业务领域之所以区分对公和对私，是因为从客户的视角看，对公和对私的客户信息在采集、应用、客户关系管理的计划、执行、监督各方面差异较大。客户统一视图、营销、销售管理在企业级业务领域中的定位如图 10-1 所示。

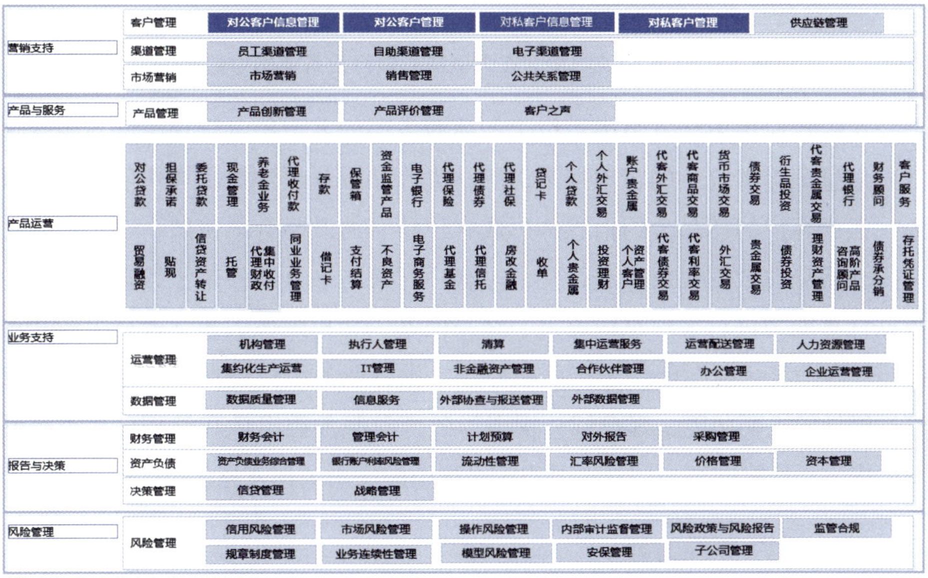

图 10-1 客户统一视图、营销、销售管理在企业级业务领域中的定位

客户统一视图的能力在企业级业务组件中由客户信息管理、客户评价与细分业务组件实现。客户信息管理组件承接客户信息业务需求，面向银行各领域提供客户信息统一创建、维护和使用的功能，包括采集客户信息、建立客户视图、拆分归并客户、维护内控客户信息等业务活动。客户信息组件是基础组件，为银行各领域提供准确完整的客户信息，是客户信息的唯一来源。客户评价与细分组件提供多渠道、多模式的客户评价及灵活的客户细分服务，客户管理与维护组件建立专业化、精细化、高效的营销管理和销售过程管理。几个组件一起形成银行的营销支持能力。客户统一视图在大型商业银行业务架构中的定位如图 10-2 所示。

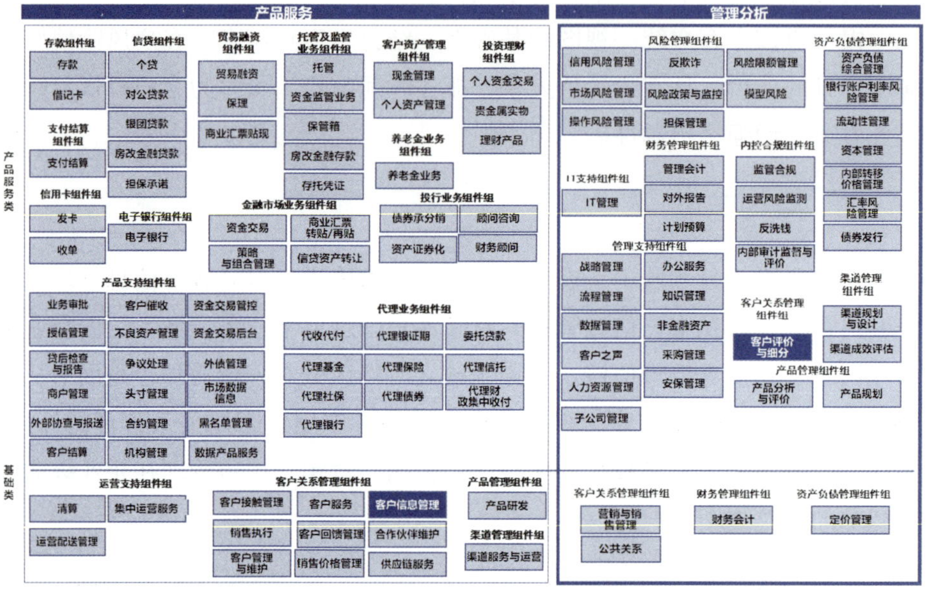

图 10-2　客户统一视图在大型商业银行业务架构中的定位

在银行应用架构方案中，位于产品服务层的客户信息管理组件集中管理客户信息，提供统一的客户视图访问，为产品服务组件提供客户信息查询服务，汇集客户的产品合约信息并形成客户持有的产品合约快照。客户维度的行内外信息在数据集成层进行整合。客户评价与细分组件基于数据集成层的数据计算能力进行客户星级评定、客户便签、客户画像，建立客户关系知识图谱。客户统一视图定位于产品服务层，供各业务组件调用。作为客户信息管理组件的主要功能，客户统一视图为各产品服务类组件和管理分析类组件统一提供高质量的客户信息。客户统一视图的应用架构方案如图 10-3 所示。

三、能力实现方案

客户统一视图需要对客户信息进行整合、清洗、迁移和补充完善后集中存储，是实现客户识别的基础。在企业级业务组件中，客户信息组件负责对外提供客户信息的创建、维护和使用功能。基于企业级的客户信息组件，客户信息得以集中存放、统一维护，保证客户数据的准确性和完整性。同时，

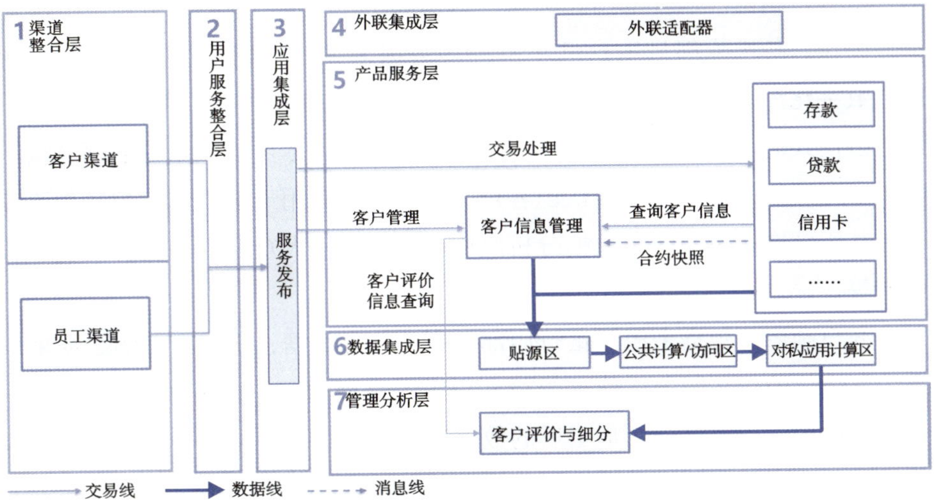

图 10-3　客户统一视图的应用架构方案

客户信息组件对外提供客户信息的识别与查询功能，是客户信息的唯一来源，保障了数据的一致性。在银行业务的各渠道、各流程中，客户信息组件嵌套客户识别、客户信息采集、维护流程，做到“在合适的时间，面对合适的客户，采集合适的信息”。客户信息组件在客户初次开户时，采集基本信息、联系信息；在客户建立合约时，采集合约快照；在客户购买理财产品、办理信用卡、个人贷款时，采集风险信息、负债信息和评价信息；在客户关系维护后，补充客户偏好、等级、客群、商机等信息。

除了客户维度自身的信息外，客户的关联关系也至关重要。客户统一视图利用人工智能、知识图谱等金融科技技术，基于对大数据的分析，建立客户的家庭关系、企业供应链的关系以及个人与企业的关系；基于银行的个贷数据、信用卡主附属卡数据、外部生态平台上子女和老人之间的关系数据，可以形成客户的家庭关系信息。企业的供应链的关系，原来是依靠核心企业，客户经理在系统中的登记、确认形成供应链关系；但是现在企业的供应链的关系需要以数字化思维，根据银行系统中已经有的业务信息，如企业应收应付的信息、资金支付的交易对手上下游信息以及可利用的外部数据（如工商、税务、司法部门等数据），采用大数据技术形成企业知识图谱。同时，银行可以根据客户业务办理关系，逐渐建立个人与企业关系的图谱，形成“人企关系”。

统一客户视图保障了客户信息的真实性、完整性和有效性。在此基础上，银行通过大数据、聚类分析等技术手段，对客户信息数据进行深入挖掘，根据客户的行为特点、关系网络、产品偏好、风险偏好和价值取向等，对客户进行细分，多维度地进行客户识别和为客户画像。过去，银行各机构都在给客户画像。风控部门在画像，营销部门在画像，总行、分行、子公司都在画像，各机构都只用自己小范围的数据画像，影响了客户画像的完整性。数字化经营后的业务架构构建了客户评价与细分组件，统一提供多渠道、多模式的客户评价及灵活的客户细分服务，用尽可能全面的数据，从不同的维度画像，能更准确地认识客户。客户画像应用于客户经营的各个流程中。基于画像体系的大量数据分析应用可直接用于大众客户智能直营及客群经营等。

客户画像的数据来源于银行内部数据和外部数据，银行内部的数据来自系统各组件的产品服务、管理分析和渠道，外部数据包括购买的原始数据、外部机构按银行要求分析加工后的数据以及银行搭建的生态平台产生的授权使用的数据。对私客户的标签体系建立依托于客户统一视图，全面收集个人客户的各类交易数据、行为数据，包括线上线下消费信息、客户浏览行为、积分兑换行为等。银行运用大数据分析技术，为客户的行为偏好和基本特征打上标签，如客户的贡献度、满意度分层、价值取向、风险偏好、忠诚度、资金流动、活跃程度、渠道偏好、地域偏好等，构建客户 360 度特征标签和画像库。对于对公客户，银行采集其账户交易数据和外部数据，建立不同的主题，形成丰富完善的对公客户特征库，全面描绘客户的基本信息、结算情况、持有产品、财务状况、信贷状况，支持从客户类型、规模、区域等基本信息及客户信用等级、授信量、业务量、风险考量、贡献度等，对客户进行细分。通过数据的积累和分析，客户画像会越来越精准，从而提升对客户洞察的深度，深入了解客户的需求，有针对性地进行营销服务。

四、应用效果

基于企业级架构，客户信息管理组件提供统一的客户信息标准和管理流程，构建以客户编号为唯一标识的客户信息视图，可以确保同一客户在不同业务场景下识别的唯一性和一致性。企业级的客户统一视图能够支持银行上千个业务应用场景，实现对公、对私客户信息互联互通，支撑客户管理、营销服务、产品运营等领域的业务活动。客户在网点、电子渠道办理业务以及在其他渠道进行缴费、支付等生活场景中，银行都能准确识别客户信息，将银行服务嵌入场景中，为客户提供千人千面的服务。客户统一视图是客户数据分析的必要条件，是实现精准营销的最基本要求。客户统一视图在银行业务的全过程中，能获取到统一的客户信息，使银行服务人员能够准确全面地了解客户，结合精准营销推送的商机，提供针对性的产品推荐和服务，在电子渠道和自助渠道可以根据客户信息展示差别化的服务功能和信息。

银行可以从客户的金融特征、风险合规以及企业经营状况三个维度识别客户，将识别结果应用于产品营销、风险控制等领域。在客户营销方面，客户识别用于形成营销商机，实现精准营销；在风险管控方面，客户识别在贷款产品准入、全面风险预警和不良财产追索方面发挥作用。此外，客户识别在数字化生态的应用上也有其前景。

数字化营销体系在认识客户的基础上，建立了客户维度的商机管理机制、统一的营销活动管理机制，实现线上线下联动营销，并可以根据营销效果的分析结果反哺营销模型及优化调整营销策略。

在对私营销数字化营销领域，营销活动来自不同的产品、不同的部门、不同的分支机构，营销需求存在较大的差异，数字化营销需要考虑多种营销场景的兼容性和未来可扩展能力。企业级数字化营销在以下四个方面发挥作用：

（1）营销模型管理：基于对银行企业级数据的挖掘，实现模型的全生命周期管理和快速部署。客户行为响应预测模型对可能产生特定事件或行为的客户进行预测，通过合适的时机营销合适的产品；产品关联模型根据产品特征匹配适合的客户；自定义筛选模型支持用户自主进行商机挖掘等。

（2）营销目标客户清单管理：营销目标客户清单在产生过程中，将不同部门、不同层次产生的所有模型进行统一的管理，通过模型管控、研发、运行、评估，形成模型整体的管理体系。模型输出的清单按照客户维度整合后再输出发布，解决原来按各条线维度，而不是从客户维度出发推送商机的问题。

（3）营销活动管理：通过营销活动的管理中心，把活动的策划、创建、运营监控都包含在内；营销策略明确哪些人、哪些产品通过哪些渠道去触达客户，让营销人员了解一条商机通过几个渠道触达客户，超过几个体验就不好了，从而制定相应的处理机制。

（4）营销反馈：对营销、销售的结果进行收集分析，根据营销反馈、销售情况、传播人群、曝光情况、裂变路径等分析结果，持续改进营销模型，形成营销管理的闭环，使服务更加贴近客户。

对公数字化营销主要是实现多触点营销。过去，银行只有客户经理这一个点，现在支持柜面业务办理、客户自助渠道办理、客户经理上门移动营销等多种触达方式。同时，银行可以通过营销过程中的不同渠道采集信息，进行多媒体、证照核验，回补形成客户画像的数据来源，完善客户画像。营销策略区分重点营销、关注营销、一般营销、婉拒退出，主要是从经营风险的角度来看。银行通过多种模型定义方式进行商机挖掘，形成待执行商机，供客户经理应用。这可以实现在客户资金波动时资金体内循环的营销，如在客户开立银行承兑汇票时联动营销后续承兑、贴现。另外，对公营销更强调综合化的服务方案，给客户推荐的不是单一的产品，更多是单一客户的综合服务方案、集团客户的综合方案、供应链的综合方案，以套餐的方式给企业做综合服务。

数字化营销建立了企业级模型库和模型全生命周期管理流程，可以管理数以万计的营销模型（包括市场探索模型、外部导入模型、事件营销模型、响应预测模型），用于创建商机和营销客户。精准营销手段多样化，不仅覆盖了柜员、大堂经理、客户经理、座席、网银、手机、微信、短信、邮件、外呼等所有渠道，而且基于对客户场景的识别，通过接触式营销抓住最恰当的时机进行营销能有效提升营销效果。同时，事前分析、事中监控、事后评估的闭环营销服务管理流程，可以实现营销活动的全过程跟踪，为客户经理业绩评价提供科学、全面、准确的数据支持。

大型商业银行拥有海量的客户，难以做到“一对一”的专业化服务。每一个类群的特征类似，客户的核心需求也相对一致，客户综合服务方案依据企业特征，配置相应的综合服务方案，为客户提供全方位、定制化的金融和非金融服务解决方案。例如，银行推出面向专业市场的对公专业结算综合服务平台，主要面向农贸、家装各种专业市场、连锁商业超市、综合商业体等，提供合规专业的市场结算服务，解决“二清”的问题。银行面向平台企业推出平台企业综合金融服务，为平台企业提供线上资金交易闭环的合规经营方案，涵盖了开户、结算、融资等金融服务。此外，对公专业结算综合服务平台还有智慧口岸综合服务、智慧政法资金管理等综合服务；等等。

客户综合服务方案为客户提供跨业务、跨系统、一站式的服务，形成更强的市场竞争力和价值创造力，实现从单一客户、单一产品经营到战略性集团客户上下游链条、多产品综合覆盖经营的重要转变，将客户需求与银行诉求有机结合，实现客户差异化定价，达到银企双赢。

案例

某银行数字化营销

——“全民 E 超人”外场景裂变营销 ETC 在线签约

某银行借鉴互联网思维，利用多年积累的个人客户行为分析经验，结合大数据、云服务等前沿技术，推出互联网化、数字化的创新营销手段——“全民 E 超人”外场景裂变营销模式。该模式采用裂变式营销手段，回到市场中抓场景、抓数据、抓客户，助力 ETC 产品的营销。

裂变式营销的原理是通过客户信息关系图谱找到各种群体的中心客户，利用线下地推发布、二维码扫码发布等方式，借助微信、支付宝等主流社交平台，让客户对营销信息进行自发传播，力求在社交媒体上进行广泛传播，以较低成本取得较好的营销效果。系统设计的难点是在裂变营销周期内，系统需要捕获营销传播路径、参与营销活动的用户数，评估营销活动的热度，统计实时流量，并关注参与活动的用户中最终转换为行内客户的比例，统计回馈资源的使用量和使用效果等。

ETC“全民 E 超人”营销活动基于数字化营销平台，以员工及银行微信公众号粉丝为种子用户，利用种子用户的私域流量进行社交裂变传播，吸引更多客户参与活动并在线办理 ETC。客户通过 ETC“全民 E 超人”微信小程序参与活动，生成二维码海报，邀请好友助力或邀请好友成功办理 ETC，将给予“E 能量”激励。为确保活动效果，业务部门配置了银行自有电商平台电子券作为营销活动费用，客户可以使用积攒的“E 能量”兑换指定奖品，另外对“E 能量”排名靠前的客户进行单项激励，鼓励客户进行活动传播并邀请好友在线办理 ETC。“全民 E 超人”营销活动将贯穿 ETC 营销活动全过程，活动开始日，活动组织者通过微信群实时进行转发动员，并组织所属员工全员转发。ETC“全民 E 超人”营销活动的总体架构如图 10-4 所示。

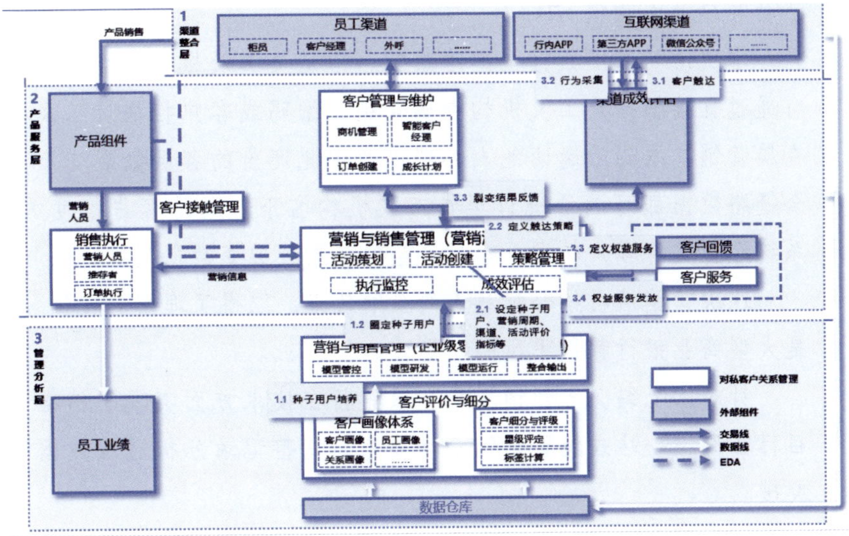

图 10-4 ETC“全民 E 超人”营销活动的总体架构

该银行在活动策划阶段，通过客户评价与细分组件筛选活跃度高、影响力大的种子用户，建立种子用户库；圈定本次营销活动适合的种子用户；利用营销与销售管理组件的能力，在客群抽样、优惠力度、投放渠道、活动周期等维度进行活动预评估。在活动创建阶段，该银行通过营销与销售管理组件定义营销活动，确定活动目标客群，对活动的周期、互联网渠道、产品、裂变形式、权益服务、裂变达标条件等参数进行定义。在活动执行阶段，该银行利用渠道成效评估组件已具备的能力，按统一的触达策略对客户展示相应的活动广告，并采集客户行为，记录推荐人与受荐人信息，实时判断客户是否完成推荐或新用户注册，发放相应权益服务。活动结束后，在评估阶段，该银行以图形化方式展示获客、交易、传播、投入、客户质量、风控等各方面指标，全面反映本次活动的执行及销售成效。

本次活动采用社交裂变营销传播，基于微信小程序进行客户激励转化营销。员工可以一键生成本人专属营销二维码的海报。网点客户经理、网点产品销售经理也可以生成、保存、打印个人专属营销二维码。各级机构能为他人生成二维码，而且还能够通过输入员工编号的方式为所在机构其他员工生成专属营销二维码。活动采用积攒“E 能量”兑换指定礼品、赢取“集 E 达人”奖励的方式，一方面鼓励行内外客户通过转发邀请朋友助力，助力活动宣传氛围；另一方面通过设定邀请助力点赞获取“E 能量”上限、侧重奖励成功邀约办理 ETC 的“E 能量”奖励和“集 E 达人”奖励，激励参与活动客户助力营销 ETC。

本次活动采用数据全链路跟踪。一是员工及机构维度方面，所有通过直接扫描员工及机构专属营销二维码或客户扫描员工及机构专属营销二维码后邀请他人办理以及由此产生的各层级裂变产生的全链路数据都可溯源统计至员工或机构名下。二是客户维度方面，系统后台支持客户转发分享后产生的各层级裂变数据跟踪记录。

这次营销活动结合推荐人的激励政策，取得了理想的营销效果，是大型商业银行营销手段的新尝试。

针对以上裂变式营销场景，该银行在技术方面实现了精准识别目标客群、一站式配置营销活动要素、完整记录分析过程数据三大突破。

（1）该银行通过营销与销售管理组件提供的能力，借助客户标签与画像体系，筛选活跃度高、影响力大的种子用户，建立种子用户库，圈定本次营销活动适合的种子用户；在 ETC 目标客群的识别方面，精准筛选目标客户，锁定有车且尚未办理 ETC 业务的客户，精准地进行活动信息投放，提高营销成功转化率。

(2) 该银行创新采用一站式配置方法配置营销活动的各种要素。要素包括选用模型（面向客户群体或裂变种子客户）、发布渠道（是否让员工裂变、特定渠道等）、达标条件（客户参加活动的达标判断）、回馈奖励（对于达标客户给予什么奖励）、评价指标（用什么指标跟踪和评判活动效果）。

(3) 实现完整的过程数据收集及分析功能。在活动生效后，营销活动根据配置，在外场景对客户进行触达。客户的行为数据，如裂变转发、点击等，通过两种方式进行采集：一是通过银行布放在公有云上的数据采集服务进行统一采集，二是通过外部数据组件批量采集客户行为数据。

第二节 灵活高效的产品创新

一、能力定义

银行以科技手段构建全生命周期的产品创新体系，支持产品快速创新。产品创新体系首先需要建立动态长效管理的企业级产品目录，支撑各级、各类业务人员对产品信息的多视角业务应用支持；其次需要建立统一的产品研发模式，提高产品设计复用程度，缩短新产品推出周期；最后，需要建立产品评价手段和产品退出机制。产品创新体系基于企业级产品视图，应用结构化产品设计方法，实现产品全生命周期管理，形成包括创意收集、需求转化、产品设计、产品装配、产品发布以及产品后评价的管理闭环，支持银行产品的灵活创新与快速投放，满足市场多变的需求与客户定制化的金融服务需要。

二、架构定位

企业级业务领域中，灵活高效的产品创新能力定位于产品创新管理和产品评价管理业务领域，这两个业务领域同属于产品与服务价值链。产品创新管理业务领域通过制定产品规划发展策略与编制产品创新计划，筛选出优秀的产品创意和概念，建立差别化产品创新研发模式，实现快速产品立项、产品设计、产品研发以及产品面市，同时规范产品报批、产品知识产权申报流程。产品评价管理业务领域通过收集产品上市后的收入盈利水平、市场竞争态势、风险状况以及内部运行质量效率等数据和信息，对产品发展现状做出基于事实的客观分析评价，对发现的问题及时提出改进措施，去除低效益、高成本、无发展潜力、无市场竞争力和收益无法覆盖风险的产品，并降低产品退市风险。产品创新在企业级业务领域中的定位如图 10-5 所示。

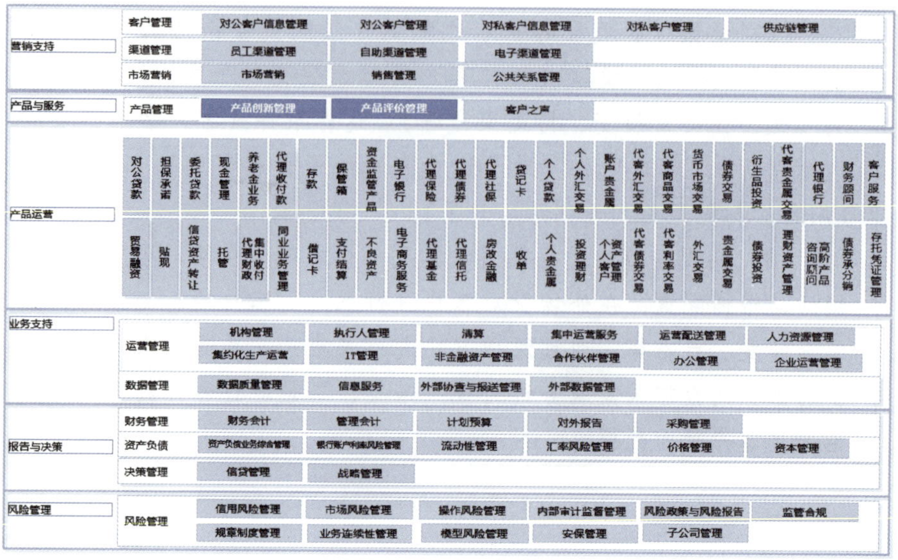

图 10-5　产品创新在企业级业务领域中的定位

在银行业务架构中，产品创新能力由产品规划组件、产品研发组件、产品分析与评价组件实现。产品规划组件落实产品策略，收集分析产品创意，制订和发布年度产品计划；产品研发组件识别优秀产品创意，基于产品类型建立差别化的产品研发模式，规范产品研发流程，实现产品快速创新，满足客户产品需求和业务发展要求；产品分析与评价组件对现有的产品进行客观、综合和全面的评价，淘汰劣质产品，发现产品改进方向，对产品未来活动方向、市场目标及定位提供良好的建议，优化产品结构、节约开发资源，为产品战略发展提供决策支持。产品创新在企业组件中的定位如图 10-6 所示。

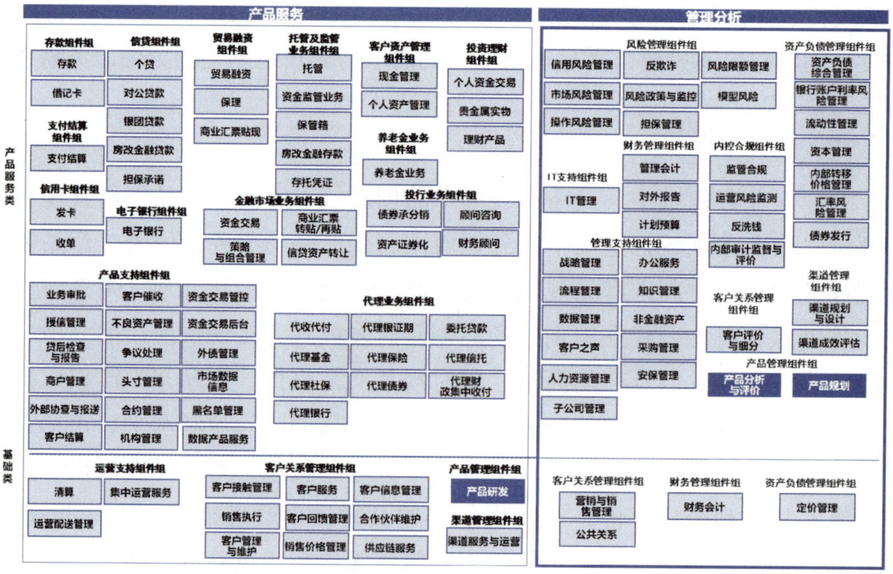

图 10-6　产品创新在企业级组件中的定位

在应用架构方案中，产品规划组件、产品研发组件、产品分析与评价组件承接对应业务组件。产品规划与产品研发组件位于产品服务层，产品分析与评价组件位于管理分析层。以上三个组件共同作用，为银行提供灵活高效的产品创新能力。产品创新应用架构方案如图 10-7 所示。

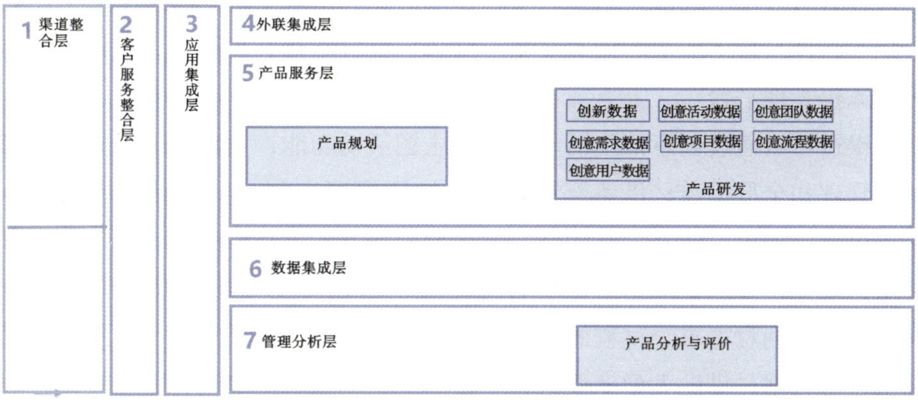

图 10-7 产品创新应用架构方案

三、能力实现方案

（一）形成企业级的产品目录

企业级产品目录包括面向银行内部管理的全集团统一产品目录和面向客户的可定制销售类视图。产品目录统一银行集团产品的标准、分类结构以及产品规则，支持产品经理、销售人员以及客户、监管方等迅速了解银行产品信息；支持各级机构根据经营管理需要，灵活配置产品的分类与展现方式；支持业务营销管理和 IT 开发，支持跨业务条线、总分行、境内外、母子公司之间的联动，实现全球一体化的经营管理和一站式客户服务。

产品目录作为银行产品信息的唯一来源，包括产品线、产品组、基础产品、可售产品四个层次。产品线是以业务领域进行产品划分，独立于组织机构、客户细分和具体渠道，产品线与业务架构中的业务领域有清晰的对应关系。产品组是一组由相同产品组件支持的产品聚类，一个产品线可以包括多个产品组，每个产品组在产品目录中是唯一的，不存在交集。基础产品是由一组具有相似服务功能和业务处理规则的可售产品聚类而成，用于制定快速创新的产品模板，产品特征和条件能够覆盖所有可售产品。可售产品是指银行对外进行销售和经营的产品，是从银行客户视角和银行营销角度看到的产品，可以根据渠道、客户细分、组织机构以及币种等维度进行定义。

银行可以通过建立产品目录管理机制，对产品分类（基础结构）、产品信息（产品属性、产品条件）、相关附件（产品说明书、业务流程操作规定、产品流程说明以及各项产品规章制度）等提供系统的维护管理，支持及时、灵活的发布，支持动态、长效的维护，实现对产品快速创新、产品营销、产品管理的有效支持。

（二）创意收集与需求转化

银行可以建立开放式创意收集、需求转化和申报平台，将自上而下的需求统筹管理与自下而上的创意收集、筛选、整合转化有机结合，构建创意需求全流程管理平台。

银行可以通过创意征集活动，强化主题活动功能，实现自上而下的需求统筹管理和全员覆盖；借鉴互联网思维，围绕原点创意开展活动，通过点赞、投资、评论、建立创意团队、邀请导师等方式丰富汇聚各级员工和专家智慧；设立“积分/金币”账户管理模式，增强员工参与的积极性和趣味性，实现对创意需求全过程的跟踪管理和统计分析，为成果评比、员工激励提供参考数据；借助大型商业银行丰富的应用场景，汇聚银行数据资源、技术资源、专家资源，联合高校、企业、总分行力量共同创新，攻关金融创新应用研究中关键的应用技术，探索新技术、新场景应用的可能性，形成产、学、研融合的创新机制。

（三）产品设计

产品设计将各类产品按照产品特征和业务流程划分为不同的产品装配模型（基础产品），同时解构成一些标准化、结构化的产品部件、产品元件和产品参数，以便采用组装与实例化的方式，快速设计开发满足市场需求的产品。

依托于成熟的产品线、产品组、基础产品构建，结构化的产品模型设计，丰富的元部件实例库积累，产品设计流程可以分为配置型、增强型、突破型三种类型。

配置型产品创新指产品模型已有的能力可以完整地支持产品创新需求，依托现有的元部件设计进行参数实例化，即可完成新产品的配置，甚至大多数的元部件实例无需从无到有地去逐一重新构建。该流程快速配置的产品，可以实时发布至对应的销售系统进行销售。例如，大额存单系列产品、实物贵金属等产品。业务人员经过产品参数的配置，可以实现当日设计当日投产。

增强型产品创新指产品模型通过适当进行能力扩充，即可完整地支持产品创新需求。增强型产品创新可能新增元件或新增部件，也可能只是在已有部件设计中扩充参数内容。模型进行适应性调整后，佐以少量 IT 开发，即可通过参数实例化，完成新产品的配置推出，或者是已有产品的升级发布。例如，借记卡产品就可以新增限额类型参数，新增支持借记卡在海外取现及消费的风险控制需求。在增强型流程中，随着新产品的推出，相关产品模型的能力也会得到相应提升。

突破型产品创新指新业务领域的产品创新需求，需要从产品建模做起，基于产品条件、业务场景、产品控制、价格设计等维度的细节需求，部分元部件可以复用或借鉴其他相似或相近业务领域的已有模型资产，进而实现模型能力的跨领域复用。例如，同业产品在产品建模时，复用了贷款产品的部分模型能力。在突破型流程中，随着新产品的推出，相关领域的产品模型的能力会得到相应提升。

无论是增强型流程还是突破型流程，相关产品模型能力建设完成之后，即回归到配置型流程，后续的产品创新都可以依托于升级后的产品模型能力进行灵活、快速的配置和发布，提高新产品面世效率，降低 IT 开发成本，提高产品投入产出效率。

（四）产品装配与发布

统一的产品装配平台按照装配模型对不同产品线和产品组进行实例化参数配置，快速实现产品的组装。

产品装配过程借鉴制造业的经验，采用“装配-发布”机制进行金融产品的组装，具有灵活装配、高度复用与实时发布的特点。产品装配设计体系支持组装、实例化、组合三种基本的可售产品创新方式。组装方式是在装配产品时，通过自下而上的方式将已提前实例化的产品参数实例、产品元件与产品部件按一定的产品结构进行组装形成可售产品。实例化方式是指在装配产品时，通过从左至右的方式将产品装配模型（基础产品）、产品部件类、产品元件类和产品参数实例化形成可售产品以及可复用的产品部件、产品元件与产品参数实例。组合方式是指在进行产品装配时，根据实际需要组合使用组装与实例化两种方式，达到快速创新产品、快速投放占领市场的目标。

（五）产品后评价

产品后评价实现产品评价模型构建、产品评价统一流程管理，支持产品精细化管理及考核监测产品运行数据。

产品后评价基于企业级数据库建立“产品分析与评价系统数据集市”，结合定义的产品分析与评价模型和指标，实现对关联数据的抽取、清洗和筛选；通过批量作业调度工具对数据进行转换、整合、计算等加工，提供满足产品分析与评价的固定报表，以及灵活配置的自主查询服务。采集评价基础数据包括银行内部数据采集和外部数据采集。银行内部数据，如客户数、收益率、不良率等，是通过系统自动采集和加工数据；银行外部数据，如客户满意度、市场份额、专利及著作权数等，是由评价机构根据行业研究报告、调研报告等进行手工维护。

产品后评价通过多维度来评价产品，确定产品所处生命周期并提出优化改进策略，促进产品优化、转型、退出，为产品管理责任的有效落实提供依据。

四、应用效果

（一）实现产品快速创新

企业级的产品目录全方位地展示银行现有产品的信息结构，帮助设计人员进行快速的设计定位。银行需要确定新产品创意是对现有可售产品的条件变更，或者是需要新增可售产品，或者是因产品创新度较高需要增加新的基础产品，并针对不同的情况，适用不同的产品创新和开发流程。例如，分行推出新的联名卡品种，除了联名合作方不同外，并未对当前联名卡的业务属性做调整，只需为新的联名卡品种分配相应的卡品种号码，不需调整信用卡产品参数取值。

（二）具备产品数据管理能力

企业级产品目录能够使产品种类的定义和产品描述方法标准化，形成全面完整的企业级产品主数据，实现产品数据的集中管理。一方面，配合产品研发流程产品目录将包括除已发布产品以外的、处于研发状态的产品信息，甚至包括产品创意信息，以支持产品的全生命周期管理；另一方面，不同产品线的可售产品的属性信息、条件信息进行了标准化，根据不同类型产品的特点，补充更完整的特有产品属性和产品条件信息，形成完备的银行级产品资料库。产品主数据和银行的客户信息一样，为银行前、中、后台共享，并与各个IT应用系统中产品信息同步的银行企业级基础数据，支持银行的运作和管理。

（三）具备客户化定制能力

银行作为向客户提供金融服务的企业，其经营的主要对象之一就是各种不同类型的金融产品。产品是连接银行与客户的纽带，也是银行经营和管理中的重要维度。客户化的定制在现有产品的基础上，根据某一客户的个性化需求，通过对现有产品进行设计来满足客户需求。产品模型中的产品条件、产品条件参数构成了产品的功能或要素模块，可以有效支持个性化的需求与现有产品功能的差异化比较，找出产品差异点。银行可以通过差异点所对应的产品组件、产品条件及参数的调整来快速完成新产品的设计，提升客户化定制能力。

灵活高效的产品创新能力不仅体现在单一产品装配、解决方案的集成能力上，还体现在基于场景配置的产品创新能力上。例如，某大型商业银行在研发某线上个人贷款产品时，形成了线上个人贷款产品的流水线。该银行在产品创新过程中，除了基于单个产品的装配之外，还会有流程的配置、页面的配置，形成场景，达到快速应用的效果。线上贷款的核心包括两个方面：一是洞察客户需求，抓住客户应用场景；二是接入大量银行内外部数据作为线上自动审批的依据。这就需要有基于数据的模型配置，支持准入和授信模型的接入，需要有客户化定制流程的配置，需要有个性化页面的定制。该银行采用产品装配流水线的方式，把外部数据纳入准入、授信模型，并进行页面、流程配置，最后做联调测试。一个应用场景的接入由原来需要 2~3 个月开发周期，可缩短到 2~3 周，提高开发效率、降低开发成本。该银行采用以上产品装配方式，目前已开发出 45 个适用于不同场景的线上个人贷款产品，由于此类产品能够抓住线上场景，快速响应市场需求，产品一经推出，在社会上引起较为强烈的反响。

案例

某银行灵活高效的产品创新

为满足客户流动性管理和收益性双重需求、快速响应客户市场需求变化，某银行利用其业务配置型产品的快速创新能力，针对定期存款有固定收益但无法支撑客户临时支付的问题，推出兼顾满足客户流动性和收益性双重需求的产品，按客户存款稳定程度制定不同价格，推出定活通产品，以此提升市场竞争力。

在产品模型设计上，该银行依托基于产品模型的产品工厂系统，通过企业级产品模型的快速装配，实现以客户为中心、市场为导向的产品创新模式。定活通产品通过在原有的活期产品模型中增加转存签约部件和特色存款计息部件实现快速产品创新（见图 10-8）。

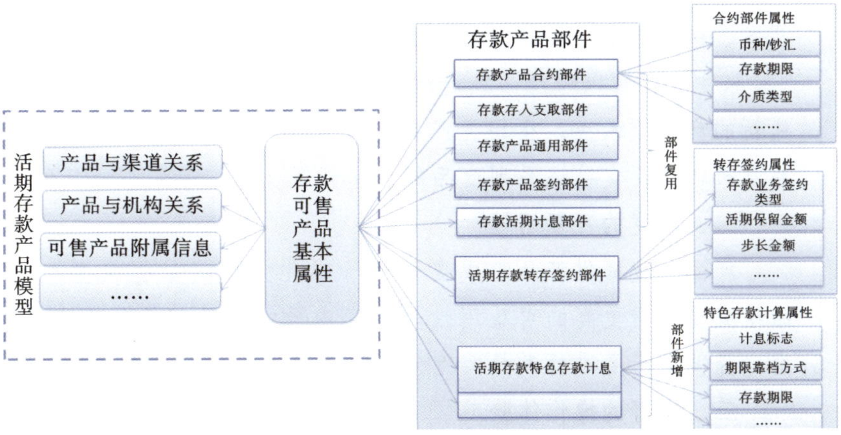

图 10-8　定活通产品的部件

可售产品细节参数的定义，用于对产品销售、产品服务过程的参数化配置，以支持产品的灵活设计和快速装配。产品参数设置可以采用以下三种策略：复用策略，如复用已有产品设计，则相关装配参数可以直接复用。修订策略，如部分细节控制有特殊要求，大多数参数根据产品形态可以相对固化，实例化工作可以对标样例产品，进行参数细节配置。新增策略，属于独特的产品设计或产品创新，识别可复用的部件内容，直接复用；对于其他部件，则对照参数模板，逐个填写部件实例化参数。

以定活通产品为例，对于存款人超出约定最低保留额度并且符合靠档计息单笔起点值整数倍的资金，存入时不约定存期，存款人可以多次部分支取，支取时对支取部分的资金根据实际存期和相应期限档次的利率给付利息。

产品装配组件采用参数主副本模式，由参数团队通过产品装配员工渠道维护装配态参数，在确认无误后触发产品发布交易并将产品参数通过数据文件的形式推送各个产品组件。在产品组件加载数据文件后，应用即可直接访问本地运行态产品参数。

通过产品工厂的系统进行的产品装配，具有强大的可扩展性、高度的可复用性、友好的操作体验、支持灵活定价的特点。

一、强大的可扩展性

元部件可以按照业务需求发展新增或组合装配。扩展性十分灵活，支持存款产品不断更新换代。分行基于市场拓展、客户服务、资金沉淀的产品创新，大多数情况下可以支持简单装配、快速推出。例如，借记卡产品、大额存单、实物贵金属等主流产品。增强型产品创新可以通过少数“零部件”进行改装，就可以实现产品的敏捷开发、快速推出。突破型的产品创新需要进行产品模型构建。细节“零部件”也可以跨产品线进行复用。“装配式”的开发方案需要搭建新的产品流水线，在相关产品完成首次发布后，可以进入快速产品发布轨道，支持该系列产品的快速创新。

二、高度的可复用性

产品参数提供产品组成要素的标准化方式（数据模型），使产品组成要素有更高的可重用性。高度内聚的产品部件，可跨产品复用，降低了产品进行参数实例化工作难度以及后续参数维护工作。

三、友好的操作体验

从企业级营运管理角度，产品装配机制将产品参数与定价类、核算类与其他类业务参数的协同进行了流程的统一整合，实现了业务参数的单点统一维护，简化了产品创新流程，提升了产品创新的时效性与用户体验。同时，产品参数生效后向企业级产品视图的实时同步，确保了企业级产品视图信息的完整、准确与一致。

四、支持灵活定价

价格识别引擎内建各类可售产品的计费、计息场景规则，将价格计算场景分解为一系列结构化的场景因子，并与定价管理组件提供的价格项进行映射。在发生收费计息相关交易时，价格识别引擎使用从交易上下文中获取的场景因子，与内建的规则进行比对，从而对交易发生时的价格计算场景与关联价格进行智能识别。

第三节 协同的智慧渠道

一、能力定义

银行渠道主要包括物理网点、电话座席、手机银行、网上银行等。随着互联网、物联网的高速发展，客户的行为模式与需求不断发生变化，传统渠道服务模式已不能满足客户多样化的需求，构建完整协同的智慧渠道成为银行数字化经营发展的必然趋势。完整协同的智慧渠道包含三层含义：完整，即拓展新型渠道，形成移动化、智能化的线下渠道和多样化、场景化的线上渠道协同服务的新格局；协同，即各渠道通过共享客户信息、交易信息、评价信息等，提供全渠道协同服务，支持客户随时、随地、随需、方便快捷地办理业务；智慧，即通过人工智能、大数据等新技术的应用，支撑流程的智能化，实现智能感知、智能风控、智能交互、智能运营以及便捷的交易流程，提升渠道的智慧服务能力，提升客户体验。协同的智慧渠道通过对服务理念、服务方式和服务渠道的重新塑造，形成完整协同的智慧渠道服务能力，打造移动、自助、泛在、智慧、安全、高效的服务体验。

二、架构定位

（一）业务架构

在银行业务架构上，完整协同的智慧渠道能力体现在员工渠道管理、自助渠道管理、电子渠道管理三个领域，这三个业务领域同属于营销支持价值链。渠道管理业务领域的定位是分析渠道经营数据及市场变化，制定渠道发展规划，指导渠道设计、开发、部署的过程；收集、解决渠道问题，维护渠道正常运行的过程；根据客户需求提供个性化渠道服务及咨询的过程。智慧渠道在企业级业务领域的定位如图 10-9 所示。

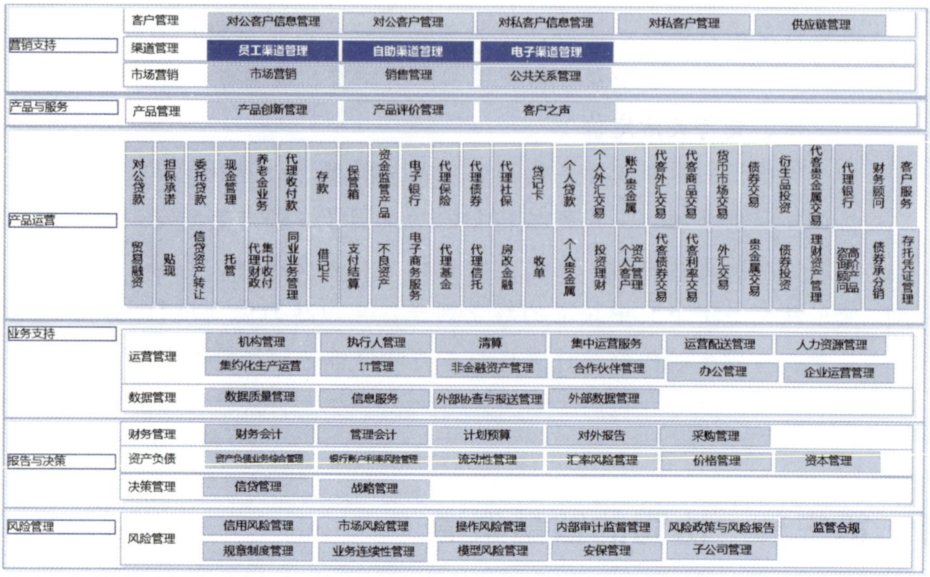

图 10-9　智慧渠道在企业级业务领域的定位

智慧渠道的相关能力由渠道服务与运营组件、渠道成效评估组件提供。渠道服务与运营组件的定位是维护渠道设备，管理渠道日常运行，监控渠道风险，保证渠道安全稳定运行，客户预约预处理信息也由该组件管理；渠道成效评估组件的定位是根据提取的渠道业务数据，评估渠道绩效，为渠道决策分析提供支撑，促进渠道的持续健康发展，保障渠道的长远发展方向。智慧渠道在企业级业务组件中的定位如图 10-10 所示。

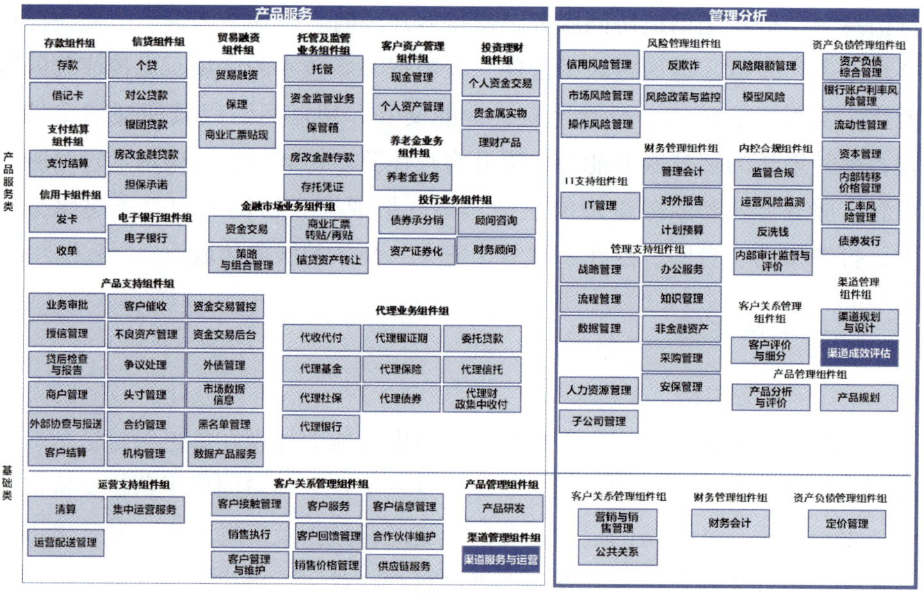

图 10-10　智慧渠道在企业级业务组件中的定位

（二）应用架构

在应用架构上，完整协同的智慧渠道能力由客户渠道整合平台、员工渠道整合平台、数据集成平台、渠道服务与运营、渠道成效与评估、营销与销售管理组件支持。基于组件化、服务化应用架构，服务由后端组件提供，数据由相应首要责任组件管理，为多渠道协同提供了支持。客户渠道整合平台和员工渠道整合平台可以统一渠道端的用户体验，支持各类渠道设备的接入和新技术应用。线上预约由渠道服务与运营组件提供服务，全渠道共享。产品服务组件基于事件驱动架构将营销关注的事件发布出来，营销与销售组件收到事件后根据客户画像产生营销商机，支持营销。企业级数据集成平台可以对渠道相关数据进行整合加工，渠道成效与评估组件基于整合数据支持渠道管理分析应用。协同智慧渠道的应用架构方案如图 10-11 所示。

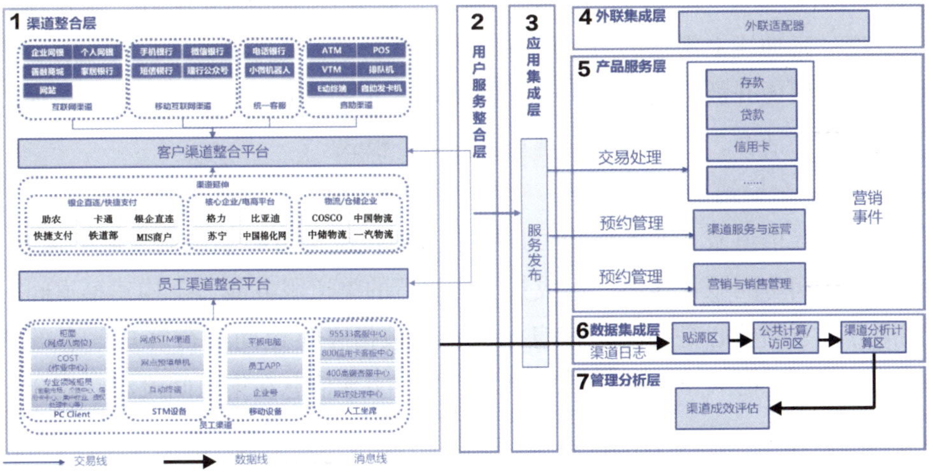

图 10-11 协同智慧渠道的应用架构方案

三、能力实现方案

（一）拓展新渠道，建立完整的企业级渠道服务体系

建立完整的企业级渠道服务体系是指按照渠道提供的服务能力和特征，定义每个子渠道的服务流程、产品布放标准、客户体验标准、数据共享标准，用基于标准化、结构化的方法描述银行业务流程、数据与产品全貌，统一渠道用户体验标准，进而将银行的战略能力需求转换为可执行的渠道建设目标。

银行渠道可简单分为线下渠道和线上渠道。

传统的线下渠道主要指物理网点，网点柜台可以提供全面的金融服务，ATM 机可以提供简单的现金及非现金业务。随着新技术的发展，网点服务人员已走出柜台，线下渠道服务模式已发展为柜台服务、自助服务、移动服务、远程服务相结合的网点金融服务的模式。网点的新型智能终端以客户自助与员工辅助的方式提供大部分金融服务功能，同时通过远程座席，进行业务审核及客户沟通交流，有效缓解柜台人员的压力。基于平板电脑打造的移动服务渠道，定位于大堂内移动服务和外出营销服务，支撑网点营销从坐销到行销的转变，针对企业上门服务，主动获客。银行应积极与第三方合作，将网点服务延伸至网点外，尤其向没有网点的农村延伸，为客户提供无所不在的服务。例如，某银行的“裕农通”水站服务点，通过与行外机构合作，由水站的服务人员代理简单的现金及非现金业务。

传统的线上渠道以网银、手机银行、电话银行为代表，部署非必须临柜和不涉及实物的业务。微信公众号、小程序等线上渠道发展已日趋成熟，定位为以营销、宣传为主，辅加少量、简单的非现金业务。在线上渠道引入24小时自动应答机器人为客户答疑解惑，能有效提高服务能力，提升客户满意度。延伸线上渠道的服务触点，将账户服务、支付结算、投资理财、信贷融资等服务开放到第三方平台，借助第三方高流量场景拓展业务，实现数字化获客与活客，也成为越来越重要的服务模式。

（二）全渠道协同服务

企业级渠道服务业务架构可以横向打通传统渠道，串接渠道服务流程，构建渠道间协同服务体系，形成数字化银行的渠道服务能力。构建渠道间协同服务体系的核心是各渠道信息的共享，包括在渠道间进行客户信息的共享、交易信息的共享、评价信息的共享等，实现信息在渠道间流动，在全渠道维度下沉淀。

信息的流动，激活了渠道服务的重塑，进一步推动从用户视角出发、基于场景设计的渠道服务流程再造，从而发挥出全渠道的时间和空间覆盖能力，向客户提供随时、随地、随需的快捷服务。信息的沉淀带来全渠道视图下用户操作行为、操作习惯的持续追踪，促进渠道体验的提升，让客户在不同的渠道享受到一致的、贴心的服务体验。

在数字化银行的渠道服务建设中，渠道协同主要形成了四种服务形态，分别是渠道预约-线下办理、线上预处理-线下面鉴、线下咨询-线上确认、客户自助办理-员工远程辅助。根据用户场景的不同需求，银行可以灵活地选择四种服务形态。

（1）渠道预约-线下办理。这是最早的线上线下协同的服务形态，适用于线下非立等类服务，如大额取款、外币兑换、纪念币等。该服务形态将客户的服务需求发生环节前移至线上，为线下渠道留足准备工作时间，实现线下工作的可统筹化，提升线下工作效率的同时也提升用户体验。

（2）线上预处理-线下面签。这是在第一种服务形态的基础上进一步进行流程调整，可以做到线上预处理、线下面鉴。该服务形态通过尽可能地将原有线下办理环节前移至线上，如大量的客户资料录入等，实现服务的客户自助化，减少线下渠道的资源、时间成本；同时，充分发挥线上渠道信息互联互通的特性，进一步简化操作流程。最终，线下渠道的操作简化为面签流程，可大大缩短用户等待时间，提升用户体验。典型的场景如对公开户，通过与工商系统直连，实现账号线上直接开立，客户在政务大厅就可以一站式完成工商注册的流程，后续只需到就近的网点面签激活，彻底改变过去需要客户多次往返政务大厅和网点的办理流程。

（3）线下咨询-线上确认。这种服务形态通过渠道的协同，实现操作主体的转移，将用户的操作流程转移至银行服务人员，进而实现用户操作流程的大幅简化。客户经理咨询完以后，代客下单；客户在手机上确认订单，一键完成，为客户经理提供了一种更好的服务客户的手段。

（4）客户自助办理-员工远程辅助。这种服务形态将远程音视频技术引入渠道服务中，跨越物理距离，实现远程集约化服务渠道对客户线下自助渠道的协作支持。例如，过去需要现场等待人工授权、人工核验的业务，现在可以根据远程柜员的忙碌情况灵活分配。这种服务形态一方面可以提升服务效率和服务质量，另一方面也大大提升了渠道的风险防控能力。

此外，通过渠道协同信息共享，银行可以带来全渠道一致的、个性化的操作体验提升。典型应用，一是基于全渠道客户交易行为分析交易习惯，支持客户在各渠道上都能看到符合自己行为习惯特点的千人千面的菜单。二是将单一渠道的信息进行全渠道统一和通用化设计。例如，通过统一的电子凭证系统，不管在哪个渠道办理业务，客户都可以在线上和线下查看或获取相应的电子回单。

（三）提升渠道智慧服务能力

提升渠道智慧服务能力，是指综合运用科技手段和新的思维模式，将传统银行服务与金融科技创新相结合，实现渠道业务流程和服务模式的创新与变革，提升渠道运营效率，改善客户体验，让银行服务变得“聪明”起来，为客户带来更加智能、便捷、高效、协同的全新体验。人工智能、大数据分析、数字媒体交互、虚拟现实和增强现实等新技术的应用，使渠道服务具备智能感知、智能风控、智能交互、智能营销和智能运营的能力。

智能感知能力运用人脸识别、语音识别、图形识别、物联网等技术手段，让渠道系统具备类似人的感知能力，甚至替代人工服务。例如，智能感知能力能让系统感知到用户的靠近，听懂客户的语言，模拟人类说话，进行简单的思考以及与用户进行语言交互等，也就是系统具备听得懂、看得见、说得出的能力。

智能风控能力基于海量交易数据的分析，建立风险控制模型，同时借助支票扫描鉴伪、电子验印、人脸比对等技术在交易流程中自动对潜在的操作风险进行控制、实时跟踪和实时提醒。风险控制通过机控替代人控，由分散控制变为集中控制，确保了风险控制的准确性与及时性。

智能交互能力通过应用智能语音交互、虚拟现实、增强现实、生物识别等技术，实现全新人机交互方式，打造虚拟大堂经理、虚拟在线客服等应用功能，提升客户体验。

智能营销能力通过各渠道采集大量的客户行为数据、交易数据、位置信息等，通云计算、人工智能和大数据分析以挖掘不同类型客户的潜在需求，建立营销模型进而形成客户特征标签和营销商机，为潜在客户匹配相关产品。智能营销能在渠道端构成多类触点，并在客户操作互动中融入大数据分析结果，向客户以多媒体视图等形式智能地推荐相关产品，形成智能化、自助化并融合精准营销的服务模式。

智能运营能力运用物联网等技术，构建网点智能总控中心，网点内外所有设备及环境设施全部接入总控中心，实现设备、环境、能源、安防全方位智能化管控。智能总控中心能够自动感知人员、物品和环境的动态变化，跟踪行为轨迹，实时监控设备运行状态，自动阻断非法交易，并将异常情况预警推送至相关人员；通过定制化设计网点各区域场景规则，将业务场景与设备联动相结合，实现网点设备与设备之间的协同调度。基于物联数据的交换可以实现网点全智能化的运营管理。

四、应用效果

银行可以通过健全渠道体系、推动全渠道协同和新技术应用，实现渠道智慧化转型，提升客户体验。

银行应基于渠道建设顶层规划，建立完整的企业级渠道服务体系，从客户需求出发，按照渠道提供的服务能力和特征，适应新型技术的发展趋势，拓展新型渠道，超越传统的银行服务模式，建立新的生态系统，将金融服务嵌入个人日常生活场景和企业日常经营生产中，让客户感受到泛在的、即需即到的、触手可及的金融服务。

银行应通过全渠道协同服务体系的建设，以信息共享为基础和核心，从用户视角和场景需求出发，灵活选取渠道协作形态，实现渠道服务流程的再造，提升渠道服务能力，同时提升客户的体验。

渠道服务的智慧化转型是银行主动应用互联网金融思维、适应客户行为模式变化的重要举措。智慧化的渠道将会提升客户体验，提高服务效率，降低运营成本，体现银行的未来发展趋势。

案例

某银行智慧渠道建设

一、基本需求

客户通过智慧柜员机业务办理舱办理自助转账业务。该银行通过流程再造和智能感知减少客户操作，引导客户快速、便捷办理；建立风险控制模型，通过机控替代人控，提高风控能力；结合客户转账业务场景，针对客户具体情况进行营销。

二、功能及流程描述

智慧柜员机转账汇款功能支持客户借记卡和存折账户办理活期转账、向手机号转账、向企业转账、跨行转出和跨行转入业务。协同智慧渠道功能流程如图 10-12 所示。

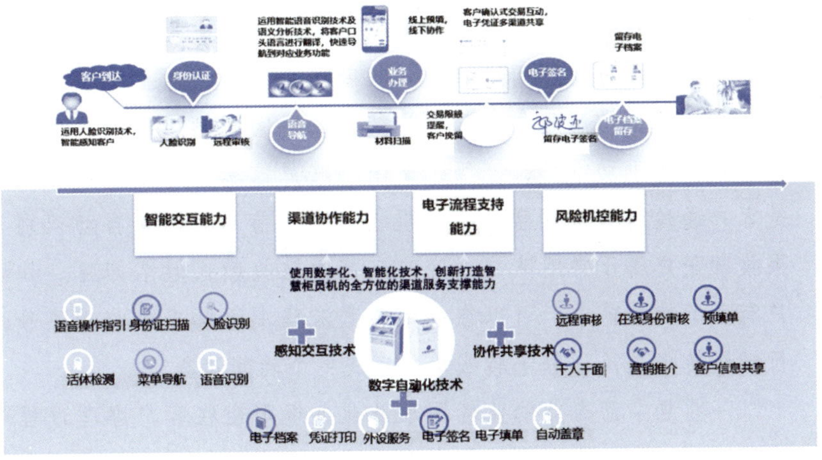

图 10-12　协同智慧渠道功能流程

（一）网点设备智能管控

客户通过“刷脸”进入创新研发的智慧柜员机业务办理舱自助转账。客户进入后，舱门自动锁定，同时舱门雾化，保障客户隐私。

（二）全语音办理

智慧柜员机上的语音识别等技术使客户面对的不再是冷冰冰的机器，而是可以“听懂人话”的交流对象。在业务办理舱中，客户仅需对智慧柜员机说出“我要转账”，智慧柜员机就能自动识别到客户需要办理转账的业务，随即为客户展示转账业务办理界面，进入语音转账流程，整个转账业务可以全语音办理。如果客户不熟悉智能设备操作或在操作中有任何疑问需要工作人员解释帮助时，可点击呼叫远程工作人员，由远程工作人员通过互动屏指导客户办理业务。

（三）客户身份认证

客户不再需要插入银行卡来确认身份和账户，智慧柜员机只需要“刷脸”，就能找到客户在银行的全部账户，客户选择即可。智慧柜员机也可以通过扫描客户手机银行二维码识别客户身份和转出账号，直接在界面上展示给客户。达到身份审核限额的转账业务需要客户插入身份证进行人脸识别自动审核；自动审核没有通过的业务，也可由现场工作人员或后台远程人员人工审核。

（四）填写转账信息

收款账号、收款户名和收款银行等在传统业务办理方式中需要手工录入的信息，在智慧柜员机上可以通过两种更为便捷的方式录入：一是客户前期在银行通过网上银行、手机银行、柜面、智慧柜员机任一渠道转账的账户记录，都可以在常用账户中查找，也就是说客户本次转账的收款账户是之前在银行任一渠道转账使用过的账户，本次转账可以不用再次输入收款账户信息，而直接在常用账户列表中找到。常用账户按照客户使用的时间和频率智能排序，客户也可以提前手动维护，把经常使用的账户信息录入常用账户中。二是客户通过语音告诉智慧柜员机收款账户信息，设备自动识别。如果收款账户属于常用账户，客户只需说出收款人姓名即可。如果客户有多笔转账需求，可以在一个转账流程中添加多个收款账号，进行批量转账，不用每笔转账单独完成一个转账流程。

一些复杂而专业的监管要求及业务规则会在客户办理过程中自动提示。例如，当客户的转出账户为二类户时，智慧柜员机会综合客户转出账户余额、智慧柜员机单笔转账限额、各渠道转账累计限额和二类户转账限额等情况，为客户显示可转账的最高金额。如果客户输入的转账金额超过最高限额，则智慧柜员机会在客户提交时提醒客户修改转账金额。

（五）资金挽留

当客户跨行转账超过一定金额时，智慧柜员机业务办理舱可以在不影响客户业务正常办理的情况下，通过营销屏主动向客户介绍收益较高的理财产品供客户选择，尽量挽留客户资金。这些理财产品是专门针对大额跨行转账客户推出的，对于转账到其他金融机构理财的客户具有较强吸引力，客户可以马上查看理财产品详细介绍，并点击购买。

（六）确认交易信息

客户互动确认后方可提交转账，如果转账金额超过电子签名限额，则需客户电子签名确认后方可提交转账业务。

（七）转账成功

当办理完转账业务后，客户可以在手机银行、网上银行等渠道上随时查看本笔转账电子回单。客户也可以直接在智慧柜员机打印带有电子印章的纸质回单。整个转账流程全面运用电子档案、电子印章和电子登记簿，“无纸化”流程提高了交易透明度。

（八）后续营销

转账业务完成后，智慧柜员机根据大数据模型推荐的客户商机，为客户推荐合适的银行产品。客户除了可以观看广告和产品详细介绍外，还能点击直接购买。客户完成转账后，智慧柜员机还会提示客户关注自己的财富健康状况，可视化地向客户展示个人资产、负债、收益和现金流综合情况；可以从流动性、保障性和资产配置等方面，为客户提供符合客户投资需求和偏好的全面资产管理服务。除营销挽留外，客户的转账信息会及时通知专属客户经理，让客户经理能及时了解客户资金走向，便于后续跟踪营销。

（九）风险控制

智慧柜员机业务办理舱在为客户提供更加方便、快捷的业务办理服务的同时加强了风险控制。其针对不同业务场景会有不同的风险提示和风险监控指标。当超过某一风险控制指标或触发某一业务监控场景时，流程中会增加相应的风险控制手段。例如，客户账户刚收到一笔大额资金，客户马上到网点做大额跨行转账，则会触发反洗钱预警、告知网点营运主管；客户转账金额超过“刷脸”限额，智慧柜员机则提示客户修改转账金额或提示客户插入银行卡继续办理。又如，客户转账金额超过单笔转账限额或累计转账限额，则会触发业务审核流程，由工作人员进行业务审核后客户可以继续办理。工作人员可以通过多种方式进行业务审核，包括网点员工现场审核、通过平板电脑或员工手机App远程审核，或者后台工作人员通过柜面渠道远程审核等。

三、设计目标

客户在网点能安全、高效、方便、快捷地自助完成转账业务，提升客户体验。银行通过机控替代人控，提高风险控制水平，将大数据分析形成的客户画像与网点业务场景结合，提高网点营销能力。

四、架构设计

智慧渠道的架构设计如图 10-13 所示。该架构设计将智能化的技术运用到智慧柜员机创新中，通过在渠道接触层布放智能感知类服务接口，实现“无感”和“拟人”式的新型交互体验；在渠道服务层，通过封装身份核验、远程协作、风险控制等基础服务，支持业务流程按场景再造；通过渠道数据层进行信息共享，满足渠道间协作流程的畅通、全渠道一致的客户体验。

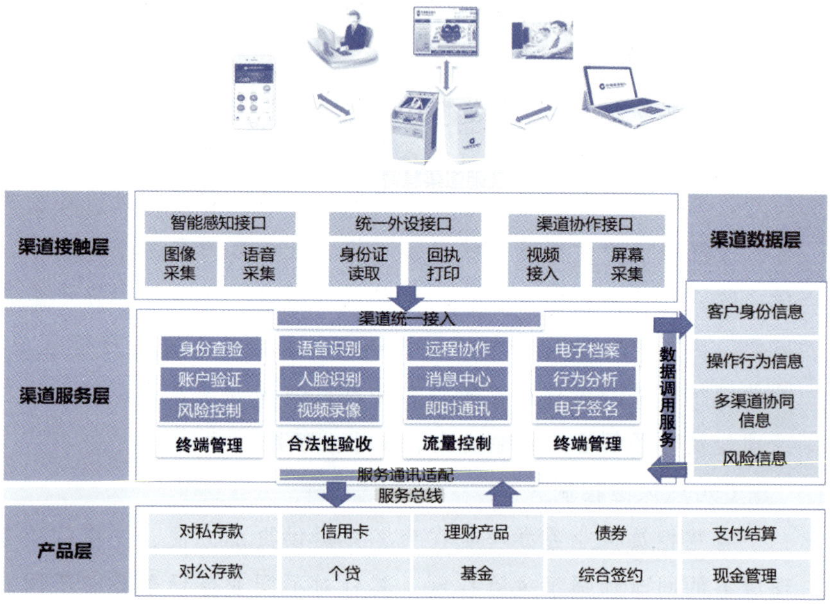

图 10-13　智慧渠道的架构设计

五、方案特点

新技术运用能让智能设备具备类似人的智能感知能力，不仅能识别客户需求、听懂客户需求，还能与客户交流，让客户转账业务办理更加高效、快捷。新技术运用通过将人控变为机控、人工服务辅助客户自助办理、多渠道线上线下协同，提高了网点的风险控制水平、降低网点运营成本，推动网点提升综合服务能力和营销能力，推进网点智慧转型。

语音识别、语义分析、语音合成可以实现人机对话，从功能流程上支持基于语音控制的全流程语音交易；通过引入人脸识别技术，对客户身份进行自动核实；通过人脸替代客户介质，完成银行服务的去介质化；通过大数据分析客户交易行为、风险偏好、产品偏好，建立产品营销模型，将营销模型与业务场景结合，进行有针对性的智能化精准营销；通过电子签名、电子印章技术，实现凭证、回单电子化。

第四节　集约化运营

一、能力定义

银行集约化运营以效率、安全、质量为原则，实现业务、参数管理、授权、档案凭证等业务操作标准化处理。银行以业务集约化处理方式，推动银行业务流程、作业模式、组织机构和相关业务重构，实现业务处理的前后台分离，建立相应的运营作业和服务管理体系，促进风险管控能力持续增强、业务质量效率不断提升，为推动经营转型、提升核心竞争力奠定坚实的基础。

二、架构定位

（一）业务架构

在业务架构中，集约高效的运营能力体现在集约化生产运营、集中运营服务两个领域，这两个业务领域同属于业务支持价值链。集约化生产运营是指借助凭证影像化、光学字符识别、二维码识别、流程再造等技术与方法，将客户发起交易中的同质性操作迁移至集约化运营平台进行规模化、自动化的流水线作业，提升业务办理的质量和效率。集中运营服务业务领域是银行实现前后台分离后，由后台集中有序地完成账务核对和调整、相关运营业务的外包、档案的规范管理等各项工作。集约高效的运营能力在企业级业务领域中的定位如图 10-14 所示。

图 10-14　集约高效的运营能力在企业级业务领域中的定位

如图 10-15 所示，集约高效的运营能力在企业级业务组件中由集中运营服务组件和集约化生产运营组件实现。集中运营服务组件的定位是管理银行业务档案、业务凭证。集约化运营平台作为银行的人工渠道，定位是实现业务集约化作业处理。

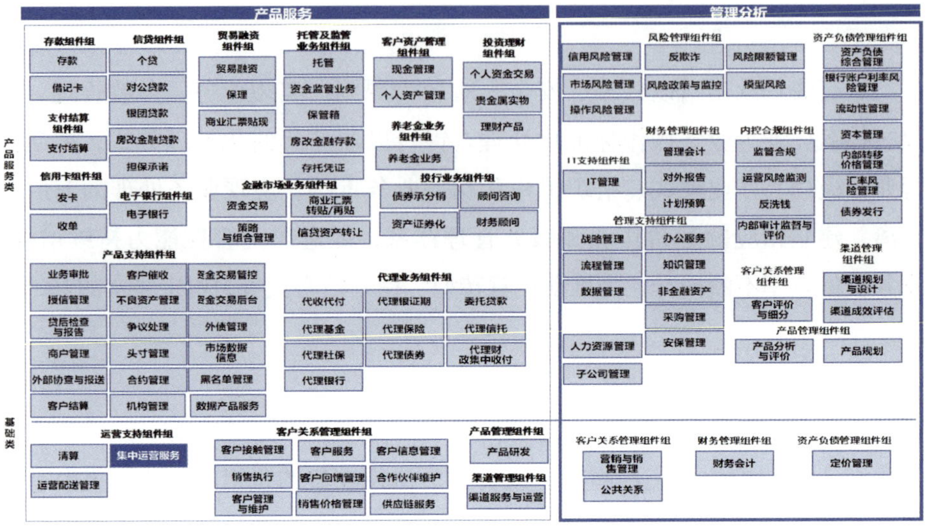

图 10-15　集约高效的运营能力在企业级业务组件中的定位

（二）应用架构

集中运营管理组件的定位是管理银行业务档案、业务凭证。集约化运营平台的定位是实现业务集约化作业处理。在应用架构上，集约化运营平台主要是对业务要素进行扫描切片后分配给作业人员处理，归属于渠道服务层，与员工渠道整合平台并列；集中运营管理组件提供档案和凭证管理服务，归属于产品服务层；参数管理由参数管理组件承接，负责银行参数的统一管理，发布给产品服务组件，形成统一参数视图。集约高效的运营能力的应用架构方案如图 10-16 所示。

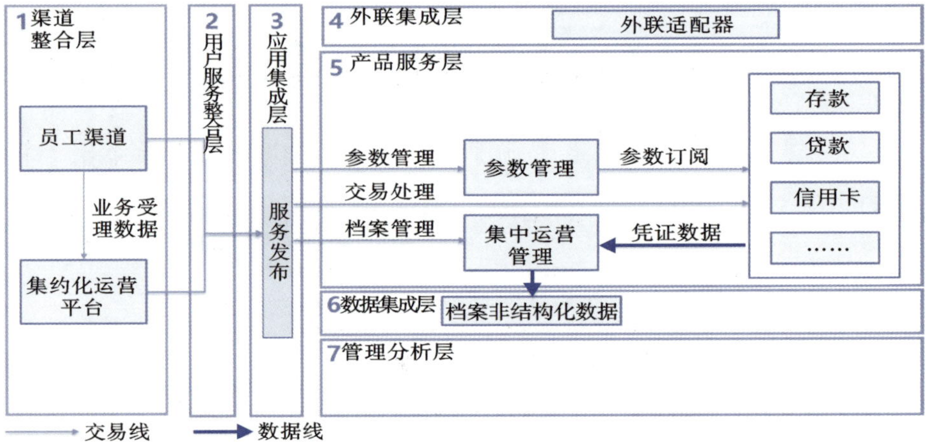

图 10-16　集约高效的运营能力的应用架构方案

三、能力实现方案

（一）集中的生产运营体系

集约化运营将传统以网点为单位、柜员逐笔处理的串行复杂操作，通过流程再造，业务受理后扫描传输到后台，将操作要素切片拆成最小单元分送到不同岗位处理。这样将各类复杂业务划分为多个通用环节，形成一套标准、通用的作业规则，实现工厂化、流水线生产。这种处理方式可以支持柜面业务、电子渠道落地业务、智慧柜员机自助业务、信用卡进件、单证处理等各种业务。

集约化业务处理要求系统具备对短事务、高并发异步工作流处理的支持能力，要求系统吞吐率高、响应速度快，支持灵活的任务分配和实时的作业调度。集约化运营平台满足以上要求，通过新技术运用和业务流程再造，建立前后台分离，总分行、行内外协同一体的集中生产体系，打造集中通用、工厂化生产的全新业务处理模式。

（1）银行建立以业务处理中心为核心，一级分行处理中心为补充，外包公司为辅助的集中业务生产体系，实现了业务处理由“网点作坊式”向“后台工厂化生产”的转变，推动流程银行建设、集约化运营和网点转型等变革。

（2）银行建立适应工厂化、流水线生产要求的生产机制。集中的生产运营体系以工作流平台异步流程引擎为基础，支持高并发、短事务的任务处理；事前建立与集中生产相适应的产能规划和排班管理功能，通过模型和算法，预测各项产品和各个环节业务量，进行产能安排；事中建立多层级、多环节的实时监控体系，制定各项应急预案和资源调度流程，快速响应各项异常情况；事后质检中参数化定制各项业务报表，快速定位可疑操作。

（3）银行建立标准、通用的集中作业控制机制，以流程控制和系统控制为主、管理控制为辅，严格操作风险控制。集中的生产运营体系通过并发随机分配、流程互斥、岗位互斥等方式，最大限度地分离前台关键操作权限，以流水作业硬控制取代部分规章制度软控制；采用授权、稽核、监测等措施，通过业务专业审核、灵活配置授权、重要因素双录等方式，有效防范票据真实性风险、业务合规性风险、复杂事项处理风险、参数设置错误风险。

（二）建立远程授权机制

业务远程授权是指将原本由网点主管进行授权的操作，应用影像采集技术，将业务场景信息传输到后台，由专业授权人员集中进行授权操作。业务的远程授权机制对业务授权事项进行简化、优化、分流、集中、统一，可以提高授权针对性、强化柜面风险管控、减少网点授权事务性工作。远程授权机制将授权管理操作标准化、规范化后通过系统固化下来，实现对全渠道业务远程授权审核支持。

远程授权可以有效解决授权人员多、事项多、环节多的问题，提升授权业务处理效率及客户满意度。根据大型商业银行实践经验，远程授权机制预计可以减少网点柜面授权约90%的工作量，促进网点后台人员转型为网点营销服务岗位，使减少的授权人员大部分转到产品销售和大堂经理岗。

（三）企业级参数管控机制

银行应依托企业级参数管理组件，实现以配置管理、流程管理、部署管理为基础的企业级参数管控机制；对银行系统参数进行集中管理，通过加强风险集中管控和人员、标准、制度、流程的专业管控，有效保证数据的正确性；成立专门的参数管理团队，对参数识别、研发、测试、投产、运维和退出实现全生命周期管控。

银行应构建企业级参数视图，实现参数变更流程中各部门职责权限及流程流转环节的灵活配置；通过流程管理功能实现参数注册、订阅、变更等的规范化、标准化管理，有效防范参数变更风险；通过部署管理功能实现参数一点维护、多点发布，定时稽核，有效确保各系统间参数数据的一致性。

（四）企业级凭证、档案管理

银行应构建一体化的凭证管理体系，依托企业级的集中运营组件，统一银行的凭证种类和凭证模板，实现凭证统一标准、统一平台、统一管控，最大限度地由纸质打印输出扫描存档改为电子化归档，节约纸质打印、人工扫描的人力及物力成本，减轻柜员的负担，促进柜面及网点转型。

在会计档案管理方面，银行应依托于企业级的集中运营组件，将银行会计档案集中上收到总行统一存储、统一管理；利用海量存储技术，扩充档案在线存储时间，利用高速扫描技术和异步归档机制提升档案扫描归档效率。企业级的集中运营组件从技术层面节省各分行重复部署服务器、个人电脑和机房等资源。电子会计档案在保管期内的长期在线及实时调阅，可以减少会计档案调阅受理时间。

四、应用效果

银行集约化的运营方式将原来由各分行独立操作处理的流程进行标准化，将运营处理任务和运营资源进行集中调度，从整体上提升运营效率，防范运营风险，提高资源利用率。

集约化业务处理将业务分拆众包给具有相应胜任能力的行内人员和社会群体，以网络协同模式开展业务。集约化业务处理的生产组织方式灵活，产能规模可以动态调整，能够提升业务处理集约化程度及业务信息复用水平，减少重复工作，控制操作风险与道德风险，确保安全生产并降低生产运营成本，提高客户业务办理效率。

远程授权和参数集中管控防范操作风险。云生产远程授权模式可以规范业务审核标准，优化业务流程，防范网点柜员操作风险；统一参数管理的变更流程可以实现一点维护、全局生效，“不落地”式线上流转，控制系统参数变更风险。

企业级凭证管理可以精简回单结单和凭证，实现留存凭证、回结单的电子化，降低柜面管理成本，提升对客响应效率；档案电子化管理可以分析规整各门类档案，集约化存放和管理，降低档案管理成本，提高档案管理规范化水平。

案例

某银行业务集约化处理

一、基本需求

集约化运营平台通过重组业务流程，引入流程化控制和作业管理的理念，改变网点业务分散处理的模式，实现后台随机并行业务处理，发挥规模效益，支持网点柜面、客户自助、中后台条线、子公司及境外机构四大领域的业务转型和发展。集约化运营平台从客户体验提升、营销能力增强、精细化管理等方面提升银行业务运营能力。

二、功能和流程描述

行内转账主要处理收款人或付款人均为客户的支票类提示付款业务，实现单位账户到单位账户转账、单位账户到个人账户转账、单位账户与内部账户互转、内部账户与内部账户互转、单位账户到结算卡转账等业务场景的后台集中处理。该银行业务集约化处理能支持的业务凭证种类有支票类、实时通付款凭证、支款凭证、电汇凭证、托收凭证、特种转账借贷方凭证、借贷方记账凭证、其他行业凭证、税单、贷记凭证。基于集约化处理的转账业务流程如图 10-17 所示。

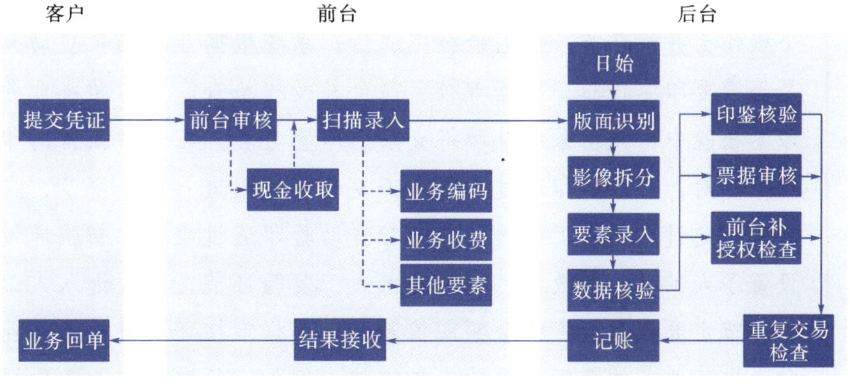

图 10-17 基于集约化处理的转账业务流程

第一步：提交凭证。客户将办理业务所需的凭证提交至前台。

第二步：前台审核。前台对业务办理所需材料做基本审核，若客户选择现金缴费则前台收取现金。

第三步：扫描录入。前台扫描业务凭证，将业务编码、业务收费和其他要素（业务信息与电子影像）一同提交至系统传输到后台处理。

第四步：版面识别。系统自动对凭证版面进行识别，并判断相应业务场景。例如，行内转账其中一类凭证组合为转账支票+进账单，若系统未识别出则进入人工版面分类环节由人工判断凭证版面。

第五步：影像拆分。系统根据凭证模板，以要素为单位将提交的业务凭证进行影像自动拆分为小的切片，若系统自动拆分不成功则进入人工影像切分环节。

第六步：要素录入。要素录入分为三种场景：一是总行处理中心人工录入，一笔业务的影像切片分送到多人并行录入，通常设置为一个切片双人录入，录入不一致则由第三人仲裁，选择录入结果；二是影像切片经过再次细切脱敏后推送至手机银行云宠物游戏由社会公众录入，一个切片推送五个不同人录入，三人录入一致则对结果采信；三是利用智能字符识别（ICR）技术对票面要素进行自动识别，通常设置为一个切片一次人工录入+一次自动识别，完成后对两次采集结果做比对，一致则进入下一环节。

第七步：数据检核。系统采集完所有要素信息后，数据检核环节由系统自动将关联要素进行比对。例如，行内转账业务转账支票+进账单场景需校验支票上大小写金额一致性、支票和进账单上金额一致性等，数据检核环节主要目的是进一步保证录入要素的正确性。

第八步：印鉴核验、票据审核、前台补授权检查。该环节的三个操作为并行环节，数据检核完成后，系统根据业务场景自动判断是否需要印鉴核验、票据审核、前台补授权检查。行内转账业务在印鉴核验中，先由系统自动将支票上印鉴与客户在银行预留的印鉴卡做比对，自动验印通过且无人工复验需求则进入下一环节，自动验印不通过进入人工初验环节；若自动验印通过或人工初验通过且设置了人工复验参数时，则需进入人工复验环节，是否进入人工复验环节主要根据设置的金额阈值判断。票据审核环节根据不同业务种类进行业务的合规性或政策性审核。例如，行内转账业务主要审核招投标等敏感词，根据中国人民银行停止使用旧版票据的要求加强对旧版票据控制来防范票据风险，若为监管账户或财政账户还会进行业务授权。前台补授权检查环节系统会自动判断是需要前台补授权或集中授权，若需要前台补授权，系统则会发送前台或几种授权组件处理后进入下一环节。

第九步：重复交易检查。在该环节，系统根据凭证类型、凭证号码、收付款账号、交易金额判断业务是否与已成功处理业务相同，完全相同则进行重复交易预警，由人工判断业务是否继续处理。

第十步：记账。前九步处理完成后系统会自动将业务信息发送至核心系统进行账务处理。例如，行内转账业务将业务信息发送存款组件进行账务处理。

第十一步：结果接收。记账成功后，系统会将结果反馈给前台，用户可以打印凭证。

三、设计目标

平台需实现不同渠道发起业务的后台集中处理，支持跨时区、跨条线、跨地域，业务处理总行集中，交易通过渠道受理，上传到后台。系统通过流程驱动方式，将各类交易拆分为具体的流程环节，并按处理中心工作范围将其组织成工作任务池，每个任务池对应一个处理中心，操作员在系统统一调度下并行完成作业，任务在不同任务池中可以流动，总体上物理分散、逻辑集中。集中处理业务模式如图 10-18 所示。

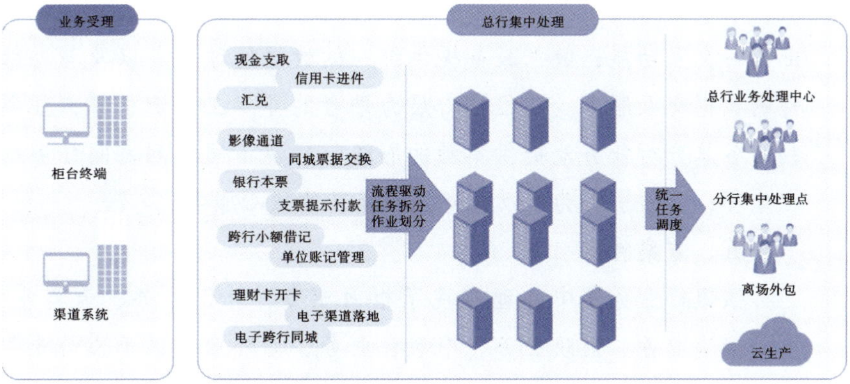

图 10-18 集中处理业务模式

四、技术实现方案

集约化运营平台技术实现方案如图 10-19 所示，系统结构分为四层，分别为渠道接入层（网络展现、统一渠道接入）、产品整合层（产品整合服务、业务建模、服务定制、业务参数管理）、服务提

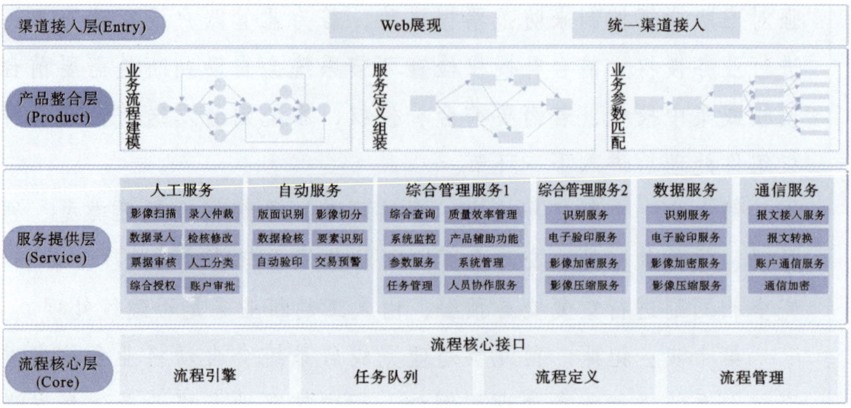

图 10-19　集约化运营平台技术实现方案

供层（人工服务、自动服务、综合管理服务、通信服务、数据服务）、流程核心层（任务队列、流程引擎、流程定义、流程管理）。

渠道接入层定义统一的与渠道对接服务。例如，与前端的网络服务对接，与员工渠道、电子渠道、外联渠道对接等。产品整合层定义基于业务产品的统一基础参数体系，其中业务流程建模提供流程定制功能，根据不同业务场景可以灵活定制业务流程；服务定义组装根据定制的流程模型，组装流程环节所需的服务模块；业务参数匹配定义流程流转过程中的方向控制参数，实现不同业务场景下的流程自动流转。服务提供层定义各业务功能模块，基础服务封装各类应用功能服务；自动服务封装版面识别、结果反馈、账务处理、监控取数、数据检核等各类系统自动处理功能；通信服务提供与外部组件交互功能；数据服务提供统一的数据处理服务以及与外部组件的数据交互服务。流程核心层为平台的异步工作流引擎，任务队列为各总分行任务池提供单独的服务，实现不同队列之间任务的独立处理；流程引擎为驱动业务流程流转的核心服务。

五、方案特点

该银行业务集中处理实现了柜面业务、外汇业务、卡类业务、电子渠道业务、财政业务、中后台业务、海外业务、子公司业务等多业务产品混合作业。以流程驱动业务，该银行将风险控制从人控转为机控，控制操作、合规风险。集约化运营平台提供运营管理视图，实时监测各中心、各岗位负载情况，任务和人员可以动态调整。

集约化运营平台异步工作流将当前工作项的提交动作和下一个工作项的生成动作分开，可以在高并发下将任务提交耗时控制在30毫秒以下，支持日均百万业务量。任务管理机制可控制性强，任务池可根据机构、业务种类多维度划分，业务优先级可动态调整。影像识别技术可以实现凭证识别、影像拆分、自动填单等；影像传输技术可以支持非结构化数据存储和调阅，跨机构、跨地域传递；影像电子化技术支持定制凭证的生成和打印。该银行运用人工智能等技术提升业务质量和效率、降低运营成本。例如，智能字符识别技术对转账支票等票据要素进行自动识别率较高，可以减少后台人员的录入量及降低录入差错率。

第五节　企业级数据应用

一、能力定义

银行的数据从早期的记录、承载业务，逐步演进为支撑业务，进而成为驱动业务的中坚推动力，为运营和经营理念的发展提供强有力的支持。在进入大数据、移动互联网时代之后，对数据价值的深度探索、挖掘与应用，将更有助于让银行做出智慧的决策并采取高效的行动。企业级数据应用能力包括以下几个方面：

（一）数据资产管理能力

数据资产管理包括数据规范管理、元数据管理、数据质量管理、数据安全管理、数据目录管理等全局性、需要持续迭代推进的系列数据治理措施和机制。数据资产管理能力包括建立涵盖内外部数据资源的企业级全景数据图谱，强化数据资产管理能力；建立层级化、场景化、差异化、适应大数据特点的数据安全管理能力；通过外部数据信任等级管理和多源交叉验真等手段，不断提高数据资产质量管控能力，夯实数据基础。

（二）数据价值挖掘能力

数据价值挖掘能力包括建设全方位、深洞察、强预测的价值挖掘能力；通过客户标记分类、客户行为分析、客户评分实施等，提升客户价值挖掘能力；通过同业分析、指数开发、信用卡大数据智能应用等，提升产品价值挖掘能力；通过提高风险计量和反洗钱监测分析水平、提供小企业业务风险管控方案等，提升风控价值挖掘能力；通过分析优化资产负债组合和内部运营流程等，提升运营价值挖掘能力。

（三）数据成果共享能力

数据成果共享能力是把提炼的有价值数据以多种形态“嵌入业务”以

提供数据动能。银行应该有提供数据产品封装与嵌入的能力，将有价值的数据被封装为数据产品，以产品服务的方式嵌入业务流程，实现对业务前台、中台的数据驱动，并根据反馈进行优化迭代，持续提供数据动能。

二、架构定位

（一）业务架构

在银行业务架构中，数据应用能力体现在信息服务业务领域。信息服务业务领域属于业务支持价值链，其定位是利用满足业务经营管理人员综合性信息需求，发现问题，改进服务，提升管理信息应用的质量，优化信息服务流程，并提升用户的数据应用能力。数据应用能力在企业级业务领域中的定位如图 10-20 所示。

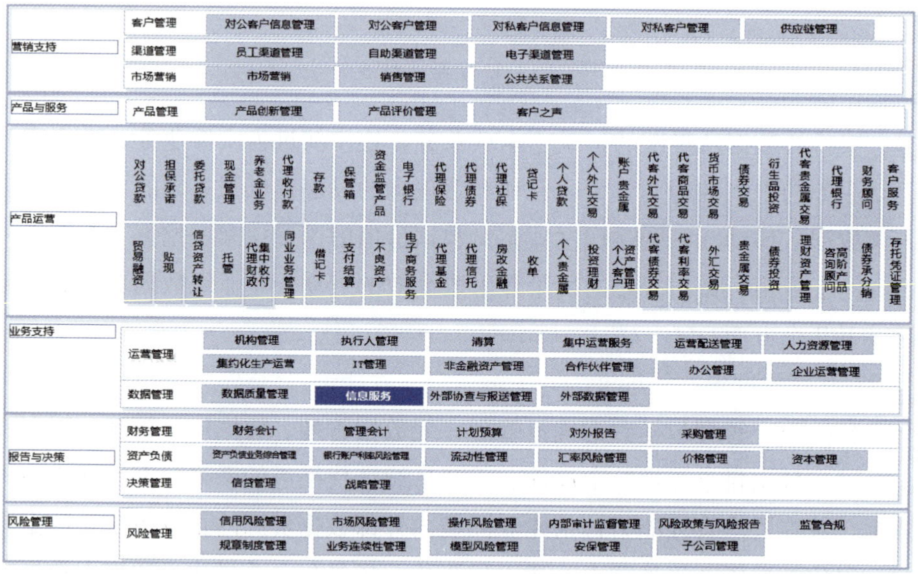

图 10-20　数据应用能力在企业级业务领域中的定位

如图 10-21 所示，数据应用能力在业务组件中由数据管理组件实现。数据管理组件以提升信息资产价值为目标，在企业业务战略和 IT 战略指引下，对数据的产生、处理、传递、应用等过程进行规划、梳理和完善，全面提升数据的质量，达到数据使用高效共享，为企业经营战略的实现提供信息支持。

（二）应用架构

数据应用能力由数据集成层的数据集成平台和管理分析层的管理分析服务平台组成。数据集成平台实现对行内外数据的整合、计算，提供数据服务，其采集的数据包括产品服务层数据、渠道数据、外部数据。管理分析服务平台提供各类数据分析和可视化工具，支持固定报表、自助查询、仪表盘等各种用数方式，如图 10-22 所示。

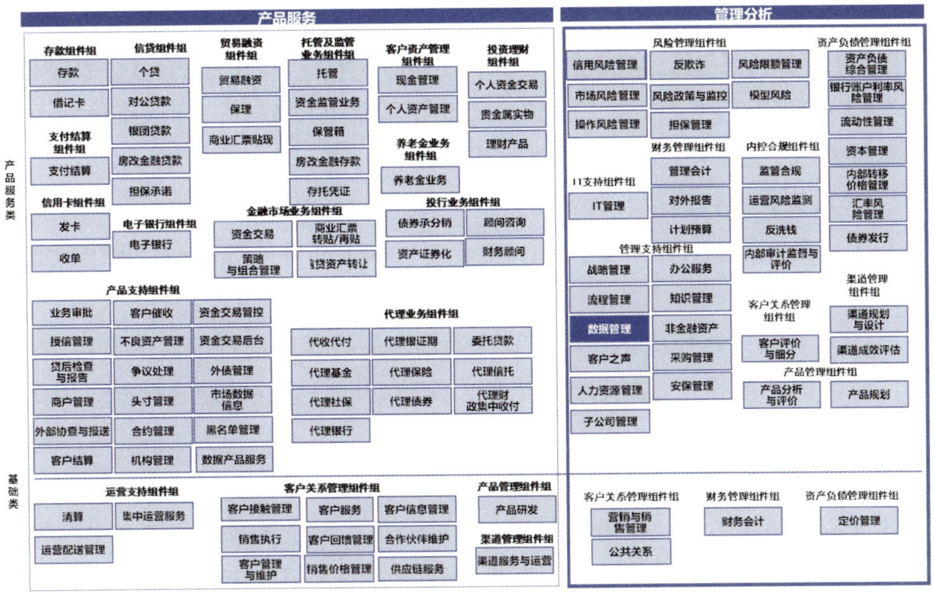

图 10-21　数据应用能力在企业级业务组件中的定位

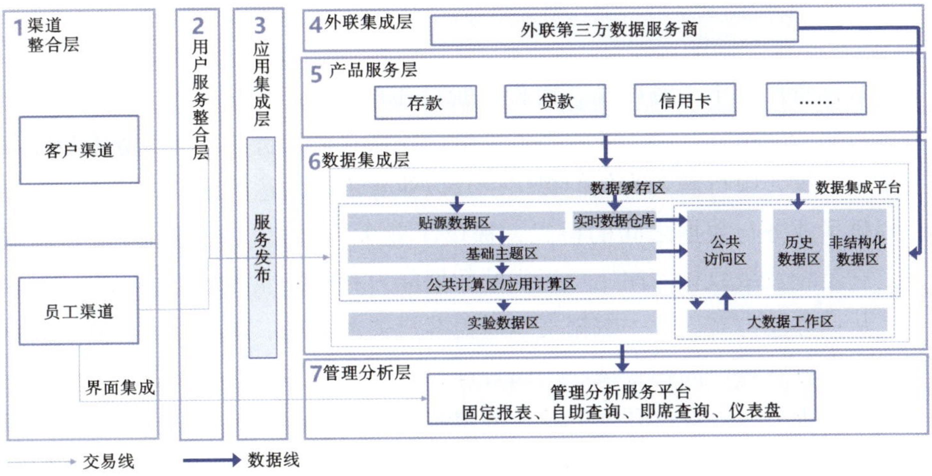

图 10-22　数据应用架构方案

三、能力实现方案

企业级数据应用能力实现方案采取平台、数据、应用三线并举，逐步推进的策略，从数据到平台工具、到渠道、到功能，进行全方位的数据线建设，提供一整套完整的、系统化的数据线解决方案，进而支撑智慧银行的客户智能、产品智能、风险智能和运营智能四个方面的发展。

（一）数据基础

首先，为了使数据粒度足够细、覆盖面足够广，数据之间必须建立关联关系，同时在集团范围内保持一致。银行必须采取恰当的方式对数据进行组织和表示，通过建立企业级的数据模型体系，统一规范业务经营和系统实施需要的数据，为数据应用和数据管控奠定基础。

其次，银行需要通过继承企业级数据建模的成果，扩展并完善企业级数据库。

（1）构建客户、机构、产品、渠道等基础维度数据，确保维度定义的一致性和唯一性，为数据一致性奠定基础。

（2）集成银行内部与外部数据，集成行内产品服务组件、管理分析组件和渠道系统数据，接入、集成、融合海关和工商等外部数据，巩固企业级数据基础。

（3）在数据路径优化、加工节点优化、运行保障监控、资源集群调优、准实时数据处理等方面制定有效措施，保障数据时效性，提升数据应用交付的效率。

最后，银行需要构建面向管理分析类应用的企业级公共访问数据区，方便业务用户使用数据，保障数据查询性能。该区域主要采用宽表和多维模型设计，将业务数据分为维度数据和事实数据，便于用户统计分析。银行通过整合新旧系统数据，实现总分行数据模型一体化，最终通过一致性维护，提供公共数据和指标的共享与复用功能。

（二）统一数据视图

数据资产集中了各产品、流程系统产生的基础数据，产生了满足统计、分析需要的新指标。为了使这些数据资产发挥更大的价值，让业务人员能自行使用数据，银行需要为他们提供一套以业务语言表达的视图。统一数据视图提供了业务与数据之间的桥梁，提供了业务人员直接使用数据的信息目录。它是企业级数据库向用户提供的数据能力和业务能力的总览。

从业务能力看，统一数据视图涵盖客户关系管理、风险管理、资产负债管理、财务管理、内控合规、产品管理、渠道管理等管理分析业务领域，它是进行需求分析、设计开发以及业务定制的业务界面。

从数据能力看，统一数据视图覆盖企业数据资产中可供访问的全部数据，体现的是业务用户从业务视角入手而实现的对数据的访问能力，包括贴近前端产品组件、不同数据粒度的操作型数据，经过主题化、范式化整合的数据，经过企业级建模组织的数据；各应用计算区根据应用计算主题组织的应用数据。统一数据视图是进行需求分析、设计开发以及业务应用的数据界面。

（三）多种用数模式

考虑到业务用户对于数据、工具掌握程度的不同，银行应该提供多种用数模式，支持不同层次用户灵活自主用数，从而达到让业务用户“用好数、好用数”的目的。针对不同的用户类型和需求特点，银行应该差异化地提供固定报表、自助查询模型、数据实验室、挖掘模型应用、即席查询、决策仪表盘等应用模式，这些应用模式可以服务营销人员、中级管理人员、高级管理人员、数据服务人员、数据专家等。

（四）应用功能释放

数据类应用实施具有以下特点：一是需求以数据为基础，对所获得的数据分析、统计后产生价值；二是需求不稳定、变更频繁、有效期短；三是实施周期偏长，需求价值在实施过程中逐渐消退，资源浪费严重。针对上述特点，数据类应用应该依托数据基础资源和灵活的平台技术能力进行快速释放。

在需求分析阶段，数据类应用应该提供需求训练和满足度分析支持。需求训练是指提供实验室环境帮助用户明确应用需求的数据规则；满足度分析是指通过比对需求和统一数据视图，帮助用户和需求分析人员判断能否通过统一数据视图中已有的资源以自主用数的方式满足用户的需求。通过这两个环节，数据类应用需求分解成自主用数需求和开发需求，对于数据已经满足的需求，进入自主用数环节；存在的数据缺口，则进入分析、设计和开发的流程，这个流程结束之后，仍然是交付数据回到自主用数的环节。

四、应用效果

企业级数据平台建立统一的基础数据模型和一致性维度模型，提供多种用数的手段，改变分析类应用系统实施阶段存在数据范围不明确、数据来源分散、获取数据复杂、业务口径不清晰、数据规则不一致、应用实施难度大、技术门槛高等诸多问题；将数据转换成用户可以直接使用的信息，满足从初级用户简单查询统计到高级用户复杂分析挖掘的各种应用场景；全面构建满足企业级精细化管理要求的完整、集约、一致、多维、高效、易用、良好的数据基础。

银行应落实“自主用数”的理念，把数据还给业务，让不同技术背景的业务人员都能够访问数据，让数据回到业务身边，为最终用户提供自助查询、自主用数、数据挖掘、灵活查询等多样化的数据应用模式，支持用户深度探索、发现数据的价值。数据产品以产品服务的方式嵌入业务流程，提升全价值链业务处理的智能化水平，形成快速的数据分析、数据挖掘价值链闭环。

案例

某银行小微企业客源搜索应用

一、业务背景及目标

大力发展普惠金融是金融服务实体经济的重要举措之一，同时也是银行应对日趋严峻的竞争形势进行转型发展的内在要求。银行业陆续启动普惠金融战略，主动探索依托互联网、金融科技的产品创新、服务模式创新，着力推进线上业务发展，积极推广和应用线上、线下普惠金融体系产品。小微企业客源搜索应用在此背景下应运而生。

小微企业客源搜索应用致力于解决银企信息不对称、一线客户经理信息缺乏、调查困难、营销方向不明确的难题，支持客户经理按图索骥、精准营销、移动办公，提高营销效率。小微企业客源搜索应用强调对金融数据和非金融数据、银行体系内部数据和外部信息进行交叉分析和多重验证，整合内外部数据，构建360度对公客户画像。该银行基于大数据驱动与人工智能算法的全量客户分层体系、客户亲密度关联分析、客户需求强度预测、小微快贷产品推荐等应用，其客户覆盖到全量工商注册企业，尤其是尚未能精准营销的潜在客群和难以进行风险把控的小微客群，为小微企业业务经营管理决策提供依据，提升小微企业业务管理精细化水平，为客户经理提供智能的客户管理建议，帮助其建立一套获客、识客、活客、悦客、留客的高效工作模式。

二、实施方案

小微企业客源搜索地图需求共有三部分。其中，第一部分主要为个人电脑端客源搜索功能，第二部分为手机应用程序端客源搜索功能。两部分功能主要为客户经理提供客户全面信息的查询与展示功能，称为“信息化”。第三部分侧重于基于大数据和人工智能算法提升现有手机应用程序端的营销转化率，称为“智能化”。

（一）信息化：整合内外部数据，构建多维对公客户画像

该银行通过更广泛地接入外部数据，使内外部数据整合与链接，不断提升数据的丰富性、全面性、有效性。目前，该银行已接入外部数据源超过50余家，包括全量工商数据、地理经纬度数据、知识产权数据、税务数据、司法涉诉数据、宏观经济数据等。此外，该银行通过加强与政府及权威数据源的合作，扩大客户画像产品体系的服务对象范围，建立开放包容的数据生态圈，链接各行各业数据，赋能普惠创新。

在内部数据的基础上，该银行链接政府、企业和社会的各类数据，推动各方数据的整合、分析，构造完整的数据链，丰富数据维度，更好地释放数据价值。整合数据模型（如图10-23所示），将金融、政府等数据作为数据源，通过企业名称、统一社会信用代码和营业执照号等关键要素信息来识别企业；以行内数据为核心，扩展外部数据，实现行内数据和外部数据的有效融合，形成客户全景数据体系，为客户画像、精准服务、准入筛选、额度测算提供有效的数据支撑。

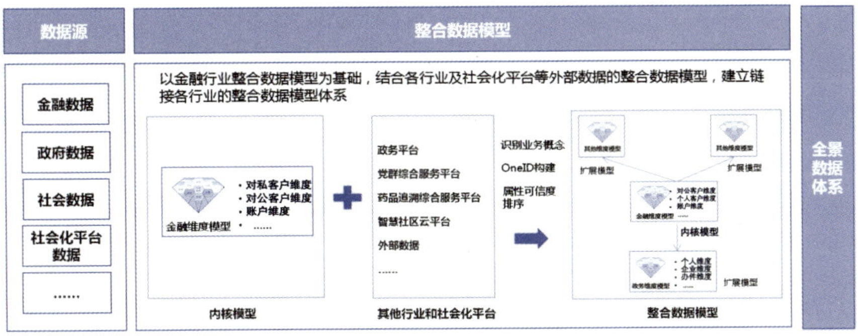

图 10–23　整合数据模型

基于整合后的行内外融合数据，该银行进行维度识别和信息分类，建立以客户为中心，从身份特征、行为偏好、履约能力、信用记录、金融特征、关系信息、经营状况和风险合规等 8 大维度、47 个二级维度构建客户全景画像，形成针对对公客户的特征、标签库、策略、金融服务方案等，实现多维度、全流程业务的支持。

该银行结合小微企业客源搜索地图开发需求，根据整合的数据和客户画像模型，按区域绘制、构建开放式的客源搜索地图；从宏观视角全景展示区域经济环境、市场容量、企业地理位置分布状况等，最终形成全国及各省份区域画像指标 66 个，全量工商企业客户画像指标 212 个。

（二）智能化：基于人工智能算法，实现精准营销

全量客户分层通过全量工商数据扫描，并进行综合信用评分，提炼重点营销客户，帮助客户经理进行精准营销、移动办公，减轻客户经理的日常工作压力，使客户经理提高工作效率。首先，该银行基于大数据挖掘对现有全量工商企业客户进行扫描，识别出经营状态正常的有效客户。其次，该银行进行企业实际控制人识别，通过知识图谱逻辑涉及企业、自然人、账户三大类实体，对外投资、股东、亲属、资金往来等 20 余种关系，深度挖掘和分析企业背后实际控制人信息，找出企业实际控制人。该银行整合行内外数据，为全量企业及实控人构建多维度画像，利用外部数据对有效的全量客户进行综合信用评分，根据评分结果甄别“好、中、差”客户；在小微企业客源搜索应用中，导入“好、中、差”客户信息进行区别化展示，使用不同颜色标签，让客户经理快速识别重点营销客户信息；同时，将高分企业信息导入商机系统进行营销推送并跟踪商机进展。客户关系图谱如图 10–24 所示。

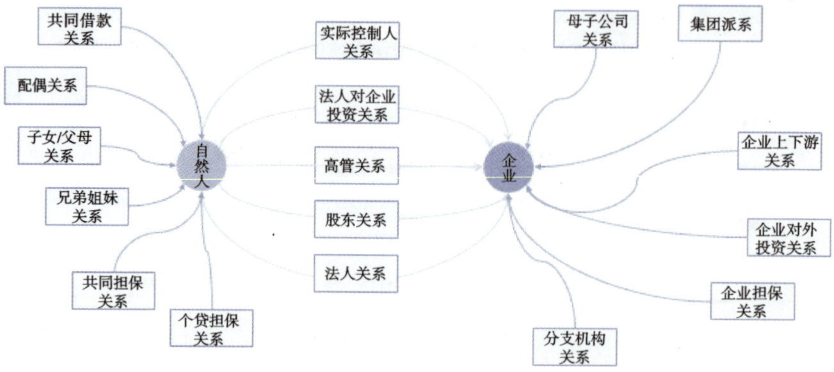

图 10-24 客户关系图谱

该银行为了对客户实现联动式营销，利用知识图谱技术，对企业与企业间的分支机构关系、企业担保关系、企业对外投资关系、企业上下游关系、集团派系、母子公司关系；企业与法人高管间的实控人关系、法人对企业投资关系、高管关系、股东关系、法人关系；法人、高管与其他自然人间的共同借款关系、配偶关系、子女/父母关系、兄弟姐妹关系、共同担保关系、个贷担保关系等基础关系进行亲密度计算，识别出与企业亲密度关系高的前十大企业或自然人客户，对潜在客户进行联动式营销，支持客户经理按图索骥联动式营销。

亲密度计算主要以无监督的方式进行。首先，银行通过业务规则定义各类关系的权重；其次，银行遍历两个企业之间 N 度以内的路径，并计算每条路径的权重，路径权重为所包含关系权重的乘积；最后，银行取最大路径权重作为两个企业之间的亲密度，记录两点间全路径，为业务营销话术提供参考。

由于市场上的小微企业数量众多，发展质量良莠不齐，所处的生命周期不同，所需的金融服务也会有所不同，其中最重要的金融服务就是对于贷款的需求。那么银行要实现对小微企业真实情况的准确判断，最大限度上满足其贷款需求，帮助小微企业实现有效的外部融资。基于极端梯度提升（XGBoost）算法的小微快贷需求识别模型可以帮助银行解决小微企业贷款问题。模型的构建包括四个步骤：构建客户特征矩阵与目标变量、欠采样处理、基于 XGBoost 算法构建模型、根据评价指标反复调整模型。基于该模型，银行可以识别对小微快贷产品具有潜在需求的客户，计算出具有重要意义的客户特征，从而实现小微快贷产品的精准营销。该模型采用的 XGBoost 算法不仅可以处理各种不规则数据、计算速度快、有效防止过度拟合，还能自动获取特征的重要性，在预测效果上也是非常显著（如图 10-25 所示）。

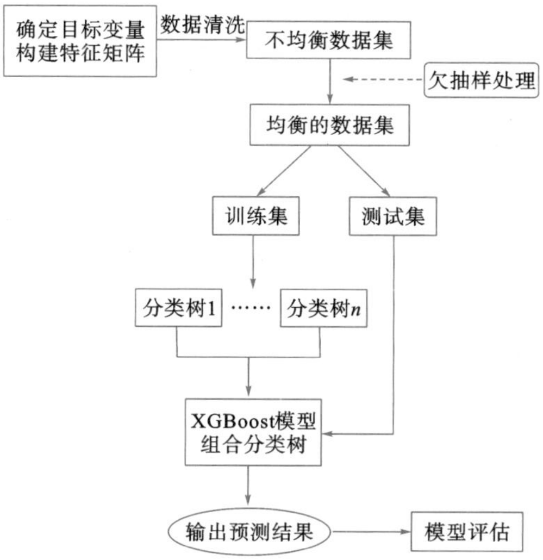

图 10-25 小微快贷需求识别模型

除了对企业的贷款需求强度进行预测外，为企业精准匹配恰当的小微快贷产品也是银行发展小微快贷客户的至关重要的一环。目前，小微快贷产品的营销方法是根据产品的准入政策对客户进行筛选和匹配，再依据筛选结果进行推荐，每个客户经理管理的客户量较多，很难对每个客户都有很深入的了解。协同过滤推荐算法是基于数据挖掘结果进行产品推荐的方法，目前多应用于电商、音乐、书籍、视频等行业。该算法模型结合银行小微快贷产品推荐营销方案，通过构建用户产品、用户属性矩阵，计算产品和属性矩阵中用户相似度，综合用户相似度计算结果，根据综合相似度推荐小微快贷产品。模型流程如图 10-26 所示。其优点是将互联网行业应用成

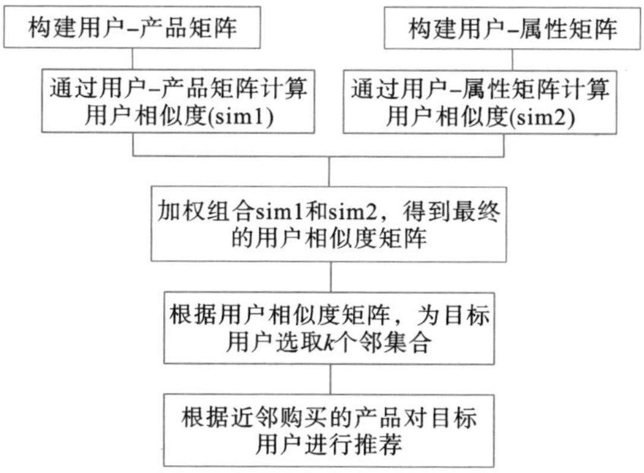

图 10-26 模型流程

熟的协同过滤推荐算法应用到金融银行领域信贷产品推荐应用中，充分利用小微企业的多维度整合数据，建立用户属性矩阵，解决信贷产品推荐和新客户信贷产品推荐问题，实现对用户的精准营销。基于模型的结果，银行不仅能够大幅度减少银行小微快贷产品推荐所需要花费的人力、物力，同时又能够提高客户的满意度，增加用户的留存率。

三、实施效果

小微企业客源搜索应用投入使用以来，通过不断迭代和优化，从试点到面向银行对公客户经理推广使用，显著地提升了客户经理在营销客户时信息检索的时效性、全面性。推荐算法、过滤算法、知识图谱等人工智能算法，大大提高了客户经理营销的精准度和智能化。经实践验证，模型计算结果的推荐准确率在90%左右，可推荐比例在70%左右。

第六节　全球化业务支持

一、能力定义

全球化的IT系统要满足多法人、多时区、多语言的要求，要兼顾信息共享、数据隔离、信息保密等要求。海外业务面临复杂的监管环境，各国经济发展程度、文化习俗、市场惯例也存在差异，对IT系统的灵活性也提出了更高的要求，应用系统需要具备良好的产品化、参数化配置能力，遵循多法人、多时区、多语言通用设计约束。

多法人、多时区、多语言由应用架构各层的应用平台提供支持，应用实施时进行实例化的设计和配置。

二、能力实现方案

（一）多法人

法人银行是指具有独立的法律个体地位，可以独立开展各种形式的经营活动，并独立地承担由此引起的法律责任的银行金融机构企业。由于不同国家和地区存在业务处理差异、监管差异，业务发展情况也不同，各境外分行既要按照当地的会计准则进行核算来满足当地的会计监管要求，同时又要满足总行的统一账务管理需要。

1. 业务差异处理

各法人银行存在一定的业务差异，需要将这些业务差异的处理要素尽量参数化，通过参数设置解决各法人银行的业务差异。各个国家和地区的会计核算准则存在差异，为满足不同国家和地区的多种核算准则的要求，银行核心系统通过交易与核算分离，支持根据一套交易要素生成多套账分录。

2. 部署模式设计

全球化银行核心系统存在单实例部署和多实例部署两种模式。单实例部署以 IT 系统全球集中部署为主，境内外系统完全融合，实现集团层面 IT 系统的集中统一运维管理，不同法人的数据库和应用实例按照法人逻辑隔离；多实例部署通常将 IT 系统按时区划分，每个时区一套部署，如按境内、亚太、欧非、美洲四个时区划分，每个时区对应一个实例，每个实例内部支持多个法人，数据按法人行进行分区。

（二）多时区

不同的分行、子公司所在的国家和地区不同，其时区存在差异，各银行机构所在国家和地区在时间与地点上也存在差异。部分国家和地区采用夏令时制，为了能在系统中正确地反应客户交易时间，需要将系统时间换算为分行或子公司的当地时间。支持多时区业务的商业银行系统涉及四种日期（时间），如表 10-1 所示。

表 10-1　支持多时区业务的商业银行系统涉及四种日期（时间）

类型	含义	使用场景	数据生成方式
系统日期（时间）	用于记录系统的运行时间，同一实例内的各应用在系统时间上应保持一致，不区分时区，以机器时间为准	记录数据实体创建、更改日期（时间）、记录后台交易日志、错误日志等	系统时钟或时钟函数提供的 CPU 时间
本地日期（时间）	用于记录业务发生时的法人行所在时区的日期（时间）	明细类数据查询展示时，应当展示该栏位	非客户端机器日期（时间） 根据交易发起地所处的法人行时区与系统所处的地区（北京时间）的晨差，换算得到的日期（时间）
交易日期	入当日客户账户的日期	各组件在处理客户账的入账处理的日期，账务流水需要登记该日期	根据批处理的运行时间，由各组件根据各自的日切处理生成
核算日期	入当日会计账的日期	提供给会计引擎 用于记账处理	根据批处理的运行时间，由各组件根据各自的日切处理生成 与交易日期解耦

表 10-2 是这四种日期（时间）分场景情况。

表 10-2　四种日期（时间）分场景情况

典型场景	场景一	场景二	场景三
场景描述	客户在境内存入款项	客户在纽约存入款项	境内批处理转账
联机/批处理	联机	联机	批处理 （22:30 批处理日切）
系统 所在时区	北京 东八区	北京 东八区	北京 东八区
法人行 所在时区	北京 东八区	美国东部时间 西五区（标准时）	北京 东八区
系统日期 （时间）	2014-05-20 10:20	2014-05-20 10:20	2014-05-20 23:20
本地日期 （时间）	2014-05-20 10:20	2014-05-19 21:20	2014-05-20 23:20
交易日期	2014-05-20	2014-05-19	2014-05-21
核算日期	2014-05-20	2014-05-19	2014-05-21

多时区设计主要包括法人时区参数设置、日期与时间转换、日历参数化设计等方面。

1. 法人时区参数设置

多时区设计将时区参数作为法人行参数的组成部分，统一在法人行参数库设置，每个法人行只对应一个时区。如果一个国家跨多个时区（如美国），多时区设计可为该法人行指定一个时区，或按时区拆分法人行。

2. 日期与时间转换

多时区设计一般为同一实例内不同银行机构设置统一的系统时间，并能够按照不同分行设置本地交易时间和核算时间。

3. 日历参数化设计

对于业务部署在单一实例内的不同银行机构，多时区设计为银行机构、网点和业务处理分别设置多套不同的营业日历及营业日时间。日历表为系统切换日提供基本的日期依据，同时还能用于金融产品在遇节假日时到期日的特殊计算，控制特定批量（月末、期末、季度末、年末程序）的运行。

（三）多语言

全球化业务系统需支持不同国家、地区、语言用户的使用。因此，业务系统整体考虑对多语言的支持，当业务系统推广到不同语言的用户时，能快速上线，满足不同文化习俗与语言环境对跨国家和地区应用全球化的需要。

业务系统对多语言的支持涉及数据存储、交易报文、用户交互三个方面。其中，数据存储和交易报文要支持不同语言的编码，由于各应用平台在操作系统、系统软件和应用本身对多语言的支持存在较大差异，在编码方式的选择上需要综合考虑对编码方式支持的语言种类、周边系统集成和改造难度、性能与效率等多方面因素。目前，各银行在支持多语言的系统设计时，一般选择“utf-16”或“utf-8”编码，对新建的系统，采取强制执行编码标准；对遗留老系统不支持标准的编码方式的，一般要求老系统在对外交易和数据接口上兼容统一的编码标准。用户交互对多语言的支持涉及用户界面、业务凭证、业务报表、响应信息等方面。

1. 用户界面

全球化业务系统的用户界面展示要素涉及文字和图片。图片一般采取针对不同的语言制作不同的图片的方式来实现对多语言的支持，界面上要展示的文字要素则以多语言配置文件的方式，针对不同的语言制作不同的语言包。对于内部用户，银行根据该用户所属的机构来确定用户的默认语言；对于外部客户，银行根据客户浏览器语言设置或手机应用程序语言设置确定用户的默认语言。当然，灵活一点的多语言业务系统一般都支持用户修改默认语言。在确定用户所使用的语言后，应用系统会根据语言选择展示对应的图片和界面文字要素。

2. 业务凭证

业务系统需要支持大量的业务凭证输出，为提高开发效率和业务灵活性，业务凭证不能采用硬编码的方式输出各类凭证，而是采用配置化的方式对凭证的模板、凭证内的要素、凭证要素的位置和风格、凭证要素与交易信息的对应关系进行配置，输出凭证时根据这些配置信息灵活生成凭证。对于多语言的凭证支持，银行基于配置化的方式，针对不同的语言分别配置凭证，系统会根据业务办理机构或用户选择的语言，套用相应语言的凭证模板并打印输出。

3. 业务报表

业务报表在多语言的支持上与业务凭证基本类似，针对不同的语言定制不同的报表模板。不同之处在于有些报表工具内置支持多语言，在此情况下可以使用报表工具的多语言支持能力。

4. 响应信息

响应信息一般是后端系统进行业务处理后，需要向用户反馈的信息，包括两类：一是业务处理结果反馈，业务成功后，业务系统向用户反馈业务结果信息或业务失败后向用户提供处理失败原因信息；二是错误响应信息，业务系统处理出错后，向用户反馈用户易懂的错误提示信息。对于需要支持银行化业务的系统，响应信息不能硬编码在代码中，而需要提取出来，针对不同语言翻译为不同的提示信息，保存在配置文件中。后端业务系统在业务处理后，向前端系统反馈业务响应码，前端系统根据响应码和用户的语言，在配置文件中查找到对应的提示信息进行展示。响应信息展示有两种方式：一是根据响应码将配置表中的信息直接展示在界面上，二是将配置表中信息与响应报文中的业务参数拼装后展示在界面上。

三、应用效果

大型商业银行基于多法人、多时区、多语言的统一设计规范，研发境内外一体化的银行应用系统版本，实现以一套版本支持全球业务部署。境内外一体化版本通过灵活的参数配置，在支持银行境外业务拓展中，不仅节约了研发成本，而且提高了境外业务拓展的效率。另外，境内外一体化版本，将银行在境内的好的流程、最新的技术应用固化在系统中，可以有效提升境外分行的经营管理水平。

本章小结

大型商业银行采用科学的工程方法论开展数字化经营，在业务架构和IT架构重构的基础上，逐步形成和提升业务能力，形成银行的核心竞争力。

本章从业务能力的定义、架构定位、实现方法和应用效果几方面阐述其中六大能力，并通过实践案例讲解加深读者的理解。

以客户为中心的营销服务能力是通过建立企业级客户统一视图对客户进行画像，实现对客户的洞察，基于客户洞察能力为客户个性化的综合服务，开展差异化营销。银行建立用于分析和挖掘个人客户特征的数据基础平台，支持全量客户分配、客户等级评定及升降级、客户综合贡献计算、客户标签及客户分群计算、基于规则的客户灵活筛选，营销商机的生成、反馈，实现数字化营销。

高效灵活的产品创新需要银行系统地梳理银行产品结构和产品属性，从银行整体产品分类结构、产品组件和产品条件，建立产品快速创新的工厂模式，基于共享的产品部件、元件库，基于对产品部件、元件的组装，快速推出新产品。

智慧渠道通过各类新技术的应用，支撑流程的智能化，通过智能感知、智能风控、智能交互以及便捷的交易流程，让渠道系统替代人工对客户提供服务以及完成各类内部管理工作，实现线上线下协同。

银行通过集中的生产运营和作业处理、统一的配送服务、集中授权处理、集中档案凭证管理、集中业务参数管理实现业务集约化处理，推动业务流程、作业模式、组织机构和相关业务系统重构。

银行通过建立企业级数据平台，搭建大数据应用基础，构建统一数据视图，为业务提供全面、整合的数据基础，提供多种用数模式，支持不同用户灵活自主用数，达到让用户“用好数、好用数”的目标。

国际化经营要求应用系统具备良好的产品化、参数化配置能力，支持多法人、多时区、多语言的应用能力，以一套IT系统适应全球业务发展。

第十一章

核心系统设计

本章提要

核心系统是处理客户信息、存款、贷款、银行卡、支付结算、总账等业务的系统，对外提供金融产品服务，对内为银行决策分析提供支持。在银行的整体业务系统架构中，核心系统处在中央枢纽的关键位置。本章介绍核心系统的定义、范围和发展历史以及核心系统的一些关键设计，如产品工厂、定价、交易核算等。

本章的难点是理解核心系统的关键设计机制。

学习目标

学习大型商业银行核心系统的架构和关键设计机制。

第一节　系统概述

一、定义

百度百科上对银行核心系统的定义为：核心银行系统，英文名称 Core Banking System，指金融行业的银行核心业务系统。“Core” 是 “Centralized Online Real-time Exchange”（集中式在线实时交互）的缩写，因为这类系统在银行中起到关键作用，大家通常将 “Core” 理解为核心的意思。

实际上，银行核心系统是一套银行业务系统的解决方案，每家银行因业务战略不同，解决方案也不一样，因此核心系统到底包括什么，在业界并没有统一的定论。一般来说，核心系统是处理客户信息、存款、贷款、银行卡、支付结算、总账等 IT 系统的总和，核心系统处理的是银行业务最核心的功能。

银行业务按其处理特点，可以分为前台、中台、后台三个层级。前台是客户交互，包括电子渠道、呼叫中心、柜面前端、手机网银、微信银行等；中台是类似存贷汇等产品处理、账务核算等；后台是客户洞察、风险控制、管理分析、决策支持等。按照传统的定义，核心系统主要是对应中台这部分的交易处理，前台和后台都不属于核心系统的范畴。当前，业界领先的银行都在大力推进业务数字化经营，数字化银行的特征是业务移动化、互联网化，强调用户体验、数据驱动业务洞察、开放生态、科技创新等。用户体验和业务洞察成为数字化银行的关键能力，与传统核心系统一起构成数字化核心系统。

二、发展概况

不同类型、不同规模、不同起点的银行，在核心系统建设历程上有所不同。大型商业银行核心系统建设一般可以分为四个阶段：个人电脑（PC）单机、联网联机、数据大集中、以客户为中心的核心系统。

第一阶段：PC 单机。20 世纪 80 年代到 20 世纪 90 年代，核心系统以 PC 单机系统建设为代表。当时的网络尚未普及应用，每个网点单独设置一本账，系统也是每个网点单独一套，主要包括一些登记簿、原始凭证电算化的功能，将手工操作搬到电脑上。在此期间，核心系统主要解决的问题是效率问题，即记账速度和核算效率问题。

第二阶段：联网联机。20 世纪 90 年代到 21 世纪初，网点之间有了网络连接，网点之间的数据可以实时传输、交换，还可以进行联机业务处理，实现了通兑、通存。网点间的数据在一定区域范围内集中，使用小型机进行处理。数据和账务等进行了有效集中，包括科目的设置等都能进行统一。依靠数据的打通，业务流程也能实现之前无法做到的优化，包括交易的自动化，催生了交易系统的诞生。与此同时，自动柜员机开始大量出现，以计算机、通信等现代科技为基础和银行卡等为介质的“金卡工程”也开始实施。银行通过计算机网络系统，用电子信息转账的形式实现货币流通。

第三阶段：数据大集中。21 世纪初到 2008 年前后，为了解决数据和技术力量分散、业务处理缺乏标准规范、软硬件资源不共享、管理水平不平衡等问题，大型商业银行启动了数据大集中工程。数据大集中是各银行根据自身情况，进行不同程度的集中处理数据和业务。例如，省级数据中心的数据和业务集中到国家级的数据中心，实现基础架构、物理服务器、数据和应用的集中。数据大集中使总行能够集中全部研发力量，避免分散、低水平的重复开发现象，节约系统管理、软件维护以及升级的费用。同时，总行能够得到准确、实时的数据，能够通过分析交易数据或交易行为，减少因信息不对称而导致的银行风险管理失控或业务机遇丧失，实现业务集约化管理。

第四阶段：以客户为中心的核心系统。2008 年以后，以业务转型为契机，核心系统建设从传统的以“面向账户”为主转变为以“面向客户为中心”。随着国内银行业走向多元化经营，所支持的业务品种越来越多，从传统的银行存贷汇业务，发展到信用卡、证券、保险等业务以及可能涉及的各类自营、代客理财等相关业务。在统一的客户信息管理基础上，核心系统通过统一的编码规则生成系统唯一的客户号，再通过客户号管理同一客户下的各类账号，建立统一的客户信息视图，打破原有系统客户信息各自封闭的情况，实现银行的服务理念从“以账户为中心”向“以客户为中心”的转变。

三、关键能力

在客户需求迅速变化、同业竞争加剧、新技术不断发展的趋势下，核心系统需要支持以客户为中心，促进产品快速创新，支持差异化定价，满足监管合规要求。核心系统作为银行最重要的生产系统，应具备以下几方面的能力：

（1）统一客户信息管理。核心系统建立全行统一的客户信息系统，统一客户标识和客户信息模型，建立 360 度客户统一视图，支持客户全生命周期管理，支持按不同客户开展差异化营销。

（2）产品工厂研发。核心系统统一银行的产品标准，建立装配化的产品创新支持，支持以配置方式上线新的产品，支持银行产品的快速创新，快速响应市场的变化。

（3）差异化定价。核心系统通过多维度的定价模型和弹性的定价策略实现以客户为中心的差异化定价，满足利率市场化及灵活计费的要求，为客户提供更好的服务体验。

（4）交易与核算分离。独立的会计引擎统一实现全行的核算处理，使会计核算与产品业务处理分离，提升产品系统和会计引擎变更的灵活性，提升会计核算的精细化水平。

（5）精细化管理支持。核心系统基于企业级数据模型对数据进行采集、维护，数据单点创建，实现企业范围内共享，保证数据的标准、完整、一致，为银行管理决策提供数据基础。

（6）多法人、多时区、多语言支持。核心系统可以支持单实例、多法人的部署模式，支持不同法人间业务规则、语言、文化的差异处理，满足不同地区会计核算要求。

第二节　系统架构设计

一、整体架构

核心系统是银行企业架构的重要组成部分，其架构也遵循企业架构设计原则和规范，在组件化、服务化的企业应用架构中，核心系统是一系列实现银行关键能力的组件集合。核心系统整体架构如图 11-1 所示。

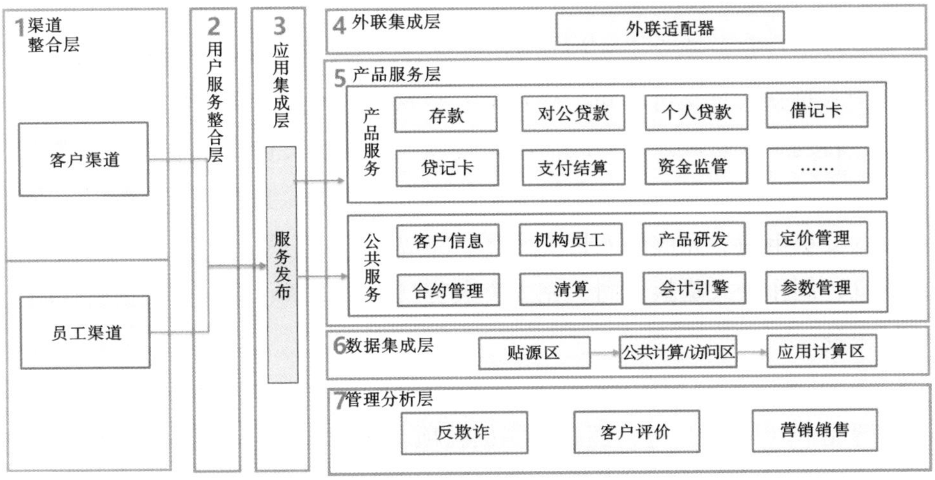

图 11-1　核心系统整体架构

产品服务层的公共服务和产品服务构成了传统核心系统的业务功能范围。

（1）客户信息：获取新客户、采集客户信息、建立客户视图、拆分归并客户、维护内控客户信息。

（2）机构员工：机构新增、合并、撤销，员工、岗位、角色信息的新增、删除，权限信息的维护。

（3）产品研发：产品线、产品组、基础产品、可售产品等产品目录信息的维护，产品部件、元件、装配模型的维护。

（4）定价管理：制定定价策略、开发定价模型、制定基准价格、制订和维护价格授权方案。

（5）合约管理：维护银行与客户签订的产品合约的公共属性数据，维护合约与合约之间的关系信息。

（6）清算：收集交易信息和账户记账信息，计算需要结算的金额，包括大小额支付系统清算、SWIFT 系统清算、跨境人民币清算、代理第三方结算等清算业务。

（7）会计引擎：基于交易核算分离的设计，接收产品服务组件的交易流水，按照设置的核算规则，按会计准则要求生成相应的科目，保证账务一致性。

（8）参数管理：统一维护全行的参数，并按照约定的参数同步方式，将参数同步到相关组件。

（9）存款：以存款产品为基础，支持存款产品的专属合约建立、维护和终止，为客户提供存取款、转账、交易记录查询、不动户管理等服务。

（10）对公贷款：对公信贷合约管理、发放对公贷款、收回本金、转列对公贷款、偿还费用、登记报备信贷业务台账等服务。

（11）个人贷款：办理个人贷款质押冻结、执行个人贷款放行、建立个人贷款授信台账、建立个人授信额度、执行个人贷款放款、偿还个人贷款、发送个人贷款利息支付通知、接收个人贷款拨付资金、结计个人贷款存贷通收益、转列个人贷款账户、结清个人贷款、签发个人贷款补充协议、签发个人贷款合同、审核个人贷款变更申请、审批个人贷款变更申请、受理个人贷款合约变更申请、完成个人贷款变更、完成个人客户签章、维护个人贷款账户信息、制作个人贷款合同、完成个人贷款合同盖章、执行个人贷款合同公证等服务。

（12）借记卡：借记卡产品的专属合约建立、维护和终止；持卡人凭借金融智能卡（IC 卡）进行圈存、圈提款项等 IC 卡服务；提供持卡人凭卡进行购物消费、交易授权等服务；持卡人因借记卡损坏或网络故障等特殊情况下，应急支取借记卡款项等应急取款服务；理财卡持卡人因货币转换导致发生临时透支时，进行临时透支还款处理；借记卡持卡人因卡片损坏、卡片到期、升降级等，补发与更换借记卡卡片服务。

（13）贷记卡：贷记卡卡片管理、认证授权、卡交易及客户账处理、绩效考核、升等管理服务。

（14）支付结算：使用结算工具或结算方式完成货币资金的给付，包括支票、汇票、本票、委托收款、托收承付、商业汇票、汇兑、出口托收、进口代收、外汇汇款、光票托收、信用证、国内信用证、代理签发票据、代理承兑票据、代理资金清算、国内信用证受托开证等服务。

（15）资金监管：根据协议约定，为交易双方的资金安全提供专户保管、资金存入与划拨监管等服务。

渠道整合层为核心系统提供极致的用户体验，根据渠道提供的服务能力及特征，部署不同的产品及服务。线下渠道、网点柜面提供人工服务，部署全量业务；自助取款机提供客户自助服务，部署简单的现金及非现金业务；智慧柜员机（STM）提供客户自助和人工审核服务，部署较复杂的、不涉及实物的业务；客户经理使用平板电脑（PAD）提供移动服务，使得网点服务走出去，提供较为复杂的、非现金业务。线上渠道包括网银、手机银行等客户渠道，部署非必须临柜和不涉及实物的业务；公众号、小程序等客户渠道，部署以营销宣传为主、少量简单的非现金业务；开放银行以软件开发工具包（SDK）、API 等方式将银行服务嵌入第三方，部署标准金融和非金融服务，与合作方共同打造合作生态。

客户渠道包含网银、网站、手机银行、微信公众号、小程序、电话银行、短信等互联网金融渠道，ATM、POS 等自助银行渠道。

员工渠道包含网点员工渠道（柜面、专业中心、中后台审核处理等）、智慧柜员机、客户经理平板电脑、员工手机应用程序等。员工渠道的特点是支持网点转型，服务从网点内向网点外拓展，向没有网点的县域农村延伸。

管理分析层为核心系统提供深刻的业务洞察能力，包括客户评价、营销销售、风险洞察（反欺诈）等。

客户评价基于大数据支持，建立客户评估模型，评估客户等级、客户贡献度、客户风险偏好，建立客户 360 度画像。

营销销售是指各类业务的营销计划和方案制订、营销活动执行、评估以及销售过程管理，建立事件式营销模型，实时捕获业务事件，产生营销商机等。

反欺诈是指分析定义欺诈风险防控策略，采集客户及交易信息，侦测欺诈风险，对欺诈事件进行处置。

二、部署架构

核心系统部署架构分为三类：主机集中式架构、主机开放融合架构、微服务分布式架构。

（一）主机集中式架构

主机集中式架构的核心是大型机、DB2①、存储等高性能资源，应用和数据部署在主机环境内，依托主机自身的高可靠性保证应用高可用，系统并发能力依赖于主机 MIPS② 的数量。图 11-2 是某大型商业银行的主机集中式架构。

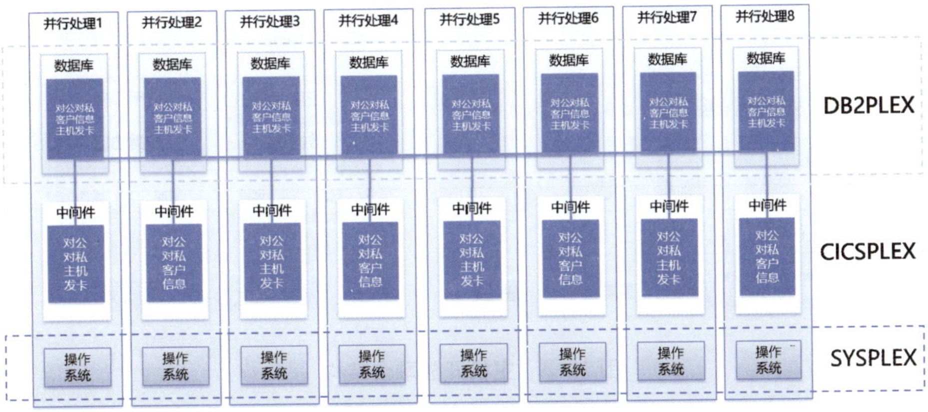

图 11-2 主机集中式架构

核心数据在一套“DB2 Data Sharing Group”中，所有数据可以直接访问而不必通过中间件的调用，保证效率最优、资源最省。中间件按不同的应用独立部署，避免相互影响，隔离风险。所有应用部署在一套操作系统 SYS-PLEX 内，存储资源可以灵活调配，计算资源集约化使用，操作系统可根据

① DB2 是美国 IBM 公司开发的一套关系型数据库管理系统。

② MIPS 指每秒处理的百万级的机器语言指令数。

应用需求动态地扩展。

以主机为基础的集中式架构的优势是整个系统集中部署，事务强一致性，响应时间短，但部署成本高，技术独家垄断。

（二）主机开放融合架构

主机开放融合架构是在确保继承主机集中处理核心业务功能和逻辑的前提下，将主机系统中运行的交易量、占用主机资源较大的部分查询功能，从主机平台下移至开放系统中运行，以降低主机资源的使用。

技术上利用主机分布式关系数据库体系结构（DRDA）技术，部分交易直接通过 DRDA 查询主机 DB2 数据库数据，针对明细数据，通过日终数据同步、EDA 数据同步、数据复制三种方式把数据下移到开放 Oracle 数据库管理系统，在开放数据库中利用分库规则进行数据存储，通过查询交易的下移，减少对主机 MIPS 的依赖。

主机开放融合架构将不涉及事务的查询交易在开放平台运行，涉及事务一致性的账务、维护类交易，还在主机上运行。主机开放融合架构如图 11-3 所示。

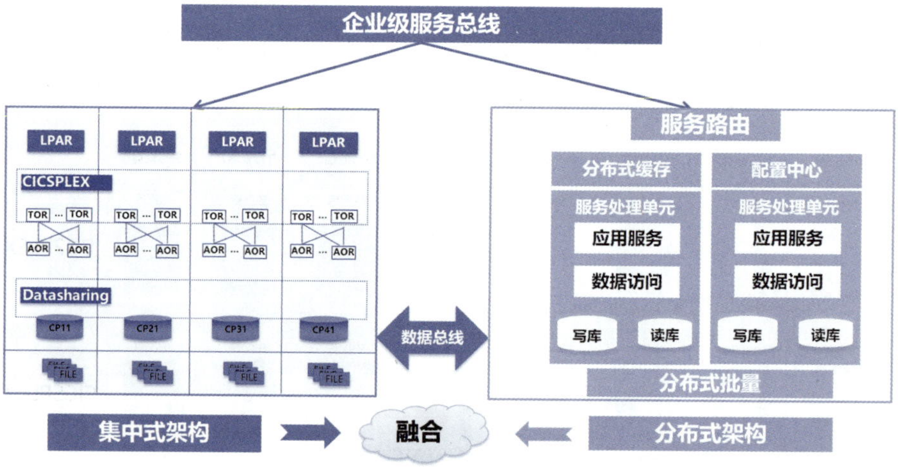

图 11-3 主机开放融合架构

对于非明细类查询交易，如余额查询、户名返显等交易，渠道服务通过企业服务目录寻址，获取服务地址，交易报文通过可扩展标记语言（XML）上送开放查询下移系统，分布式框架获取报文后，通过 DB2 的 DRDA 协议实现直接访问 DB2 数据库，返回响应数据，并生成返回报文，完成交易处理。对私类明细交易通过日终批处理方式下送明细记录，在开放系统通过分库分表实现数据的存放，日间进行明细查询时，先通过 DRDA 访问主机 DB2 数据库进行增量同步入 Oracle 数据库，再在查询下移系统查询本地数据实现明细交易的查询。快捷支付账务类交易先在辅助查询系统进行余额、产品、定价等参数的访问，再通过外呼主机账务交易实现扣款等交易。

主机开放融合架构充分利用各种技术的优点，扬长避短，在稳定可靠和经济实惠中取得适当平衡。关键账务性应用、数据库操作频繁的应用采用主机集中式系统架构，充分发挥主机安全、稳定、可靠、管理简单的优点。需要多次交换、业务操作流程环节多的应用，采用分布式系统架构，发挥分布式平台成本低、海量并发处理能力强的优点。

（三）微服务分布式架构

核心系统部署在分布式微服务平台，平台提供分布式微服务架构的基础能力，主要包括应用路由、配置中心、数据访问代理等。应用路由根据配置的路由规则，将交易调用路由到正确的处理单元，提供跨中心、多实例稳定可靠的路由能力；配置中心对配置数据集中管理，包括微服务管理、路由规则管理、分库分表配置管理、索引键映射管理等；数据访问代理支持多数据源分库分表访问，实现对多数据源的并行查询，适配开源连接池。分布式核心系统如图 11-4 所示。

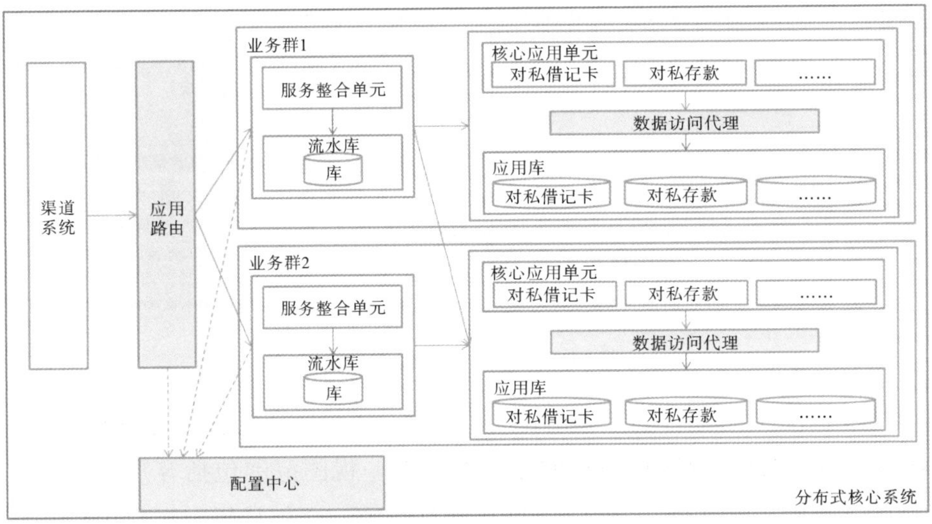

图 11-4　分布式核心系统

渠道系统通过服务目录寻址，通过应用路由访问分布式核心系统。分布式核心系统与外部服务系统交互也通过服务目录寻址。应用路由层访问服务整合单元、服务整合单元访问核心应用单元则都通过配置中心寻址做路由决策。配置中心提供全局路由寻址和索引库配置管理功能。应用逻辑层由服务整合单元和核心应用单元组成，服务整合单元提供交易编排组合能力，核心应用单元提供业务逻辑处理能力。数据库通过垂直水平拆分后进行分库分表部署，以提供可扩展性。在分布式微服务核心系统架构中，应用路由实现交易的分发，配置中心主要包括路由配置访问、索引访问、服务寻址等功能，服务整合实现分布式事务的一致性和交易的服务组合。

第三节 系统关键功能设计

一、客户统一视图

客户统一视图由客户信息管理组件及相关产品系统、客户管理系统协同实现。客户信息管理组件是客户统一视图的中心，统一全行客户的编号、客户归并规则、客户信息采集流程，保障客户信息准确、一致、完整，便于及时、准确识别客户，支持差异化客户服务、产品营销。客户统一视图架构如图 11-5 所示。

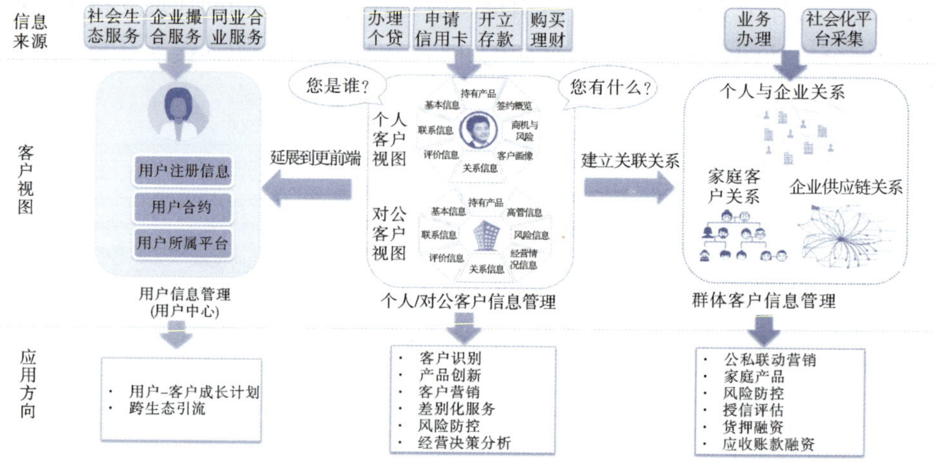

图 11-5 客户统一视图架构

客户信息管理组件建立集团化的、以客户编号统驭的客户统一视图，在渠道、产品组件实现客户信息共享。客户统一视图范围包括客户基本信息（国籍、性别、生日等），证件信息（证件类型、证件号码、客户名称、证件有效期等），联系信息（家庭地址、单位地址、固定电话、手机号码等），财务信息（家庭收入、个人收入、年收入等），工作经历信息（现工作单位、过往工作单位等），关系信息（客户配偶、客户经理、客户所属机构等），评价信息（客户等级、客户评级等），商机信息（员工渠道和电子渠道商机标志），风险信息（风险评测、产品适合度问卷得分等），产品合约快照（客户持有活期、定期、借记卡、贷记卡、贷款、理财产品、基金、国债、保险、金融市场、家庭现金等）等种类的客户数据。客户在使用银行服务时，银行首先对客户进行识别，识别客户的流程都由客户信息管理组件在进行后台支撑，支持证件、卡号、客户编号等多种手段进行客户信息检索。

客户统一视图信息的采集和维护贯穿客户管理全生命周期，是一项长期持续的工作，在不同阶段进行一致性、差别化的维护，应用设计时做到“在合适的时间，面对合适的客户，采集合适的信息”。例如，在开户时，银行采集满足外部监管和内部管理需要的客户基本信息（身份信息、联系信息）；在购买投资理财产品、申请贷款或信用卡时，银行采集风险信息、负债信息、评价信息，通过内外部数据的分析，建立客户之间的关系图谱信息，通过与行内行外生态合作，建立用户（潜在客户）信息。

渠道识别客户的流程（包括识别在黑名单中的客户）由客户信息管理组件支撑，客户等级、客户持有产品、黑名单客户等，都是由客户信息管理提供的公共服务。客户编号在各个产品组件之间起到了统驭作用，成为客户信息管理的关键数据项，是落实以客户为中心的重要数据资源，是在各个产品系统之间串联客户的重要资源。

二、产品工厂设计

（一）企业级产品目录

企业级产品目录统一和规范全行的产品定义，作为全行产品信息的唯一可信来源。产品目录的结构包括四个层次，即产品线、产品组、基础产品、可售产品。产品线独立于组织结构、客户细分或某一具体渠道。银行产品线包括存款、信贷、贸易融资、支付结算、投资理财、金融市场等。产品组是对下一层的基础产品的归类。一个产品线包含多个产品组，每个产品组在产品目录中唯一，不存在交集。基础产品是一种抽象化、用于支持创新的产品，由一组具有相似服务功能和业务处理规则的可售产品聚类而成，其产品特征和条件能够覆盖其所有的可售产品。可售产品是银行独立对外进行销售和经营的产品，通常也独立进行管理。可售产品可以根据渠道、客户细分、组织以及币种等维度进行定义。

（二）产品工厂设计

产品工厂的设计思路是依托企业级产品装配设计体系，将银行业务中各类产品按照产品特征和业务流程划分为不同的产品装配模型（基础产品），同时解构成一些标准化、结构化的产品部件、产品元件和产品参数，以便采用组装与实例化的方式，快速设计并开发满足市场需求的产品。当客户有了新的需求，或者希望获得定制化的综合金融服务方案时，这些结构化、标准化的产品“零部件”就可以被迅速复用配置，形成产品后实时发布至对应的销售系统进行销售。银行利用已有的产品或产品功能，针对客户的新需求进行重新组合或少量开发，使原本复杂冗长的创新过程变得灵活快捷。

为支持产品快速创新和部署需要，产品装配体系采用结构化产品设计的方法来描述产品的业务特征全貌，并通过产品装配工厂平台实现产品工厂化的组装研发模式。

结构化产品设计的拓扑结构分为类与对象两部分，自下而上依次由产品参数/产品参数实例、产品元件类/产品元件、产品部件类/产品部件、单一产品装配模型/单一可售产品、组合类产品装配模型/组合类可售产品五个层面构成（见图 11-6）。

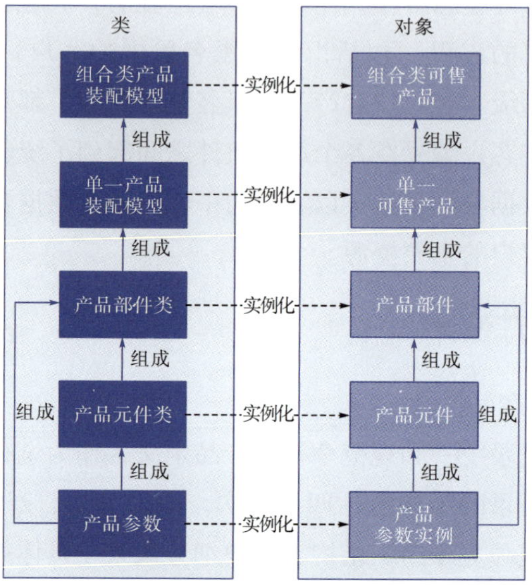

图 11-6　结构化产品设计拓扑结构

（1）产品参数/产品参数实例：产品参数是构成产品装配模型的最基本的业务元素，表示产品的某种限制、限额、约束和规则，是最细粒度的产品信息项，不能再进行分解；对同一个产品参数的不同取值（范围），就形成了不同的产品参数实例。

（2）产品元件类/产品元件：产品元件类由一组不可分割的产品参数组成，表达一个完整的业务概念，可被多个部件类或其他元件类复用；产品元件是产品元件类的实例，由一组确定了取值（范围）的产品参数实例组成。

（3）产品部件类/产品部件：产品部件类是关系密切的一组元件类和参数的集合，具有内聚性和可重用性，并且可以体现产品的某类功能或某种特征；产品部件是产品部件类的实例，由一组产品元件和产品参数实例组成，用部件编号标识，表达一种确定的业务含义。

（4）单一产品装配模型/单一可售产品：单一产品装配模型由一组产品部件类按一定结构组成；单一可售产品是产品装配模型的实例，由一组产品部件组成。

（5）组合类产品装配模型/组合类可售产品：组合类产品装配模型由一

组单一或组合产品装配模型组成，可基于组合类产品装配模型定义各种组合产品和产品组合；组合类可售产品是组合类产品装配模型的实例，由一组单一或组合可售产品组成。

企业级产品装配设计体系的五层拓扑结构支持组装与实例化三种基本的可售产品装配方式。

（1）组装方式：装配产品可通过自下而上的方式将已提前实例化的产品参数实例、产品元件与产品部件按一定的产品结构进行组装形成可售产品。

（2）实例化方式：装配产品可通过从左至右的方式将产品装配模型（基础产品）、产品部件类、产品元件类和产品参数实例化形成可售产品以及可复用的产品部件、产品元件与产品参数实例。

（3）组合方式：装配产品可根据实际需要组合使用组装与实例化两种方式，达到快速创新产品、快速占领市场的目标。

（三）产品工厂装配平台

产品工厂装配平台以结构化产品设计五层拓扑结构为基础，借鉴制造业的成功转型经验，采用“装配-发布”机制进行金融产品的组装，具有灵活装配、高度复用与实时发布的特点。为适应各产品领域多种创新场景下的各类装配需求，产品工厂包括运行态装配与开发态装配两种装配模式。

（1）运行态装配：应用于功能规则相对成熟、无需对装配方案进行测试验证的产品装配场景。产品经理在完成产品装配方案设计后，可以直接将方案提交产品工厂，产品工厂根据装配方案在生产环境完成装配后，通过发布方式将该产品推送至产品服务系统发售。

（2）开发态装配：应用于全新业务形态或功能规则比较复杂的产品装配场景。产品经理完成产品装配方案设计后，在开发态进行预装配，并在准生产环境对装配得到的产品进行验证，确认验证结果满足业务预期之后，将准生产环境中的装配结果直接打包后提交产品工厂，产品工厂完成流程审核后将该装配包导入生产环境，完成产品的生效流程并发布产品。

三、差异化定价

为提高银行产品的竞争力，满足市场化条件下产品创新和价格管理的需要，银行应建立统一的价格要素（参数）结构模型，实现价格要素体系的标准化，支持产品、客户、机构、渠道、账户、余额等维度的多层次定价和组合定价。定价管理组件承接以上需求，并建立以客户为中心的综合定价模型和价格审批流程，形成以市场为导向、以客户为中心的综合定价能力。

（一）差异化维度定价设计

统一的结构化价格模型包括基准价格和差异化价格两部分，其中基准价格描述的是价格的基本信息，而差异化价格则是为了支持产品、客户、机构、渠道、账户等不同维度的差异化定价要求。费率结构化模型中，基准费率描述了完整的计费、扣收价格规则；差异化费率支持在基准费率规则的基础上设置多组不同的差异化价格，且每一组差异化价格均可以由不同的差异维度组合决定。利率结构化模型中，利率条件划分为正常利率条件、违约利率条件、计结息利率条件、利率调整条件、差异利率条件等不同组成部分，且同一利率条件支持不同档期、金额分层、差异维度的差异化维度组合。汇率结构化模型定义总分行基准价、对客基准价以及在对客基准价基础上支持渠道、机构、客户等不同维度的差异化价格。差异化维度定价设计如图 11-7 所示。

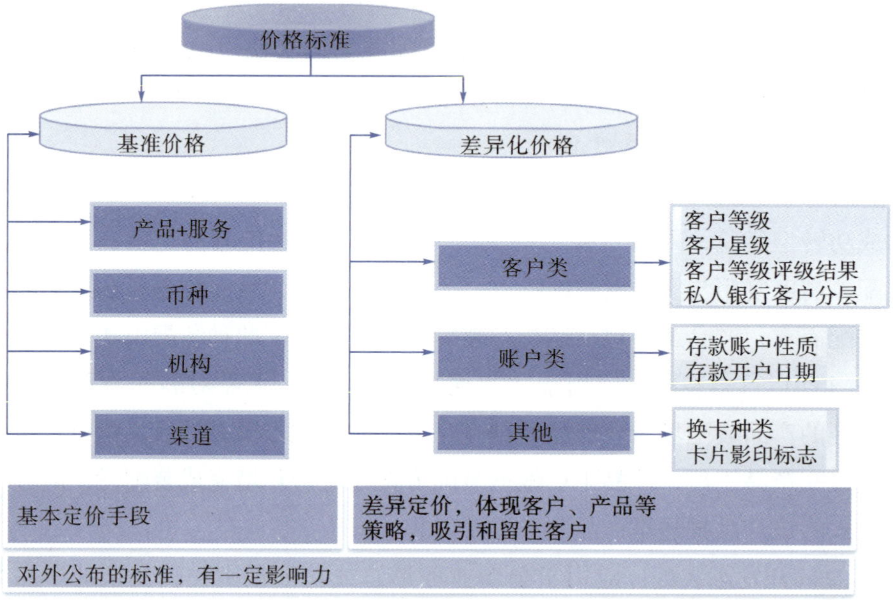

图 11-7　差异化维度定价设计

基于定价管理组件提供的差异化价格计算能力，产品装配模型引入计费类部件与计息类部件，对定价管理的企业级定价模型进行封装，描述特定产品的计费与计息规则，从而借用定价管理组件成熟的价格定制能力，实现了对产品价格的灵活定制。图 11-8 以大额存单为例说明产品装配模型的利率部件与定价的条件组合建立的映射关系。

产品的价格计算场景包括计费场景与计息场景两大类，产品价格识别引擎内建各类可售产品的计费计息场景规则，将价格计算场景分解为一系列结构化的场景因子，如通兑类型、大小额标志、客户评级、提前还款标志等，并与定价管理组件提供的价格项进行映射；在发生收费计息相关交易时，价格识别引擎使用从交易上下文中获取的场景因子，与内建的规则进行比对，从而对交易发生时的价格计算场景与关联价格进行智能识别。

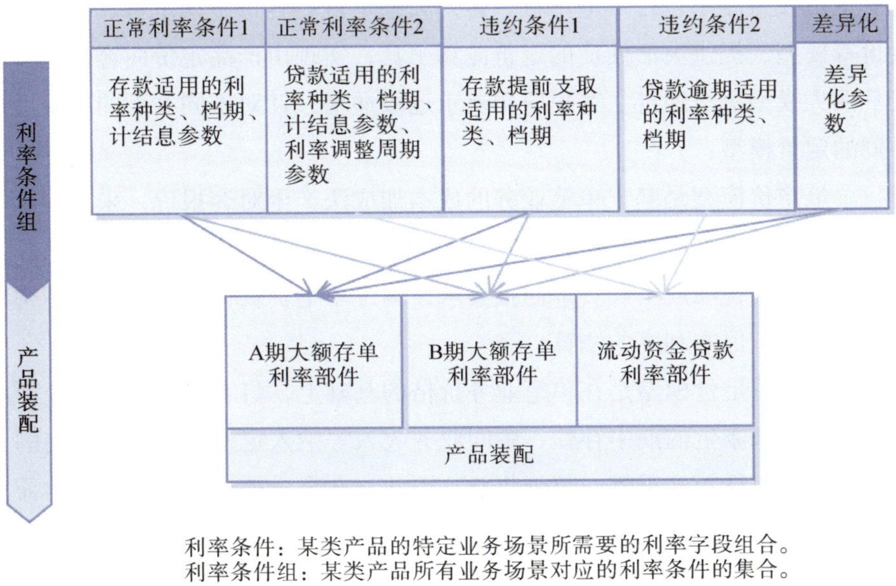

图 11-8　大额存单产品装配模型

定价管理组件的主要功能包括定价模型参数维护、基准价格和差异价格的维护、定价参数和价格的查询和计算、实现参数化的价格接入与控制、控制与授权参数的维护、定价配置器、定价参数与可售产品的灵活装配等功能。

（二）综合定价设计

综合定价覆盖本外币业务，适用于存款、贷款、表外业务等各类产品的综合定价体系，实现价格实时测算、线上审批、生效执行、实时监测的一体化全流程定价管理功能，具体包括定价模型、授权引擎、价格审批、评估监测等组成部分，如图 11-9 所示。

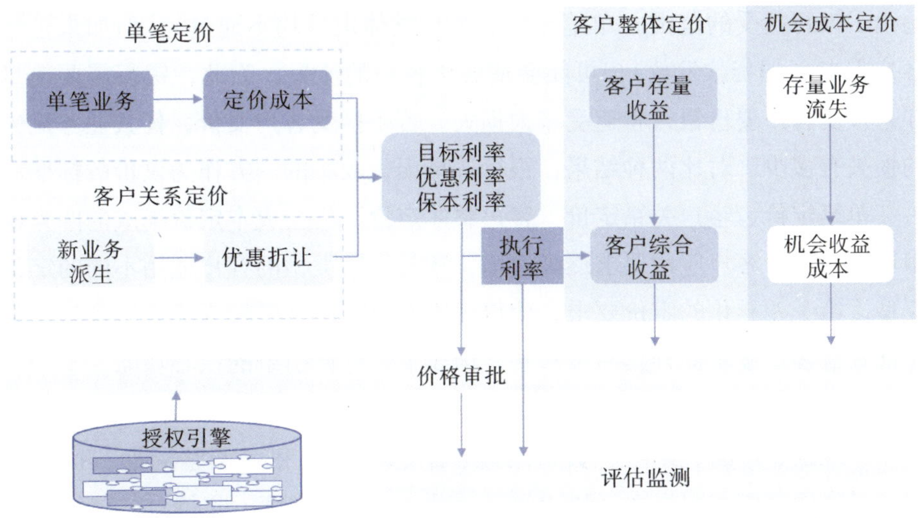

图 11-9　一体化全流程定价管理功能

定价模型体系包含单笔定价、客户关系定价、客户整体定价、机会成本定价等模型，提供灵活便捷的定价测算工具，实现由产品定价向客户定价转变。四大模型层级递进、客户应用要求逐级递增，针对不同类型的客户适用不同的定价模型：

单笔定价模型是基于单笔业务的成本加成法产生对客报价，采用国际通行的贷款基础模型——基于目标收益的成本加成风险定价方法，通过核算银行贷款经营的各项成本和资本回报要求，确定单笔贷款价格、具体成本构成和目标利率、保本利率的测算。

客户关系定价模型是在单笔业务价格的基础上，将客户与银行的全面业务合作及未来派生的期中存款、中间业务收入等纳入定价，这些派生出的其他业务将为银行额外贡献一部分收益。因此，在客户承诺有派生业务的前提下，当前办理的该笔业务可以享受优惠的价格。客户关系定价基于客户相关业务的整体风险收益，而不仅仅是单个产品的收益。在此模型下，系统基于客户全面业务合作和未来产生的贡献，准确测算目标利率、优惠利率和保本利率，客户经理以此作为对客报价的基础。

客户整体定价模型是指对一些规模大、议价能力强的客户，考虑到其对于银行的重要性，若客户提出的价格及派生业务无法保证新增业务盈利达到银行要求，则可以从客户存量业务及新增业务综合层面计量，保证客户层面的盈利达到银行要求。依托整个客户历史贡献和未来效益计量进行价格制定，银行要综合考虑存量业务及新增业务的收益，设定整体回报要求，对不同历史贡献的客户设定差异化回报要求，使得优质客户可以享受较为优惠的利率，引导低效益客户逐步提升其回报水平。

机会成本定价模型是指对部分特殊条件的重点客户，如果其提出的价格超出了银行接受的范围（单笔定价、客户整体定价均不通过），但如果拒绝客户需求（如贷款发放），可能会造成该客户的流失，为此，银行需要衡量如果接受客户要价银行将遭受多大损失；若不接受客户要价，任其业务流失的损失有多少。对比两种结果，银行选择损失较小的一方作为议价的标准。

单笔定价、客户关系定价、客户整体定价、机会成本定价组成的四大模型层级递进、客户应用要求逐级递增，针对不同类型的客户适用不同的定价模型，给予差异化的定价要求，使得优质客户可以享受较为优惠的利率，引导低效益客户逐步提升其回报水平，构成定价计算引擎的核心功能。

授权引擎涵盖了客户规模、信用评级、贷存比、客户分类、集团类型、行业、地区、产品、期限、资金用途、结息周期、利率调整周期、执行利率、风险调整资本回报率（RAROC）、浮动比率等维度，支持对各层级审批流程灵活设置。评估监测对客户经理、审批人、分支机构、部门等价格审批主体的审批效果进行有效监测和事后评价。例如，在单笔定价时，客户承诺办理派生业务，但客户在享受了优惠价格后，是否如实兑现了当初承诺的派生业务则需要持续进行追踪，引导客户经理追踪、督促客户派生业务完成，提高客户真实综合贡献。

四、交易与核算分离

传统上，银行采用交易和会计核算紧耦合的处理模式，会计分录产生机制按不同业务场景与交易功能绑定，针对不同业务场景、不同交易处理要素和逻辑产生不同的会计分录。交易与会计核算绑定对快速响应市场变化、加速产品创新产生了制约影响，无法适应全球多会计准则，无法满足精细化管理对多层次、多维度信息的要求，不能满足有效控制风险的要求。

交易和核算解耦使产品服务和会计核算各自独立，当各自变动时只影响自身部分，以解决绑定带来的相应问题。同时会计核算是银行所有产品经济事项的结果记载，银行日益面对产品创新快、业务量大、兼并购等特点，统一的会计引擎设计方案遵循业务核算稳定、账务准确安全、核算规则可配置、支持产品创新、性能高效、系统可扩展。图 11-10 是交易核算分离的设计方案。

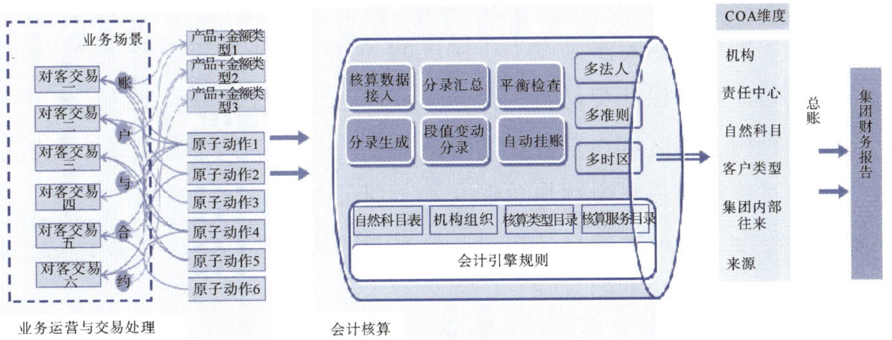

图 11-10　交易核算分离的设计方案

交易与核算分离的关键在于分析和归纳出分离的落脚点，归纳和提炼产品业务场景和会计核算的关系。核算类型、原子动作、金额类型三要素是分离的落脚点。同时该设计方案将产品信息加条件映射到核算类型，核算类型映射到产品各生命周期的科目。会计引擎通过接收产品组件送入的交易信息，驱动产品到核算类型的映射，找到确定的核算类型，并根据事先配置的核算分录规则和核算类型到科目的映射动态生成与之配套的会计分录。会计引擎通过核算类型隔离和衔接产品与科目，解决产品和核算间各自变动带来的调整影响，保证前后系统的稳定，同时支持多套会计准则、多区域统一核算，满足会计准则和信息披露的要求。核算类型映射与引擎规则配置如图 11-11 所示。

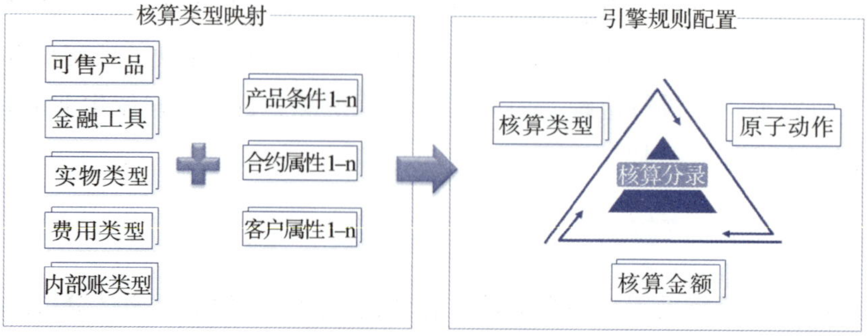

图 11–11　核算类型映射与引擎规则配置

交易与核算分离的设计具备如下优势：

（1）稳定。会计制度、核算变化不影响产品系统。核算规则变化时，该设计通过调整会计引擎的“核算分录规则”参数配置即可；会计核算的科目变化时，该设计通过调整核算类型到科目的映射参数配置即可，不影响对客交易和产品服务。当产品及产品条件变化，核算制度和科目无变化时，该设计只需要调整产品、产品条件到核算类型的映射即可，使核算不与产品绑定，保证核算的相对独立性以及产品系统的稳定性。

（2）安全。会计引擎对单个产品组件上送的交易流水经会计引擎生成分录后做平衡检查，以确保最小单位的原子交易场景核算平衡；对多原子交易组合的业务场景，制定多维度、多层次的一致性保证机制；通过交易流水与明细分录的核对，保证交易与核算的一致性；通过检查一个全局流水号下跨系统、跨机构、跨区域往来科目的平衡关系，确保账务性组合交易的账务一致性；通过核对分户账余额与总账余额，保证总账与分户账的一致性。正是在这些多维度、多层次的交叉核对，交易与核算分离的设计确保了在组件化的生态环境下账务的准确、安全。

（3）可配置。核算引擎支持四层维度配置，即核算分录规则配置，产品到核算类型配置，核算类型下生命周期科目配置，多法人、多账套、多会计准则和多时区配置。该设计根据全球参数的集中和差异化管理，提供集中和分散的维护手段，实现核算参数的注册、发布、生效、稽核的全生命周期管理。

（4）支持产品创新。该设计通过可配置的手段并将配置主动权交由业务，以解决原有靠技术调整、技术配置来响应产品快速创新；交易与核算分离使银行的业务运营、对客服务、内部管理考核与核算松耦合，各司其职，共同支撑银行业务的整体运营，并向专业化、精细化发展。

（5）可扩展。该设计借助异步处理技术，将产品组件的交易服务与后续的核算处理分离，遵循企业级数据字典和数据标准，产品组件只要少量变动就能接入会计引擎，可同时支持多个法人、多套科目、多套会计准则和多时区的会计处理，有效支撑财务管理向全球化延伸。

五、账务体系

基于交易与核算分离的机制，核心系统改变传统面向会计核算的设计理念，重构会计核算账务体系结构，还原业务的本质，建立相应的账务体系。具体规则如下：

客户合约类：产品合约、与客户或同业的合约，都由相关组件建立并管理合约或账户，登记客户和合约的相关信息，并提供总分核对的分户明细数据，不再使用内部账户。

实物类：实物包括现金、重要空白凭证和贵金属、抵质押物等，取消对应的内部账，实物的管理由相应的组件完成，并提供登记簿余额和总账做总分核对，确保业务明细与总账的一致。

损益类或权益类：按科目管理，不再使用内部账。

暂收暂付类：使用内部账。

（一）合约账户设计

账本体系的设计不仅要满足当前的业务需求和技术能力，而且要考虑未来业务和技术发展趋势，这种趋势体现在账户、合约、介质三者的解耦和各自高度专业化发展。账户作为一种金融工具，最基本的特征就是安全性、流动性和收益性。合约是银行与客户之间权利与义务关系的约定，需适应合约结构与流程的标准化以及合约条款快速灵活配置的发展趋势。介质是这三者中最活跃的因素，发展趋势是泛化和外化，随着新技术的不断出现，任何想象得到的物质（人脸、脑电波、宠物等）都可能作为介质。这样的账务体系设计清晰界定账户、合约与介质的外部边界和内部结构，实现三者间的解耦，既保持账户设计的稳定性，又能支持技术创新适应业务需求的不断发展。

合约和账户的松耦合设计通过分析银行产品的资金核算特点，将合约和账户的数据实体进行分离设计，提高账户共享能力，确保账户体系稳定可靠，而合约面向产品，且支持不同合约的关联，快速响应产品创新。

介质和合约的松耦合设计基于独立存储的介质数据，以系统构件或联机服务方式封装介质认证处理，介质认证处理和业务处理分别独立进行，通过介质和合约灵活关联设计，确保介质设计的可复用、可迁移、可扩展，未来可以更加快捷地适应认证介质的技术突破和产品的创新。

合约账户设计方案如图 11-12 所示。

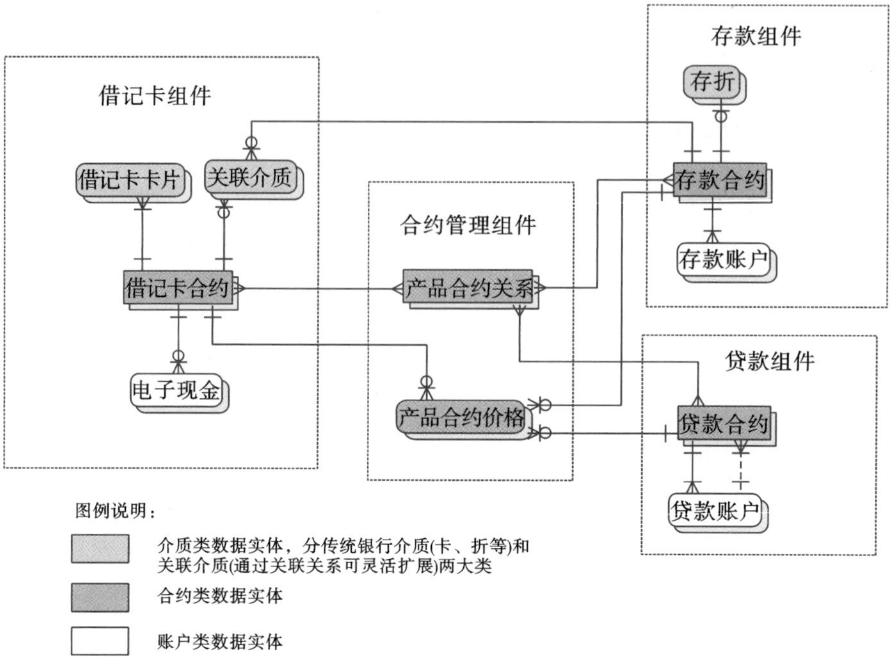

图 11-12　合约账户设计方案

合约管理组件对所有产品合约从系统层面进行集中的结构化设计，有两类信息：产品合约价格实体，包括产品合约的个性化利率、额度、服务费率、管理费率等，归纳为“产品合约价格”类实体，实现企业级共享；产品合约关系实体，包括产品合约和产品合约关系、产品合约和产品子合约关系等。合约管理组件对全行产品合约关系信息进行统一存储和管理，建立企业级合约关系统一视图，对全行产品合约之间的依赖、互斥等关系进行全面展现，为跨可售产品的产品合约间组合、控制等操作提供技术支撑。

各产品服务组件根据统一设计规范和数据标准，分别建立本组件专有的产品合约和账户相关实体。合约及账户中众多属性根据其差异化特性，划分到不同的数据实体，每一个实体有清晰明确的范围，避免数据冗余，适应结构化设计需要。

在介质实体中，银行卡卡片、存折等银行传统介质具有成熟、稳定的数据结构，属性差异明显且有明确、固定的业务归属，在其归属业务组件中分别建立数据实体；单独建立“关联介质”实体，存储非银行传统介质的共性要素（如介质类型、介质编号、校验方式等）以及必需的差异化信息，并根据新兴介质发展需要及时扩展。

（二）内部账户处理

内部账户是银行根据自身业务经营管理的需要而设置的专用账户，之前内部账户使用范围广泛，内部账户数量庞大，存在业务操作风险。以内部账替代客户账或合约下资金管理，存在如下弊端：

（1）割断业务产品系统完整的业务处理数据流，内部账记载的信息以核算为主，不能覆盖符合产品系统特殊要求的信息，导致业务数据完整性的缺失；原本可以由系统不落地的完整业务处理过程，由于前一环节与后一环节之间通过内部账分别记载，而使业务落地、分割处理，产生不必要的对账要求。

（2）产品服务与会计核算的耦合度过高，新产品的开发、同一产品下的合约增加，都需要开立大量的内部账户，相比合约和客户账的管理方式，相当部分的内部账通过手工输入内部账户记账，缺乏有效的交易控制，容易产生操作风险。

（3）银行内部账上形成的大量挂账，事后难以清理，给银行资金安全带来风险。

以上账户体系设置，可以有效减少内部账户数量，有效控制内部账使用范围，还原内部账的业务本质，改变使用内部账造成的产品、客户信息缺失的状态，业务信息获取更流畅和便利，产品组件流程设计更完整，减少落地手工记账，使银行内部账管理和风险防范的措施更有针对性，提高财务核算的质量。

六、机构和员工管理

（一）机构视图与员工视图管理

机构视图主要包括机构基本信息（机构编号、中文名称、组织机构地域编号等），机构营业信息（金融许可证、大额支付业务标识等），机构资源信息（营业办公场所产权形式、营业面积、高柜数量、低柜数量等），机构关系信息（上级行政管理机构、境内营业机构上级管理机构、上级财务汇总机构编号、机构行政层级等），机构业务信息（审批文号、经营币种信息、档案全宗编号、立档档案标志灯）。员工视图主要包括员工基本信息（员工编号、姓名、证件号码、统一登录名等），员工岗位信息（岗位编号、岗位所属机构编号、角色编号等），员工所属虚拟团队信息以及员工新老映射关系信息等。

机构视图和员工视图信息由机构员工组件统一管理，实现信息的单点采集、同步共享、联动管控和集中发布，支持全行 IT 系统的统一登录、认证和鉴权，防控操作风险。

（二）岗位、角色与权限管理

机构员工组件基于基于属性的权限控制（ABAC）模式，实现用户、岗位、角色多维度的员工权限模型，实现权限管理的统一。权限管理模型如图 11-13 所示。

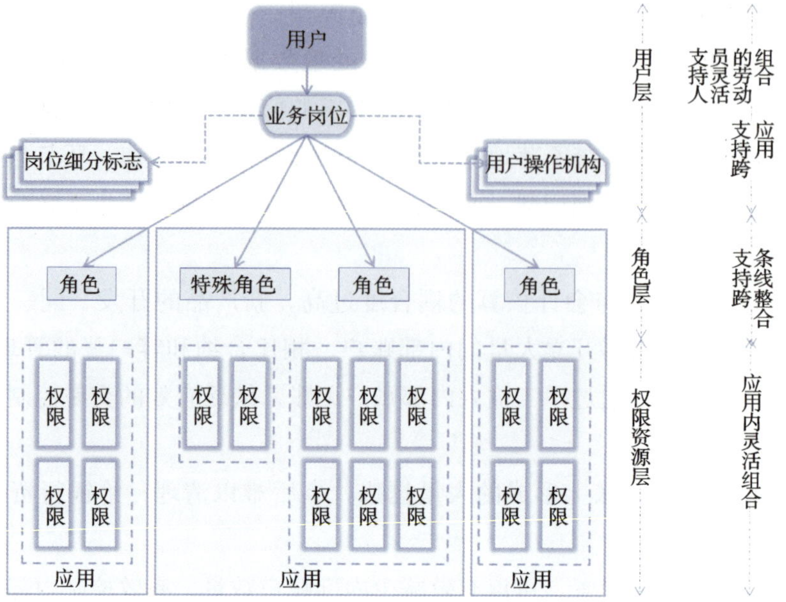

图 11-13　权限管理模型

用户包括银行员工及外部用户，岗位对应职责相近的一组工作内容，由业务部门基于工作职责定义，角色来自业务流程，权限对应每个用户能看见的系统操作项。基于此模型，用户权限更加灵活、易于设置，支持银行未来持续性、精益化管理需求。以该模型为基础，银行可以定义岗位静态互斥、角色静态互斥、角色动态互斥等规则，有效防范操作风险。

（三）数据访问方式

大多数场景下，外围组件通过实时调用接口的方式调用机构员工组件服务获取数据；针对个别访问量大、性能要求高的访问场景，机构员工提供数据副本。

七、参数管理

参数管理的目标是对业务参数进行集中管理，加强风险集中管控，从制度、流程、标准、人员上进行专业化管控，有效保证参数数据的正确性和一致性，实现设计统一、流程统一、数据集中。

（一）参数标准化、统一管理

参数管理包括参数识别、设计、实施、变更、退出的全生命周期管理，对支持系统运行的参数基础信息、参数间的关联关系等进行集中采集、统一发布。核心系统通过参数管理组件实现参数统一管理，建立参数统一视图，支持参数变更流程灵活配置。参数管理组件建立参数统一的标准和规范，实现对行内参数的标准化管理，形成企业级视角的参数视图和关联关系视图，在此基础上，支持参数变更影响分析，为参数变更提供决策依据。

（二）参数统一发布，保证参数一致性

通过建立参数集中发布机制，参数管理组件能实现各应用系统的联动变更生效，实时监控参数生效结果。参数管理支持多种参数生效机制，包括预期生效和即期生效、按会计日期生效和按自然日期生效等。参数管理组件通过实时回执比对和定期稽核等技术手段，保证参数数据一致性；通过订阅机制，实现参数一点维护多点生效；通过参数关联发布和排期功能，确保参数关联变更的准确性、完整性、有效性。

（三）参数识别、设计、研发、变更全流程管理

参数管理组件通过流程管理功能实现参数注册、订阅、变更等的规范化、标准化管理，有效防范参数变更风险；通过统一设计的操作日志和维护凭证来记录操作过程，确保事后审计有据可查；通过注册流程确保参数结构、参数关系等信息，进行及时更新；通过参数订阅流程管控参数发布的组件信息、文件目录、生效方式等关键信息，确保参数发布的完整性和准确性，通过参数变更流程、参数数据录入与申请审批流程结合，确保参数变更数据不被篡改、降低参数操作风险。

八、业务一致性保证机制

组件化、服务化的核心系统架构下，一笔交易由多个组件协作完成，跨组件的交易处理应确保全部成功或全部失败，避免部分成功、部分失败的情况。组件化、服务化架构通过交易一致性事中处理机制和事后一致性核对机制保证交易的一致性。

（一）交易一致性事中处理

交易一致性事中处理是指当交易不一致场景发生后，系统能够第一时间通过自动及手动方法纠正不一致信息，尽量保证交易在前后环节的一致性。交易不一致现象的成因包括网络故障、被调用系统无响应、被调用系统故障。

各系统在解决交易一致性问题时，遵循以下设计原则：

（1）调用方主责原则：调用方识别异常状况、执行既定策略（冲正或重发）、返回合理响应码，建立待冲正或重发队列，依据策略控制冲正或重发的执行。

（2）调用顺序合理原则：在出现单边账的极端情况下先借后贷，确保银行资产安全，避免资金损失；涉及第三方账务信息时，可采用不明确时先冻结、确定再解冻等来提升体验。

（3）全局流水号统一原则：所有组件都要在流水中记载全局流水号（成功或失败均要记录），确保跨组件交易的唯一识别，流水中动态更新本次业务处理执行状态。

（4）超时漏斗原则：设置合理的超时初始时间，组件间调用时进行超

时时间扣减和传递，或者采用静态配置方法实现超时漏斗，避免多点超时引发多点同时冲正。

（5）系统异常控制原则：避免无意义冲正，多次异步冲正间隔逐渐加大，设置最高次数限制，自动流量控制避免超负载，自动故障隔离避免系统故障。

（6）完整统一对账原则：对账信息格式统一、集中汇集、统一处理，由财会组件（会计引擎和总账）负责账务核对。

按照一致性问题发生和处置的时间顺序，将一致性问题的处置过程分为四个阶段，每个阶段都对应相关的应对方法：一是故障开始发生或个别交易异常阶段，采用单笔交易异常的一致性保证方法，同步或异步自动冲正，以实现自动快速处置个别异常。二是故障持续，导致异常交易累积到一定规模，组件采取大规模单边账异常自动流控方法，防止大规模异常情况蔓延。三是故障恢复后快速处置，故障恢复后，对累积异常交易进行系统自动快速处置，减少日终对账不平及调账压力。四是日终采取事后对账，对于不一致的交易进行人工调账处理。

（二）业务一致性事后处理

如果一个或一组具有业务一致性要求的处理分别在多个应用或应用组件中实现，在这一组处理结束之后，通过一定的方法来检查这组处理是否一起成功执行，这个检查的过程就是业务一致性事后核对。

业务一致性事后处理分为以下三类：

（1）交易一致性：为了完成一笔完整的联机交易，在行内各组件间发生服务调用，这些服务必须确保一起成功执行或一起失败。交易时，各组件以交易的全局流水号为单位，记录组件间的调用痕迹，要素包括调用方（组件ID+服务ID）、全局流水号的子交易序号、服务种类和被调用方（组件ID+服务ID）。日终时，各组件将此调用痕迹数据供至某一集中组件，该组件基于数据进行核对，如果各条调用记录都可匹配则认为通用核对检查，否则生成差异。

（2）账务一致性：在会计分录或总账账目生成之后，核心系统会依据会计账务原理必须确保的平衡与一致，包括一个账务性交易的会计分录及其他核算要素完整生成；会计复式记账的借贷平衡；对有分户账、分户登记簿的账目，保证分户账和总账更新的同步一致性。账务一致核对针对每笔账务性交易的会计分录，进行借贷平衡和总分平衡检查。借贷平衡检查确认在一个账务性交易内，借方发生数和贷方发生数的总金额相等，方向相反。日间，在一笔交易服务中各组件生成各自的会计流水并发送到会计引擎。在一个会计日期内，系统以“全局流水号”为唯一键值，检查该笔流水相应的所有系统内往来科目的借贷明细。如果借贷不平，会计引擎生成差错报表。总分平衡检查确认在一个会计周期内，科目账的余额与分户账的余额相等，财务会计组件负责对总分不一致进行核对，按照科目进行余额核对，保证科目账的本日余额与分户账汇总后的本日余额一致，保证科目账的上日余额加本日发生额与本日余额一致，提供总分不平的差错文件。

（3）引擎一致性：在交易与核算分离的整体架构下，组件交易处理与会计引擎入账处理形成一类异步服务组合关系，必须确保在这个过程中不会出现应用组件交易成功，但会计引擎未收到入账请求的情况。引擎一致性检查以“会计日期+全局事件跟踪号+子交易序号+服务种类”为核对要素。日终，组件将发送给会计引擎的入账数据发送至数据仓库。会计引擎将当日所有接收到的入账数据也发送至仓库，仓库检查是否存在应用组件“有”但会计引擎“无”的交易流水，生成差错报告。

第四节　核心系统发展趋势

经过数十年的发展，大型商业银行的核心系统基本上实现了统一客户信息、产品工厂研发、差异化定价、业务集中处理、交易核算分离等机制。在此基础上，核心系统未来的发展趋势将突出以下特点：

一、组件化和服务化

实践证明，面向服务的架构（SOA）可以有效提升 IT 系统灵活性，提高快速响应业务变化的能力。基于企业级理念，SOA 对银行业务能力进行系统梳理，以组件承接企业级业务能力。组件化基于可重用的目的，将一个大的软件系统拆分成多个独立的组件，组件之间通过服务进行协作，构成一个有机的整体。组件化、服务化架构可以降低核心系统的复杂性，各组件可以独立升级变更，快速实现业务需求。

二、分布式微服务架构

相对于主机集中式架构，以开放系统和云计算为基础的分布式架构在扩展性、低成本方面的优势明显，其可用性也在逐步提升，已经成为主流的架构方案。分布式微服务架构对应用按照耦合性进行垂直切分，对数据进行分库分表水平切分，降低对底层资源的要求。为降低应用垂直切分和数据水平切分带来的技术复杂性，核心系统的分布式微服务改造需要有稳定的分布式微服务平台支持，通过平台屏蔽交易路由、配置管理、分库分表等技术复杂性，通过平台建立数据复制和链路跟踪等运维支持能力。

三、多中心、单元化部署

所谓单元，是一个缩小版的完整 IT 架构，部署所有应用，但不是全量的数据，只能操作本单元内的一部分数据。单元内的请求链路收敛在本单元内，从应用层到数据层组成一个封闭的系统，避免跨中心访问造成的性能大幅降低。单元化的系统很容易在多机房中部署，可以把几个单元部署在一个机房，也可以灵活移动到另外的数据中心。以“两地四中心”部署为例，在多中心、单元化部署架构下，每个中心部署 1/4 的业务系统，多中心地位均等，正常模式下协同工作，并行为业务访问提供服务，实现对资源的充分利用，避免一个或两个备份中心处于闲置状态。当一个数据中心出现故障时，其他数据中心可以正常运行并对全部业务实现接管，使用户对故障无感知。异地中心通过数据复制技术实现业务数据的数据备份，通过配置中心实现服务的灵活切换。

四、数字化能力提升

数字化银行的特征表现为金融服务无处不在。第一，核心系统需要将原来面向自有渠道的金融产品服务进行封装，面向场景和生态将金融服务以开放银行方式嵌入各种生活场景、智能设备，让银行服务无处不在。第二，银行以客户为中心的营销服务模式转变为以用户为中心，注重对用户的转化、激活、留存等全生命周期运营，核心系统要建立用户运营支持能力。第三，核心系统要及时感知客户行为，以数据为支撑形成全方位的业务洞察力，满足企业精细化运营要求，为客户提供差异化、千人千面的服务，降低运营成本。第四，随着人工智能、区块链等新技术的快速发展，核心系统应具备对新技术应用集成的能力，数字化银行要根据自身的发展策略，建立相应的应用平台，降低新技术应用难点。

本章小结

核心系统是处理客户信息、存款、贷款、银行卡、支付结算、总账等 IT 系统的总和。在组件化、服务化的企业应用架构中，核心系统是一系列实现银行关键能力的组件集合。核心系统通常需要具备统一客户信息管理、产品工厂研发、差异化定价、交易核算分离等能力。本章对支持这些能力的关键核心设计，有选择性地进行了阐述，并对其他一些重要的全局性设计进行了说明，这些设计保证了核心系统的灵活性、适应性、安全性。例如，客户统一视图设计保证全行客户信息一致、准确，支持客户精准营销；产品工厂设计将产品条件封装为部件、元件，支持以装配方式快速支持产品创新；差异化定价对各种差异化因子进行提炼，以结构化方法表达各种定价规则，支持灵活定价；参数管理可以统一银行的参数维护和发布，保证参数准确、一致，控制操作风险等。

第十二章

项目群管理

本章提要

银行IT系统建设工作采用项目制、工程化的方式进行组织和管理，需要一套完整的方法、流程、工具管理体系，支撑银行IT项目群的实施、协作、交付、管理等工作。本章简要介绍银行IT研发管理模式，系统性介绍项目群管理方法、标准和工艺、研发管控机制和研发工具平台；重点介绍企业级架构如何建立总分行一体化管理与研发体系。

学习目标

了解银行IT系统的研发模式、标准工艺、流程规范、管理机制，了解研发工具平台的主要功能和特性，熟悉总分行一体化管理与研发体系。

大型商业银行的IT项目群工程实施，不同于一般商业软件研发公司、软件集成服务商等IT企业软件项目实施。其主要特点是IT项目数量多、并行度高，业务延续性要求高。IT系统经过项目建设而成，但一个典型的银行IT系统的建成不代表终点，而是持续优化工作开始的起点，几乎所有运行中的IT系统，都时刻处在新需求的开发实施任务中，平均每个IT系统1~3个月就会发布一次新的版本，总行同时在建的IT项目数可以达到几百个的量级。银行的整个业务、管理流程对IT系统高度依赖，只要业务还在持续，系统优化升级的工作就不会停滞，并且银行的IT系统对系统运行稳定性、可用性有很高的要求，系统的优化升级工作需要尽量降低对业务延续性的影响，就像同时有许多辆正在行驶中的汽车需要经常更换增强版的零部件，还得设法在换零件期间尽量不影响各自的速度一样。IT项目实施的协同方多，需要协同对接的工序多。银行在具备了从业务到IT架构完整的企业级顶层设计之后，相应地在实施策略上采用组件化的实施分工方式。在这种模式下，每一个业务需求的实现需要多个跨地域的组件或平台开发团队协作完成，一个团队开发的版本类似于汽车的一个零部件，还需要经过和其他“零件”的“对接”“组装”以及“检验”无误后，才能完成最终交付。组件开发团队在同一时间往往要承担来自多个项目的任务，在既定的项目管理的工作范畴之外，还需要在多个项目之间调配协调开发资源以及处理把多个需求集成在同一个组件版本中。上述特点决定了银行项目群工程管理工作的重要性和复杂性。

第一节　研发管理目标

一、研发模式的选择

传统软件开发方法将软件生命周期划分为制订计划、需求分析、软件设计、程序编写、软件测试和运行维护六个基本阶段。每个阶段往下一个阶段的工作交付如同瀑布的流水，只能按照一个方向流动，因此通常称为瀑布模式。这种模式强调对计划的严格遵守、变更控制以及对里程碑提交件的质量、评审要求，每一个阶段需要按照相应的质量标准完成交付，才能作为充分必要输入条件，驱动下一阶段的开始。因此，在理论上，不同阶段的工作交由不同的团队来执行也是可行的。瀑布模式吸取了工业生产的流程化、标准性要求，能够保证项目实施的有序、交付和计划的可预见性以及文档、软件的质量。其缺点是软件开发毕竟不同于汽车制造，需求本身就带有一定的主观性和变化性，再经过分析、设计、开发等过程的层层加工和接力传递，等到实现的功能真正交付用户的时候，用户有可能提出这并不是自己原先设想的效果从而拒绝验收。还有一种可能是经过封闭的研发周期后外部环境已经发生了变化，原有的需求已经无法支持业务，用户会要求系统实现更多的优化需求，才符合投入使用的要求。如果用户需求本来就不甚确定或需求所在业务领域本身就存在变化较频繁的情况，需求变更的风险及变化导致的额外成本会更增加。计划管理和文档管理的严格要求，使得项目组在纯开发工作之外，还需要配比一定的人力资源，进行专门的变更管理、流程控制等工作。对于探索性、小而新的项目开发来说，传统的瀑布模式显得臃肿和低效。

敏捷研发的核心思想是“小步快跑”，即认为响应变化胜过遵循计划，个体与交互胜过过程和工具，可用于工作的软件高于详尽的文档，客户合作胜过合同和谈判。在实际项目实施中，敏捷计划管理将交付计划尽可能缩短至 1~2 周的迭代节奏，将业务需求切片至更小颗粒度的用户故事，将较为确定、价值较高的用户故事尽早排产释放，尽早获得用户反馈，通过反馈不断校正业务需求目标和后续用户故事的排产优先级，从而达到应对不确定性和频繁变化的需求，提升用户满意度，降低项目需求风险的作用。但是，敏捷研发也不是包治百病的灵药。事实上，敏捷研发方法要得到较好的运用，对于组织文化、人员能力、软件架构、开发工具都有较高的门槛，其对软件架构的灵活扩展性设计、软件内建质量、自动化工程实施的要求更高。有的观点认为，敏捷研发就是要尽量减少对开发团队的“繁文缛节”，文档、管理流程越少越好，一切为了实现快速上线，通过“试错”来完成产品的进化。这样的想法是对“敏捷”的肤浅理解，频繁的交付并不能和交付效能的提升以及对业务价值的实现画等号。相反，如果没有良好的用户体验、一致性设计和完备的质量控制手段，交付频率的增加反而增加了用户的负担，增加了生产运维的工作量和风险，也不利于系统架构的持续优化。

二、企业级敏捷目标

银行的 IT 建设采用敏捷还是瀑布模式，需要根据具体的业务特性、系统的安全运维要求、项目组团队能力水平等多个因素来综合判断。对单个项目来说，如果项目组对研发系统缺乏规划和架构设计，更未充分理解实现“敏捷”理念中蕴含着的，对系统架构的灵活性、松耦合性提出的深层次要求，只是学到敏捷研发中最皮毛的计划框架、行为仪式部分，一味想靠激发团队热情，加快交付频率，快速试错来试图“演变”出一个可用的系统。这样的做法不但不能保证项目成功，反而带来项目风险。缺乏规划和蓝图的“敏捷”，项目组迟早会因为过多的试错和返工而导致成就感和凝聚力逐渐丧失，从而也失去了“敏捷”赖以开展的团队基础，导致“敏捷”推行失败，项目有可能陷入既达不到“敏捷”的效果，又无传统“瀑布”的计划和质量活动保证的失控加低效状态。从企业级管控的层面来说，如果系统的建设没有经过企业级架构方案的统筹，没有遵照架构规范下的分工范围和协同标准，盲目追求“团队自治”而自顾自地完成所谓的“快速交付”，很可能只是短期“冲刺”成功。但从长期和整体看来，这是在重复造车轮，事实上造成更大的浪费，欠下更多的“技术债”，从长远来看并不利于整个企业级层面研发效能的提升。

因此，银行要根据不同项目制定差异化要求，在逐步尝试对适合的、有能力的项目采取敏捷模式进行管理的过程中，存在一个瀑布型和敏捷型项目共存的“双模”时期，并保证“双模”项目相互之间的协作顺畅，纳入统一的管理视图，平衡好稳健运营和敏捷创新之间的关系，是较为合适的策略。

总体来说，大型商业银行的 IT 项目群研发管理追求的是企业级交付整体效能提升，是在既要快又要好地满足业务需求的同时，还要有利于企业级架构的持续治理和进化，因此灵活地运用双模研发，并制定相适应的管理策略，是提升研发敏捷性的关键。

第二节 实施工艺和研发流程

大型商业银行的 IT 架构体系庞大，应用架构、数据架构、技术架构、安全架构、运维管理部门等从各自的管理领域出发，对项目研发过程提出了需要遵循的架构要求、技术标准等规范性的要求。从项目组的视角看，这些要求最好能有一个统一的汇总指引，并和项目实施的流程要求相结合，指明需要在项目全生命周期的每个阶段做什么工作、获取什么作为输入以及需要产出的输出件的内容和标准、模板等，这个标准化的指引类似于工业中的生产工艺的作用，因此可称为项目实施工艺。

实施工艺不光在单个项目中起到了指导和规范实施过程与交付的作用，在企业级范围内，需要不同的项目、团队进行沟通和协作时，实施工艺也起到了“基本法”和“统一语言”的作用；在承接企业级要求的同时，也使得组件化、跨团队的协作分工有了指导依据和对接标准。

一、实施工艺

实施工艺规范了企业架构蓝图到实施的标准，覆盖项目全生命周期分析、设计、开发、测试、部署和切换等阶段，规范了每个阶段要做的工序，每个工序步骤的输入、输出、参考依据、角色等，从而把分散至不同项目中、由不同人实施的工作，统一标准化为符合架构要求和接口规范的企业级行为，保证了企业级整体架构的可落地。其核心设计思想包括以下三个方面：

一是工艺采用模型驱动的思想进行设计。工艺中每个工序、工序任务的标准输入输出都是结构化定义的模型，即用业务模型作为业务需求输入，驱动项目立项和实施。在不同的项目实施阶段，各项目的工艺将业务模型逐步转化为分析态、设计态、开发态、部署态的工程模型。模型驱动方式的优点是逻辑严谨、标准统一，能够尽量消除不同人、不同团队之间的理解偏差，因此可以作为企业级范围内沟通协作的统一语言。

二是结构化的模型也有利于研发资产的保存和使用，能够支持版本管理和差异比对，因此也是企业级架构资产保存的主要形式，有利于研发资产沉淀、治理、复用等工作，有效提升研发管理的效能和质量。工艺本身的内容也采用标准化的模型语言进行定义和存储，同时能够支持多样化的展现形式。工艺将项目实施的各项工作按阶段、工序进行逐步分解，对每个工序从操作步骤、方法、遵守的相关技术标准、输入和输出标准、责任主体和配合主体方面进行详细定义，并对部分复杂的工序提供实例化的操作指南和案例作为参考。工艺作为企业级重要资产，存储在研发资产库中，可以通过接口方式对外提供服务，嵌入至IDE①、研发在线向导等界面进行集成，为研发人员提供实时可获取的实施指引，使得工艺对于开发人员更加可用、友好，降低使用门槛，从而提高工艺落地的效率和质量。

三是实施工艺应该具备自适应性，对不同类型的项目，可以根据项目实施范围，结合架构方案，对工序任务进行裁剪、组合，根据技术的发展及整体架构的演化，工艺也应当适时进行“保鲜”修订，以保证工艺和IT架构要求的同步一致性。这种融入IT架构规范的工艺化研发模式使银行的软件研发更具备“工业化”生产的基础，通过对标准步骤的封装减少了开发人员对操作、流程等细节关注的精力消耗，因此可以更多地去关注研发工作本身，从而有效提升了实施效率和质量。

实施工艺按不同的实施阶段和任务来规划，可以分为分析工艺、设计工艺、开发工艺、测试工艺、部署与切换工艺等。

分析工艺的主要作用是指导项目组的业务人员和技术人员共同分析清楚要“做什么”，将模型化或非模型化的业务需求作为输入，经过融入了企业级架构约束的一系列标准化的识别、定义等过程，得到待实现的组件及组件业务功能、业务规则、用户工作流、界面需求、报表类需求和非功能需求等以及得到由需求推导出系统上下文协同关系与基础设施需求。

分析工艺的结构化输出物可以称为“分析模型”。分析模型的特点是介于原始业务需求和软件实现之间，是一种过渡模型，既向上承接了原始需求，又为软件实现规定了一种高层次的抽象描述，并和具体的实现技术栈无关，可以由业务人员和技术人员共同理解、维护。因此，分析工艺和分析模型在项目实施中起到了在业务和技术视角之间承上启下的桥梁作用。

在银行企业级架构中，分析工艺的重要工序还包括对产品与核算类型映射关系、价格结构化参数、重要空白凭证种类与状态流转、业务参数、凭证输出、岗位角色权限等要素的识别分析。这一过程也是指导企业级核心设计成果在单个项目落地的重要保障。

设计工艺的主要作用是指导项目组的技术人员整理出“待开发清单”，将分析模型作为输入，根据企业架构中应用集成、应用平台、开发框架等的技术实现模式和约束，通过一系列推导、映射、抽象、加工的过程，最终得出一个完整的系统待开发零部件清单。这个清单包括项目涉及主系统、协同系统的各自待开发内容和相互接口，是后续编码工作开展的详细规格说明

① IDE（Integrated Development Environment）指提供给开发人员开发软件使用的集成开发环境。

书。设计工艺可以指导技术人员通过用户工作流和业务功能等分析结果，逐步设计出系统工作流和流程编排、系统用例和交易服务、事件订阅、用户界面、菜单项、外部渠道和接口、批处理、数据库表和数据线、数据集成接口、数据交换接口、非功能设计等按应用端到端分解后的待开发内容，将待开发内容按不同的应用平台进行横向分解整理，最后进一步细化设计出每个应用平台上的具体开发单元。

设计工艺的产出物也就是设计模型，其中和组件外界相关的部分，如服务接口、交易线和响应码、转义码、数据交换和集成接口、渠道菜单项、事件订阅信息等，构成了企业级范围内所有系统、组件之间的服务和数据关系网，是重要的架构资产，在作为项目设计交付物的同时，也需要纳入企业级统一的研发资产管理。

开发工艺按照不同的应用平台进行设计，应用平台面向开发者将技术架构层面的底层公共能力进行了封装，并提供了参数化的配置调用方法和可视化开发方法。开发工艺就是每个应用平台的开发说明书，可以指导开发人员完成开发。

测试工艺将不同类型的测试任务，如组件级功能测试、应用级功能测试、用户验收测试、非功能测试等的工作要求进行标准化，形成测试方案及案例编写、环境工具确认、测试脚本编写、测试执行、测试报告发布等标准化测试工序，用以指导开发人员、测试人员的相关工作，并提供准入及完成标准。

部署与切换工艺分为部署与切换两个部分，将系统投产前的准备工作、部署和切换工作进行了标准化要求，包括人员培训部署、基础设施环境部署、应用及组件部署、模拟测试、系统切换等工序。

二、研发流程

银行的项目实施全生命周期划分基本参照业界统一做法，分为需求可研、项目立项、分析设计、开发、测试、交付投产、项目验收等主要阶段。研发和管理流程的具体设计需要充分考虑到银行的项目特点及企业级、组织级、项目级等分层管理的需要。在项目级层面，研发流程的重点是设计好项目和系统、需求和开发版本之间的矩阵式关系的管理方法；在企业级层面，研发流程要能够使研发管理各相关职能部门的流程充分对接，剔除重复流程，打通孤立流程，保证流程执行的效率，从而提升研发的效率和交付质量。

（一）需求可研

银行中的业务部门、分行等需求提出单位根据业务发展要求，识别本单位的业务需求，并向项目主管单位上报。项目主管单位组织需求提出单位、业务主管单位、IT 架构与实施管理单位、数据规范主管单位、运营单位以及相关业务、产品、渠道管理等单位开展可行性研究工作，在充分分析业务需求的基础上，进行业务需求整合，设定项目目标，定义需求（包括功能需求与非功能需求），设计架构方案，明确基础设施需求、非功能需求指标和运营管理需求，确定项目开发模式，编制项目进度计划。其中，数据规范主管单位参与分析与数据应用相关的业务需求。业务主管单位参与分析与应用组件相关的业务需求。渠道管理单位参与分析与渠道相关的需求。

原始的业务需求往往从提出部门自身的业务和管理目标出发，不可避免地带有部门烙印，存在片面性和碎片化的缺点。银行基于企业级集约化目标的考虑，通过 ITBP① 工作机制，在需求可研阶段统筹分析、整合所有的业务需求，打破部门壁垒、系统边界，从企业级角度整合渠道、规划产品、优化流程，以客户体验为中心来设计业务场景，再以完整业务场景为单位来对业务功能、界面、流程、规则等进行标准化的分析。在需求可研阶段，银行同时制订企业级的业务解决方案和 IT 解决方案。

（二）项目立项

银行的项目要按企业级工程实施方法进行顶层设计，项目目标应符合银行总体战略方向和创新方向，并符合以下原则：一是明确性，即项目目标应具体明确；二是可度量性，即项目目标应可度量，评价指标可以量化，验证这些指标的数据或信息可以获得；三是可实现性，即项目目标应可实现；四是相关性，即制定项目目标时应考虑目标之间的关联性；五是时限性，即项目目标的达成应有明确的时间限制。

此外，项目任务书的内容还包括业务需求、架构方案、项目计划等要素。其中，业务需求应符合企业级业务架构要求，并进行清晰、完整、结构化和标准化定义。架构方案应符合企业级业务架构、应用架构、数据架构、技术架构、安全架构以及运行管理要求。项目进度计划应科学、合理，充分考虑项目工作量、开发模式以及系统投产与变更计划规定的上线时间点等因素。

项目立项时应进行工作量评估，科学、标准的项目工作量评估方法，不仅可以为项目人力资源投入提供依据，还有助于促进立项前项目需求识别，从而有利于后期开发工作顺利进行，并且有效地降低成本、提升开发效率。

项目工作量评估应遵循先进性、适用性、时效性和实用性原则，依据项目需求、工作量评估管理的相关规定严格估算，保证客观、严谨。依据项目

① ITBP（IT Business Partner），即 IT 合作伙伴，成员包括总行主要业务部门及总分行金融科技部门的分析和设计骨干，负责快速澄清需求、完成可行性研究、形成解决方案，以此增强对主要业务部门或条线的对口服务和及时响应能力，让科技与业务走得更近。

的复杂度等不同特点，银行可以采用相适应的工作量评估方法。常用的工作量评估法有功能点评估法和专家评估法。

1. 功能点评估法

功能点评估法是一种从用户的角度评估软件规模的标准方法，可以在不同人群，包括技术、业务等对软件形成共识。功能点评估法通过数据功能和事务功能体现项目与应用的复杂度。数据功能是指项目或应用提供的存储数据与控制信息的能力，即应用产生与维护数据的合集，是用户可以确认的、被度量的项目或应用所引用的。事务功能是提供给用户的处理数据与实现功能的能力，是应用或软件用户可识别的、处理逻辑不同的、业务连续的基本过程。事务功能强调在应用边界内外的交互。事务功能的复杂度是通过事务类型及对应的数据功能文件数量来确定的。

对项目采用功能点评估法评估工作量的基本思路如下：

首先，基于业务需求、映射的业务模型或业务功能，将业务需求按照功能点方法分解到事务功能和数据功能，计算外部输入、外部输出、外部查询、内部逻辑文件、外部接口文件等类型功能点的个数，进而得出软件规模。

其次，通过软件规模、基准功能点开发生产率、各种复杂度因子，估算出项目开发工作量。

最后，补充项目的其他工作事项，估算出项目总体工作量。

2. 专家评估法

专家评估法是一种基于经验的评估方法，基本思路如下：

首先，采用自上向下的方法对 IT 实施项目的工作内容进行功能分解，识别出需要实现的业务功能和 IT 功能。

其次，通过功能基准开发工作量和各种因子（实施难度、开发形态等）的选择，估算出各个功能的开发工作量。

再次，将开发工作量，根据不同的项目实施类型，投影到项目的整个生命周期，估算出项目实施工作量。

最后，补充项目的其他工作和管理工作，估算出项目总体工作量。

银行应差异化管理不同规模、类型的项目立项和采用工作量评估方式。对新建重构项目、大型项目、中型项目、小型项目，银行应采取适当的审核层级；对事前无法预估工作量的推广类、配合类项目，银行应采取事前报备、事后结算的方式。

（三）分析设计

在分析设计阶段，项目组根据实施工艺完成工作、交付分析设计文档。在分析阶段，银行可以根据对实施需求基线的跟踪，来进行工作完成情况和质量的检查。实施需求基线是在充分、合理地还原用户工作流及业务功能的基础上形成的，通过比对实施需求和项目目标、范围存在的差异，检查分析结果是否覆盖了项目任务书要求的范围以及企业级建模成果是否及时得到回补。在分析阶段，银行通过核心业务信息要素识别、业务功能跨组件对接、渠道部署对接等工序得到的跨团队协同对接事项，需要及时纳入项目协同计划并提前通知协同方，以便后续对计划跟踪管理。

设计阶段的管控重点是对交易线和服务接口、数据线和交换集成接口以及渠道菜单项等需要跨项目组对接的设计产物的协同计划的确认。这些设计交付物需要设计统一的企业级架构资产管理流程，对每次新增、变更的发布需要有相应的审核、影响性分析、确认流程。同时，各项目组应以统一的投产版本日的时间窗口为依据，进行接口发布计划对齐，进而倒推出设计态接口提交对接的时间计划以及后续的联通测试计划。在一个采用了组件化、服务化架构的大型商业银行研发过程中，管理好服务接口等架构类研发资产的设计态、发布态并和实施计划联动，是降低协同管理难度和减少差错的有效途径。因此，银行有必要建设一套支撑架构类研发资产结构化存储和流程管理的平台，支持在线提交、自动稽核、联动实施计划进行对齐和后续跟踪等功能。

对于设计阶段提交的研发资产的质量检查，大部分结构化的规则可以依靠工具自动进行稽核，主观决策和描述型的内容由人工进行审核，如交易线的合理性、服务颗粒度、错误信息的准确性等。为保证设计成果的完整性和一致性，银行要制定项目内不同成果的横向关联交验规则和设计成果的跨项目关联交验规则，如项目间的调用关系、交易线和接口的匹配关系、接口和错误码的匹配关系等。审核方法以工具固化规则自动检查为主，人工审核为辅。工具检核涉及单个项目的，主要在项目级；工具检核涉及跨项目层次的，在企业级范围内统一进行。银行通过这一系列工具及人工手段进行多层次、全方位审核和管控，用数字化管控的手段保障设计的质量。

（四）开发

应用开发是信息系统建设落地实现的关键环节。其中，框架平台在应用开发中起到承上启下的作用。对上，框架平台根据渠道整合、用户服务整合、应用集成、外联集成、产品服务、数据集成和管理分析等不同业务领域的特点，通过抽象提炼，形成各个领域的公共基础功能，固化开发规范，实现公共功能，并提供配套的应用设计和开发模式。对下，框架平台实现与基础设施的集成，为应用的开发构建基础骨架，完成技术处理逻辑的组织和调度；为应用的部署提供基础容器，形成应用运行所需的完整生态环境；为应用的运行维护提供标准化的基础指标，支持集中式模式化的高效运维。

应用开发可通过可视化模型开发（VMD）思想和方法，来建设改进开发过程的工具；通过模型承载程序设计思想，利用可视化的界面实现业务功能的组织，向开发人员提供设计、开发、工程构建、配置管理、设计文档输出等一整套的辅助功能，并集成企业级数据字典，实现应用功能数据处理的规范性，有效提升开发效率和质量。

应用开发可采用持续集成流水线技术，来将整个开发过程中代码集成、质量扫描、编译、构建、部署、测试等步骤以脚本化实现，流水线化自动串接，将开发人员的时间从重复性、无创造性的手工工作中节省出来，可以投入更多有价值的智力劳动，显著提升软件交付的效率和质量。

（五）测试

软件版本是软件交付的核心，要使交付的应用版本功能完善、业务连续、账务准确、非功能优良、用户体验快捷便利，需要通过与软件开发方法相匹配的测试方法予以保证。根据银行企业级设计、工厂化和组件化生产特征，企业级测试应该采用自下向上、逐层装配、次第累积验证的测试策略，对企业级框架平台进行高强度的可靠性测试；对公用组件开展核心应用能力测试；对端到端的应用，参照产品流水线生产模式，构建单元测试-组件组装测试-应用组装测试-应用总装测试-用户测试-版本检验测试全流程方法，在实际测试工作执行中，基于风险与质量之间平衡的原则对软件版本进行适度合理的测试。

单元测试在编码阶段同步开展，目标是消除程序模块的内部缺陷，达到可组装标准。组件组装测试的重点是组件接口测试，根据组件的设计验证每个组件服务是否满足功能和非功能的要求。应用组装测试是端到端的测试，验证单个应用的功能和非功能满足应用设计的要求。对于部分重大投产版本线，为了避免同一批次投产的应用之间存在的冲突或不匹配等缺陷，单元测试在同一套测试环境实施应用总装测试以进行检验。在版本基本稳定后，最终用户进行用户验收测试，验证业务功能、用户工作流和用户体验是否符合项目任务书及相关业务标准的要求。待投产版本封板后，单元测试还需要在准生产环境下进行功能、非功能特性的验证测试和版本安装验证测试，保证交付的软件产品符合安全生产要求。

根据银行的架构特点和组件化开发模式，交易线测试、数据线测试、账务线测试、外联测试等专项测试是测试实施的几大重点和难点。交易线测试的案例编写工作需要紧密衔接系统分析与设计结果，根据渠道、产品、客户、业务功能、末级菜单、用户、用户工作流程等要素进行案例的分析和设计，确保测试案例范围全面覆盖系统用例、业务规则、界面规则、交易服务、交易路径、响应码、外联单位等因子。为了保证测试执行的充分性，测试可以采取测试环境动态监控工具，获取实际执行的交易码、响应码、交易路径等信息来印证测试范围。

数据线测试的测试范围依据系统分析与设计结果中关于数据线分类规则，分为联线报表、批处理报表、管理分析类报表和管理分析类功能四种类型。联线报表、批处理报表以报表需求为依据，分析固定报表和自助查询的报表表样、查询条件、权限以及勾稽关系，重点验证报表数据时效性和正确性。管理分析类报表在分析报表需求的基础上，针对数据实验室、决策仪表盘、即席查询等特殊用数方式，单独设计针对性测试案例。管理分析类功能通过菜单覆盖、业务规则覆盖、标杆指标比对等方法，重点验证功能及指标数据的准确性和连续性。

账务线测试要遵循交易-引擎-总账三位一体的全面核算原则。测试范围需要满足对业务场景、核算场景以及核算要素的全覆盖。账务线测试应该采用交易与核算协同双向验证和日终核对相结合的方式，保证会计分录的正确性、总分核对的正确性、组合交易的账务一致性。明细账与汇总账的衔接核对方法可以保证账务处理所有环节的正确性。

外联测试的难点在于测试时机和测试范围的确定，需要在银行内直接关联组件和间接关联组件变动时，能够及时发现对其产生影响的所有服务和响应码的范围，从而设计出充分覆盖的测试案例，确保无测试死角。测试实施过程中，结合外联单位的分类、业务重要程度、服务变动影响度和业务量，可以综合运用模拟器测试、环境直联测试、模拟生产比对测试、真实交易跟测等多种测试方法，以保证测试的充分性和测试效率。

用户验收测试为了保证应用的充分性、业务领域的完整性、业务运营的连续性、劳动组合的适应性，可以采用脱敏的方式迁移数据并由最终用户对产品、功能、服务、渠道、流程、用户操作进行全业务领域、全用户、全流程的测试，最大程度模拟业务场景。

银行可以充分借鉴共享经济理念，通过“云测试”方式打造物理分散、逻辑集中的测试组织体系，摆脱空间、时间限制，通过对测试任务包含开发变更业务需求基线内容的标准化定义，测试资产库的共享，分行或外部专业化业务测试团队能够通过“云测试”的模式，独立执行业务测试任务，实现研发人力资源的充分利用和优化配置。

非功能测试需要有效实现对非功能设计指标的验证，涵盖非功能容量、高可用性、可维护性、交易一致性、安全测试等多种类型的非功能需求，覆盖构件、框架、平台等基础技术单元，同时也包括针对端到端应用场景分析设计、端到端响应时间测试、交易一致性等测试方法。非功能测试应支持最大限度地模拟生产全天候业务场景，全力确保各应用能够经受生产业务高峰考验。非功能测试通过获取各组件生产业务峰值发生时段、功能服务构成等重要信息，实现全天候、全渠道、全业务交易场景的模拟测试，在此基础上对端到端重点交易路径、组件间调用关系、交易线数据线场景叠加等要素的分析，进一步对基础公共组件、端到端应用进行多轮次和多应用场景的模拟压力测试，全面覆盖各应用关键业务场景及峰值流量场景。非功能测试需要高度重视异常场景及生产事件导致的生产临时中断。根据框架、平台以及组件各层级的高可用性设计，银行应分析异常场景发生时高可用机制作用的触发条件和动作顺序、窗口时间，分析生产事件的成因、现象及影响。银行应对常见异常场景及高风险场景，设计案例逐一覆盖。经过非功能测试的实践积累，高可用性验证方法需要支持对应用集群、数据库集群切换、故障隔离、故障恢复、超时流控、负载均衡、自动调度各种场景的验证。各组件及应用按照标准案例集指导，对各项高可用特性进行多个场景的模拟验证，确保人为操作及异常场景发生时系统失效恢复机制有效性、失效恢复时间符合设计标准，将对客户的影响降到最低。

为了保证安全架构管控的落地，银行需要进行代码静态检查、动态测试、渗透测试等专项安全测试，并将测试检查点尽量前移，尽早发现风险。

（六）交付投产

在版本投产前，银行需要在准生产环境进行投产版本检验，通过手工测试和自动化测试相结合的方式，从安装技术规范、功能和非功能特性等多个角度，验证待投产软件版本的安装技术规范是否符合要求，是否因投产版本发生变化导致新缺陷的引入或原有缺陷重现、应用版本的非功能特性是否发生变化，全面保障交付的软件产品符合安全生产的要求。

银行应面向不同特性的项目，采取差异化投产计划管理策略，可提供版本日发布型、敏捷发布型、应急发布型等投产通道。对于有协同方的复杂版本，银行可选择版本日发布模式，提前通过投产日历进行计划对齐；对于创新型、探索型业务项目，系统具备灰度发布能力后，银行可选择除特殊禁投产日之外的敏捷日历发布版本，实现敏捷投产；对于严重生产缺陷需立即发布补丁版本的情况，银行则可选择应急发布通道。

银行为统筹兼顾投产切换效率和降低业务影响，在制定投产日历时，应主动避开“双十一”、季度结息等特殊日期以及银期、金融市场等特殊业务品种的夜间交易时间，降低投产业务影响。另外，在投产方案制订时银行主要采用两种手段降低业务影响：一是尽可能地采用轮起切换，如需停机的则将停机窗口安排在核心系统停机窗口内。二是在数据迁移上，采取“全量+增量”方式减少切换时间。针对切换复杂带来的主动停业影响，银行可以通过先找出主项目关键路径，通过调整处于关键路径上组件间的顺序，优化关键路径中各环节的操作步骤，从而缩短关键路径，达到减少停机时间的目的。

切换停业期间不可避免地会造成系统服务中断，银行需要通过标准、可配置化的友好提示方案，在系统停业期间给予员工和客户友好的提示，使客户在切换前、切换中都知悉系统切换安排及影响时间段，尽量避免切换带来的客户投诉，降低客服的压力。银行还需要建立业务技术联动的客户应急流程以满足投产停业期间客户的紧急需求，进一步降低投产活动对外的影响。

（七）项目验收

项目在投产后完成后进入稳定试运行期，开始申请项目验收，项目可以分阶段验收。项目主管单位组织需求提出单位、IT 架构与实施管理单位、数据规范主管单位以及运营单位进行项目验收评审，可以采用会签评审或会议评审方式。其中，需求提出单位主要评审业务目标、需求以及功能的完成情况；IT 架构与实施管理单位主要评审架构遵循及项目交付情况；数据规范主管单位主要评审数据规范遵循和数据质量的技术控制情况；运营单位主要评审非功能需求完成情况。验收未通过的项目，项目实施单位应制订整改方案及实施计划，经需求提出单位同意，报送项目主管单位审批后实施。项目实施完成后，重新进行验收。

第三节　研发管控机制

一、项目群计划管理

密集的版本投放、需求和架构目标分期管理、高度迭代的计划管理、多维度的问题管理、大规模资源组织和调度等都是银行 IT 项目群计划管理面临的巨大挑战。项目群中新建、封装、配套优化的组件实施特点不同，同时实施对象类型多样，涵盖平台、渠道类、公共服务类组件、产品类组件、技术类组件、安全类组件、数据类组件等不同类型，开发团队往往属于不同的实施单位。这也是企业级系统工程和系统级信息工程实施计划的差异所在。企业级系统工程的项目计划首先以实施工艺的相关阶段、工序作为编排计划事项的指导，满足工序间的时序要求，对于需要跨项目组协同的版本，主项目组牵头和协同方一起参照企业级投产日历发布的时间窗口，以类似搭乘“版本火车”的方式，确定协同投产点，再依次根据工艺确定的协同分析、设计对接工序参照投产点要求共同确定各个协同点的具体时间安排，落实到协同计划。其中，分析阶段着重于实施效果对接点、用户工作流全景视图对接点、渠道与服务对接点；设计阶段着重于接口对接点、数据集成需求对接点；测试阶段重点要关注测试环境资源、数据和介质等计划的协同安排和数据线、公共服务、账务线、外联、模拟生产比对等专项测试计划；投产阶段着重于数据迁移、切换、试营业等业务和技术协同计划。

银行 IT 项目群计划管理流程和工具需要具备多维度、多层次和多视角管理的能力。基于项目-需求维度的计划和基于系统-版本的计划是两个主要的计划管理维度，并需要通过计划管理和软件版本配置管理流程的设计达到相互关联和统一。按照管控领域，银行 IT 项目群管理应为不同管理单位提供项目、需求、关注事项、版本交付的跟踪计划视角，并为企业级、实施单位级、项目级、个人级提供不同范围的计划管理视图。视图、视角可灵活定制并来源于一致的计划基础管理数据。一套设计科学完善的计划管理流程及工具体系，为银行 IT 项目群的实施提供了总控的中枢和管理的抓手。银行 IT 项目群计划管理框架如图 12-1 所示。

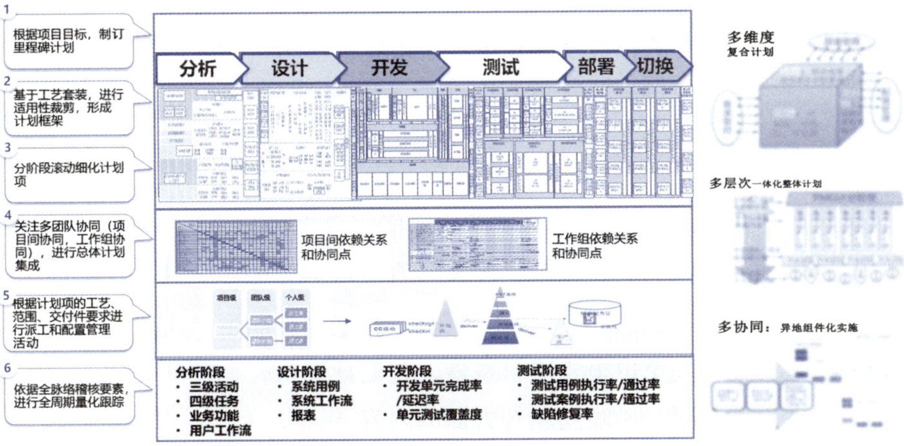

图 12-1　银行 IT 项目群计划管理框架

二、研发资产管理

企业级的软件配置管理以及研发资产管理是银行实现“工厂”式研发必需的基础设施和生产工具、生产资料。软件配置管理保存了 IT 研发最为核心的代码、文档、可执行码等交付物的所有重要版本以及历史演变记录，是研发成果最终的物理载体。研发资产管理特指由企业级通用的架构标准、测试标准等技术标准进行定义，在项目的分析、设计、开发、测试等过程中产出的模型、架构框架、交易服务、EDA 事件、测试案例、测试脚本、代码片段等，可以在不同的项目组之间进行复用、同一个 IT 产品研发的不同时间进行重用的 IT 研发成果。作为各个管理流程的“落地”环节，软件配置管理和研发资产管理都需要在整个企业级研发流程中统筹设计，和计划管理、质量管理、架构治理、投产管理、测试管理等流程充分整合和对接，从而提供多维度、可量化、真实有效的管理手段和视角。

三、考核机制

银行通常由总行技术主管部门对所有项目实施单位进行考核。考核评价的目标包括：一是保障企业级架构、管控目标的落实，鼓励复用，降低研发成本；二是促进协同开发效率和整体生产力、质量提升，鼓励高效跨团队协作；三是促进人员能动性和能力提升，鼓励敏捷交付，鼓励创新。

考核的主要口径包括：一是以项目为单位，对项目实施进行综合考核，含目标和范围、计划与进度、测试与交付、架构与技术标准、风险问题管理等维度，考评结果将输出至项目验收环节，影响项目验收结果；二是对相关技术支持类保障工作质量的专项考评，含环境工具支持、基础组件技术支持、系统开发支持等工作数量和质量；三是对人员技能掌握情况、工作流程及工具应用情况，对企业级研发资产、知识库、工具平台的贡献度、按要求完成旧系统改造和特色上收等情况的综合考评。

四、沟通机制

银行的项目实施管理部门需要建立包括项目实施日常沟通会、专题会、风险问题协调会在内的会议制度，沟通所有项目的整体实施进展，推进待决策事项，协调重大风险问题。同时，银行应建立报告制度，由项目实施单位定期向项目实施管理单位报告项目进展，包括计划执行、资产交付、工作量投入、版本测试情况、风险问题等方面的内容。

对于项目实施过程中的风险问题，银行应建立风险问题识别、定级、升级、跟踪处理、报告等管理流程并在日常管理工作中有效落实执行。

五、评价机制

在项目投产后一段时间内，银行可以开展后评价工作。项目后评价可以按项目进行，也可以按业务领域对一系列项目进行总体后评价。项目后评价由银行中的项目主管单位组织需求提出单位、IT 架构与实施管理单位、运营单位等开展，必要时可以引入第三方机构辅助进行。项目后评价对项目目标、项目应用效果等进行系统、客观且有针对性的分析和评价，主要包括以下几个方面：

（1）业务使用评价。其评价系统投产后是否得到正常、合理、充分地使用。

（2）业务效益评价。其评价系统是否提升了相应业务的经济效益。

（3）运行效果评价。其评价系统运行的稳定性、安全性以及其他技术运行指标。

项目后评价作为对项目的回顾和总结，对业务需求优化改进、后续项目实施具有指导意义。

案例

某银行某大型项目群建设的组织管理

图 12-2 显示的是某银行在建设核心系统时采取的管理组织架构。

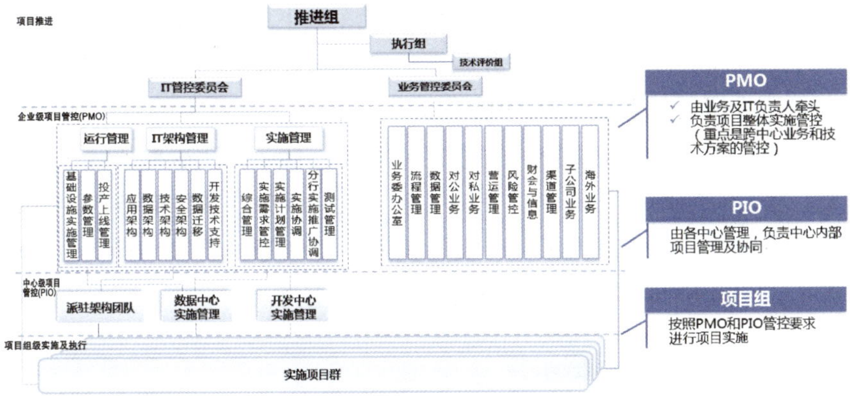

图 12-2　大型项目群建设管理组织架构

该银行在历时六年多的核心系统建设中，共涉及 57 个企业级项目，分一、二、三期共实施 102 个项目。在主管行长负责的推进组之下，分别设有 IT 管控委员会和业务管控委员会，由专业背景深厚、具有强有力的跨部门协调能力和推动力的资深领导，负责技术和业务两个领域管理工作。IT 管控委员会下设运行管理、IT 架构管理、实施管理三个组。运行管理包括基础设施实施管理、参数管理、投产上线管理。IT 架构管理包括应用架构、数据架构、技术架构、安全架构、数据迁移、开发技术支持组。实施管理包括综合管理、实施需求管控、实施计划管理、实施协调、分行推广协调、测试管理组。业务管控委员会包括业务委办公室、流程管理数据管理等八个业务组。企业级项目管控层的下一层是中心级项目管控，通过派驻架构师、数据中心实施管理、开发中心实施管理落实项目管理工作。最下一层是项目组级实施及执行。

第四节　研发工具平台

银行需要建设一套企业级、覆盖研发全生命周期、支持跨团队、跨职能对接协作的，融合 IT 研发工程活动和管理类活动为一体的集成工具平台，通过自动化工具对需求、架构、开发、测试、投产、运维等过程进行管控，实现 IT 开发、测试和运维集成，快速响应业务需求，支持 IT 管理由系统工程到企业工程的转型。该平台应具备以下特征：

一、全流程在线协作

除支持常规的项目级管理、工程实施活动外，研发工具平台还应支持跨团队计划协同、设计对接、服务共享、集成测试等协同对接工作。平台整合 IT 项目研发所需的各类资源和服务提供给各实施单位在线使用，包括开发测试环境资源，研发工具链、自动化流水线、自动化测试框架等工具，技术框架、平台、应用级开发包，交易服务、数据服务、事件服务等企业级共享服务资源以及计划管理模板、开发知识库、社区等。研发工具平台为所有开发者提供“开箱即用”的开发全方位生态级支持。

二、研发数据无感采集

一方面，银行将应用架构、数据架构、技术架构、安全架构等管控方对于 IT 项目研发需要遵循的原则、规范、技术标准整合和嵌入工具平台。另一方面，企业级 IT 架构管控方也通过工具平台，掌握各项目研发落地执行情况，对标业界最新技术发展路线，审视整体架构适应性、先进性，识别优化改进方向，从而推动企业级 IT 架构不断演进、进化。

三、全管理领域端到端对接

研发工具平台无缝衔接需求可研、研发、运维等阶段，提升各阶段协同对接效率；通过灰度发布，缩短迭代交付周期；通过建立运行-开发反馈信息渠道，改进管理流程；通过推广持续集成、自动化测试、自动化部署、容器化发布等技术最佳实践，不断提高需求响应和交付速率，提高单位人员产能，减少事务性、重复性工作造成的浪费，实现研发效能的整体提升。

四、管理研发资产

研发资产、版本资产等软件研发过程和成果产物通过研发工具平台保存与管理，并根据研发进展更新发布，在银行范围内复用、共享。

案例

某银行研发平台

本案例以某银行研发平台的功能、主要流程介绍为例，说明如何建设企业级 IT 数字化研发管理工具。

该平台包括 IT 需求、项目全生命周期流程管理模块、项目级双模计划管理模块、开发资源环境管理平台模块、流水线自动化工具模块、分析设计工具模块、可视化开发模块、自动化测试工具模块、投产发布管理模块等。

该平台在建设过程中，以企业级视角并围绕着项目和计划、需求和架构资产、物理组件和交付版本等几条贯穿研发全流程的主线，根据企业级、组织级、项目级、个人级四级用户的需求，设计端到端的用户工作流和管理活动，识别和抽象管理对象，设计业务功能。该银行将管理与工程活动、不同层次的、跨部门的管理活动进行有机对接，将项目研发需要的计划管理、自动化流水线、代码工程管理、自动化测试和质控功能、架构资产交付与共享服务、环境支持服务等进行了“开箱即用”的封装，并将管理功能以“探针”的形式和研发工程活动进行无感集成，从而实现了对银行 IT 研发类工作的一体化、数字化、自动化管理。

第五节　总分协同研发

大型商业银行具有众多分支机构，分布地域广、业务种类多，业务的开展及对 IT 系统的需求存在明显的地区差异，这些区域性的需求要都能够“既快又好”地实现一直都是一个难题。如果将所有需求集中交由总行级项目组统一实现，虽然在企业级集约化生产和架构管控的目标上能够保证效果，但各地的需求汇集到总行以后总量就相当大。单个需求的开发本身耗时不多，但由于需求排队等待分析，各级传递流转信息的时间长，反而造成实际的交付周期过长，往往满足不了业务的迫切需要。因此，企业级“事无巨细”大集中式的开发策略过于理想化，不符合实际业务发展的需要。银行既要把开发工作下派到分行，又要能够避免“分行特色”系统的建设泛滥和失控，真正做到总分行项目组的协作无间、资源优化配置，建立由一整套的架构技术方案、相关管理流程机制及数字化工具为支撑的保障平台，在此基础上由总行牵头，总分行不断通过实际项目建设的磨合，在集约化生产和分散式开发之间寻找最佳平衡点，从而实现总分行一体化研发，有效整合分行的 IT 研发资源，提升分行区域性需求响应速度。

实现总分行一体化研发的首要和基础性工作是建立起企业级的业务和 IT 架构规范，以作为总分行共同遵循的标准、分工原则以及技术沟通语言；之后是根据业务热点、技术实现难度等因素，识别适合总分行一体化研发的应用领域，并针对具体领域细化协同实施的技术方案、实施工艺，明确总分行的工作和职责边界、交付产品集成的质量控制标准和检查点；同时应在项目管理、运维运营、技术支持保障等各方面制定配套流程，尽量鼓励、扶持分行研发能力的提升，充分激发分行的创新活力并与总行优势互补。

典型的适合总分行一体化研发的领域有以下几类：

第一，数据应用研发。分行可以基于总行研发的企业级数据应用平台，开展分行特有的管理应用开发、临时性数据提取、地方监管报表开发、业务趋势分析以及精准营销名单挖掘等方面的工作。

第二，开放银行客户场景。分行可以基于总行建设的开放银行平台，将银行服务以开发工具包的方式对外输出，与第三方合作伙伴对接，支持金融生态建设，拓展客户。

第三，客户特色应用。这主要是指针对特定客户或客户群体定制开发的应用服务，包括分行特定的风险模型及营销模型研发，外部数据接入，员工渠道、移动端分行应用，缴费、行业卡制卡等。在该领域，总行负责制定相关专题解决方案，提供架构标准和规范，培训分行技术骨干，支持分行版本部署；分行负责遵循 IT 架构的要求，以端到端的方式承担开发任务，形成独立版本，与总行版本分开部署，承担全生命周期的运维管理。

第四，行业应用生态拓展。行业应用是指根据客户要求，为客户打造特定领域的非金融服务应用，通过金融服务的嵌入，建设“非金融+金融”的行业生态，实现银行服务与社会生活场景深度融合。在该领域，总行负责提供云服务的基础设施环境；分行在不与总行建设的行业应用平台重复的前提下，负责端到端实施，承担全生命周期的运维管理。

银行应基于企业级架构建立支持总分行协同的一体化研发平台，将统一的平台框架、基础组件的软件资产库、可复用的交易线、服务接口等架构资产库，开发版本库、各对分行开放领域的协同流程、开发规范、实施工艺等定制在平台功能之中，提供方便的信息共享与发布渠道，形成研发生态圈，让专业力量开发更方便，碎片化力量可参与，提高开发效能，为分行参与一体化研发提供工具能力。

一体化研发的架构方案和平台工具能力是基础。在此基础上，银行更需要合理设计分工、高效协作，才能保障一体化研发的长效运作。从区域和能力特性来说，总行主要完成企业级公共组件的研发，分行主要完成贴近市场、贴近客户的研发。我们可以把总行研发比成树干，把分行研发比成树叶，总行通过向分行输送养分，做到各区域能力的协同。对于分行来说，其需要尽快具备遵循和使用总行一体化架构及研发平台、流程的能力，应设置组织级架构管理、实施管理等岗位和总行进行衔接，同时应具备协同的专业能力，包括协同的需求管理、开发测试、网络管理、安全防控等。分行在IT人员的岗位能力定位及职责划分时，可以不照搬总行人员的配置，而是更加灵活地配置人员，更多地承担一些面向市场、客户营销、需求挖掘、收集分析的工作，培养既懂业务、又懂技术的复合型人才队伍，实现能力转型和升级。总分行能力形成互补，在企业级架构达到资源优化配置的效果。

在总分行一体化管理体系下对分行特色研发进行定位和提升。分行特色研发在快速支持业务、创新产品等方面具有不可忽略的优势，分行特色研发的特点是短、平、快，分行期望通过这些业务快速带来收益和客户，是短跑思维；而总行则要有长跑思维，需要关注如何在支持分行快速实现业务的同时，一方面控制可能给银行系统带来的运行风险的安全底线，另一方面也要设计流程、平台，将分行特色的开发纳入整体视图，促进银行开发经验及资产的共享、复用，在条件具备的时候分行特色系统也可以转化为总行级组件，为企业级架构添砖加瓦，形成一个完整的企业级研发良性循环生态。

本章小结

本章从IT项目和项目管理的特点分析开始，介绍项目群管理理念、规范和标准化的方法、管理机制、工具平台的建设要点等。企业的IT建设追求的不是单个项目实施的战术上的敏捷，而是要从战略上追求有架构和实施一体化保证的企业级集约化生产与交付效能的整体提升。因此，在企业级层面，银行应采用“双模研发”的策略，根据不同类型项目特性，选择适当的开发模式。将企业级架构方案在实施中落地承接，往往需要多个跨地域团队的协作交付以及有效的质量检查和控制，需要在企业级层面制定统一的实施工艺、研发流程规范，作为项目实施的指导和标准以及企业级协作沟通的技术语言。银行的项目群通过贯彻工艺、流程来实现一体化研发，并通过管理机制、研发工具平台的综合手段应用进一步保证研发的效能和质量。在强调企业级研发的同时，银行要考虑到分行研发的特点，有针对性地制定架构方案和管理机制，设计流程以及工具平台。

第十三章

项目推广和价值创造

本章提要

本章介绍银行项目推广工作的组织、培训、试点、投产和后评价，重点介绍如何采用考核评优、激励等措施，促进用户学好、用好系统，形成总分协同、内外合作的良性工作机制，促进系统的持续迭代优化。

学习目标

了解项目推广工作的主要目标和工作内容，学习促进用户用好系统的组织管理手段及总分联动创新的主要方式。

第一节　科技生产力释放

银行的 IT 系统服务于业务经营及管理，完成项目投产只是具备了使用的基础，还要推广到最终用户，真正用起来才能发挥业务价值，因此项目推广工作也是一个重要的环节，需要从企业级层面加以规划、要求和统一组织。

从涉及的业务领域和用户来说，项目推广工作可以分为两大类：面向行内机构推广和面向外部客户推广。其中，面向行内机构推广是指建设好的行内业务系统的标准版本，在分行、子公司、部门等行内分支机构中的推广使用，目标是实现新系统的顺利启用，新老系统的平滑过渡，尽快释放项目为业务带来的价值提升。面向外部客户推广则是指通过业务部门的营销等手段和行外的政府机关、商户等单位达成合作协议，对方同意以服务对接、数据接入、平台嵌入等方式接入银行系统或使用银行提供的社会化平台进行主营业务管理，需要对相关系统的主体版本进行客户化改造后实现对系统能力的推广输出。面向外部客户推广的目标是快速复制优质用户场景、拓展金融生态圈、促进科技及业务水平的整体发展。

推广工作采用项目制，标准化、工程化管理。单个新建行内系统的推广通常属于对应的项目建设工作内容的一部分，在该项目计划中以推广阶段的方式进行体现和管理，推广工作量也包含在项目总工作量内。较为复杂的项目群推广，如境内新建对私系统整体推广、境外对公系统整体推广等，可以专门就项目群推广工作进行立项，分配专用项目资源。面向外部的项目推广由于具有客户差异性和需要有针对性地定制化开发，一般会独立于系统主体版本的建设项目单独立项。由于此类项目推广进度依赖于业务营销的进度，详细的推广计划无法在立项初始时确定，此类推广又具有对单个客户推广工作基本模式化、工作量较为固定的特点，适宜采用对计划控制要求不高的“后结算”项目模式，在立项时根据预估推广客户数量乘以单个客户推广估算工作量以预估资源，结项时再根据实际推广数量进行结算。

一、行内推广

行内业务系统支撑着业务运作，其更新换代不单单是技术行为，更是对相关业务领域的再造、优化以及拓展，因此行内业务系统推广的首要目标就是能够保证新系统的顺利启用和新老系统的平滑过渡，从推广方案的制订上，需要重点关注现有业务数据的清理、迁移、补录方案、新老业务操作的切换方案、相关系统的改造方案、应急回退方案等技术方案的落实和对应的开发、测试、演练工作。

面向行内的大型项目群推广，特别是涉及核心系统的推广是一项复杂度极高、影响面很广的工作，需要总行层面牵头成立项目管理办公室及专项工作组，包括总行层面的领导组、业务管理组、实施管理组、技术支持组，分支机构的实施领导小组、业务执行组、技术执行组等；建立技术环境统一支持机制、报告沟通机制；总行集中和统一调配使用项目人力资源；加强对实施计划、工作计划制订和执行情况的检查和督导。推广计划的制订策略应本着“先易后难、积极稳妥”的原则，可以先行指定 1～2 家分行作为试点，等度过磨合期、系统进行相应优化后，再大面积分批铺开。

推广过程中涉及分行特色功能的处理策略为：总行标准系统功能已涵盖的，分行直接使用总行功能，分行特色功能下线；总行标准系统功能与分行需求存在差异或未实现的，由分行补充需求，经总行业务需求管理部门审核同意后由总行安排实施，实施后分行特色功能下线。商业银行的项目的分行推广过程，也是促进企业级架构不断完善、集约化、一体化的过程。

面向境外机构项目推广，在采取境内外一体化主体版本的基础上，需要根据当地监管部门的要求及操作需求做适应性改造，并在推广计划制订、人员安排、网络环境联通、业务数据管理等方面考虑到地区差异带来的复杂性。

各分支机构的用户需要在使用新系统和新功能前，做好充分知识储备以及操作练习，以便能够平滑地过渡到使用新系统进行工作。推广项目组需要安排周全的培训、演练计划，在培训和知识转移方面，对于分行待训人员可采取“以测代训”的策略，分行业务骨干人员可以在前期就参与到系统建设工作中来，通过参加用户验收测试等工作来深入掌握新系统功能，从而达到事半功倍的效果。

二、外部推广

银行业务的发展已经不仅仅局限于对公、对私的客户分类和界定业务范围。基于传统金融业务领域之外扩展的“金融生态圈”，将客户群扩展并且细分为政府、同业、企业、个人客户四类。总行负责技术供给端，打造公有云、开放银行平台、协同研发平台等基础设施及能力，并负责各大社会化平台、同业平台、场景化产品的主体版本开发；分行负责将总行版本在分行的实例化和分行特色需求的对接实现，并负责在推广过程中对总行平台和产品提出优化提升需求。面向外部客户的推广工作追求敏捷、创新、协作、共赢。

社会化平台的推广项目是银行业务和技术部门、总行和分行部门密切协作的过程。对分行来说，推广系统即营销业务。推广项目分为营销、核准准入条件、实施级培训、开发实施、上线投产、推广运营六个阶段。营销阶段由总行负责发布调研指导及提供标准版营销材料，分行组成业务和技术联合营销小组，对地方政府、企业等意向客户的具体情况进行摸底调研，并采用标准营销方案。分行初步识别具备准入条件后提交申请，总行审核通过后进入实施培训阶段，由总行对分行实施团队开展开发培训，分行基于总行平台进行开发，并反馈进度及需要支持、优化的问题。达到投产交付条件后，总分行版本协同上线部署，由分行业务部门持续进行本地化推广运营，并根据运营情况，给总行提出产品级优化需求，总行负责对分行推广效果进行后评估。

场景化产品推广是指总行将已有成熟“业务+IT 解决方案的场景+产品”的组合纳入统一发布的场景库，由分行根据自身业务发展需要选择快速复制推广实施。推广工作主要包括总行提供场景库、开发框架以及研发平台。总分行对业务需求的具体应用场景、业务流程进行分析，确定数据接入需求。分行和外部客户确定具体涉及接口的设计规范，总行进行开发版本规划和产品定义信息维护。分行负责对接适配器的开发及相关规则模型的维护，并将开发版本交付总行项目组集成。总行合并版本，和外部客户联调，达到投产交付条件后由总分行协同完成交付。

第二节　发挥金融科技价值

项目的成功上线仅仅是 IT 系统生产生命周期的开始，更重要的是深入应用，挖掘金融科技的价值，将金融科技项目变成业务发展的动力和支持保障。银行可以通过考核激励、交流分享等手段，加快系统应用。对系统的深入应用，能够发现功能的不足、体验的欠缺，进而推进系统的优化升级。促进技术与各业务部门的深度融合，能够实现 IT 系统先进生产力的有效释放，并将其快速转化为实际的业务成效。转变传统思维和固有经营管理习惯，增强市场竞争紧迫感和创新意识，自觉地运用新理念、新思路、新服务，可以把 IT 系统的作用发挥到最大，提升银行的市场竞争力和价值创造力。

一、加强交流分享

银行应定期召开“深入应用”交流分享会，并在银行信息网站、微信号开设“深入应用”的专栏，跟踪 IT 系统应用情况，分享应用经验，督促分行加快推广应用。交流分享的主题应该体现“深入应用”的战略性、适应性、共享性、易用性、可推广性、效益性等。银行应通过面对面的交流研讨，共享应用成果，挖掘创新需求。

二、全员参与发掘系统优势

银行应组织调动各级机构员工积极深入学习 IT 系统理念、架构、流程和功能，深入应用 IT 系统，通过发现问题、解决问题，形成总分行一体化的合力，促进系统功能逐步提升。

银行内部用户和外部用户在应用过程中，挖掘既好用又有用的功能，发现流程不合理、用户体验不好的问题。银行应对“好”的功能，扩大推广范围，进而提高经营管理效能、提升客户服务能力、降低业务运营成本；对“差”的功能，提出优化建议，促进系统迭代升级。

项目开发人员针对终端用户提出的各种问题应快速响应，通过优化界面布局、简化操作流程、控制运维风险，让 IT 系统发挥的价值呈螺旋式上升。

三、建立考核激励机制

银行应设立“深入应用”的奖励基金，举行系统应用的评优活动，对认真学习、应用效果好的机构进行专项奖励；召开优秀案例银行宣讲会，传递案例应用方法和效果，促进银行业务的创新发展。

银行应在总行部门和分行的关键绩效指标（KPI）考核体系中，增加“系统应用成果”评价指标，考核重点业务的IT系统应用成果，突出“深入应用”带来的业务，如存款和中间业务收入增长业绩；定期通报“系统应用成果”，督促加强系统应用。

案例

某银行核心系统应用案例评优活动

某银行在完成了核心系统项目建设后，为了促进全行积极应用新系统功能，组织了核心系统应用案例评优活动。

一、活动目的

该银行推进全行深入学习核心系统先进的理念、架构、流程和功能，深度挖掘、研究并全面推广应用核心系统的先进成果，实现核心系统先进生产力的有效释放，并将其快速转化为实际的业务成效；通过加深对新功能、新产品的学习和研究，进一步转变传统思维和固有经营与管理习惯，增强市场竞争紧迫感和创新意识，自觉地运用新理念、新思路、新服务、新功能，把核心系统的作用发挥到最大，提升银行的市场竞争力和价值创造力。

二、活动安排

（一）案例报送

各部门、分支行充分挖掘核心系统的亮点及创新应用，完成案例编写及案例报送工作。报送的案例应能给本单位带来能力的提升，包括经营业绩提升、管理效能提升、风险控制效果提升。案例内容既可以是对核心系统成果的推广应用，也可以是在核心系统成果基础上结合本单位特点提出的创新应用。

（二）案例评优

案例评优具体分为两轮：第一轮是针对各单位报送的案例，总行部门推荐优秀案例，由活动组织单位根据预先设定的规则筛选出155个候选案例列入评优范围。第二轮是召开案例评优会，总行评委基于候选案例范围，评选产生优秀案例61个。其中，3个案例获一等奖、7个案例获二等奖、10个案例获三等奖、41个案例获优秀奖。另外94个案例获入围奖。

（三）奖励

该银行对获奖单位的奖励包括工资类奖励和业务管理费类奖励。

工资类奖励由部门根据案例参与人员贡献程度，拟定分配方案，提交人力资源部门、财务会计部门，按规定流程发放；业务管理费类奖励，纳入部门费用预算，专项用于“深入应用”及金融科技创新，并按照总行本级预算管理流程列支。一级分行、子公司按奖励标准分别追加当年工资和业务管理费额度。优秀案例奖励标准如表13-1所示。

表 13-1　优秀案例奖励标准

获奖级别	工资（万元）	业务管理费（万元）
一等奖	100	100
二等奖	50	50
三等奖	20	20
优秀奖	10	10
入围奖	5	5

三、活动效果

（一）经验分享

该银行在全行范围内组织应用案例研讨会，邀请各级机构宣讲成功案例，加深对新功能、新产品的学习和研究，推进优秀案例的复制移植。各级机构定期举办IT系统推广应用成果汇报会，针对应用案例当期效益、持续发展、市场反馈进行综合评价。

（二）案例转化

活动期间，各级机构共提交案例38 411个，挖掘了数十个创新应用并在企业级层面形成解决方案、落地实施，推动系统的先进设计能力向优秀产出能力转变，取得了技术突破与业务成效双受益。

第三节　总分联动

分行是银行组织体系中更加贴近市场、贴近客户的部门，具有对商机、创意的职业敏锐度和创新需求形成的土壤。在对已有系统充分推广，深入应用的基础上，总行还应更进一步地激励分行积极作为，通过对业务和系统功能的理解，主动提出有价值的创新、优化需求，并打通总行和分行之间的快速反馈回路以使得需求能够尽快实现，并转化为科技生产力的提升。

银行应建立总分行两端供需协同机制。在供给侧，总行牵头、建立

ITBP联合团队机制以及对应的处理流程和规范，实现对业务需求的准确识别、快速响应和积极引导。同时，总行定期发布前沿技术发展趋势、同业金融科技应用动态和科技创新实验成果，以此引领需求侧提出高水平的需求。在需求侧，分行组建具备业务解决方案设计能力的分行级ITBP团队，履行对分行需求统筹管理的职责，加强分行技术条线与业务的融合、协作，集中受理分行辖内各业务部门和分支机构的业务需求；根据企业级业务架构分行业务需求的整合，提升需求质量。总分行通过统一的企业级研发管理平台实现需求的提出、流转、审核、可研等流程，并和后续立项、实施过程衔接，实现需求全生命周期在线跟踪管理。总行通过将分行创新、优化需求纳入一体化研发管理流程，进一步提升科技对需求的响应效率，形成高效的金融科技创新回路。IT系统具备了自发不断的改进动能，金融科技的规模化、集约化优势和螺旋效应得以充分发挥。

银行应建立定期评估、评比等机制，鼓励各分行对金融科技的创新应用，并收集各创新应用的业务初衷、技术方案、应用效果等总结材料，在全行范围内进行成果分享和交流活动；再集中筛选出一批成效显著、具有市场前瞻性、适合全行推广的创新应用成果，由总行ITBP团队牵头制订企业级架构方案，纳入下一步全行复制推广工作计划，充分促进创新成果的在全行的共享和转化。

本章小结

银行IT项目推广和后续优化完善工作，涉及管理、业务、技术和系统运营诸多方面，需要较强的组织管理能力和工作方法。本章介绍面向不同客户、不同类型、不同规模的IT项目推广工作目标和要点；分享如何通过全员参与、深入应用、效果反馈、总分行联动工作方法。“系统不是建好的，是用好的。”仅仅完成IT系统建设还远未达到系统价值释放的目标，银行要保持“一张蓝图绘到底”的勇气和毅力，在组织保障和执行力上坚定不移，通过有导向、有力度的考核激励机制，建立可持续的全员参与、鼓励分享、鼓励创新的良性工作生态。

第十四章

数据中心的建设与管理

本章提要

本章简要介绍数据中心建设应遵循的规范，系统介绍数据中心的管理体系、工作流程、制度办法，重点强调提升数据中心风险防范意识，介绍集监、管、控等功能于一体的运维工具平台的建设。

学习目标

了解数据中心在选址及建设方面的基本常识，掌握 IT 设备部署实施的关键流程及要求，掌握资源池和云服务技术概念、部署实施及管理要点，熟悉数据中心的一体化运维管理要求。

第一节　基础设施建设及实施

一、选址及建设

数据中心作为金融科技的基础，肩负着支撑 IT 设备安全、高效、持续、稳定运行的重任。与一般的民用建筑不同，数据中心是以 IT 设备运行为主体的，因此有诸多限制条件，如地理位置的选择、建筑结构与建筑形式的确定、基础设施的匹配等。同时，逐渐提高的功率密度、不断增大的 IT 容量以及新技术的应用，对数据中心的前期规划与建设提出了更高的要求。

想要建成一个满足安全生产、适度投资且高效节能的数据中心，科学规划是第一步。从机房选址开始，在满足银行业数据中心特点的同时，大型商业银行应充分考虑未来的可持续发展及灵活调整的需要。

数据中心的建设在国内主要遵循《数据中心设计规范》（GB 50174-2017）（以下简称《规范》），国际上参考的相关标准有《数据中心电信基础设施标准》（TIA-942）。

（一）数据中心选址

关于选址，《规范》中有如下要求：电力供给应充足可靠，通信应快速畅通，交通应便捷；采用水蒸发冷却方式制冷的数据中心，水源应充足；自然环境应清洁，环境温度应有利于节约能源；应远离产生粉尘、油烟、有害气体以及生产或贮存具有腐蚀性、易燃、易爆物品的场所；应远离水灾、地震等自然灾害隐患区域；应远离强振源和强噪声源；应避开强电磁场干扰；

A 级数据中心不宜建在公共停车库的正上方；大中型数据中心不宜建在住宅小区和商业区内。

从规范的要求中能够看出来，数据中心选址涉及众多因素，结合银行业的具体实际情况，需要综合考虑如下因素：

1. 通信网络

通信网络是数据中心与外部连接的通道，没有一个安全可靠的通信网络，数据中心就无法对外传输数据，其安全等级与配电系统同样重要。银行业的数据中心至少要有两条线路以上、两个不同运营商的网络接入，才能确保通信网络的高可用。在选址阶段，数据中心要明确是否能够满足通信网络接入的需求。同时，对于选址，数据中心要考虑更快捷的网络传输。

2. 环境安全

银行应避免将数据中心建设在战争频发及治安混乱地区，避免建设在生产或贮存具有腐蚀性、易燃、易爆物品的场所附近，避免建设在公共停车库正上方。《规范》附录 A 中规定了 A、B 级数据中心与甲、乙类厂房和仓库、垃圾填埋场的距离不应小于 2 000 米。数据中心应尽量避免数据中心周围有强电磁场干扰，当无线电骚扰环境场强在 80MHz～1 000MHz 和 1 400MHz～2 000MHz 频段范围内超过 130 dB（μv/m）、工频[①]磁场场强超过 30A/m 时，应采取屏蔽措施。

（二）数据中心的建筑与结构要求

《规范》对数据中心的建筑结构从平面布局到结构抗震都提出了相应的要求。结合节能减排及银行业的特色，银行业的数据中心的建筑结构在满足《规范》要求的同时，也应考虑如下因素：

1. 节能减排的要求

大型商业银行数据中心的运行成本中，能耗费用占有较高的比例，通常高达数亿元甚至更多。许多节能减排措施是否能够在数据中心应用，取决于建筑结构是否满足要求，因此在数据中心设计规划阶段，银行应充分考虑所采用的节能技术，从结构及平面布局上予以满足。例如，在贵州、云南等空气洁净、温度适宜的地区建设数据中心，可以考虑预留新风自然冷却的区域；在温度较低的地区，可以在窗户处设置具有保温、隔热功能的活动挡板，夏季关闭挡板隔热，冬季打开挡板降温。若考虑采用模块化机房建设，数据中心可以在结构上不进行降板处理，同时建筑层高也可大幅降低。目前新建数据中心主机房层高一般都在 5 米以上，但如果采用模块化机房，则层高满足《规范》规定的 3 米就可以了，以建筑高度为 24 米的数据中心为

---

① 规定的电力工业级用电设备的交流电源频率，我国为 50Hz。

例，机房可由4层提高为7~8层，增加近一倍的主机房的面积。

2. 建筑抗震的要求

《规范》对数据中心的抗震提出了明确的要求。

《规范》6.1.7规定：新建A级数据中心的抗震设防类别不应低于乙类。

《规范》6.1.8规定：改建的数据中心应根据荷载要求进行抗震鉴定，并应符合现行国家标准《建筑抗震鉴定标准》（GB 50023）的有关规定。经抗震鉴定后需要进行抗震加固的建筑，应按国家现行标准《混凝土加固结构规范》（GB 50367）、《建筑抗震加固技术规程》（JGJ 116）和《混凝土结构后锚固技术规程》（JGJ 145）的有关规定进行加固。当抗震设防类别为丙类的建筑改建为A级数据中心时，在使用荷载满足要求的条件下，建筑可不做加固处理。

目前，很多数据中心是将办公楼或厂房进行改建的，尤其是办公楼的改建，大部分会进行承重加固，但对于抗震的要求往往忽略，未进行抗震鉴定并按照上述要求进行抗震加固。

（三）主机房的平面布局

关于主机房内通道与设备之间的距离，《规范》4.3.4规定：用于搬运设备的通道净宽不应小于1.5米；面对面布置的机柜（架）正面之间的距离不宜小于1.2米；背对背布置的机柜（架）背面之间的距离不宜小于0.8米；当需要在机柜（架）侧面和后面维修测试时，机柜（架）与机柜（架）、机柜（架）与墙之间的距离不宜小于1.0米；成行排列的机柜（架），其长度大于6米时，两端应设有通道；当两个通道之间的距离大于15米时，在两个通道之间还应增加通道。通道的宽度不宜小于1米，局部可为0.8米。

《规范》规定的机柜长度与通道之间的要求，其目的是保证设备搬运及发生火灾或事故时，主机房内的人员能迅速撤离。规定的各种间距，主要是从人员安全、设备运输、检修、通风散热等方面考虑的。

银行数据中心设备安装较频繁，从留有足够的设备安装空间角度来看，机柜背对背间距不小于1米有利于人员操作。

（四）数据中心的空调系统建设

IT设备在运行过程中产生的大量热量如果不能及时排除，将导致机柜或主机房内温度升高，过高的温度将使电子元器件性能劣化、出现故障，或者降低使用寿命。此外，制冷系统投资较大、能耗较高、运行维护复杂。因此空调系统应根据数据中心的等级，采用合理可行的制冷系统。这对数据中心的可靠性和节能效果具有重要意义。

数据中心如果在办公楼或其他综合性建筑内，应单独设置空调系统，避免与民用设施共用空调系统。传统的数据中心及规模较小的数据中心可采用风冷直膨型空调，而新建的大型数据中心，多采用冷冻水系统。

对于风冷直膨型空调系统，数据中心应考虑到足够的备机数量，一般每4台冗余1台。在电力供应风险方面，数据中心可将同一机房的空调机接在不同的变压器后端，能够有效避免断电对机房温度的影响。例如，一间机房有12台空调，可每4台接在一台变压器后端，当一路市电出现故障时，机房内受影响的空调数量较少，剩余数量能够满足制冷需要。

对于冷冻水系统，数据中心应考虑双系统及单系统的选择。双系统的优点是空调系统能够达到2N的标准，满足一套系统出现故障时，另一套系统可以独立制冷，但缺点也同样明显：末端管路维护难度大，同时投资更大、挤占IT设施面积更多。从众多的设计经验看，大部分设计良好的N+1单系统已经能够满足数据中心的需求，如不能满足等级要求，则可以采用双系统。

在具体建设过程中，数据中心还应根据具体情况考虑如下因素：

（1）大型数据中心安装的设备多、发热量大、空调负荷大，设计空调系统时应根据空调系统的综合能效进行选择。水冷冷水机组的能效比较高，可节约能源。当数据中心建设地点水源不足或可利用自然冷源时间不足时，宜采用风冷冷水机组的空调系统。

（2）在不能完全采用自然冷却技术的地区或季节，空调系统可采用电制冷与自然冷却相结合的方式达到部分节能。

（3）数据中心空调系统的节能应根据地区和气候环境来决定采用何种方式，是采用自然冷却技术，还是采用余热回收技术，应分别计算其经济效益和节能效果，采用经济效益高、节能效果好的设计方案。

（4）空气质量对电子信息设备的安全运行至关重要，在自然环境清洁、空气质量优良、温湿度适宜的地区，数据中心采用全新风系统可以节约能源。当新风的温度、相对湿度以及空气含尘浓度达不到要求时，数据中心应对空气质量进行控制。

（5）当室外空气质量不能满足数据中心空气质量要求时，数据中心应采取过滤、降温、加湿或除湿等措施，使数据中心内的空气质量达到要求。

（五）数据中心的供配电系统建设

数据中心的供配电系统是基础设施的重中之重，数据中心的供配电系统一般会进行多级保护，以确保IT设备24小时不间断供电。

（1）数据中心供电可靠性要求较高，为防止其他负荷干扰，数据中心用电容量较大时，应设置专用配电变压器供电；数据中心用电容量较小时，可由专用低压馈电线路供电。如具备条件，IT负荷应与动力负荷分设在不同的变压器后端。

（2）银行主数据中心的供电电源应按一级负荷中特别重要的负荷考虑。其供配电系统建议采用 2N 冗余方式，以满足不中断供电要求。

（3）选择备用电源。数据中心建设中需要考虑的因素很多，备用电源的规划设计是其中最重要的问题之一。《规范》第 8.1.12 条规定：A 级数据中心应由双重电源供电，并应设置备用电源。备用电源宜采用独立于正常电源的柴油发电机组，也可采用供电网络中独立于正常电源的专用馈电线路。当正常电源发生故障时，备用电源应能承担数据中心正常运行所需要的用电负荷。

由于柴油发电机组在可操作性上优于其他备用电源，因此大部分数据中心采用柴油发电机组作为备用电源。《往复式内燃机驱动的交流发电机组》（GB/T 2820-2009）将柴油发电机组按照负荷率和使用时间的长短标定成 4 种不同的功率：持续功率（COP）、基本功率（PRP）、限时运行功率（LTP）和紧急备用功率（ESP）（见表 14-1）。可以看出，持续功率（COP）是机组的最基础功率，其余的是强化功率，通过限制使用时间、平均负载等来提高机组功率。需要注意的是，基本功率（PRP）与紧急备用功率（ESP）都是在 24 小时以内平均 70%负载的标定。

表 14-1　柴油发电机组功率分类

功率种类	持续功率（COP）	基本功率（PRP）	限时运行功率（LTP）	紧急备用功率（ESP）
定　义	在商定的运行条件下并按制造商规定的维修间隔和方法实施维护保养，发电机组每年运行时间不受限制地为恒定负载持续供电的最大功率	在商定的运行条件下并按制造商规定的维修间隔和方法实施维护保养，发电机组能每年运行时间不受限制地为可变负载持续供电的最大功率（注：在 24 小时周期内的允许平均输出功率应不大于 PRP 的 70%，除非往复式内燃机制造商另有规定）	在商定的运行条件下并按制造商规定的维修间隔和方法实施维护保养，发电机组每年供电达 500 小时的最大功率	在商定的运行条件下并按制造商规定的维修间隔和方法实施维护保养，当公共电网出现故障或在试验条件下，发电机组每年运行达 200 小时的某一可变功率系列中的最大功率（注：在 24 小时的运行周期内允许的平均输出功率应不大于 ESP 的 70%，除非往复式内燃机制造商另有规定）
负载种类	恒定负载	变动负载	恒定负载	变动负载
负 载 率	100%	70%，24 小时内	100%	70%，24 小时内
年使用时间	不限	不限	500 小时	200 小时

按 A 级标准建设的银行数据中心，发电机组的输出功率可按持续功率（COP）选择。综合考虑 B 级数据中心的负荷性质、市电的可靠性和投资的经济性，B 级数据中心发电机组输出功率可按照限时运行功率（LTP）选择。

案例

柴油发电机组的容量选择

在数据中心建设时，很多设计院选择了基本功率（PRP），在实际使用中，如果需要长时间供电，则柴油发电机组的容量是不能满足需求的。例如，2018 年北京亦庄电力公司对泰河变电站、博兴变电站和科创街变电站进行改造，其中泰河变电站、博兴变电站改造期为 6 月 1 日至 15 日，科创街变电站改造期为 6 月 15 日至 6 月 30 日，共计 30 天时间。在改造期间，电力公司表示用电单位务必将平日用电负荷减少、限制 25%，大批位于亦庄的数据中心开始采用柴油发电机组带载。在不到 10 天时间内就出现两起柴油发电机组事故，一起是机组着火，另一起是机组运行超温停机，都造成了重大损失。因此，数据中心柴油发电机组的容量选择及配套设施的建设尤其要引起重视。

柴油发电机组的布置区域也需要特别考虑。根据以往的建设经验，机电用房往往设置在建筑物的地下，这样可以增大地上各层的使用面积，更好地实现参观效果，但对于柴油发电机组的布置需要经过分析。一般的公共建筑，为了保障生命安全，通常需要设置柴油发电机组为消防及非常重要负荷提供后备电源，一台这种机组就基本满足要求，因此它的进排风竖井及排烟管道问题很好解决；但对于数据中心，尤其是 3 台以上机组并机的，其进排风的要求就非常重要了。对一台 PRP 基本功率为 1 800 千瓦的机组来说，其自然进风面积已经达到 12 平方米，排风面积达到 8 平方米，如果是多台并机，自然进风与排风面积会非常大，显然在地下布置如此巨大的进排风竖井是一个考验。而为了避免风路短路，多台机组的进排风竖井不能相邻设置，这样一来就可谓难上加难了。因此，选择室外集装箱式柴油发电机组或独立的柴油发电机组楼以改善机组运行环境就十分必要。

（4）动力设备的供电。为保证持续供冷，数据中心内采用不间断电源系统为空调设备的控制系统、末端冷冻水泵、空调末端风机等设备供电。这些设备不应与电子信息设备共用一组不间断电源系统，以减少对电子信息设备的干扰。

数据中心的基础设施建设还包括接地系统、静电防护、照明、消防、弱电监控等多个专业，更多内容请参阅《数据中心设计规范》（GB 50174－2017）。

二、设备部署

数据中心的IT设备种类多、数量大，为了能够科学合理地利用机房基础环境资源，为IT设备创建和保持安全、稳定、良好的机房运行环境，确保后期运行维护的便利，IT设备在到货验收、设备安装等方面要有严格的流程和制度保障。

（一）设备到货

设备验收人收到商务管理员的设备到货通知后，即开始准备到货验收相关准备工作。

（1）前期准备。验收人需按照到货计划联系供货商尽快提供设备到货验收单。到货验收单应包括设备的型号、序列号、详细配置以及数量等信息。验收人与供货商约定具体到货时间，并做好供货商提供的送货人员、车辆等信息的报备工作。

（2）设备到货。设备到达现场后，验收人协助供货商安排车辆停靠、库房货梯开通等工作，联系库房管理人员做好设备入库准备。验收人与供货商人员对到货设备复核，确认设备包装完好无损；实际货物信息与提交的到货验收单信息核对无误后，再通知库房管理员将设备入库，待所有到货设备均正常入库后，验收人与供货商进行签字确认。

（二）设备进场

设备到货后，设备管理人员即着手准备IT设备进入机房上架安装等工作。设备进场前应实地勘查机房现场环境及设备进场路径，进行设备物理数据测量和记录工作。

设备进入主机房之前，设备管理人员应针对设备进场路线，拉警戒线，进行地面及墙面的全面保护（铺设钢板或环氧树脂板等物品）。

为防止机房内外温差较大、设备元器件结露，IT设备进入机房后，需静置24小时后方可进行设备加电。

（三）设备加电验收

设备验收阶段分为加电初验和设备终验两个过程。

（1）加电初验。加电初验由验收人和供应商配合完成。验收人根据合同涉及的硬件产品和软件系统，进行核实并记录留档。在进行批量加电验收时，某批次最后一次加电验收时间作为本批产品的加电验收时间，最后一批产品的加电验收时间作为整个合同的加电验收时间。加电验收合格的，验收人在验收单上签字，确认加电验收结果。验收单经供应商盖章后生效。

（2）设备终验。根据合同约定，验收人、资产管理员和供应商共同进行最终验收。加电初验完成后，验收人应尽快联系供应商索要产品保修凭证和设备维保信息，由验收人审核确认无误后反馈至资产管理员进行相关信息导入。只有在设备加电稳定运行时间周期满足合同约定，并且完成设备维保信息导入后，验收人方可签署设备终验验收单。

验收人签署的验收单经供应商盖章后生效，同时验收人对供应商的服务水平进行评价。

（四）设备上架安装及加电

1. 设备上架安装

机房空间位置规划部署时应遵循节约运行成本和便于管理的原则，机柜应从机房一端依次逐列使用，靠近空调一端的机柜要预留空调维修空间，空调前方至少预留 1.5 米。

同一机柜尽量分配安装同一型号的设备，或者电源模块在同一侧的设备，以保证电力线缆和数据线缆物理分离。

同一机柜的设备尽量一次分配安装完成，避免后期二次安装设备绑扎线缆时对已有生产设备造成影响。如机柜内设备不能一次性分配安装完成，则相关线缆在理线槽内要由内向外绑扎牢靠，以减小新增设备绑线或更换线缆时的风险。

以设备下沿所处 U① 位作为设备的安装 U 位。考虑到空调送风，从第 4U 开始进行设备安装；发热量大的设备应安装在第 11～25U 位区间；设备与设备之间不应留空位，空余 U 位使用盲板封堵。

2. 设备加电

加电工程师应具备低压运行维修资质。设备加电前，加电工程师应确认机柜的电源要由两个电源分配器（PDU）接入两路不间断电源（UPS）的电源，每个机柜最大电负荷不大于机柜任一路机柜电源容量的 80%，三相配电应均匀地分配在三相线路上。

加电工程师采用 IEC-309 工业连接器与机柜内供电进行连接，机柜双路 PDU 与精密配电柜的空开逐一对应，严格按照规划与机柜对应的电源连接器相连接。

加电工程师对设备安装进行合规性检查，通过后方可加电。合规性检查内容至少包括核对设备型号、序列号、设备安装方向、线缆连接、电气布线、线缆标识等。

机房内的新增设备在加电完成前，必须进行单电源测试验证，未经单电源测试或单电源测试未通过的设备，严禁投产。测试方法如下：首先，连接

---

① U 是表示服务器高度的单位，1U 是 4.445 厘米。安装在机柜上的服务器，高度均是 1U 的倍数，以保证机柜上固定服务器的螺孔能够与服务器的螺孔对上。一个 2.2 米高度的机柜，也称为 47U 机柜。

A 路 PDU 端和设备端电源线，设备开机，确认设备电源模块工作正常，查看设备单电源告警提示，查看并记录配电柜支路电流值；其次，连接 B 路 PDU 端和设备端电源线，查看设备单电源告警提示消除，设备正常运行后查看并记录配电柜支路电流值；再次，断开设备 A 路电源，查看并记录 B 路配电柜负载电流值；最后，恢复 A 路供电，A 路供电正常后，设备工作正常，测试完毕。

三、云资源池及虚拟化

（一）资源池的建设

资源池的建设要点在于对资源进行整合和组织化，将其以资源池的视角展现出来，后期的资源分配将依赖池化属性特征。资源池内通常包括计算、存储和网络资源。

资源池的建设流程包括资源池规划、设备采购、设备上架上电、资源池构建。

1. 资源池规划

资源池规划是一个持续性的工作，由规划管理部门统一进行设计与规划。数据中心定期将资源池的运行及使用情况反馈至规划部门，进行资源池设计与规划的迭代优化。

数据中心定期或根据需要进行容量规划，根据业务增长需求预估后期资源的使用。当资源池容量指标提示容量不足时，数据中心就需要启动资源池建设工作，包括新建云部署单元或扩容主机等。

2. 设备采购

设备采购是计算资源池实施建设的一部分，通常情况下，银行需要为设备采购预留较长的时间。

3. 设备上架上电

设备上架上电包括服务器设备、网络设备、存储设备的上架上电。

4. 资源池构建

资源池的构建包括如下四个方面的内容：

（1）网络、存储资源申请。这是指根据资源池的设计需求申请不同类型的网络接入并进行相应的网络控制，根据资源池的用途与规划申请不同类型、不同等级、不同容量的存储。

（2）资源的组织化。资源的组织化是指将服务器资源逐层封装，向上与网络资源连接，向下与存储设备连接，再通过部署单元形式，将三种资源包装在一起向外输出。组织化一般会涉及网络汇聚指定，计算节点集群化等工作，与资源池的设计模型紧密相关。

（3）基础环境实施。一是网络布线、存储布线的实施；二是操作系统的基础环境安装，如果涉及虚拟化资源池，这部分工作还是安装虚拟化层的基础。

（4）资源池纳管。设计完善的资源池能够被各种工具类软件进行纳管，从而提升管理便捷性。常用的工具包括云管平台软件、监控类软件、虚拟化管理软件等。

资源池建设完毕后，即能够以部署单元的形式向外分配。

（二）虚拟化资源池

虚拟化是云计算的基石，通过虚拟化技术将物理资源转换成虚拟资源，形成虚拟化资源池，并使用虚拟化管理工具对其进行管理，实现资源的动态共享和按需分配，为业务应用提供所需的计算资源。

比较成熟的 X86 服务器虚拟化软件有 VMware①、Xen② 等，基于 VMware 的资源池建设方案是比较常见的。高负载数据库主机因为要追求最大性能，一般不采用虚拟化资源池方案。

1. 虚拟化资源池的 CPU 资源

VMware 虚拟化技术中，使用 vSphere ESXi③ 可提供可靠的、经生产验证的高性能虚拟化层，该虚拟化层可对服务器硬件资源进行抽象化，并允许多个虚拟机共享这些资源。物理服务器上划分虚拟机时，必须先安装 vSphere ESXi。

ESXi 服务器时间应保持与时钟服务器同步，保证各虚机切换时使用精准相同的时间。在初始阶段给虚拟机分配 CPU 资源时，按照一个 vCPU 等于物理 CPU 的一核来进行分配，将来可以根据各虚拟机的具体运行情况给某些虚拟机超额配置 vCPU，使得 vCPU 的总和超过物理总核数，提高利用效率。

根据最佳实践效果，每台虚机长期运行的 vCpu 周平均使用率应该保持在 60%以下。如果虚拟机 vCpu 周平均使用率超过 60%，则应给虚拟机增加更多的 vCPU，或者横向扩展，部署更多地虚拟机实例。原则上物理服务器的平均 CPU 使用率不应超过 50%，如果超过这个数值，则需要考虑减少这个物理服务器上的虚拟机数量。

2. 虚拟化资源池的网络资源

VMware 网络虚拟化中，需要使用虚拟交换机。虚拟交换机是部署和运行在 ESXi 主机上的一个组件，用于传输虚拟机之间的网络流量以及连接到

---

① 美国 VMware 公司的服务器与桌面的虚拟软件。

② 英国剑桥大学开发的虚拟化开源项目。

③ 美国 VMware 公司的企业级虚拟平台，能够直接在硬件上运行。

外部网络。虚拟交换机能合并多个网络适配器的带宽并均衡它们之间的流量，可以处理物理网卡的故障切换。

不同网络可以在同一个虚拟交换机中共存，使用端口组配合物理交换机的虚拟局域网（VLAN）设置实现不同网络之间的隔离。

3. 虚拟化资源池的共享存储

虚拟化资源池的共享存储可以使用存储区域网络（SAN）或网络附属存储（NAS），通常在综合考虑成本因素后，X86 服务器虚拟化大多采用 NAS，虚拟机的操作系统和应用程序均保存在 NAS 共享存储中。

主流的 NAS 设备一般都能支持 VMware vSphere 存储方面的特性要求，包括 NAS 服务器必须支持“NFS v3 over TCP”协议；ESXi 主机必须能够通过“NFS client”的方式访问 NAS 存储；存储的网络数据传输使用物理万兆网卡。

在创建虚拟机之前，虚拟化资源池需要从 NAS 存储中划分出存储资源池，用于存放虚拟机的映像和应用数据，多个虚拟机可以共享同一个存储资源池（建议初始时给存储资源池划分一个较大的空间）。

4. 虚拟化资源池的集群

VMware 中的集群是指将多个主机的资源聚合，并作为一个集合进行管理。在同一个集群的物理服务器中，安装的 ESXi 都具有相同的虚拟交换机配置，都能访问相同的 VLAN 网络，并且物理服务器都能访问相同的共享存储。在集群中部署的虚拟机，可以在集群中任意一台物理服务器中启动、运行和迁移，而无需对虚拟机内部的操作系统配置和网络进行调整。

5. 服务虚拟化

服务虚拟化指的是虚拟接口以服务的方式对外公开。例如，数据中心常用的 F5① 负载均衡设备，可将多个应用作为单一实例来进行管理。与允许用户直接连接到每个应用服务器相比，这种做法是更安全的拓扑方案。这种“一对多”的虚拟化表现方式，对外表现为一台服务器，实际隐藏着反向代理设备后的多台服务器的可用性。

6. 虚拟化管理

虚拟化管理指的是对虚拟资源的配置和协调以及对资源池和实例的实时管理，包括虚拟资源到物理资源的静态映射和动态映射以及必需的资源管理功能，如容量管理、计量计费。

（三）物理机资源池

考虑到对性能的要求以及应用使用虚拟化资源的限制，除虚拟化资源池

① F5 Networks 是一家美国公司，其负载均衡产品占有超过 50% 的全球市场份额，在我国也得到广泛使用。

外，银行还要考虑物理机资源池的构建。

1. CPU 资源

物理机资源池的 CPU 使用无需考虑虚拟化和超配等问题，仅考虑计算资源的基础配置。

2. 网络资源

物理机资源池的网络直接上行至交换机，由网络交换机和服务器配置共同执行既定的网络策略，为了保证网络高可用，一般采用多网卡绑定等高可用措施。

3. 存储资源

物理机资源池可以使用外置存储进行数据管理，外置存储也可以池化为存储资源池。

4. 物理机资源池的集群

物理机资源池的集群是多个主机节点的整合，在同一个集群中，物理机具有相似的网络资源划分，能访问共同的存储资源。对物理机的访问请求可以在一个集群内被多台主机按预先设置的策略进行响应，从而实现集群的高可用。

四、云服务管理

云服务是云管理平台的核心内容，同时是云计算技术和业务应用的结合点。云服务在使用前需要发布注册到云管理平台，云管理平台将云服务向用户交付。当用户提交服务请求并被批准后，云服务提供者将创建一个云服务实例，向用户提供云服务。云服务实例是云服务在生产环境下存在的表现形式。

云服务包括定义描述、云服务构件、云服务接口及输入输出。云服务构件是构成云服务的基础单位，相当于组成云服务的“零部件”，可以因为封装内容的不同而产生多种类型构件，一个或多个构件通过编排和集成实现一个云服务。例如，某个云服务构件由 X86 2C4G 的计算资源，加上 300G 的存储资源，加上两个 IP 地址组成。

云服务构件在保留硬件设备特定信息后，形成的静态文件即为 Image 镜像，是云服务构件的物理存在形式，如上述构件可能对应一个包括 Apache 软件在内的 Linux 镜像，用户可将其用于网络服务。

在云服务被请求的过程中，Image 镜像会被读取并形成云服务实例，完成用户请求。

云服务的生命周期包括开发、运行、回收三个阶段。开发阶段完成云服务的需求分析、业务定义、结构模型和操作模型的设计；运行阶段形成服务实例，向用户提供云服务能力，并配套提供运维支持流程；回收阶段终止提供该云服务，将服务下架，释放计算、存储、网络资源。

五、机房搬迁

随着数据中心运行规模的不断扩大，单个机房的场地容量与电力容量趋于饱和，可能需要在多个机房之间重新调整信息系统部署，数据中心就会面临搬迁任务。尽量保证搬迁过程中业务不中断或影响最小，这是机房搬迁的一个重要要求，因此搬迁过程非常复杂，难度也非常高。国内某银行在2011 年至 2016 年实施过多次机房搬迁，其中一次为 2014 年 1 月至 2016 年6 月的北京至武汉的机房搬迁工作，共计搬迁 65 套生产系统，迁移数据1 856T。业内尚无机房搬迁的实施规范和操作指南，该银行在搬迁过程中，制定了包括搬迁总体计划管控、搬迁方案编制、基础设施建设、系统数据传输、搬迁系统切换等搬迁规范，经过实践检验，取得了较好的效果。这里简要介绍该银行的做法。

（一）总体管控

搬迁工作涉及多个部门、多个领域，搬迁组织工作十分复杂，需要成立搬迁组织架构来总体管控搬迁计划、协调搬迁事宜等。搬迁组织架构主要有领导组、搬迁组、实施组、技术保障组、协同保障组。搬迁组织架构制订搬迁计划，管控搬迁工作，包括 IT 基础设施建设协同计划、信息系统搬迁批次协同计划、系统搬迁切换协同控制计划等。

（二）方案编制

搬迁方案主要涉及搬迁系统的情况介绍、系统原部署架构、搬迁后的系统架构、数据迁移方案、系统切换方案、业务影响分析、关联系统影响分析、搬迁过程中存在的风险以及应对措施等。

（三）基础建设

搬迁系统所需的基础设施资源有直接物理搬迁和中转搬迁两种。物理搬迁需要把搬迁系统的物理设备通过汽车、火车、飞机等运输工具从源机房搬迁到目标机房重新部署，中转搬迁需要在目标机房新建系统所需 IT 资源，通过将业务切换至目标系统完成信息系统的搬迁。不管是直接物理搬迁还是中转搬迁，目标机房都会涉及基础设施建设，包括 IT 环境建设、网络建设、存储建设、资源池建设及供给、应用部署、孤岛测试、高可用测试等工作，涉及 IT 系统运行的所有硬件及软件投产环境，一般建设规模较大、建设周期较长。

（四）数据传输

信息系统搬迁需要把原系统数据传输到新系统中。搬迁前，技术人员通过一些传输方式把全量数据从源端同步到目标端，同时对增量数据不间断同步传输至目标端；搬迁窗口期，源端系统停业，技术人员将剩余少量数据传输至目标端，保证目标端数据的完整性。数据传输方式分为存储底层复制、数据库备份恢复、文件传输、数据库同步、文件系统远程挂载、磁盘备份恢复以及数据随设备物理迁移等方式。数据传输过程要保证有足够的带宽，并考虑广域网网络延时带来的传输速率下降、使用存储底层同步复制还是使用数据库、应用软件方式需要结合需求、网络带宽、网络延时综合制订方案。

（五）系统切换

系统的搬迁切换主要包括制订搬迁切换协同控制计划、发布业务停业公告、数据同步传输、设备物理搬迁运输、网络切换、应用切换、业务验证以及绿灯测试等工作，同时还需要考虑后勤保障计划。

信息系统搬迁组织工作繁杂，系统间关联度高，基础设施建设工期长，搬迁方案及数据传输方案复杂，切换协同控制要求高，需要领导层重视、搬迁组严密组织、各管理员支持、各职能处室协助、项目组配合。

案例

某银行数据中心异地中心的建设及实施

某银行数据中心异地中心的建设及实施情况简单介绍如下：

一、选址及建设

经综合考虑交通、通信、节能等因素，该银行选择了国内中部地区的某省会城市，并靠近湖泊，以充分利用水冷优势。园区面积19.33万平方米（290亩），机房面积2万平方米，采用冷冻水型空调系统。机房IT设备总供电容量31 100千瓦。后备电源采用柴油发电机组，由30台2 000千瓦机组与2台800千瓦机组组成。

二、节能措施

（1）异地中心选用冷冻水型空调系统，在过渡季及冬季能够利用自然条件实现部分或完全自然冷却供冷方式，大大降低电耗。

（2）异地中心采用水源热泵系统，在冬季能够同时实现向机房区供冷和向辅助区供热。冷热双向利用，能够减少对外界的排热，更好地保护环境。

（3）异地中心设置蓄冷罐，满足了供冷系统主机失电情况下持续供冷需求。

（4）异地中心使用二次泵系统，有效减少了维持持续供冷所需的 UPS 装机容量（UPS 仅需负担二次泵及精密空调机组供电）。

（5）异地中心采用独立于机房空调机组的湿膜加湿设备，能够减少加湿能耗，避免了再热损失。

（6）针对高密度模块的特点，异地中心引入了行级空调。

（7）异地中心建立了 1 000 立方米的储水池，可以进行雨水回收，用于园区绿化。

（8）园区利用阶梯电价，晚上利用低电价时冷冻冰块蓄冷，白天高电价时用冰块制冷。

三、设备部署情况

机房共可部署 5 200 个机柜，目前有约 11 065 台物理服务器。

四、资源池情况

该银行已部署约 190 个云部署单元（CDP），支持约 2 万台 X86 虚机及 3 000 个数据库实例。

第二节　风险防范

新巴塞尔协议（巴塞尔协议Ⅲ）将操作风险定义为：由于内部程序、人员和系统的不完备或失效，或者由于外部事件造成损失的风险。2007 年，中国银监会在《商业银行操作风险管理指引》中，也采用了同样的定义：“操作风险是指由不完善或有问题的内部程序、员工和信息科技系统，以及外部事件所造成损失的风险。”银行最大的操作风险就是信息科技系统失效，而数据中心则是操作风险最集中的地方。

2009 年，中国银监会在《商业银行声誉风险管理指引》中，将声誉风险定义为：“声誉风险是指由商业银行经营、管理及其他行为或外部事件导致利益相关方对商业银行负面评价的风险。”近年来，因为信息系统故障导致银行形象与声誉受损的案例时有发生，数据中心安全稳定运行成为声誉风险管理的重要内容。

数据中心是银行集中存放数据的地方，也是业务后台系统集中运行的地方。数据中心的建立，一方面支持了业务的发展，提升了运维服务质量；另一方面也将原先分散的风险集中到了一起，使得数据中心成为风险管控的核心部门。例如“9·11”恐怖袭击事件中，美国某银行数据中心被毁，业务迟迟无法恢复，对该银行造成巨大影响，最终导致该银行在数月后破产。与此同时，近年来监管要求逐渐从严，运维服务要求也在不断提高，数据中心的风险管理目标随之提高。因此，培育风险管理文化、确保安全稳定运行，是数据中心工作的重中之重。

一、提升全员风险意识

银行高管层及数据中心领导层将数据中心的风险管理提升到战略高度，以安全生产为运维工作导向，提升全员风险意识。

银行应经常组织各项法律法规与内控制度的学习与培训，通过警示教育、集中学习、应急演练等多种方式，帮助员工培养良好的风险防范意识。普通员工要主动认识到数据中心对风险管理的强烈要求，并意识到风险可以由员工的任何不当行为引起，从而自觉执行规章制度，确保行为合规，主动形成良好的风险意识。总之，提升全员风险意识“功夫在平时”，必须以常态化的机制为依托。

二、纳入全面风险管理体系

数据中心风险管理工作应该纳入银行的全面风险管理体系，发挥高管层、风险管理委员会、风险管理部门、内控管理部门、审计部门的作用，加强风险预警和防控。在重大风险事件处置过程中，银行应整合、调动资源，最大限度地降低在系统内外造成的负面影响。

三、建立全流程的风险管理机制

风险管理不是简单的被动管理，是包含事前、事中与事后的全过程闭环式管理，形成风险识别、风险评估、风险处置的链条，做到流程环环相扣、责任落实到人。

四、加强风险管理专业人员培养

银行需要建设一支敏感度高、专业性强、反应迅速、素质过硬的风险管理队伍。

五、严格数据中心园区安保管理

数据中心所在生产园区应该执行银行高等级的安保管理，实行 7×24 小时的安全巡检。园区的人员与车辆进出要进行严格检查，外部人员出入要有申请与审批。车库停放车辆要进行备案，并检查车内是否有易燃、易爆等危险物品。工作人员进入办公大楼与机房区域时，要经过安保人员安检，随身携带的小件物品应经过检测仪器的探测，防止带入危险物品。设备与大件物品的进出，需要履行申请与审批手续。

六、善用新技术与有效手段降低操作风险

银行应采用集群方式提高基础设施的高可用；推进自动化、智能化来代替人工运维操作；加强应用版本上线前的验收测试与上线时的业务验证，确保在系统正式投产运行前及时发现问题；建立有效的信息系统灾难备份制度，保障信息系统的连续性，支持业务连续性管理。

案例

数据中心失效引发的风险

2001 年 9 月 11 日，美国发生了震惊世界的恐怖袭击事件，金融机构聚集的纽约世贸大厦里的大量数据化为乌有，其中包括纽约银行的数据中心。纽约银行在数据中心被毁后，业务直接中断。因为缺乏灾备系统和有效的应急业务恢复计划，纽约银行的业务恢复缓慢，在一个月后不得不关闭部分分支机构，数月后不得不破产清盘。数据中心失效引起数据损毁与丢失，这是一个操作风险，并直接导致了银行的倒闭。

据统计，如果两个星期内无法恢复信息系统，75%的公司业务停顿，43%的公司再也无法开业。对于丢失了数据且无法找回的公司，它们中的 60%在 2~3 年间破产。

2015 年 5 月 28 日，携程网因为内部员工误操作删除代码导致系统异常，对外服务停止 12 小时，其间网站与手机应用程序均无法访问，处于瘫痪状态。受此影响，在美上市的携程股价盘前暴跌 11.67%。另外，因为本次故障时间长、公关应对失措，不少网友联想到 2014 年携程网发生的信用卡“泄密门”事件，质疑携程网“历来不重视信息安全”，严重影响了携程网的形象与声誉。这也是一个由操作风险衍生的声誉风险的典型案例。

第三节　运行维护保障

一、运维职责

银行数据中心通常是银行生产系统、灾备系统的运行管理机构，负责信息系统运行维护、应急灾备、安全防护、参数管理以及基础设施建设等工作。

银行数据中心的主要职责一般包括负责建立运维管理体系，组织制定运维及参数管理相关制度、流程和标准；负责基础设施平台建设，组织建设主机系统、开放平台、网络系统、存储系统以及机房环境，部署灾备系统；负责信息系统的运行维护，保障系统的稳定运行；负责生产数据管理，执行备份策略，提供数据使用服务支持，按照业务主管部门授权实施异常账务数据的调整；负责技术参数管理；负责建立统一的技术服务台，受理故障、咨询与投诉，提供技术支持响应；负责前端计算机设备运行标准化管控；负责组织投产变更测试，实施投产变更管理；负责落实业务连续性管理相关规定，组织制定应急预案，开展应急演练，组织应急处置及灾备切换。

根据《数据中心服务能力成熟度模型》（GB/T 33136）的规定，数据中心运维保障工作主要分为例行管理、服务支持、服务交付、安全管理与质量管理五个领域。其主要内容如下：

（1）例行管理：监控、值班、作业。

（2）服务支持：服务请求、事件、问题、变更、发布、资产与配置。

（3）服务交付：服务级别、可用性、容量、IT 服务连续性、供应商。

（4）安全管理：信息安全、“安健环”①。

（5）质量管理：文档、评审、审计、持续改进。

二、组织机构

为适应与支持运维工作，数据中心在组织机构（职能处室）、人员岗位方面应做好相关设置。

（一）职能处室

数据中心根据专业技术领域及重点工作内容进行组织机构设置，通常至少设置如下处室：

① “安健环”是指安全、健康与环境管理。在数据中心安全管理中，安健环主要包括针对物理环境的管理策略与实施处置措施，实现人员、环境等方面的保障，避免重大环境或人员伤害事故。

（1）主机支持处，负责大型机①运维。

（2）环境与设备处，负责机房场地规划与机房环境维护管理、IT 设备硬件维护与管理、存储系统运维。

（3）开放系统平台管理处，负责开放系统的基础设施平台建设和日常运行维护、平台类产品的日常管理、开放系统资源池的建设和日常运行维护。

（4）网络通信处，负责所辖网络的运维、建设与管理。

（5）风险管理处，负责中心内部的风险管理。

（6）安全监测处，负责信息安全事件的监控、应急响应、处置及分析，负责信息安全系统的运维管理，负责安全技术的研究与支持。

（7）大数据管理处，负责大数据平台运维。

（8）技术创新发展处，负责运维工具体系整体规划以及研发。

（9）公有云管理处，负责公有云产品研发、外部运营以及内部运维。

（10）前端支持处，负责前端管理、客户端接入网管理。

（11）应用支持处，负责应用的日常支持与维护、应用系统建设、投产及变更。

（12）基础设施规划处，负责预算商务及供应商、基础设施服务、产品及技术的标准规范。

（13）运行处，负责错误检查和纠正（ECC）及日常运维、一线监控操作与运行维护、服务台、生产运行通报。

（14）人力资源管理处，负责人员招聘、考核、培训与薪酬。

（二）人员岗位

数据中心的岗位大多属于金融科技岗位中的“运营”岗位，进一步细分为处室管理类岗、运维开发测试类岗、操作类岗、运维综合管理类岗。

（1）处室管理类岗，对处室的人员及工作进行规划与管理。

（2）运维开发测试类岗，对安全生产运行负有直接责任，承担特定系统的运维、工具开发、测试等职责，主要包含值班处长、群组经理、应用经理、工程师等岗位。

（3）操作类岗，对安全生产运行提供辅助支持，主要包括监控操作、桌面支持等辅助性工作岗位。

（4）运维综合管理类岗，对安全生产运行提供支持保障，维护数据中心整体工作正常运转的综合性管理岗位，主要包含架构风险、创新研究、技术支持、项目管理、流程质量、商务财务、人力行政等岗位。

---

① 大型机指 Mainframe 大型机，由 IBM 公司制造。与开放系统相比，其主机系统封闭，硬件成本高，但是其具备独特的“RAS”优势，即高可靠性、高可用性、高服务性。

三、制度体系

数据中心应该建立与完善各项运维制度细则，构建成体系化的运维要求，覆盖数据中心的各项运维活动。银行数据中心通常应至少包括如下制度：

（1）《运行管理办法》。

（2）《IT 服务事件管理规定》。

（3）《IT 服务变更管理规定》。

（4）《IT 服务知识管理规定》。

（5）《IT 服务请求管理规定》。

（6）《IT 服务配置管理规定》。

（7）《IT 服务问题管理规定》。

（8）《信息技术应急处置实施细则》。

（9）《信息技术应急处置管理规定》。

（10）《信息技术应急预案及应急演练管理规定》。

（11）《数据中心 ECC 操作终端使用安全管理实施细则》。

（12）《数据中心 IT 机房环境管理实施细则》。

（13）《数据中心介质管理操作规程》。

（14）《数据中心备援渠道使用操作规程》。

（15）《数据中心外部技术支持数据申请操作规程》。

（16）《数据中心技术标准管理实施细则》。

（17）《数据中心操作异常报告及评估实施细则》。

（18）《数据中心数据备份与恢复操作规程》。

（19）《数据中心日志及故障信息集中存储平台使用操作规程》。

（20）《数据中心机房出入管理操作规程》。

（21）《数据中心标准变更目录管理实施细则》。

（22）《数据中心生产数据应用安全管理实施细则》。

（23）《数据中心运维认证凭证管理操作规程》。

（24）《数据中心运行值班管理操作规程》。

（25）《数据中心集中监控管理实施细则》。

数据中心应根据制度要求进行流程落地，以落实管理要求并开展运维活动，通常结合 ITIL① 标准进行流程设计，包括事件、问题、变更、发布、服务请求等常用流程。

---

① ITIL，即 IT 基础架构库（Information Technology Infrastructure Library），最早由英国商务部提出，目前在全球 IT 服务管理领域得到广泛的认同与支持。

第四节　一体化运维管理

一、管理原则

随着“两地三中心”、分布式多活中心等模式的演进，银行数据中心逐渐呈现多中心、跨地域的态势，IT 运维正朝着服务融合的方向发展，数据中心从流程导向朝着服务导向转型。数据中心面临诸多挑战，包括安全稳定运行、管理能力与协同能力、跨中心流程效率、运维工作标准化、自动化和精细化、运维资源与支持能力共享、新技术适应期等。一体化运维管理是应对上述挑战的有效途径。数据中心的一体化运维管理应坚持以下原则：

（一）统一资源调度

多地、多中心的人力、物力资源实行统一调度。从运维体系上看，统一资源调度包括对外视同一个数据中心，对内只有一套运维管理体系；覆盖全数据中心的一套运维组织岗位体系；适用于全数据中心的一套运行制度；适用于全数据中心的一套流程框架；面向全数据中心的一套绩效考核指标；具备共享的、跨地域的运维管理能力。

（二）服务导向的虚拟团队

各地数据中心实行以服务为导向的一体化运维管理，团队资源跨中心、跨地域的集中管理，是管理的重点和难点，需要引入虚拟团队的管理形式。所谓虚拟团队，是和实体团队（企业组织架构下的各级部门）相对的，为实现某项目任务与目标，由企业内跨部门、跨团队有关人员共同组成的团队。

各地数据中心在原有行政组织架构之外，依据工作职能形成多个虚拟团队，每个虚拟团队横跨各中心，成员由各地的人员组成。数据中心各项工作任务分派至虚拟团队，各项资源也由虚拟团队统一调配和使用。

虚拟团队确定后，数据中心就形成矩阵式管理。横向是本地行政管理，保留薪酬、后勤等本地管理；纵向是虚拟团队管理，承担数据中心 IT 规划建设和运维职能。

（三）工作任务的分派和执行

数据中心各项工作任务不再按照中心区分，而是将所有中心作为一个整体，进行任务的规划和考虑。

数据中心的工作任务分派至虚拟团队，由其统一调度各中心的资源、自行制定团队内部的工作分工、协调和管理团队内跨中心事宜、完成工作任务。虚拟团队间的工作协调，可以团队间进行协商，也可以由中心领导进行协调。各虚拟团队之间及虚拟团队内部，都依据同一套规章制度、使用同一套工作流程、遵循同一套技术标准、使用同一套工具平台，确保管理与执行的一致性。

根据以上原则，数据中心一体化运维管理能力应包括下列内容：

1. 流程、制度、工具、标准

一体化运维需要通过企业级的服务流程和制度一体化、运维管理工具一体化、技术标准一体化来实现；需要建立统一的流程、制度、工具与技术标准。

2. 服务台和全局监控能力

服务台提供唯一的服务入口，统一受理各中心 IT 运行事件和分行的重要生产事件，负责问题、变更的分派协调，跟踪事件、问题的解决，对一线运维团队进行考核。服务台要有多地域设置，至少两地的服务台应具备互备能力，以应对极端情况下的灾难。至少有两地数据中心拥有全局监控能力，并实现完全能力互备。

3. 一线运维

数据中心的一线运维形成标准化、规范化的工作内容，各地的一线运维人员轮岗到其他中心后一样直接工作。

4. 二线支持

二线支持人员作为面向整体数据中心的资源，提供共享的支持能力。二线支持虚拟团队人员分布在哪里并不重要，当某中心需要二线支持时，对应的二线支持虚拟团队都能及时以现场或远程方式提供支持服务。

5. 生产调度、质量管理与安全策略

生产调度与质量管理在整体数据中心上进行，各中心人员（各虚拟团队）接受专门虚拟团队的调度和考核。安全策略在整体数据中心层面考虑和制定，下发至各团队执行。

6. 规划设计

各中心不再单独进行规划设计，而是由专门的规划设计虚拟团队进行整体数据中心的规划设计。

7. 灾备管理

灾备实行统一管理，风险管理虚拟团队负责应急演练计划与演练结果，将多中心作为一个整体进行管理，各运维虚拟团队负责具体技术方案。

8. 运维工具平台

数据中心应该设立专门团队负责运维工具平台的规划设计、实施与部署，指导工具平台在数据中心内的统一使用；为了弥补远程沟通、协调和管理的弱点，采用多种通信工具在各地之间实现高效的通信，如视频会议、IP 电话（支持三方通话）、应急协作系统（支持不同模式的电话会议）、通信平台软件等。

二、支持响应

数据中心承担着银行及全集团的 IT 运维与运营服务的核心工作。提供企业级的 IT 运维服务、具备高效敏捷的 IT 支持响应能力，是对数据中心的核心要求。以下以某银行运维支持层级、快速响应体系、服务交付模式三方面提升支持响应能力为例加以介绍。

（一）运维支持层级

数据中心从传统的“烟囱式”运维，进化到专业分工的分层运维，体现了集约化与专业化服务能力。某银行运维支持层级如图 14-1 所示。

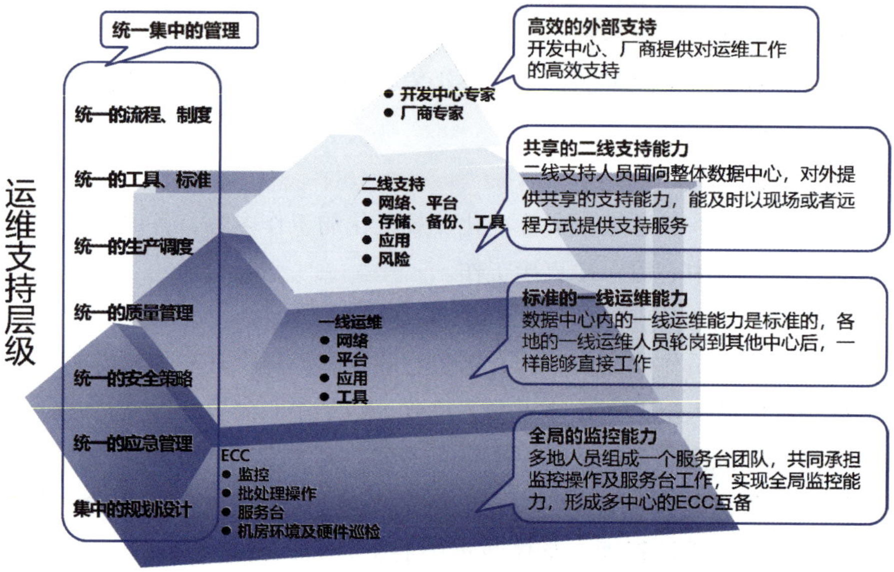

图 14-1　运维支持层级

（二）快速响应体系

数据中心从原先单一的事件响应流程，发展到多渠道、多平台的支持响应体系，形成对银行运行事件与总分行运维管理的支持。某银行运维支持响应体系如图 14-2 所示。

在运行事件支持方面，对于普通事件，数据中心要有完善的 IT 服务管理平台，提供符合信息技术基础架构库（ITIL）标准的常规事件、问题和服务请求。对于快速事件，数据中心要在补充了轻量级和短、平、快的事件流程后，不需要严格流转与审批，就能够快捷访问、快速报告、即时处理，满足快速、灵活、实时的需求。

在支持响应渠道方面，数据中心要提供互联网手机应用程序的访问渠道，补充完善事件报告渠道，支持上线问题的快捷处理。简化流转过程后，上线问题从提出到解决最短时间不到 1 分钟，从解决到报障人验证不到 3 分

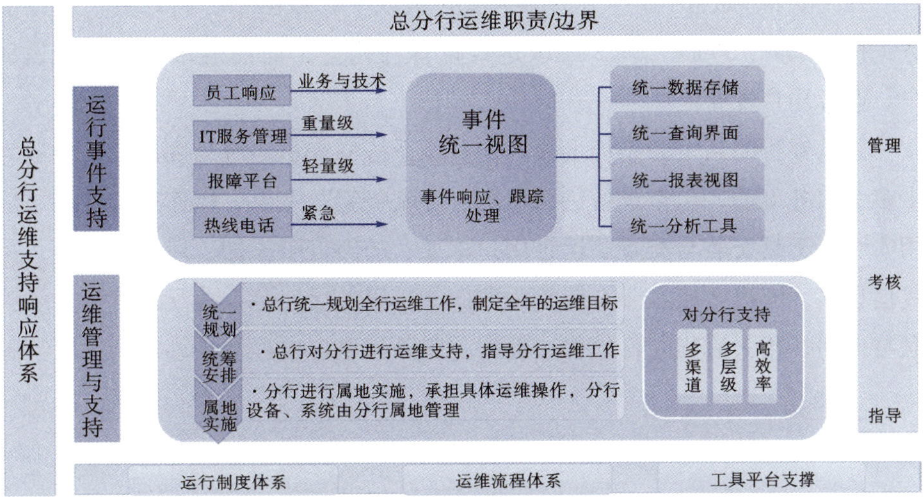

图 14-2 运维支持响应体系

钟。在问题解决时间极速加快的同时，问题处理效率也成倍提高。以某银行一次重大上线为例，当天通过报障平台上报问题 398 起，当天全部进行了受理与分析，解决 350 起，平均解决时间为 2 小时 13 分，充分体现了轻量级与短、平、快的优势。

（三）服务交付模式

数据中心建立“资源-服务-客户”的服务交付模式；通过分层级的服务目录，管理各类技术、人员、知识、工具、软硬件等资源，组装成 IT 服务，供应给客户。某银行“资源-服务-客户”的服务交付模式图 14-3 所示。

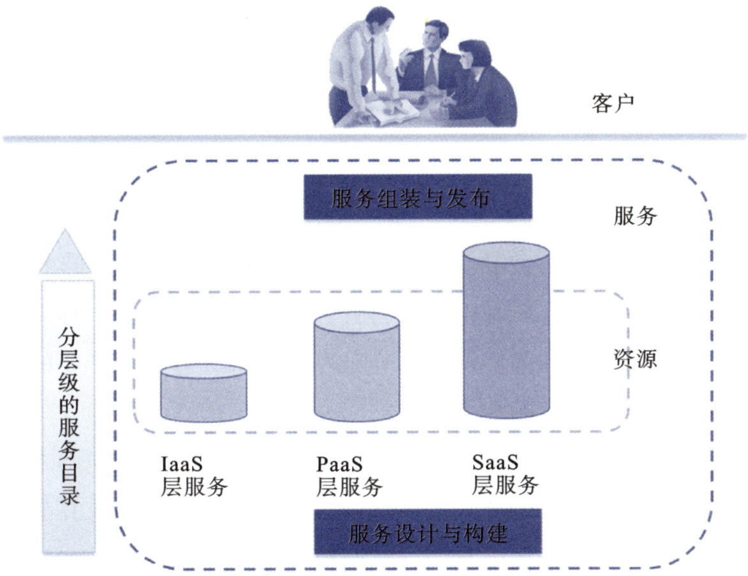

图 14-3 “资源-服务-客户”的服务交付模式

在“资源-服务-客户”的服务交付模式下，数据中心将近百个运维服务，按照 Iaas、PaaS、SaaS 层级进行设计与构建，面向运维用户、开发用户、业务用户发布。

以某银行的某个新系统上线为例，该系统原先从运维角度出发，分散为十多个服务事项，包括设备进出机房、分配机架、上电、操作系统安装、应用安装、工具安装与配置、运维用户添加、访问权限添加、风险评测等，重复信息多，流程衔接点多。调整为面向客户服务后，该系统配置参数自动关联与传递，相关流程并行处置，提高了服务效率，也提升了客户满意度。

三、弹性供给

（一）业务需求

“双十一”“春节红包”等商业促销活动的产生，对银行 IT 系统短时间内合理地分配资源、应对业务压力峰值的能力带来了挑战。

在业务繁忙时，资源使用量要比平时多几倍，在业务空闲时，大量的资源又将处于闲置状态。在业务量无法预估时，资源的过量冗余意味着资源的浪费，资源供给不足又将导致应用程序不能良好运行以满足客户的需要。

（二）基础设施架构支持

由资源池、云服务和云管理平台三部分组成的云计算技术架构，对银行 IT 系统资源的弹性供给和回收有很好的支撑作用。

云服务将操作系统、中间件、数据库等基础软件、部署镜像、操作模型（供给、回收、扩容、缩容）和通用技术能力整合，以服务的形式供用户使用，在资源供给过程中，以云服务的形式向物理机和虚拟机上部署操作系统、中间件、数据库、纳管、监控工具等。

云管理平台对资源池的构建维护、云服务的定义发布、资源的供给和回收进行统一的管理和技术支持。

（三）资源的弹性供给和回收

云管理平台与监控平台联动，监控服务器的 CPU 和内存的利用率、网络带宽和存储使用率等性能指标，进行计算资源、网络资源、存储资源等基础设施资源的快速供给和弹性伸缩，充分利用资源并避免不必要的浪费，以最优方式支撑银行多样化的业务需求。

以计算资源为例，其快速供给、弹性伸缩分为横向和纵向两个方面。横向伸缩指增加或减少计算资源，扩展性强，可根据业务量快速升高和降低计算资源数量；纵向伸缩指在现有的计算资源基础上增加或减少配置来调节处理性能，由于硬件限制，增加配置会有上限，扩展性有限。

1. 横向伸缩

横向伸缩通过自定义告警触发策略，当业务负载使指标达到阈值时，自动增减计算节点数量，灵活应对业务负载变化，提高设备利用率，节省部署成本。

指标种类：CPU 利用率、内存利用率、带宽。

监控周期：自定义。

伸缩动作：增加、减少计算节点。

2. 纵向伸缩

纵向伸缩通过自定义告警触发策略，当业务负载使指标达到阈值时，自动增减 CPU、内存配置，对虚拟机的 CPU 和内存大小进行动态的纵向调整，灵活应对业务负载变化。例如，某虚拟机配置由 2C/8G 上调至 4C/16G。

指标种类：CPU 利用率、内存利用率、带宽。

监控周期：自定义。

伸缩动作：扩大、缩小 CPU 和内存。

四、应急管理

应急管理贯穿于整个信息系统生命周期中，通过风险防范、应急响应、应急保障以确保信息系统能够满足业务连续性要求。应急管理应遵循以下原则：

（一）预防为主，保障资源

银行应对可能导致突发事件的风险进行有效识别、分析和控制，减少事件发生的可能性；加强应急处置队伍建设，提供充分的资源保障，确保突发事件发生时反应快速、报告及时、措施得力、操作准确，降低突发事件可能造成的损失。

（二）规范流程，敏捷恢复

银行应梳理并完善突发事件应急响应和恢复流程，强化监控、报告、预警及事件升降级，规范事件排查、处置和恢复动作；通过对应急流程关键点的控制，进一步提升突发事件响应速度和处置效率，快速恢复运营。

（三）统一指挥，分级管理

银行应建立统一指挥、协调有序的应急处置管理机制，明确应急人员在应急处置中的职责，规范有序地开展相应的应急处置工作；根据预警级别分级采取不同的决策指挥方式，合理调配人员与资源，强化事件应急处置能力。

（四）持续改进，良性循环

银行应建立突发事件应急处置管理体系，改进优化的长效机制，开展事前准备、事中处置、事后评估总结和定期审计，持续完善突发事件应急处置管理机制。

作为银行风险管理以及业务连续性的一部分，金融科技部门应建立扁平高效的 IT 应急组织架构，明确 IT 应急工作职责。图 14-4 是国内某银行的应急组织架构设计。

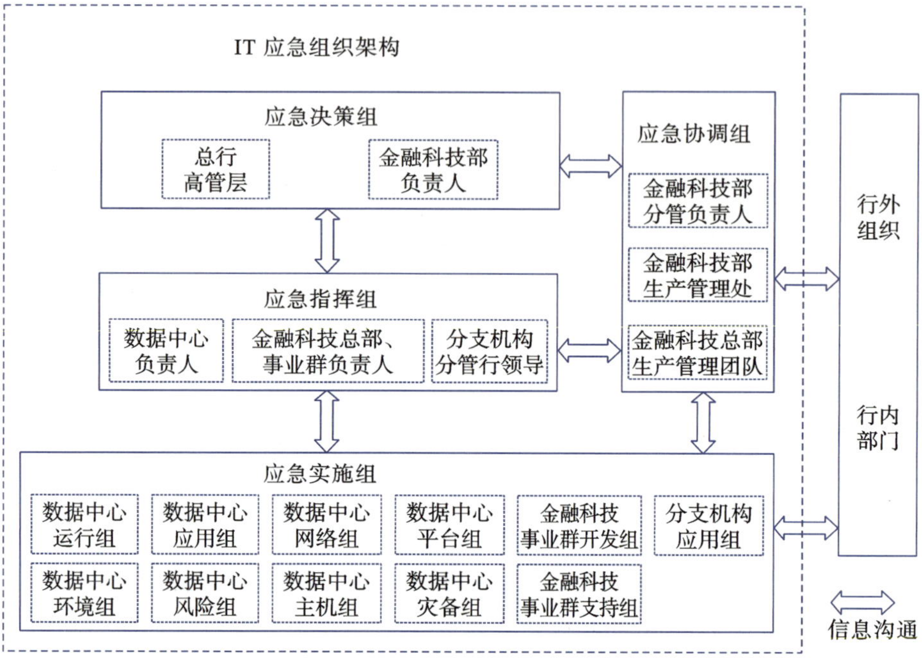

图 14-4　国内某银行的应急组织架构设计

银行应对应急事件进行分级组织、统一管理。影响较小的分行事件由分行应急组织架构自行组织应急，事件升级后则由总行应急指挥统一接管；总行应急事件由总行应急指挥组统一组织，涉及技术和业务协调、跨单位协调、行内外协调的事务由专门的应急协调组统一协调。整体架构简洁而高效，既体现了分级组织，又体现了统一管理，扁平化的应急执行组设置也有效地提高了应急效率。

五、容量管理

数据中心执行统一的容量管理策略和规范，包括管理范围、容量规划、容量监测、容量分析、容量扩容及缩容等方面。

（一）管理范围

容量管理的范围包括生产及备份系统的应用软件、基础软件、计算资源、存储资源、网络资源、机房环境等。容量管理的工作不仅仅是数据中心的事情，还涉及业务管理部门、技术管理部门、开发单位、测试单位、运行单位。

（二）容量规划

数据中心根据中长期业务发展规划、业务需求以及可预见的业务量突增情况，进行合理、恰当的容量规划，提前做好资源准备，支持当前及未来一段时间内的业务发展需要。

（三）容量监测

数据中心在集中监控平台中设置容量监测指标，进行容量的使用监测，在容量不足时及时告警，并适时启动容量分析及资源供给。

（四）容量分析

数据中心定期或根据需要进行容量分析，根据业务需求预估来计算所需资源。银行通常从以下三方面进行分析：业务自然增长方面，根据生产系统的资源使用率以及业务年度增长率估算未来一年的资源需求；业务新功能投产方面，根据新系统投产前的非功能测试数据估算未来一年的资源需求；突发业务大促方面，根据预估的业务并发量、数据量、大促时间段等需求计算所需资源。

如分析结果为不满足所需资源，银行则需要进行扩容。如分析结果有业务萎缩、业务量不达预期、前期评估有误等情况导致的资源浪费情形，银行应进行缩容。

（五）容量扩容及缩容

当容量不足需要扩容时，银行应执行扩容流程。银行应先制订应用系统基础设施部署方案，并将该方案进行可行性研究或专项研究，通过后转入部署实施环节，并按照变更要求进行评审与实施。扩容实施优先从现有资源池中调剂供给。如现有资源池不能满足，银行则执行资源池扩容或启动资源池采购。

当容量过多需要缩容时，银行应执行缩容流程。银行应先制订应用系统基础设施缩容方案，并对方案进行评审，着重考虑缩容方案是否对现有业务的影响最小化，评审通过后按照变更要求实施。

六、智能运维

数据中心智能运维的目标，是将运维人员从繁琐的工作中解放出来，提高整体运维效率，降低运维成本，实现业务系统的高可用性。

（一）智能运维四要素

智能运维至少包括以下四个要素：

（1）应用场景。应用场景包括根本原因分析、容量预测、故障定位、系统画像、关联分析、配置发现、知识发现等场景。智能运维必须要找到好的应用场景，才能真正发挥价值。

（2）数据采集及存储。数据采集及存储包括涵盖运维各个领域的大数据、快速的流式数据以及大而全的全局数据。

（3）算法及算力。算法主要是基于统计学、机器学习、深度学习等理论的人工智能算法，代表着用系统的方法描述解决问题的策略机制，优秀的算法是智能运维的核心。算力就是计算能力，是技术变革的基础，算力、算法和数据一起，驱动人工智能的生长。

（4）自动化。从数据收集到信息处理、分析判断、操作控制，要实现自动化。

（二）智能运维特征

通过分析银行数据中心的各项运维活动，我们通常认为智能运维应具备会学习、能感知、会分析、可预测、会推理、可决策、自动化、可视化八大特征。会学习是指通过对性能容量数据、状态数据、日志数据和标签数据的数学计算，提炼运维中的模式，获取知识或技能的过程。能感知是指通过与运维对象的交互，包括采集与控制，产生与接收信号的过程。会分析是指基于适当的规则、统计分析方法和机器学习算法，对收集来的数据进行分析，提取有用信息并形成结论，对数据加以详细研究和概括总结的过程。可预测是指在掌握现有信息的基础上，依照一定的方法和规律对未来的事情进行测算，以预先了解事情发展的过程与结果。会推理是指由一个或几个已知的判断推出新判断的过程。可决策是指基于已有的信息进行加工之后，做出判断、获取结论的过程。自动化是指机器设备、系统或过程在没有人或较少人的直接参与下，按照人的要求，经过自动检测、信息处理、分析判断、操作控制，实现预期目标的过程。可视化是指利用计算机图形学和图像处理等技术，将数据转换成图形或图像在屏幕上显示出来，方便进行交互处理的理论、方法和技术。

（三）智能运维场景

运维场景分为四大类，分别是异常发现、异常定位、根本原因分析、运维预测。以下介绍常见的智能运维场景。

1. 异常发现之异常检测

对指标运行数据、日志数据进行异常检测，能自动发现反常行为，从而实现故障发现和健康检查，提高监控敏感度，解决人工配置阈值和规则的检测方法开销大、误报或漏报多等问题。以往基于固定阈值监控，往往在收到告警后，系统异常已经发展到一定的严重程度。智能异常检测可以很敏感地发现系统运行数据的异常抖动信息，即使没有达到告警阈值，一次剧烈的抖动、突增、突降等行为都会被检测出来，这样可以提高监控的敏感度，及时发现系统异常前兆信息。

2. 异常定位之根源定位

传统的系统收到报警后，首先需要人工确认报警的异常指标，然后排查大量相关指标，缩小问题范围，但异常定位速度慢、开销大。根源定位通过自动对上万项指标的异常智能分析，快速得到分析结果，减少异常定位耗时，迅速了解系统健康状况，知晓故障根源信息，从而缩短故障恢复时间。

3. 根本原因分析之系统画像

根本原因分析通过系统画像，可以自动将所有系统的交易行为分类，自动、全面了解系统交易特点与系统变化。除分析交易量外，根本原因分析可以拓展用于各种指标分类，如了解哪些部署单元具有相似行为。根本原因分析也可以用于健康度分析，每日定时收集应用系统健康体检信息，将体检信息结合历史数据进行智能分析，甄别出异常信息，自动出具系统运行评估报告。

4. 运维预测之容量预测

容量预测利用人工智能手段，基于运行历史数据，对容量进行相应的预测，相比传统的人工经验判断方式，能够极大提高预测的质量。

第五节　运维工具体系

为支撑一体化运维管理要求，支持多中心、跨地域的管理跨度，管理海量运维资源，数据中心应建立监、管、控一体化的运维工具体系，实现端到端的监控、集中式与精细化的管理、自动化与智能化的控制。

某银行数据中心建设的运维工具体系包括云管理平台、配置管理数据库、集中监控平台、运维操作平台、服务流程管理平台、运行分析平台等运维工具组件。

一、云管理平台

云管理平台以标准化（管理流程、基础资源、操作过程）、自动化（运维管理、运维流程、运维操作、资源纳管）、一体化（底层硬件、服务流程、监、管、控）为整体建设目标，是基础设施云提供服务的核心组件。它以自动化为基础，实现端到端的资源自动部署和管理，包括虚拟资源的分配，操作系统、数据库、中间件的部署，裸机安装以及环境配置，实现标准化服务方式的基础资源快速交付。

云管理平台按照层次化、松耦合的理念进行产品架构分层，包括资源服务层，对服务项目进行具体定义和部署设计，以服务目录形式对最终用户提供选择；资源分配层，根据用户的请求和部署模式以及预置的资源分配策略对池化资源进行自动化的分配，实现池化资源到虚拟化或物理资源的映射；资源管理层，承担承上启下的作用，自下而上地对各类资源进行管理，自上而下地对资源进行实例化部署和操作，并通过配置管理系统和流程系统的整合实现所需的自动化，有效支撑资源环境部署、变更和回收；资源抽象与共享层，通过统一接口实现对异构环境的统一管理。

二、配置管理数据库

企业级的配置管理数据库，存储企业各类型配置项信息以及配置项之间的关系，并作为基础数据层为企业监控、流程、自动化、展现分析等提供支撑数据，实现监、管、控一体化的运维管理。相关模块功能如下：

（1）自动发现：自动扫描并发现企业配置项信息以及配置项之间的关系。配置项通常涵盖服务器、数据库、中间件等 IT 组件以及应用部分。

（2）业务模型：根据自动发现的配置项之间的关系构建业务影响模型。

（3）服务目录：企业对外提供的 IT 服务。

三、集中监控平台

集中监控平台是数据中心运维的监控核心，包括各种类型 IT 组件以及应用和业务层面的监控管理，实现端到端的系统监控。监控管理平台同时管理大型机、网络、开放系统、存储、设备环境等，集中处理运行环境各个层面的监控数据，包括告警事件以及性能数据，实现集中化的告警生成、事件处理、根源、影响分析以及相关展现逻辑，实现告警信息的集中展示、处理和分析，并且联动运维操作平台进行自动化处置。集中监控平台包括两个模块：一是资源监控，二是应用监控。

（一）资源监控

资源监控实现针对各 IT 组件的监控管理，包括各类服务器设备、网络设备、操作系统、数据库中间件、资源池、云服务等。

（二）应用监控

应用监控利用大数据分析技术，实现企业级端到端的交易监控，跟踪每笔交易在系统中每个节点的处理过程，并自动绘制交易拓扑，实现对关键系统应用日志的统一采集、集中存储，提供快速检索及辅助问题定位的能力，不断完善性能容量管理的指标体系及容量模型，对资源不足、系统隐患做到早发现、早处理。相关模块功能如下：

（1）交易监控：提供企业级端到端的交易监控能力，涵盖可用性、性能、容量三大类指标，有多个统计维度，支持每日处理上亿笔的交易明细。

（2）数据聚合运算：运维大数据与应用监控的融合功能，对运维大数据平台中的数据进行实时、准实时建模，聚合多维度数据，计算告警指标，纳入应用状态监控体系进行告警处理。

（3）应用状态监控：灵活、统一的监控框架，可以自定义监控指标，满足各应用系统应用级、业务级的个性化监控需求。

4. 可视化数据分析：采用 Kibana①、Grafana② 等可视化数据工具，自由定义分析仪表盘，支持性能容量分析、日志分析等功能。

（5）动态基线：根据监控指标历史样本自动计算当前告警阈值，实现告警配置自动化，可适用于交易监控、应用状态监控的各类指标。

四、运维操作平台

运维操作平台作为监、管、控一体化的执行者，主要负责对 IT 环境中的各类运维对象执行操作。相关模块功能如下：

（1）自动巡检：根据预先定义的巡检规则，定期对服务器进行健康检查，并出具相应的巡检报告。

（2）合规检查：根据业界或内部的审计和安全规则，定期对服务器进行检查，并出具相应的合规报告。

（3）配置比对：对 IT 环境中，包括生产变更前后以及生产与测试环境间服务器的历史配置和当前配置，或者服务器和环境之间的差异进行比对，出具差异报告。

（4）系统部署及软件分发：操作系统、软件及中间件自动安装部署、实现裸机及镜像安装与自动化配置过程。

（5）应用部署及配置：实现应用及运行环境的自动化快速部署及配置。

（6）版本及补丁管理：收集服务器补丁信息，进行补丁合规检查，形成补丁管理报告，并能实现批量补丁安装。

（7）资源调度：与监控系统相结合，在发生特定事件时触发预先定义的资源操作，协调资源再分配。

（8）服务启停：可以通过灵活的策略、流程的定制，实现应用的快速、便捷、一键式启停。

（9）综合业务调度：完成端到端的业务场景以及后台作业的调度管理，包括批处理、数据清理、备份的统一调度。

---

① Kibana 是为 Elasticsearch 设计的开源分析和可视化平台，用于搜索和查看 ES 索引中的数据。

② Grafana 是一个开源的度量分析与可视化套件。

五、服务流程管理平台

服务流程是指符合 ITIL 相关标准，用于支撑 IT 服务管理的相关流程。平台相关模块功能如下：

（1）IT 服务支持管理。包括事件管理、问题管理、配置管理、变更管理、发布管理、知识管理与维护计划管理等服务流程。

（2）IT 服务交付管理。包括资产管理、服务目录管理、服务级别管理、可用性管理、容量管理、服务连续性管理、供应商管理等服务流程。

六、运行分析管理平台

运行分析管理是系统运行综合分析平台，相关模块功能如下：

（1）统一门户：集中管理及展现之前分散独立的各类组件平台。

（2）统一报表：集中处理各类数据源的分析报表。

（3）统一业务视图：构建企业各关键系统业务影响模型，并关联相关告警事件，进行实时的业务系统运行状态可视化展现。

七、智能运维平台

智能运维平台是提供机器学习和自动化运维能力的平台，分为数据采集层、学习算法层和智能应用层，见图 14-5。

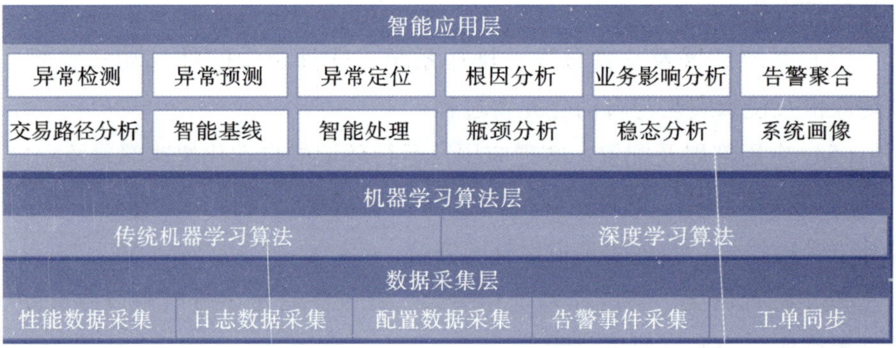

图 14-5 智能运维平台框架

1. 数据采集层

数据采集层提供感知能力，负责从采集对象上采集数据，其主要方法分为有代理方式和无代理方式。其产出物包括性能数据、容量数据、配置数据、日志数据、告警数据、工单数据等。

2. 机器学习算法层

机器学习算法层基于算法实现对外提供服务。从算法类别划分，其包括传统机器学习算法（包含统计学习算法）和深度学习算法；从算法来源划分，其包括原生算法与衍生算法。原生算法是指工具平台自带的基于经典数据理论构建的算法实现；衍生算法是指通过分析、测试、训练等活动后获取的适合一定范围实际情况的算法实现，其可能是基于原生算法的变种，也可能是新构建的算法实现。

3. 智能应用层

智能应用层在调取算法服务的基础上，对数据进行分析处理，按照业务逻辑实现智能应用。智能应用可以是最终功能，也可以为其他业务功能提供服务以支持新业务实现。

案例

某银行云管理平台

一、云管理平台功能

云管理平台实现云环境下基础设施自动化管理，包括资源的自动发现、资源池纳管、资源分配、资源部署等，同时还可对系统、网络、应用环境进行自动配置。云管理平台采用集群方式部署以保证系统性能与可用性，集中管理所有资源池（包括主生产中心、同城和异地灾备中心以及分行的资源池），实现统一管理。

相关模块功能如下：

（1）服务目录管理：通过标准化的服务目录对基础设施服务进行管理，建立 IT 服务使用者与 IT 资源之间的标准接口，管理员在服务目录中可以定义、发布、更新和终止 IT 服务，对 IT 服务的名称、描述、资源类别、资源规模等做出规定，同时可以设定不同用户访问服务目录的权限。

（2）部署模式管理：定义构成特定服务目录的 IT 组件、运行环境及其相互关系。

（3）服务策略管理：根据部署模式定义从资源池中自动创建相关 IT 组件、运行环境及相互关系，完成部署模式的实例化。

（4）资源管理：实现对资源池内各资源的管理，可跟踪记录虚拟化及云资源的使用情况，为整个虚拟化和云环境的资源管理提供分析建议。

二、资源分配策略

资源池分配策略是三层逻辑组织结构，分别是资源池、云部署单元、集群。顶层为资源池，根据应用逻辑进行划分；第二层为云部署单元，云部署单元是由计算、存储、网络三个领域部署单元共同组成；第三层为集群，为保障硬件设备的高可用性，云部署单元需按集群方式部署。资源池分配策略基于三层逻辑组织结构进行资源的分配和扩容。

在应用需求以及资源分配方面，资源池遵循如下分配策略：

（1）根据应用对计算、存储和网络资源的需求选择相应资源池。

（2）根据当前资源使用情况选择资源池中云部署单元。

（3）每个应用平均分配在同一云部署单元的不同集群内。

（4）对一个集群内所分配的虚拟机，应部署在不同的物理机设备上。

（5）虚拟机的分配优先选择空闲资源最多的物理机设备。

例如，某应用 A 需要 33 台网络服务器资源，根据资源分配原则，在网络服务器资源池内每个服务器集群分配 11 台网络服务器虚拟机，这 11 台虚拟机属于不同的物理服务器；后期应用 B 上线，需求为 62 台网络服务器资源，根据资源分配原则按照 3 的倍数部署 63 台网络服务器，从资源使用率最低的物理服务器上分配虚拟服务器资源。具体的资源分配策略算法如图 14-6 所示。

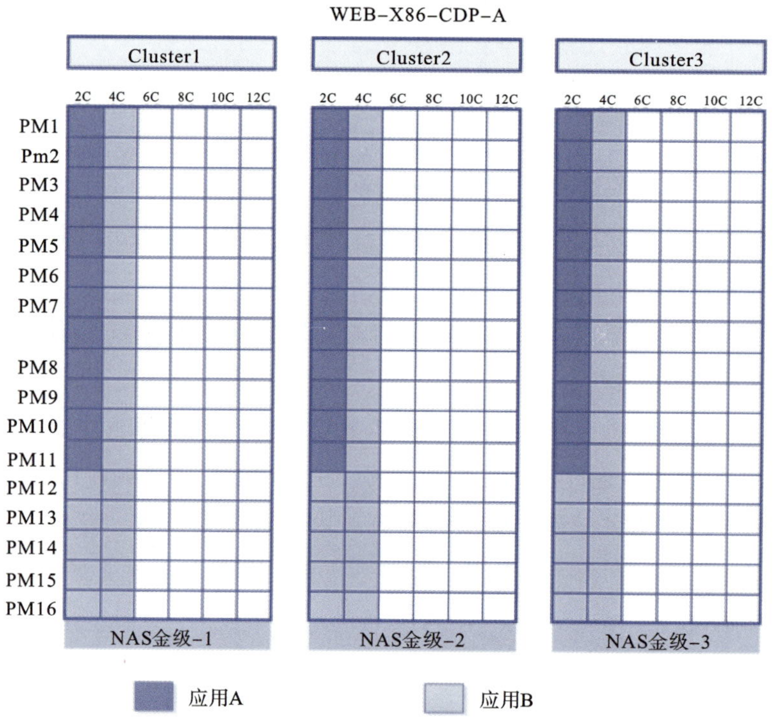

图 14-6　资源分配策略算法

三、IP 地址分配

IP 地址分配涉及的属性包括安全区域、设备类型、IP 地址类型，另外如果 IP 地址为生产地址，则还包括的属性有安全分层。IP 地址分配分为物理机地址分配和虚拟机地址分配两部分。

1. 物理机地址采用预分配方式

为保证资源池中各部署单元、集群、服务器 IP 地址的连续性，在新建资源池时就要预分配物理机地址段，按单个资源池的最大需求分配。部署物理机需要 IP 地址时，从该地址段中再进行分配。

X86 机器地址分配策略包括资源池地址预分配、部署单元地址预分配、集群单元地址预分配、物理机地址分配、NAS 存储地址分配。AIX 机器地址分配策略包括资源池地址预分配、部署单元物理机地址分配。

2. 虚拟机地址采用现用现分配方式

虚拟机地址分配在用户申请虚拟机时一并分配，即根据用户的实时需求实现 IP 地址的自动化弹性分配。

虚拟机地址以应用功能分组为单位分配地址，保持连续，尽量不跨网，以计算资源分配为基础，X86 虚拟机基本上以集群的倍数分配地址。单台应用，地址通常从 200 开始向前分配，Power 虚拟机以 8 个地址为块分配（需要多个地址用于 RAC、AIX 服务器、HA）。

虚拟机地址分配策略包括 VMware 虚拟机地址分配和 PowerVM 虚拟机地址分配。

四、负载均衡自动化

负载均衡用来给后台的服务器提供负载均衡服务。云管理平台通过使用负载均衡的接口实现负载均衡服务自动化供给，以满足应用的快速部署需求。例如，F5 负载均衡通过调用其 iControl 接口实现负载均衡自动化配置。

在云管理平台中，应用管理员以应用部署单元为单位进行资源申请，包含计算资源、网络资源和存储资源。在应用部署单元的资源申请到位后，应用管理员通过云管理平台完成应用的负载均衡服务交付。

负载均衡自动化根据应用的生命周期，支持包括应用上线、应用扩容、应用下线和应用维护四个环节的自动化实现。

1. 应用上线

负载均衡服务请求在应用申请完计算资源后创建，用来满足系统的负载均衡需求。首先，应用管理员填写基本需求参数后提交服务请求，由网络管理员负责初审，同时完善参数信息后进入 IT 服务管理审批流程。待审批通过后进入变更实施阶段，云管理平台将自动生成关联变更单，网络管理员在变更单中填写关联设备信息与执行时间，确认后进入自动化变更审核阶段。待审核通过后，云平台按照应用管理员和网络管理员填写的配置参数，调用负载均衡设备的接口进行自动化配置，实施完成负载均衡服务请求。

2. 应用扩容

应用管理员在云管理平台申请负载均衡的扩容服务请求，审批通过后将自动生成变更单，网络管理员待审核通过后，手动或自动触发自动化操作。

3. 应用下线

应用下线时，应用管理员应首先确认计算资源已下线，然后将应用关联的负载均衡资源释放。

4. 应用维护

云管理平台提供一键式启停功能和连接限制设置功能，使得应用系统能根据需求实现负载均衡弹性配置。

本章小结

数据中心的选址及建设重点考虑节能、抗震、空调、后备电源等关键因素。数据中心的高效运行，需要一套行之有效的一体化运维管理体系来保障，要求统一资源调度，设立服务导向的虚拟团队，建立支持响应、资源供给、应急管理、容量管理、机房搬迁等各个运维领域的运维能力。资源池是数据中心快捷、方便封装资源的方式，通过虚拟化管理，实现高效快捷的资源管理。云服务是数据中心对外服务的主要形式，通过将内部资源与能力进行包装和集成，形成屏蔽内部细节、面向用户的 IT 服务。数据中心部署着海量的基础设施资源以及数以百计的银行应用系统，要通过包括云管理平台、配置管理数据库、集中监控、运维操作、服务流程、运行分析、智能运维等支持工具来高效维持数据中心的安全稳定运行。

银行数据中心集中存放银行的全部数据，集中运维银行的所有信息系统，集中支持银行的业务活动，是银行重中之重的核心部门，是银行的命脉。数据中心如果出现严重事故，对银行而言将是一场灾难。

参考文献

[1] 亚历山大·奥斯特瓦德，伊夫·皮尼厄. 商业模式新生代 [M]. 王帅，毛心宇，严威，译. 北京：机械工业出版社，2016.

[2] 杰奥夫雷 G. 帕克，马歇尔 W. 范·埃尔斯泰恩，桑基特·保罗·邱达利. 平台革命 [M]. 志鹏，译. 北京：机械工业出版社，2017.

[3] 何大勇，谭彦，陈本强，等. 银行转型 2025 [M]. 北京：中信出版社，2017.

[4] 金磐石，戴蕾，侯铮，等. 商业银行私有云设计与实现 [M]. 北京：机械工业出版社，2016.

[5] 顾炯炯. 云计算架构技术与实践 [M]. 2 版. 北京：清华大学出版社，2016.

[6] 王汉明. 银行信息系统架构 [M]. 北京：机械工业出版社，2015.

[7] 王飞. 数据架构与商业智能 [M]. 北京：机械工业出版社，2015.

[8] 金磐石，郭汉利，曹文中. 商业银行 SECaaS 架构设计与实现 [J]. 计算机应用与软件，2016 (33)：108-113，186.

[9] 中国国家标准化管理委员会. 信息安全管理体系要求：GB/T 22080—2016 [S]. 北京：中国标准出版社，2016.

[10] 中国国家标准化管理委员会. 信息安全技术-网络安全等级保护基本要求：GB/T 22239-2019 [S]. 北京：中国标准出版社，2019.

[11] 中国国家标准化管理委员会. 数据管理能力成熟度评估模型：GB/T 36073-2018 [S]. 北京：中国标准出版社，2018.

[12] 赵志宏. 实时智能银行 [M]. 北京：中国金融出版社，2015.

[13] 李鹏. IT 运维之道 [M]. 北京：人民邮电出版社，2015.

[14] 高盛. 金融的未来：中国金融科技崛起 [EB/OL]. (2017-08-07) [2019-11-21]. https://max. book118. com/html/2018/1225/5214033200001342.shtm.

[15] 周伟，张健，梁国忠. 金融科技：重构未来金融生态 [M]. 北京：中信出版社，2017.

[16] 姜建清. 为“金融科技”正名 [EB/OL]. (2017-07-08) [2019-12-11]. https：//www. sohu. com/a/155985252_ 463913.

[17] 布莱特·金. 银行 4. 0 [M]. 施轶，张万伟，译. 广州：广东经济出版社，2018.

[18] 中国人民银行. 金融科技 (FinTech) 发展规划 (2019—2021) [EB/OL]. (2019-08-23) [2019-10-21]. http://www.gov.cn/xinwen/2019-08/23/content_5423691.htm.

[19] 熊彼特. 经济发展理论 [M]. 何畏，易家祥，等译. 北京：商务印书馆，1990.

[20] 尹龙. 金融创新理论的发展与金融监管体制演进 [J]. 金融研究，2005 (3)：7-15.

[21] 何玉长，方坤. 人工智能与实体经济深度融合的理论分析 [J]. 中国经济报告，2019，112 (2)：46-55.

[22] 李建军，罗明雄，等. 互联网金融 [M]. 北京：高等教育出版社，2018.

[23] 邱峰. 互联网金融对商业银行的冲击和挑战分析 [J]. 吉林金融研究，2013 (8)：49-60.

[24] 常晓. 互联网金融信贷业务对商业银行的影响分析 [J]. 中国外资，2013 (16)：59.

[25] 王敏成. 互联网金融对传统金融的影响分析 [J]. 中国商论，2014 (25)：137-138.

[26] 曹少雄. 商业银行建设互联网金融服务体系的思索与探讨 [J]. 农村金融研究，2013 (5)：54-58.

[27] 普华永道. 2018 年中国金融科技调查报告 [EB/OL]. (2018-09-05) [2019 - 10 - 19]. https://max. book118. com/html/2019/0424/7022032100002022.shtm.

[28] 长铗. 韩锋，等. 区块链：从数字货币到信用社会 [M]. 北京：中信出版社，2016.

[29] 中国信息通信研究院. 中国金融科技产业生态分析报告 [EB/OL]. (2018 - 01 - 16) [2019 - 09 - 19]. http://www. jintiankansha. me/t/6hMu0GEYx4.

[30] 黄益平，黄卓. 中国的数字金融发展：现在与未来 [J]. 经济学 (季刊)，2018，17 (4)：14-19.

[31] 北京大学数字金融研究中心. 北京大学数字普惠金融指数（第二期，2011—2018）[EB/OL].（2019-04-25）[2019-10-19]. http://www.cs.com.cn/xwzx/hg/201904/t20190425_5944313.html.

[32] 北京大学数字金融研究中心. 中国金融控股公司的风险与监管 [EB/OL].（2019-04-26）[2019-11-25]. https://www.chinaz.com/sees/2019/0426/1012170.shtml.

[33] 北京大学数字金融研究中心. 数字金融时代：中国商业银行的战略转型与实践 [EB/OL].（2019-04-25）[2019-12-26]. http://rss.chinadevelopment.com.cn/ydzx.php? s=/home/index/article/id/1501991.html&yidian_docid=0Lq6jZw3.

[34] 徐远，陈靖. 数字金融的底层逻辑 [M]. 北京：中国人民大学出版社，2018.

[35] ROBERT XIONG. Hype cycle for I&O automation [Z]. Gartner, 2015.

[36] SIMON M, MARY M. How to achieve enterprise agility with a bimodal capability [Z]. Gartner, 2015.

[38] KEVIN J, RAKESH K. Chinese CIOs must transform I&O to grasp the digital opportunity [Z]. Gartner, 2016.

[39] GREENBAUM S I , HAYWOOD C F. Secular change in the financial services industry [J]. Journal of money, credit and banking, 1971, 3 (2): 571-589.

[40] NIEHANS J. Financial innovation, multinational banking, and monetary policy [J]. Journal of banking & finance, 1983, 7 (4): 531-551.

[41] MOLYNEUX P, N SHAMROUKH. Diffusion of financial innovations: the case of junk bonds and note issuance facilities [J]. Journal of money, credit and banking, 1996, 28 (2): 502-522.

[42] ALLEN F, D GALE. Arbitrage, short sales, and financial innovation [J]. Econometrica, 1991, 59 (4): 1041-1068.

[43] HANNON T H, J M MCDOWELL. Market concentration and diffusion of new technology in the bank industry [J]. The review of economics and statistics, 1984 (4): 686-691.

[44] KANE E J. Getting along without regulation q: testing the standard view of deposit-rate competition during the "wild-card experience" [J]. Journal of finance, 1978 (3): 921-932.

[45] KANE E J. Accelerating inflation, technological innovation, and the decreasing effectiveness of banking regulation [J]. The journal of finance, 1981 (2): 355-367.

[46] FINNERTY J D. An overview of corporation securities innovation [J]. Journal of applied corporate finance, 1992, 4 (4): 23-29.

[47] BHATTACHARYYA S, V NANDA. Client discretion, switching costs, and financial innovation [J]. Review of financial studies, 2000, 13 (4): 1101-1127.

[48] MERTON R C. A functional perspective of financial intermediation [J]. Financial management, 1995 (2): 23-41.

[49] FINNERTY J D. Financial engineering in corporate finance: an overview [J]. Financial Management, 1988 (4): 14-33.